高等职业教育会计专业系列教材
"互联网+"教材

U0894268

财务管理项目化教程

(第二版)

主　编　秦志林　张　轲
副主编　张　越　范　莉
　　　　刘俐伶　邸　瑶

南京大学出版社

内容提要

本教材广泛吸取了高职高专最新的财务管理教学经验和教材建设成果，以就业为导向，以财务管理岗位为核心，按照高职高专学生的认知特点，让学生在完成具体项目的过程中构建相关理论知识，并发展职业能力。本教材根据财务管理的基本原理和工作内容分为11个项目，具体包括财务管理基本理论知识、财务管理价值观念及方法、筹资规模与方式、资本成本与资本结构、项目投资管理、证券投资管理、营运资金管理、利润分配管理、财务预算、财务控制和财务分析。每个项目按所需解决和掌握的问题划分为不同的任务，每项任务均包括任务要求、相关知识(含业务实例)、实务训练；每个项目除多个任务外，还包括知识目标、能力目标、引言、项目小结、知识链接和能力拓展训练，从而便于学生加深理解及进行练习。本教材以能力培养为主旨，注重教材的实用性；内容深入浅出，有利于自学；配有电子教案，有助于提高教学效果。

本书可作为普通高等院校、高职高专院校会计类专业及其它相关专业的教材，也可作为五年制高职教材，还可作为社会从业人士的参考用书。

图书在版编目(CIP)数据

财务管理项目化教程 / 秦志林，张轲主编. -- 2版.
-- 南京：南京大学出版社，2019.1(2022.6重印)
ISBN 978-7-305-21536-0

Ⅰ. ①财… Ⅱ. ①秦… ②张… Ⅲ. ①财务管理一教材 Ⅳ. ①F275

中国版本图书馆CIP数据核字(2019)第012197号

出版发行　南京大学出版社
社　　址　南京市汉口路22号　　邮　编　210093
出 版 人　金鑫荣

书　　名　财务管理项目化教程(第二版)
主　　编　秦志林　张　轲
责任编辑　陈家霞　武　坦　　编辑热线　025-83592315

照　　排　南京南琳图文制作有限公司
印　　刷　丹阳兴华印务有限公司
开　　本　787×1092　1/16　印张19.5　字数487千
版　　次　2019年1月第2版　2022年6月第4次印刷
ISBN 978-7-305-21536-0
定　　价　49.00元

网址：http://www.njupco.com
官方微博：http://weibo.com/njupco
微信服务号：njuyuexue
销售咨询热线：(025) 83594756

* 版权所有，侵权必究
* 凡购买南大版图书，如有印装质量问题，请与所购图书销售部门联系调换

前　言

《财务管理项目化教程》(第二版)在第一版教材的基础上,根据教育部《高职高专教育财务管理课程教学基本要求》,充分汇集了相关教学单位的意见和建议,进行了更切合高职高专教学实际、更有针对性的改进,全面、系统、科学地阐述了企业财务管理的理论方法和内容。

本次修订主要有两个方面的变化:一是根据“创新与技能”并重的教学理念,结合高职高专教育人才培养目标,邀请具有丰富实践经验的企业兼职教师,开发了体现工学特色的课程体系;二是更新了教材内容,补充了一些新的财务管理内容和方法,替换了每个项目后能力拓展训练练习题。

本次修订后教材更加合理、特色更加鲜明,具体表现为:

1. 体系完整,简化理论叙述。本版教材紧密结合相关法律法规的要求,以及财务管理实务和学校教育、培训的需要,在保证学科体系完整的基础上,充分把握“基础理论必需、够用”的原则,力求内容精炼、准确,使其简约明了、通俗易懂。

2. 强化可操作性,注重应用能力的培养。本版教材围绕高职高专教育培养应用型人才的目标,克服了“重理论、轻实践”的弊端,侧重实务介绍,突出应用性,注重实际应用能力的培养,从而有利于提高学生分析问题和解决问题的能力。

3. 结构安排新颖,强化趣味性与可读性。本教材为满足教师讲授和学生自学的需要,每个项目前给出学习目标和引言,指出学习重点;每个任务后附有操作性强的实务训练;每个项目后附有针对性、启发性、实践性与趣味性较强的知识链接和能力拓展训练。这样由浅入深,逐步提高学生学习的积极性,从而激发学生学习的主动性,使学生自觉地参与到教学中来,最终达到提高教学效果的目的。

总之,《财务管理项目化教程》(第二版)的编写着力体现“教、学、做、测、评”一体和“以学生为主体、以教师为主导、以训练为主线”的课程教学改革新思路。

本书由焦作大学秦志林、武汉商贸职业学院张轲任主编,武汉城市职业学院张越、焦作大学范莉、吉安职业技术学院刘俐伶和河南轻工职业学院邸瑶任副主编。具体章节分工如下:项目一、七由秦志林编写,项目二、九由张轲编写,项目五由张越编写,项目四、六由范莉编写,项目八、十一由刘俐伶编写,项目三、十由邸瑶编写。秦志林负责教材编写大纲的拟定及全书的统稿、修改和定稿工作。

在本教材的编写过程中，焦作大学会计学院院长卢国红副教授在百忙中审阅了书稿，并提出了很多宝贵意见与建议，在此表示感谢。感谢南京大学出版社对本教材出版所做的工作。另外，本书在编写过程中，借鉴了相关资料，走访了多家企业，得到了很多企业界人士和同行们的支持与帮助，在此向有关单位及作者表示感谢。

由于本书涉及面广，编者的能力有限，书中难免有不妥或错误之处，敬请同仁和读者在教学和学习过程中指出，以便不断完善。

编　者

2018 年 12 月

目　录

扫一扫

1. 各章小结
2. 知识链接
3. 案例分析

项目一　财务管理的基本理论知识

【知识目标】

- 理解财务管理的基本概念及财务管理目标的科学表达；
- 列举财务关系及财务管理的基本内容；
- 了解财务管理组织和财务管理工作环节。

【能力目标】

- 能合理选择企业的财务管理目标和协调不同利益主体的矛盾；
- 能比较敏锐地判断企业外部环境变化对财务管理产生的影响；
- 了解实际企业的财务管理概况。

【引　言】 要想成为一名出色的公司财务经理或者一个家庭理财高手，必须首先学习财务管理的一些基础知识：什么是企业财务管理，企业财务管理的最终目标是什么，企业财务管理机构如何设置，企业财务管理过程包括哪些环节，如何处理好财务关系以及外部环境如何影响财务管理活动，等等。这样才能帮助您了解财务管理的价值观念和风险观念，助您在公司筹资、投资、资金营运和利润分配决策或家庭理财问题中游刃有余，果断自信地做出正确的判断。

任务一　了解财务管理的基本概念

任务要求

在企业经营活动中，财务管理人员必须回答以下问题：第一，企业应该实施什么样的长期投资项目？即投资决策及资本预算问题。第二，如何为所要实施投资的项目筹集资金？即筹资决策问题。第三，企业的管理者如何管理日常的现金和财务工作？即短期融资和营运资本的决策问题。第四，企业的利润如何进行分配？即分配决策问题。这些活动构成财务管理的主体。所以，要想理解企业财务管理的基本内容，应先了解资金运动、财务活动及财务关系等相关概念。

一、资金运动及其表现形式

资金是企业生产经营过程中商品价值的货币表现，其实质是再生产过程中运动着的价值。资金运动是指企业实物商品运动和金融商品运动过程中的价值运动，它以价值形式综合地反映着企业的生产经营过程，具体表现为以下两种形式：

1. 实物商品资金运动

实物商品资金运动以实物商品为对象。在企业再生产过程中，一方面，劳动者运用一定的劳动手段对劳动对象进行加工，生产出新的产品或使用价值，并通过出售实现实物商品的使用价值，它表现为实物商品的使用价值的生产和交换过程；另一方面，劳动者将生产中消耗掉的生产资料价值转移到产品上去，并创造出新的价值，最后通过销售实现价值，它表现为价值的形成和实现过程。这一运动过程如图 1-1 所示。

$$G \longrightarrow W\begin{cases} A \\ \longrightarrow P \longrightarrow W' \longrightarrow G' \\ P_m \end{cases}$$

图 1-1　实物商品的价值运动过程

在图 1-1 中，$G \longrightarrow W$ 反映了实物商品的购进过程，同时也是货币资金向储备资金的转化过程；$W\begin{cases} A \\ \longrightarrow P \longrightarrow W' \\ P_m \end{cases}$反映了购进的实物商品与劳动力结合而被生产加工成一种新的实物商品的过程，同时也是储备资金转化为生产资金，继而又转化为商品资金的过程，在这个过程中，伴随着实物商品形态的转换，产生了一个价值增值额；$W' \longrightarrow G'$反映了实物商品的销售过程，同时又是商品资金向货币资金转化的过程。这样，企业的再生产过程既是实物商品的流转过程，又是实物商品的资金运动过程。

2. 金融商品资金运动

金融商品资金运动以金融商品为对象。金融商品是指在金融市场上反复买卖，并有市场价格的各种有价证券(如股票、债券等)。企业进行金融商品投资或买卖活动的过程如图 1-2 所示。

$$G \longrightarrow G^w \longrightarrow G'$$

图 1-2　金融商品投资或买卖活动的过程

从图 1-2 中可以看出，金融商品资金运动经历了买与卖的两个阶段。$G \longrightarrow G^w$是购买金融商品的过程，同时也是货币资金(G)向金融商品资金(G^w)转化的过程；而 $G^w \longrightarrow G'$是出售金融商品的过程，同时也是金融商品资金(G^w)转化为更多的货币资金(G')的过程。

二、财务活动与财务关系

(一) 财务活动

如前所述，企业资金运动过程是资金形态的不断转化及其增值的过程，这一过程是通过一系列的财务活动实现的。所谓财务活动，是指资金的筹集、投放、运营、收回及分配等一系列行为。资金运动和财务活动的对应关系如图 1－3 所示。

$$G^w \longrightarrow G \longrightarrow W \longrightarrow P \longrightarrow W' \longrightarrow G' \longrightarrow G^w$$

图 1－3　资金运动和财务活动的对应关系

其中，筹资活动（$G^w \longrightarrow G$）是资金运动的前提，投资活动（$G \longrightarrow W$）是资金运动的关键，资金营运活动（$W \longrightarrow P \longrightarrow W' \longrightarrow G'$）是资金运动的增值环节，分配活动（$G' \longrightarrow G^w$）是作为资金运动成果进行的，体现了筹资、投资与资金营运的目标要求。

（二）财务关系

企业在组织财务活动过程中，必然与企业内、外部有关各方发生广泛的经济利益关系，这就是企业的财务关系。企业财务关系可概括为以下几个方面：

1. 企业与国家之间的财务关系

国家担负着维护正常的社会秩序、保卫国家安全、组织和管理社会活动等任务。政府为完成这一任务，必然无偿参与企业收入或利润的分配。企业则必须按照国家税法的规定缴纳各种税款，包括所得税、流转税等税金。这种关系体现为一种强制和无偿地税收缴征关系。

2. 企业与投资者之间的财务关系

这主要是指企业的所有者向企业投入资本，企业向其所有者支付投资报酬所形成的经济关系。企业的所有者要按照投资合同、协议、章程的约定履行出资义务以便及时形成企业的资本。企业利用资本进行营运，实现所有者资本的保值与增值，并按照出资比例或合同、章程的规定向企业所有者支付投资报酬。因此，企业与所有者的关系体现为所有权性质的受资与投资关系。

3. 企业与债权人之间的财务关系

这主要是指债权人向企业放贷资金，企业按借款合同的规定按时支付利息和归还本金所形成的经济关系。企业利用债权人的资金，要按约定的利息率及时向债权人支付利息。债务到期时，要合理调度资金，按时向债权人归还本金。企业同债权人的财务关系在性质上属于债务与债权的关系。

4. 企业与受资者之间的财务关系

这主要是指企业以购买股票或直接投资的形式向其他企业投资所形成的经济关系。企业向其他单位投资，应按约定履行出资义务，并根据其出资额参与受资方的重大决策和利润分配。企业与受资者的财务关系体现为所有权性质的投资与受资关系。

5. 企业与债务人之间的财务关系

这主要是指企业将资金以购买债券、提供借款或商业信用等形式出借给其他单位所形成的经济关系。企业将资金借出后，有权要求债务人按约定的条件支付利息和归还本金。企业同债务人的财务关系在性质上属于债权与债务的关系。

6. 企业内部各单位之间的财务关系

这主要是指企业内部各单位之间在生产经营过程中的各环节相互提供产品或劳务所形成的经济关系。在企业内部实行责任预算和责任考核与评价的情况下，企业内部各责任中心之间相互提供产品与劳务，应以内部转移价格进行核算。这种在企业内部形成的资金结算关系，体现了企业内部各单位之间的利益均衡关系。

7. 企业与职工之间的财务关系

这主要是指企业向职工支付劳动报酬过程中所形成的经济关系。职工是企业的劳动者，他们以自身提供的劳动作为参与企业收益分配的依据。企业根据劳动者的劳动情况，用其收入向职工支付工资、津贴和奖金等，体现了职工个人和企业在劳动成果上的分配关系。

三、财务管理的内容

根据以上分析，财务管理是基于企业再生产过程中客观存在的财务活动和财务关系而产生的，是利用价值形式对企业生产经营过程进行的管理，是企业组织财务活动、处理与各方面财务关系的一项综合性管理工作。筹资、投资、资金营运和资金分配构成了完整的企业财务活动。因此，筹资管理、投资管理、资金营运管理和资金分配管理便成为企业财务管理的基本内容。

1. 筹资管理

筹资是指企业为了满足投资和用资的需要而筹集所需资金的过程。从整体上来看，企业筹措的资金可分为两类：一是自有资金（也称为权益资金），它是通过吸收直接投资、发行股票、企业内部留存收益等方式取得的；二是借入资金（也称为债务资金），它是通过向银行借款、发行债券、应付款项等方式取得的。

在筹资过程中，企业一方面要确定筹资的总规模，以保证投资所需要的资金；另一方面要通过筹资渠道、方式的选择，合理确定筹资结构，以降低筹资成本和风险。因此，筹资管理是财务管理的主要内容之一。

2. 投资管理

投资是指企业对资金的运用，是为了获得收益或分散风险而进行的资金投放活动。投资按其方式可分为直接投资和间接投资。直接投资是指将资金投放在生产经营性资产上，以便获得利润的投资，如兴建厂房、购买设备和原材料等。间接投资又称为证券投资，是指将资金投放在金融商品上，以便获得利息或股利的投资，如购买政府债券、企业债券和股票等。

在投资过程中，企业必须考虑投资规模（即为确保获取最佳投资收益，企业应投入资金的数额）。同时，企业还必须通过投资方向和投资方式的选择，确定合理的投资结构，以提高投资效益，降低投资风险。因此，投资管理也是财务管理的主要内容之一。

3. 资金营运管理

营运资金是指为满足企业日常营业活动的需要而垫支的资金。比如，企业为采购材料或商品、支付工资和其他经营费用而垫支的资金。这些资金可以通过产品或商品出售以及通过短期借款来满足。

在生产经营过程中，资金从一种形态依次经过供、产、销等阶段又回到该形态的过程称为资金循环。周而复始的资金循环构成了资金周转。在一定时期内，资金周转得越快，就可以利用同样数量的资金生产出更多的产品，取得更多的收入，获得更多的报酬。因此，如何确定营运资金的持有政策、融资政策以及营运资金管理策略，从而加速资金周转，提高资金利用效果，也是财务管理的主要内容之一。

4. 资金分配管理

资金分配是指对企业的收入和利润进行分割和分派的过程。企业通过投资和资金营运取得收入并实现资金的增值。企业获取的收入首先用来弥补生产经营过程中的耗费，即进行成本补偿。成本补偿后的余额形成企业利润。企业利润应首先依法缴纳国家税金，税后利润在依法提取盈余公积金后，可以向投资者进行利润分配。随着分配过程的进行，资金或退出或留存企业，它必然会影响企业的资金运动规模和资金结构。因此，如何依据一定的原则，合理确定分配比例和分配方式，也是财务管理的主要内容之一。

上述财务管理的四个方面，不是相互割裂、互不相关的，而是相互联系、相互依存的。正是上述既相互联系又有一定区别的四个方面构成了企业财务管理的基本内容。

实务训练

将班级学生分成若干小组(5～8 人为一组)，每个小组收集一个上市公司的资料并组织讨论，分析该企业所面临的财务活动与财务关系。

任务二　财务管理目标的选择与矛盾协调

任务要求

财务管理目标制约着财务管理工作运行的基本特征和发展方向，不同的财务管理目标会产生不同的财务管理运行机制。所以，合理而有效的财务活动应在充分研究财务活动客观规律性的基础上，根据未来变动趋势，明确财务管理目标。

财务管理目标又称为理财目标，是指在特定的理财环境中，企业组织财务活动、处理财务关系所要达到的根本目的。它是企业开展一切财务活动的基础和归宿，是评价企业财务活动是否合理的标准，决定着财务管理的基本方向。

一、财务管理目标的表达

企业是以营利为目的的组织，财务管理作为企业的一项重要管理活动，其根本目标也应该是收益最大化。而收益有多种表现形式，如利润、资本利润率、每股利润、股东财富等。因此，人们对财务管理目标的认识尚未统一。根据现代企业财务管理理论和实践，最具代表性的财务管理目标主要有以下三种观点：

1. 利润最大化

这种观点认为，在企业投资预期收益确定的情况下，财务管理行为将朝着有利于企业利润最大化的方向发展。企业作为自主经营的主体，所创造的利润是企业在一定期间全部收入与全部费用的差额，是按照权责发生制和收入与费用配比原则加以计算的。企业要追求利润最大化，就必须讲求经济核算，不断改善企业管理，提高企业收入，降低产品成本，提高劳动生产率。利润可以反映出企业经济效益的高低和对社会贡献的大小；同时，利润既是股东获取投资回报的基础，又是经营者和职工获取经济利益的基础；此外，利润也是企业补充资本、扩大经营规模的源泉。因此，以利润最大化作为财务管理目标是有一定道理的。

但利润最大化作为财务管理目标，也有着不可克服的缺陷。这种缺陷主要表现在以下几个方面：

(1) 利润是一个绝对指标，没有考虑企业的投入与产出之间的关系，难以在不同规模的企业或同一企业的不同期间进行比较。

(2) 利润是指企业一定时期实现的税后利润，没有区分不同时期的收益，没有考虑资金的时间价值。

(3) 该目标未能有效考虑风险问题。一般而言，收益越高，风险越大。这会使企业不顾风险大小去追求最大的利润，将企业推入极端危险的境地。

(4) 该目标可能会使企业财务决策带有短期行为倾向，即只顾实现目前的最大利润，而忽视企业长远的发展，如企业只顾眼前利益，而忽视产品开发、人才开发、技术开发等。

2. 资本利润率(每股利润)最大化

这种观点认为，应该把企业利润与投入的资本相联系，用资本利润率(每股利润)来概括企业财务管理目标。投资者作为企业的所有者，其投资目的是获取资本收益，表现为净利润与出资额或普通股股数的对比关系。资本利润率是一定时期净利润与资本额的比率，每股利润是一定时期净利润与普通股股数的比例。其大小反映了投资者投入资本获得回报的能力。

这种观点本身概念明确，将企业实现的净利润与投入的资本或股本进行对比，能够说明企业的收益水平，可以在不同资本规模的企业间或同一企业的不同时期进行对比，揭示其盈利水平的差异。但这种观点仍然没有考虑资金时间价值和风险因素，也不能避免企业的短期行为。

3. 企业价值最大化

投资者建立企业的主要目的在于创造尽可能多的财富。这种财富不仅表现为企业的利润，而且表现为企业的价值。企业价值不是企业资产的账面价值，而是企业全部财产的市场价值。企业价值是企业经营状况及业绩的动态描述，反映了企业潜在或预期的获利能力和成长能力，可以通过企业未来预期实现的现金性净收益的现值来表达，即：

$$V=\frac{NCF_1}{(1+K)}+\frac{NCF_2}{(1+K)^2}+\cdots+\frac{NCF_{n-1}}{(1+K)^{n-1}}+\frac{NCF_n}{(1+K)^n}=\sum_{t=1}^{n}\frac{NCF_t}{(1+K)^t}$$

式中，V——企业价值；NCF_t——未来第 t 年年末的现金性净收益；n——企业的寿命；K——贴现率。

从上述公式可知，企业获得的收益越多，实现收益的时间越近，应得的报酬越是确定，则企业价值就越大。

这种观点认为，通过企业的合理经营，采用最优的财务决策，充分考虑资金的时间价值和风险与报酬的关系，在保持企业长期稳定发展的基础上，使企业价值达到最大。这是现代西方财务管理理论公认的财务目标，认为这是衡量企业财务行为和财务决策的合理标准。对于股份制企业，企业价值最大化可表述为股东财富最大化。对于上市的股份公司，股东财富最大化可用股票市价最大化来代替。

以企业价值最大化作为财务管理目标，其优点主要表现在：

(1) 该目标考虑了取得现金性净收益的时间因素，并用货币时间价值原理进行了科学的计量。

(2) 该目标科学地考虑了风险与报酬之间的联系，能有效地克服企业不顾风险大小，片面追求利润的错误倾向。

(3) 该目标有利于避免企业在管理上的短期行为。因为不仅当期收益会影响企业价值，预期的未来收益对企业价值的影响更大。

(4) 该目标有利于社会资源的合理配置。社会资源都是向企业价值最大化的企业流动，有利于社会效益最大化。

但企业价值最大化是一个抽象的目标，在运用上也存在以下缺陷：

(1) 非上市企业的价值确定难度较大。虽然通过专门评价（如资产评估等）可以确定其价值，但评估过程受评估标准和评估方式的影响而使估价不够客观，从而影响企业价值的准确性与客观性。

(2) 上市公司虽然可以通过股票市价的变动揭示企业价值，但股价的变动除受企业经营因素影响之外，还要受到其他企业无法控制的因素影响，特别是在资本市场效率低下的情况下，股票价格很难准确地反映企业价值。

本书以企业价值最大化作为财务管理目标。

二、不同利益主体财务目标的矛盾与协调

将企业价值最大化作为企业财务管理目标的首要任务就是要协调相关利益群体的关系，化解它们之间的利益冲突。协调与化解的原则是减少各相关利益群体之间的利益冲突所导致的企业总体收益和价值的下降，使利益分配在数量和时间上达到动态的平衡。其中最为重要的关系是所有者与经营者、债权人之间的关系。

(一) 所有者与经营者的矛盾与协调

企业价值最大化代表了企业所有者的利益，与企业经营者没有直接的利益关系。这是因为公司制企业所有权与经营权分离，经营者不持有公司股票或部分持有公司股票。经营者如果冒着风险获得成功可能会为企业所有者带来巨大收益，但失败可能会给自己带来无妄之灾。此时，经营者为了避免这种风险宁愿保守工作，并想方设法用企业的钱为自己谋取利益，如增加报酬，包括工资、奖金等；提高荣誉和社会地位；物质和环境享受，包括装修豪华的办公室、坐豪华轿车、奢侈的出差旅行等，因为这些开支可以计入企业成本而由全体股东分担。在西方，这些开支也称为所有者支付给经营者的享受成本。但问题的关键不是享受成本的多少，而是在增加享受成本的同时，是否更多地提高了企业价值。因此，经营者与所有者的主要矛盾就是经营者希望在提高股东财富和企业价值的同时，能更多地增加享受成本；而所有者则希望以较少的享受成本支出带来更高的股东财富和企业价值。为了协调二者的矛盾，应采取将经营者的报酬与绩效相联系的办法，并辅之以一定的监督约束措施。

1. 解聘

这是一种通过所有者约束经营者的办法。如果经营者经营不力、业绩欠佳，未能使企业价值达到最大，所有者将通过投票表决撤换不称职的经营者。经营者因害怕被解聘而不断创新、努力经营，从而实现企业价值最大化。

2. 接收

这是一种通过市场约束经营者的办法。当公司经营者经营不力或决策失误，未能采取有效措施使企业价值提高，导致公司股价下降到一定水平时，就可能被其他公司强行接收或吞并，兼并企业会改组被兼并企业，替换被兼并企业的经营者。因此，经营者为保住自己的地位和已有的权力，会竭尽全力使公司股价最大化以避免被其他企业兼并。

3. 激励

所有者运用激励的方式，把经营者的报酬同其绩效挂钩，使经营者分享企业增加的财富，促使他们自觉采取能满足企业价值最大化的措施。激励有两种基本方式：一是股票期权。它是允许经营者在未来某个时期以约定的价格购买一定数量的公司股票，当股票价格越高于约

定价格时，经营者获得的报酬就越多。经营者为了获取更大的股票涨价收益，就必然主动采取能够提高股价的措施。二是绩效股。它是公司以每股收益、净资产收益率等指标对经营者的业绩进行考核，视其业绩大小给予经营者数量不等的股票作为报酬。如果公司的经营业绩未能达到规定目标时，经营者将部分丧失原先持有的绩效股。这种方式使经营者不仅为了多得绩效股而不断采取措施提高公司的经营业绩，而且为了使每股市价最大化，也会采取各种措施使股票市价稳定上升，从而提高股东财富和企业价值。

（二）所有者与债权人的矛盾与协调

企业的资本来自股东和债权人。债权人的投资回报是固定的，而股东收益则会随着企业经营效益而变化。这就使得所有者的财务目标与债权人可望实现的目标可能发生矛盾。首先，所有者可能未经债权人同意，要求经营者改变举债资金的原定用途，投资于风险更高的项目。若高风险的项目一旦成功，债权人所得的固定利息只是项目收益中的一小部分，大部分收益归股东所有；若失败，债权人却要与所有者共同负担由此而造成的损失，承担资本无法收回的风险。这对债权人来说风险与收益是不对称的。其次，所有者未征得债权人同意，要求经营者发行新债券或举借新债，致使旧债券或老债权的价值降低（因为相应的偿债风险增加），侵犯了债权人的利益。所有者与债权人的上述矛盾可以通过以下方式加以协调：

1. 限制性借款

即通过在借款合同中加入某些限制性条款，如规定借款用途、借款的担保条款和借款的信用条件等来防止和迫使股东不能利用上述两种方法侵犯债权人的权益。

2. 收回借款不再借款

即当债权人发现公司有侵蚀其债权价值的意图时，采取收回债权和不给予公司增加放款的措施，从而保护自身的利益。

3. 债转股

即通过合约方式将债务转为股本，从而将债权人角色置换为股东角色，以实现两者利益目标的协同。

三、财务管理目标与社会责任

当以企业价值最大化为财务目标时，企业还必须考虑整个社会是否受益。在实现其财务目标的过程中，考虑其社会责任是否履行等问题。一般情况下，财务目标的制定和实现与社会责任的履行是基本一致的。这是因为：为了实现财务目标，首先，企业必须生产出符合社会需要的产品，这不仅可以满足消费者的需求，而且也实现了企业产品的价值；其次，企业必须不断研究开发新技术，并拓展经营规模，这样就会引起新的用人需求，增加就业机会；最后，企业必须不断提高劳动生产率，改进产品质量和服务，这样就提高了社会生产效率和公众的生活质量。所以，企业在实现财务目标的过程中，也内在地履行了社会责任。

但财务目标的实现并不总是与社会责任的履行保持一致，两者之间也存在着一定的矛盾。如为了保护消费者权益、合理雇用人员、防止环境污染等，企业会因此而付出代价或损失一些机会，从而减少企业价值。所以企业财务目标完全以履行社会责任为前提是非常困难的。那么，怎样才能使企业财务目标与社会责任协调一致呢？纵观各国的经验，对于企业必须履行的社会责任，主要是通过国家制定的法律法规来强制企业承担。如《反垄断法》《环境保护法》《消费者权益保护法》等都是有助于企业履行社会责任的法律。

实务训练

将班级学生分成若干小组(5～8 人为一组)，每个小组收集一个当地企业的资料并组织讨论，为该企业制定一套利益平衡方案。

任务三　了解财务管理的组织与工作环节

任务要求

不同类型的企业采用的财务管理方式也有所不同。公司制企业对某一财务事项分别就决策、控制及监督三者间形成相互制衡的管理体系。财务管理机构的设置因企业规模的大小而不同，财务管理是按照一定的工作步骤与程序开展的。所以，了解企业的组织形式、财务分层管理、财务管理机构设置以及财务管理环节，有助于企业财务管理活动的开展。

一、企业的组织形式

企业按其组织形式不同可划分为个人独资企业、合伙企业和公司制企业。

(一) 个人独资企业

个人独资企业是指按照《中华人民共和国个人独资企业法》(以下简称《个人独资企业法》)在中国境内设立，由一个自然人投资，财产为投资者个人所有，投资者以其个人财产对企业债务承担无限责任的经济实体。

1. 设立个人独资企业的条件

根据《个人独资企业法》第八条的规定，设立个人独资企业应当具备下列条件：

(1) 投资人作为一个自然人，只能是中国公民。

(2) 有合法的企业名称。个人独资企业的名称中不得使用“有限”“有限责任”或者“公司”字样，个人独资企业的名称可以叫厂、店、部、中心和工作室等。

(3) 投资人申报出资。《个人独资企业法》对设立个人独资企业的出资额未做限制。

(4) 有固定的生产经营场所和生产经营条件。

(5) 有必要的从业人员。

2. 个人独资企业的优点

(1) 个人独资企业建立比较容易、成本低，组织结构简单，不必准备正式的营运章程，受政府管制较少，是创办费用最低的企业组织形式。

(2) 不必缴纳企业所得税。个人独资企业不作为企业所得税的纳税主体，其收益纳入投资人的其他收益一并计算缴纳个人所得税。

3. 个人独资企业的缺点

(1) 投资人负有无限的偿债责任。投资人个人资产与企业资产没有严格分开，因承担无限责任可能损失更多甚至个人的全部财产。

(2) 企业存续期受制于业主本人的生命期。

(3) 筹资较困难。出资者财力有限,企业往往会因信用不足、信息不对称而存在筹资障碍。

(二) 合伙企业

合伙企业是指按照《中华人民共和国合伙企业法》在中国境内设立,由各合伙人订立合伙协议,共同出资、合伙经营、共享收益、共担风险,并对合伙企业债务承担无限连带责任的营利性组织。

1. 合伙企业的特征

(1) 有两个以上合伙人,并且都是具有完全民事行为能力的人。

(2) 以书面合伙协议为法律基础,合伙人依照合伙协议享有权利、承担责任。

(3) 有关合伙企业改变名称、处分不动产或财产权利、为他人提供担保、聘任企业经营管理人员等重要事务,均须经全体合伙人一致同意。

(4) 合伙人对合伙企业债务承担无限连带责任。

2. 合伙企业的优、缺点

合伙企业具有创办费用低、信用相对较佳等优点。其缺点有无限连带责任、企业生命有限、外部筹资困难、产权转让困难、权力不易集中、决策过程有时过于冗长等。

(三) 公司制企业

公司制企业是指依照《中华人民共和国公司法》(以下简称《公司法》)登记设立,以其全部法人财产,依法自主经营、自负盈亏的企业法人。公司享有由股东投资形成的全部法人财产权,依法享有民事权利,承担民事责任。公司股东作为出资者按投入公司的资本额享有所有者的资产受益、重大决策和选择经营者等权利,并以其出资额或所持股份为限对公司承担有限责任。

1. 公司制企业的类型

我国《公司法》所称的公司是指有限责任公司和股份有限公司。

(1) 有限责任公司

有限责任公司是指股东以其所认缴的出资额对公司承担有限责任,公司以其全部资产对其债务承担责任的企业法人。其特征是股东出资须达到法定资本最低限额;公司向股东签发出资证明书,不发行股票;股份转让有较严格的限制;股东以其实缴的出资比例享受权利、承担义务。

(2) 股份有限公司

股份有限公司是指全部注册资本由等额股份构成并通过发行股票筹集资本的企业法人。其特征是公司成立必须确定公司资本,且公司资本额平分为金额相等的股份;股东以其所认购股份对公司承担有限责任,公司以其全部财产对公司债务承担责任;经批准,公司可向社会公开发行股票;每一股份有一表决权,股东以其持有的股份享受权利、承担义务。

2. 公司制企业的优缺点

与独资企业和合伙企业相比,公司制企业最重要的特征就是所有权与经营权的分离。这有很多好处。

(1) 产权可以随时转让。因为公司的产权表现为股份,公司持续经营与特定的持股者无关,所以股份转让不像合伙企业那样受到限制。

(2) 公司具有无限存续期。公司的法人地位不受某些股东死亡或转让股份的影响。

(3) 有限责任。股东对公司的债务承担有限责任。若公司破产清算,股东的损失仅以其对公司的投资额为限。

(4) 公司容易向外部筹集资金。因其永续存在以及举债和增股空间大，公司具有更大的筹资能力和弹性。

但是，公司制企业也有其不足，最大的缺点是对公司的收益重复纳税。公司的收益先要缴纳企业所得税；税后收益以现金股利分配给股东后，股东还要缴纳个人所得税。

企业组织形式的差异导致财务管理组织形式的差异。在独资和合伙的企业组织形式下，企业的所有权与经营权合二为一，或者说，企业的所有者同时也是企业的经营者，他们享有财务管理的所有权利；相应地，他们必须承担一切财务风险与责任。而公司制企业的所有权与经营权发生分离。这时，公司的财务管理权也相应分属于所有者和经营者两个方面。通常情况下，企业所有者并不直接参与企业生产经营活动或进行常规决策，而是参与企业的重大决策；而经营者则对企业的日常生产经营活动做出决策。

公司制这一组织形式已经成为西方大企业普遍所采用的形式，也是我国建立现代企业制度过程中选择的企业组织形式。

本书所讲的财务管理，主要是指公司的财务管理。

二、财务分层管理体系

当企业采取公司制组织形式时，股东(大)会、经营者(董事会、总经理)、财务经理三者分别按照自身的权责，对某一财务事项分别就决策、控制及监督三者间形成相互制衡的管理体系，这就是企业财务的分层管理。

1. 出资者财务

在公司制企业中，出资者作为企业的所有者，主要行使决策和监控权利。其主要职责就是约束经营者的财务行为，以保证资本安全和增值。这具体包括以下几个方面：

(1) 基于防止稀释控制权的需要，出资者要对企业的筹资种类及资本结构等做出决策。

(2) 基于保护企业财产安全的需要，出资者必须对企业的会计资料和财产状况进行监督。

(3) 基于保护出资者权益不受损失的需要，出资者必须对企业的对外投资尤其是控制权性质的投资进行控制和监督。

(4) 基于保护出资者财产利益的需要，出资者对涉及资本变动的企业合并、分立、撤销和清算等财务问题必须做出决策。

(5) 基于追求资本增值的需要，出资者必须对企业的利益分配做出决策等。

2. 经营者财务

在公司制企业中，经营者包括董事会成员和总经理阶层，是财务决策与财务管理活动的主体。经营者财务的主要着眼点是财务决策与协调。从财务决策上来看，这种决策主要是企业宏观方面、战略方面的。从协调上来看，经营者财务主要侧重于两个协调：一是外部协调，即协调企业与股东、债权人、政府部门、业务关联企业、中介机构等错综复杂的关系，目的在于树立企业良好的财务形象；二是内部协调，即协调企业内部各部门工作、业务上的关系，目的在于减少内部摩擦，使各项工作有序和谐，提高运行效率。

3. 财务经理财务

在公司制企业中，财务经理担负着重要的理财角色。财务经理财务是经营者财务的操作性财务，注重日常财务管理。其主要的管理对象是短期资产的效率和短期债务的清偿。财务经理的职责可规定为如下几项：处理与银行的关系；现金管理；筹资管理；信用管理；负责利润的具体分配；负责财务预测、财务计划和财务分析等工作。

财务分层管理可用表 1-1 做一个简单描述。

表 1-1 财务分层管理框架

项目 分层	管理对象	管理目标	权限划分
出资者财务	资本	资本的保值与增值	监督权与剩余控制权
经营者财务	企业资产	企业资产的有效配置与高效运营	决策权
财务经理财务	现金流转	安全性与收益性并重、现金性收益提高	执行权

三、财务管理机构

财务管理机构是组织企业资金运动并对企业发生的财务行为实施全面管理的职能部门。建立健全的企业财务管理机构是有效开展企业财务活动、处理财务关系的重要条件，同时也是有效实施财务预算、财务控制等财务管理活动的组织保证。一般而言，企业财务管理工作主要由财务副总(首席财务官，即 CFO)负责。其主要职责有：负责拟定企业的主要财务政策；与其他高级管理者联系，提出其他领域决策中的主要财务问题；决定下级财务人员的职责，并对企业所有财会人员的工作负最终责任。

财务管理机构的设置因企业规模的大小而不同。目前，我国企业财务管理机构的组织形式主要有财务会计管理机构合并、财务会计管理机构分设和公司型财务管理组织三种形式。

1. 财务、会计管理机构合并的组织形式

这种组织形式是将财务管理与会计管理两个机构合在一起。在这种形式下，企业一般只设立一个“财会科”，由总会计师或主管财务的副经理来领导，负责整个企业财务和会计两个方面的管理工作。这种形式的基本结构如图 1-4 所示。

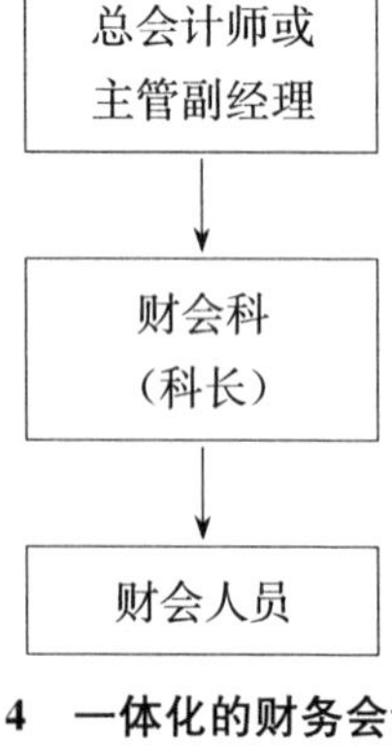

图 1-4 一体化的财务会计组织

这种机构设置的特点是会计核算职能与财务管理职能不做明确划分和分工，且机构内部往往以会计核算职能为轴心来划分内部职责。这种一体化的财务会计组织形式关系简明，便于财会业务的集中管理。这种组织形式适用于中、小型企业。

2. 财务、会计管理机构分设的组织形式

这种组织形式的特点是将会计核算职能与财务管理职能分离，设置财务部门和会计部门两个机构，明确划分和确定两者的职责，两者各有分工、各司其职。这种形式的基本结构及职能如图1－5所示。

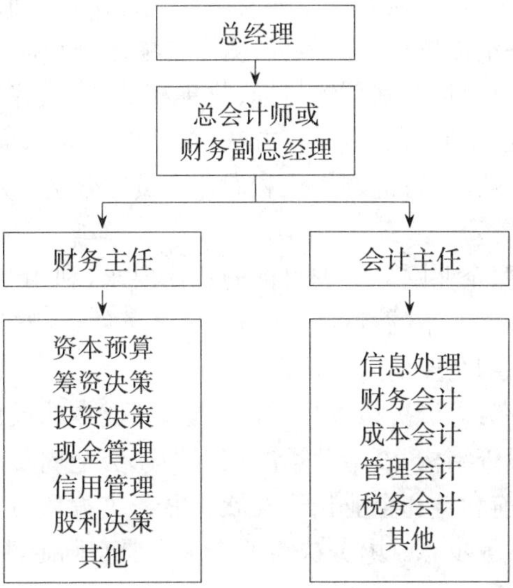

图1－5　财务会计分设的财务组织与职能

在这一机构设计中，会计主任主管包括会计核算在内的所有工作，如办理纳税、提供会计核算资料等。而财务主任则主管有关财务管理的工作，以财务管理职能或财务活动内容为轴心划分和确定内部职责分工。这种财务和会计分设机构的组织形式有利于各自发挥作用，责任清楚，既能保证财务工作又能保证会计工作。这种分设体制是现代企业财务组织体制中最为典型的制度选择。

3. 大型企业集团或跨国公司财务管理组织——财务公司

大型企业集团或跨国公司除了在总部设立独立的财务机构以外，还需要将原财务机构中的某些职能，如筹资及资金调度职能单设出来，设立以财务协调和资金调度为核心的财务公司，专门行使这些职能。财务公司在性质上是财务管理职能的外延化，在组织上属于企业集团成员，在行业管理上属于非银行金融机构。

四、财务管理工作环节

财务管理工作环节是指财务管理的工作步骤和一般程序。企业财务管理工作环节如图1－6所示。

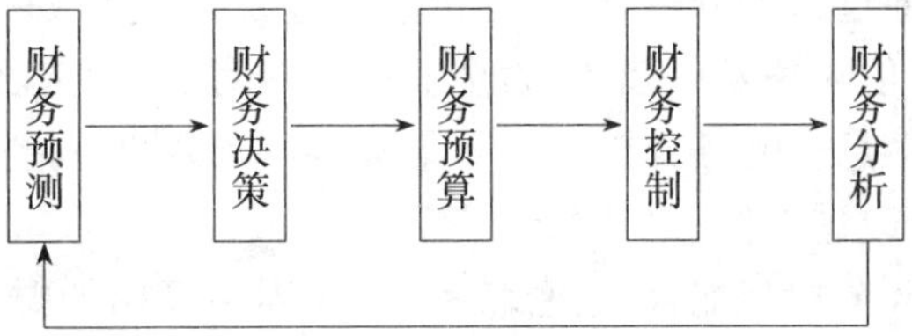

图1－6　财务管理工作环节

1. 财务预测

财务预测是指企业根据财务活动的历史资料，考虑现实条件与要求，运用特定方法对企业未来的财务活动和财务成果做出科学的预计或测算。财务预测是进行财务决策的基础，是编制财务预算的前提。

本环节的主要任务在于，预计财务收支的发展变化情况，以确定经营目标；测算各项生产经营方案的经济效益，为决策提供可靠的依据；测定各项定额和标准，为编制计划、分解计划指标服务。财务预测环节主要包括明确预测目标、收集相关资料、建立预测模型、确定财务预测结果等步骤。财务预测方法主要有定量分析方法（如简单的算术推论模型、回归分析模型等）和定性分析方法（如专家判断法、咨询调查法和专业人员评分法等）。

2. 财务决策

财务决策是指企业按照企业财务管理目标的总体要求，利用专门方法对各种备选方案进行比较分析，并从中选出最优方案的过程。在市场经济条件下，财务决策是企业财务管理的核心，决策成功与否直接关系到企业的兴衰成败。

财务决策的主要内容有：筹资决策以形成低风险、低成本的最优资本结构，投资决策以形成低风险、高收益的最优投资结构，资金营运决策以加速资金周转从而提高资金使用效益，利润分配决策以平衡股东当前利益和企业长远发展。财务决策环节主要包括确定决策目标、提出备选方案、选择最优方案等步骤。财务决策的方法主要有确定性决策方法、不确定性决策和风险决策等方法。

3. 财务预算

财务预算是指企业运用科学的技术手段和数量方法，对未来财务活动的内容及指标进行综合平衡与协调的具体规划。企业在财务预测和财务决策后，要在企业内部建立财务预算体系，确立财务预算指标和编制财务计划。财务预算是以财务决策确立的方案和财务预测提供的信息为基础编制的，是财务预测与财务决策的具体化，是财务控制和财务分析的依据，也是责任绩效考核与奖惩的重要依据。财务预算的编制一般包括分析财务环境，确定预算指标；协调财务资源，组织综合平衡；选择预算方法，编制财务预算等步骤。

4. 财务控制

财务控制是指在财务管理过程中，利用有关信息和特定手段，对企业财务活动所施加的影响和进行的调节。实行财务控制就是对预算和计划的执行进行追踪监督，对执行过程中出现的问题进行调整和修正，以保证预算的实现。财务控制一般要经过制定控制标准，分解落实责任；实施追踪控制，及时调整误差；分析执行情况，搞好考核奖惩等步骤。

5. 财务分析

财务分析是根据企业财务报表等有关资料，运用特定方法对企业财务活动过程及其结果进行分析和评价的一项工作。财务分析既是本期财务活动的总结，也是下期财务预测的前提，具有承上启下的作用。通过财务分析，可以评价企业过去的财务成果，了解并把握企业目前的财务状况，预测企业未来的财务发展趋势，为企业的投资者、债权人、经营者、政府和其他利益相关者提供有用的决策信息。财务分析包括收集资料，掌握信息；指标对比，揭露矛盾；分析原因，明确责任；提出措施，改进工作等步骤。

上述财务管理工作环节相互配合、紧密联系，形成周而复始的财务管理循环过程，构成完整的财务管理方法体系。

实务训练

将班级学生分成若干小组(5～8 人为一组),每个小组收集一个当地企业的资料,组织讨论该企业的财务管理机构如何设置,相应设置哪些职能岗位,并分别扮演各工作岗位角色,分析各岗位自身的职责。

任务四　分析财务管理的相关环境

任务要求

财务管理环境是企业开展财务活动的舞台,是企业财务管理赖以生存的土壤。进行财务活动、制定财务策略都离不开对财务管理环境的研究。所以,应不断地对财务管理环境进行审视和评估,并根据其所处的具体财务管理环境的特点,采取与之相适应的财务管理手段与方法,以实现财务管理目标。

财务管理环境又称为理财环境,是指对企业财务活动和财务管理产生影响作用的企业内、外部各种条件的统称。企业财务管理环境按其存在的空间,可分为内部财务环境和外部财务环境。内部财务环境主要包括企业资本实力、生产技术条件、经营管理水平和决策者的素质等四个方面,它们存在于企业内部,是企业可以从总体上采取一定措施加以控制和改变的因素;而外部财务环境存在于企业外部,对企业财务行为的影响无论是有形的硬环境还是无形的软环境,企业都难以控制和改变,更多的是适应和因势利导。企业外部财务环境涉及的范围很广,其中最主要的有法律环境、经济环境和金融环境。

一、法律环境

法律环境是指企业进行财务活动、处理财务关系时所应遵守的各种法律、法规和规章。社会主义市场经济的重要特征就在于它是以法律规范和市场规则为特征的经济制度,企业的一切经济活动必须在一定法律法规范围内进行。一方面,法律规定了企业从事一切经济业务所必须遵守的规范,从而对企业的经济行为进行约束;另一方面,法律也为企业合法从事各项经济活动提供了保护。影响财务管理的法律环境因素主要有企业组织法律法规、企业财务法规制度和税法等。

1. 企业组织法律法规

企业组织法律法规如《公司法》《合伙企业法》《外资企业法》《破产法》等,对企业组织行为和日常经营活动进行了强制性规范。例如,《公司法》对公司制企业的设立、变更和终止的条件、程序等都做了规定,包括股东人数、法定资本、资本的筹集方式等。《公司法》还对公司制企业生产经营的主要方面做出了规定,包括股票的发行和交易、债券的发行和转让、利润的分配等。各种不同组织形式的企业应按照相应的企业组织法规进行理财活动。

2. 企业财务法规制度

企业财务法规制度是规范企业财务活动,协调企业财务关系的法令文件。我国目前企业财务法规制度主要有《会计法》《企业财务通则》等。《会计法》作为我国会计工作的根本大法,是我国进行会计工作的基本依据。由于财务与会计工作的关联性,每个财务人员都必须熟悉《会计法》,并以此来指导自己的工作。《企业财务通则》是各类企业进行财务活动、实施财务管理的基本规范。2006 年 12 月 4 日,财政部修订颁布了新的《企业财务通则》,其内容包括总则、企业财务管理体制、资金筹集、资产营运、成本控制、收益分配、重组清算、信息管理、财务监督和附则等 10 章。

3. 税法

国家税收制度特别是工商税收制度,是企业财务管理的重要外部条件。与企业相关的主要有企业所得税、增值税、消费税等诸多税种。支付各种税费会增加企业的现金流出,对企业理财有重要影响。企业应当在不违反税法的前提下减少税务负担,而这只能依靠企业精心安排和筹划投资、筹资和资金分配等财务决策。因此,企业的财务决策应当适应税收政策的导向,合理安排资金投放,以追求最佳的经济效益。企业财务管理人员应该熟悉税收法律制度,在纳税义务发生之前,通过税收筹划合理减少税收;在纳税义务发生之后,及时、足额地缴纳税款。

除上述法律法规外,与企业财务管理相关的其他经济法律法规还有很多,如《证券交易法》《票据法》等。从整体上来看,法律环境对企业财务管理的影响和制约主要表现在以下几个方面:

(1) 在筹资活动中,国家通过法律规定了筹资的最低规模和结构,如《公司法》规定股份有限公司注册资本的最低限额为人民币 500 万元;规定了筹资的前提条件和基本程序,如《公司法》就对公司债券和股票的发行条件做出了严格的规定。

(2) 在投资活动中,国家通过法律规定了投资的方式和条件,如《公司法》规定股份公司的发起人既可以用货币资金出资,也可以用实物、工业产权、非专利技术、土地使用权作价出资;规定了投资的基本程序、投资方向和投资者的出资期限及违约责任,如企业进行证券投资必须按照《证券法》所规定的程序来进行,企业投资必须符合国家的产业政策,符合公平竞争的原则。

(3) 在分配活动中,国家通过法律如《税法》《公司法》《企业财务通则》及行业财务制度规定了企业成本开支的范围和标准,企业应缴纳的税种及其计算方法,利润分配的前提条件、一般程序及重大比例。

二、经济环境

经济环境是指影响企业财务活动和财务管理的各种经济因素。它主要包括经济管理体制、经济结构、经济发展状况、宏观经济调控政策等。

(一) 经济管理体制

经济管理体制是指在一定的社会制度下,生产关系的具体形式以及组织、管理和调节国民经济的体系、制度、方式和方法的总称。它分为宏观经济管理体制和微观经济管理体制两类。宏观经济管理体制是指整个国家宏观经济的基本经济制度,而微观经济管理体制是指一国的企业体制以及企业与政府、企业与所有者的关系。宏观经济管理体制对企业财务行为的影响主要体现在财务管理的目标、主体和手段与方法等方面；微观经济管理体制对企业财务行为的影响主要体现在如何处理企业与政府、企业与所有者之间的财务关系。在社会主义市场经济体制条件下，企业作为完全独立、自主经营、自负盈亏的经济实体，在筹资、投资和利润分配上有自主的权利，相应地也必须对企业的盈亏承担责任。这样，企业在财务管理上既存在利益的驱动作用，也存在责任和风险的约束机制。

（二）经济结构

经济结构是指从各个角度考察的社会生产和再生产的构成，主要包括产业结构和生产力的区域分布结构或地区经济结构等。经济结构对财务管理的影响主要表现在两个方面：一是企业所处的产业或地区影响甚至决定了财务管理的性质；二是产业结构的调整和地区生产力布局的变动也要求财务管理做出相应调整。就企业所处的产业对财务管理的影响而言，主要表现在以下几个方面：

1. 不同产业所要求的资金规模或投资规模不同

一般而言，第一产业和第二产业所需资金规模大，第三产业相对较小。即使同一个产业内部的不同行业所需资金规模也是不相同的，如流通批发业与零售业所需资金规模是不相同的。

2. 不同产业所要求的资金结构不同

一般而言，第一产业和第二产业资金结构偏重于长期资金，第三产业的资金结构偏重于短期资金；相应地进行企业筹资时，前者以长期筹资为主，后者以短期筹资为主。

3. 不同产业，国家有不同的产业政策

这些政策最终都会引起企业现金流入、流出量的变化，如税收增减、补贴都会引起现金净流量的变动。

（三）经济发展状况

在市场经济条件下，经济的发展与运行总是表现为“波浪式前进，螺旋式上升”的状态，大体上经历复苏、繁荣、衰退和萧条几个阶段的循环，这种循环称为经济周期。在不同的经济周期，企业应相应采用不同的财务管理策略。西方财务学者曾探讨了经济周期中的经营理财策略，现择其要点归纳如表 1－2 所示。

表 1－2　经济周期中的经营理财策略

复　苏	繁　荣	衰　退	萧　条
1. 增加厂房设备 2. 实行长期租赁 3. 建立存货 4. 开发新产品 5. 增加劳动力	1. 扩充厂房设备 2. 继续建立存货 3. 提高产品价格 4. 开展营销规划 5. 增加劳动力	1. 停止扩张 2. 出售多余设备 3. 停产不利产品 4. 停止长期采购 5. 削减存货 6. 停止扩招雇员	1. 建立投资标准 2. 保持市场份额 3. 压缩管理费用 4. 放弃次要利益 5. 削减存货 6. 裁减雇员

从表 1－2 中可知，当经济发展处于繁荣时期，经济发展速度较快，市场需求旺盛，销售额大幅度上升；企业为了扩大生产，需要增加投资，与此相适应则需要筹集大量的资金以满足投资扩张的需要。而当经济发展处于衰退时期，经济发展速度缓慢，甚至出现负增长；企业的产量和销售量下降，投资锐减，资金时而紧缺、时而闲置，财务运做出现较大困难。因此，企业必须认识到经济周期的影响，掌握在经济发展波动中的理财本领。

(四) 宏观经济调控政策

政府具有对宏观经济发展进行调控的职能。在一定时期,政府为了协调经济发展,往往通过计划、财税、金融等手段针对国民经济运行状况提出一些具体的政策措施。这些宏观经济调控政策对企业财务管理的影响是直接的。例如,金融政策中货币发行量、信贷规模会影响企业投资的资金来源;财税政策会影响企业的资金结构和投资项目的选择;价格政策会影响企业决定资金的投向和投资的回收期及预期收益;会计准则制度的改革会影响会计要素的确认和计量,进而对企业财务活动的事前预测、决策以及事后的评价产生影响等。一般来说,国家采取紧缩的调控政策时,会导致企业的现金流入减少、现金流出增加、资金紧张、投资压缩;反之,当国家采取扩张的调控政策时,企业则会出现与之相反的情形。可见,企业必须把握宏观经济调控政策,更好地为企业的经营理财活动服务。

三、金融环境

企业总是需要资金从事投资和经营活动。除了内部资金来源以外,企业主要从金融机构和金融市场取得资金。所以,金融环境是企业最为主要的环境因素。影响企业财务管理的金融环境主要有金融市场、金融工具、金融机构和利率等。

(一) 金融市场

金融市场就是资金融通的场所,是指资金供应者和资金需求者双方通过金融工具进行交易而融通资金的场所。广义的金融市场是指一切资本流动(包括实物资本和货币资本)的场所,其交易对象为货币借贷、票据承兑和贴现、有价证券的买卖、黄金和外汇买卖等。狭义的金融市场一般是指有价证券市场,即股票和债券的发行和转让市场。企业必须熟悉金融市场的各种类型和管理规则,以便有效地利用金融市场来组织资金的筹措和进行资本投资等活动。

(1) 金融市场按其组织方式的不同可分为两部分:一是有组织的、集中的场内交易市场,即证券交易所,它是金融市场的主体与核心;二是非组织化的、分散的场外交易市场(也称为柜台交易),它是证券交易所的必要补充。

(2) 金融市场按交易期限的不同,可分为短期资金市场和长期资金市场。短期资金市场是指以期限不超过1年的金融工具为媒介进行资金融通的市场,因为短期金融工具易于变现或被作为货币使用,所以又称之为货币市场。长期资金市场是指以期限在1年以上的金融工具为媒介进行资金融通的市场,因为长期资金主要用于固定资产等资本性货物的购置,所以又称之为资本市场。

(3) 金融市场按交易性质的不同,可分为发行市场和流通市场。发行市场是指从事新证券和票据等金融工具买卖的市场,也叫作初级市场或一级市场。流通市场是指从事已上市的现有证券或票据等金融工具转让的市场,也叫作次级市场或二级市场。

(4) 金融市场按金融工具的属性不同,可分为基础性金融市场和金融衍生品市场。基础性金融市场是指以基础性金融产品为交易对象的金融市场,如商业票据、债券和股票的交易市场;金融衍生品市场是指以金融衍生品为交易对象的金融市场。所谓金融衍生品,是指一种金融合约,其价值取决于一种或多种基础资产或指数,主要包括远期、期货、期权和掉期(互换),以及具有远期、期货、期权和掉期(互换)中的一种或多种特征的结构化金融工具。

(二) 金融工具

金融工具是指资金供应者将资金转移给资金需求者的凭据和证明,它是能够证明债权债务关系或所有权关系的合法凭证。金融工具一般具有流动性、风险性和收益性三个基本特征。

(1) 流动性是指金融工具在需要时迅速转变为现金而不致遭受损失的能力。

(2) 风险性是指购买金融工具的本金和预期收益遭受损失的可能性,一般包括信用风险和市场风险两个方面。

(3) 收益性是指持有金融工具所能带来的一定收益。

金融工具按期限不同可分为货币市场工具和资本市场工具,前者有商业票据、短期融资券等;后者主要有股票和债券。不同金融工具适用于不同的资金供求场合,具有不同的法律效力和流通功能以及不同的风险和成本。因此,企业必须选择适合自身的金融工具,以相对降低自身所承担的风险和成本。

(三) 我国主要的金融机构

社会资金从资金供应者手中转移到资金需求者手中,大多要通过金融机构。金融机构主要包括:

(1) 经营存贷业务的金融机构。这类金融机构主要有中国工商银行、中国农业银行、中国银行、中国建设银行、交通银行和各地的城市商业银行等。它们的基本功能是通过吸收存款积聚资金,并把这些资金以贷款的形式提供给资金需要者。

(2) 经营证券业务的金融机构。这类金融机构主要是指全国性或区域性的证券公司。它们通过承担证券的推销或包销以及参与企业兼并收购和充当企业财务顾问等工作,为企业融通资金提供服务。

(3) 其他金融机构。其他金融机构主要包括保险公司和租赁公司等。保险公司是通过收取保费集中一定资金,当投保人遭受损失时予以赔偿的金融机构。保险公司从收取保费到支付赔偿会间隔较长时期且赔偿后会有一定剩余。这些暂时闲置和剩余的资金按规定可用于投资,也可用于资金贷放。租赁公司则介于金融机构与企业之间,它先筹集资金购买各种租赁物,然后出租给企业。租赁公司经营租赁相当于向企业提供了短期资金,融资租赁则向企业提供了中长期资金。

(四) 利率

利率也称为利息率,是利息占本金的百分比。作为财务管理的重要参数,利率及其变动日益受到企业的高度重视。

1. 关于利率的几组概念

(1) 年利率、月利率和日利率。年利率是指按年计息的利率,一般按本金的百分之几表示,通常称年息几厘几毫。如年息 5 厘 4 毫即表明本金为 100 元的年利息为 5.4 元。月利率是按月计息的,一般为本金的千分之几,如月息 6 厘即本金为 1 000 元的月利息为 6 元。日利率是按日计息的,一般为本金的万分之几,如日息 5 厘即本金为 10 000 元的日利息为 5 元。

(2) 基准利率和套算利率。基准利率是指在多种利率并存的条件下起决定作用的利率,在我国就是中国人民银行对商业银行的再贷款利率。套算利率是指在基准利率的基础上,各金融机构根据基准利率和借贷款项的特点而换算出的利率。例如,某银行规定,贷款给 AAA 级、AA 级、A 级企业的利率应分别在基准利率基础上加 0.5%、1%、1.5%,加总计算所得到的利率便是套算利率。基准利率变动,其他利率也随之变动。因此,了解了基准利率水平的变化趋势,就可了解全部利率的变化趋势。

(3) 固定利率和浮动利率。固定利率是指在借贷期内固定不变的利率。在发生通货膨胀情况下，实行固定利率会使债权人利益受到损害。浮动利率是指在借贷期内随市场利率变化而在一定范围内调整的利率。在通货膨胀条件下采用浮动利率，可使债权人减少损失。

2. 利率的构成

从资金的借贷关系来看，利率是取得一定时期资金使用权的价格。它对于资金供应方来说属于收益，而对于资金需求方而言则属于成本。影响利率形成的因素有以下几个方面：

(1) 纯利率是指没有风险和通货膨胀情况下的社会资金平均利率。在没有通货膨胀时，国库券利率可以视为纯利率。纯利率的高低受社会资金平均利润率、资金供求关系和国家调节等因素的影响。

(2) 通货膨胀贴补率是指为弥补通货膨胀造成的购买力损失，由债权人要求给予一定贴补的利率。每次发行国库券的利息率随预期的通货膨胀率变化，它近似等于纯利率加通货膨胀贴补率。

(3) 违约风险贴补率是指为了弥补因债务人无法按时还本付息而带来的风险，由债权人要求提高的利率。显然，违约风险越大，则投资人或资金供应者要求的贴补率越高。

(4) 流动性风险贴补率又称为变现力风险贴补率，是指为了弥补因债务人资产的变现力较低而带来的风险，由债权人要求提高的利率。各种有价证券的变现力是不同的，政府债券和大公司债券容易被人接受，债权人和投资人随时可以出售以收回投资，变现力很强；而小公司的债券变现力相对于大公司要差，债权人往往要求该公司提高利率作为补偿。

(5) 期限风险贴补率是指为了弥补因偿债期长而带来的风险，由债权人要求提高的利率。不同期限的金融资产其利率有差异的原因就在于，期限越长的金融资产，未来的不确定性因素相对较多，投资者面临的风险就越大，为补偿投资者这一风险的利率也就越高。例如，5 年期国库券利率比 3 年期国库券高，两者的变现力和违约风险相同，差别就在于到期时间不同。

以上五项中，纯利率和通货膨胀贴补率两项构成基础利率，违约风险贴补率、流动性风险贴补率和期限风险贴补率三项构成风险贴补率。因此，利率的构成可表示为：

利率＝基础利率＋风险贴补率

＝(纯利率＋通货膨胀贴补率)＋(违约风险贴补率＋流动性风险贴补率＋期限风险贴补率)

3. 利率在财务管理中的意义

利率的高低对企业筹资、投资、营运资金和利润分配的管理都有重要影响。利率提高，则企业筹资成本提高，固定收益的债券投资的价格下降，对企业会产生不利影响；利率降低，则企业筹资成本降低，固定收益的债券投资的价格上升，企业将因此受益。在利率提高的情况下，负债筹资成本提高，企业可能会更多地选择留用利润的方式补充资金的不足，从而减少对股东的股利分配。利率水平也会影响营运资金的运用效果。

实务训练

将班级学生分成若干小组(5～8 人为一组)，针对 2010 年以来国内外法律环境、经济环境和金融环境的变化，每个小组收集一个当地企业的资料，组织讨论该企业应如何分析评估并采取哪些措施加以应对。

能力拓展训练

一、单项选择题

1. 企业筹资活动的最终结果是(　　)。
A. 银行借款　　B. 发行债券　　C. 发行股票　　D. 资金流入

2. 企业和政府之间的财务关系，主要是通过(　　)来体现的。
A. 税收征缴　　B. 利润分配　　C. 交费　　D. 借款贷还

3. 下列活动中，能够体现企业与投资者之间财务关系的是(　　)。
A. 企业向职工支付工资　　B. 企业向国家税务机关缴纳税款
C. 企业向其他企业支付货款　　D. 国有企业向国有资产投资公司分配利润

4. 以企业价值最大化作为财务管理目标存在的问题是(　　)。
A. 没有考虑资金的时间价值　　B. 没有考虑投资的风险价值
C. 企业的价值难以评定　　D. 容易引起企业的短期行为

5. 在下列各项中，能较好反映上市公司企业价值最大化目标实现程度的指标是(　　)。
A. 每股利润　　B. 总资产报酬率　　C. 市场占有率　　D. 每股市价

6. 经营者的财务管理对象是(　　)。
A. 资本　　B. 企业资产　　C. 现金流转　　D. 成本费用

7. (　　)是财务预测和财务决策的具体化，是财务控制和财务分析的依据。
A. 财务分析　　B. 财务决策　　C. 财务控制　　D. 财务预算

8. 企业财务管理活动最为主要的环境因素是(　　)。
A. 经济体制环境　　B. 财税环境　　C. 金融环境　　D. 法律环境

9. 在下列各项中，不属于企业财务管理金融环境内容的是(　　)。
A. 利率和金融市场　　B. 金融机构
C. 金融工具　　D. 税收法规

10. 在其他条件相同的情况下，5 年期债券与 3 年期债券相比(　　)。
A. 通货膨胀贴补率较大　　B. 违约风险贴补率较大
C. 流动性风险贴补率较大　　D. 期限风险贴补率较大

二、多项选择题

1. 企业财务活动包括(　　)。
A. 筹资活动　　B. 投资活动　　C. 资金营运活动　　D. 资金分配活动

2. 下列各项中，属于企业资金营运活动的有(　　)。
A. 采购原材料　　B. 销售商品　　C. 购买国库券　　D. 支付利息

3. 甲公司向乙公司赊销商品，并持有丙公司债券和丁公司股票，且向戊公司支付公司债务利息。假定不考虑其他条件，从甲公司的角度来看，下列各项中属于本企业与债务人之间财务关系的有(　　)。
A. 甲公司与乙公司之间的关系　　B. 甲公司与丙公司之间的关系
C. 甲公司与丁公司之间的关系　　D. 甲公司与戊公司之间的关系

4. 关于企业财务管理目标的观点有(　　)。

A. 利润最大化　　B. 每股利润最大化
C. 市场份额最大化　　D. 企业价值最大化

5. 以利润最大化作为财务管理目标的不足之处有(　　)。
A. 没有考虑实现利润的时间因素　　B. 没有考虑实现利润与投资的对比关系
C. 没有考虑实现利润的风险因素　　D. 不便于理解

6. 为确保企业财务目标的实现,可用于协调所有者和经营者矛盾的措施有(　　)。
A. 所有者解聘经营者　　B. 收回借款不再借款
C. 公司被其他公司接收或吞并　　D. 所有者给经营者以“股票期权”

7. 为协调所有者与债权人的矛盾,可采取的措施包括(　　)。
A. 规定资金用途　　B. 收回借款不再借款
C. 债转股　　D. 限制新债数额

8. 企业财务分层管理具体为(　　)。
A. 出资者财务　　B. 经营者财务　　C. 职工财务　　D. 财务经理财务

9. 财务管理的工作环节包括(　　)
A. 财务预测和决策　B. 财务预算　　C. 财务控制　　D. 财务分析

10. 在不存在通货膨胀的情况下,利率的组成因素包括(　　)。
A. 纯利率　　B. 违约风险贴补率
C. 流动性风险贴补率　　D. 到期风险贴补率

11. 对企业财务管理而言,下列因素中的(　　)只能加以适应和利用,但不能改变。
A. 国家的经济政策　　B. 金融市场环境
C. 企业经营规模　　D. 国家的财务法规

三、判断题

1. 企业的生产经营过程不仅表现为实物商品运动,而且还表现为资金运动。(　　)
2. 企业与政府之间的财务关系体现为一种投资与受资关系。(　　)
3. 只要能获取最大的利润,就可以使企业价值最大化。(　　)
4. 以利润最大化作为财务管理目标可能导致管理者的短期行为。(　　)
5. 企业价值与企业获利能力成正比,与企业风险成反比。(　　)
6. 就上市公司而言,将股东财富最大化作为财务管理目标的缺点是不容易被量化。(　　)
7. 在企业财务关系中最为重要的关系是企业与作为社会管理者的政府有关部门、社会公众之间的关系。(　　)
8. 解聘是一种通过市场约束经营者的办法。(　　)
9. 财务管理环境是指对企业财务活动和财务关系产生影响作用的企业各种外部条件的统称。(　　)
10. 企业财务管理会受到经济波动的影响,如经济紧缩,利率下降,企业筹资则比较困难。(　　)

项目二　财务管理的价值观念与方法

【知识目标】

- 辨析资金时间价值和投资风险价值的概念；
- 比较并熟记不同情况下资金时间价值的计算公式；
- 了解风险的种类，掌握风险衡量的步骤和方法；
- 了解投资风险与报酬的关系，熟记并解释必要投资报酬率的计算公式；
- 了解本量利的基本概念及前提条件；
- 掌握成本性态分析的主要方法，掌握本量利的关系式及计算与应用。

【能力目标】

- 能熟练地运用资金时间价值和风险价值解决实际问题；
- 能够利用本量利分析方法进行企业短期生产经营决策。

【引　言】　如果您想10年后购买一辆价值25万元的小汽车，从现在起您每年要存进银行多少钱？或者您正在筹划买房，您知道月供款是怎样计算出来的吗？再如，您在收看财经类节目时，常常听到一句话："股市有风险，入市须谨慎。"这里面涉及资金时间价值观念和风险价值观念。无论是筹资、投资、营运资金还是收益分配，都必须首先考虑资金的时间价值和投资的风险价值问题。

任务一　计算与分析资金时间价值

任务要求

不同时点上资金的经济价值不等，不能直接进行比较。所以，应对资金时间价值有所了解，能够熟练计算和运用资金时间价值的相关指标，把不同时点上的资金换算到相同的时点上，从而进行其大小的比较。

一、资金时间价值概述

1. 资金时间价值的概念

日常生活中，经常会遇到这样一种现象：一定量的资金在不同时点上具有不同价值，现在的 1 元钱比将来的 1 元钱更值钱。例如，现在将 1 000 元存入银行 1 年，年利率为 5%，1 年后可得到 1 050 元。于是，现在的 1 000 元与 1 年后的 1 050 元价值相等。这是因为 1 000 元经过 1 年的时间增值了 50 元。这增值的 50 元就是资金经过 1 年时间的价值。

资金时间价值是指资金的拥有者因放弃对资金的使用而根据其时间长短所获得的报酬，也称为货币时间价值。例如，企业将所拥有的货币资金存入银行、购买债券、出借给其他单位而获得的利息，在假设没有通货膨胀和风险的情况下，就是企业因放弃对这笔货币资金的使用而根据时间长短所获得的时间价值。

2. 资金时间价值的产生条件

资金时间价值产生的前提条件是，由于商品经济的高度发展和借贷关系的普遍存在，出现了资金使用权与所有权的分离，资金的所有者把资金使用权让渡给使用者，使用者必须把资金增值的一部分作为报酬支付给资金的所有者。

资金在生产经营周转过程中的价值增值是资金时间价值产生的根本源泉。也就是说，只有把资金投入生产经营以后，劳动者借以生产出新的产品才会带来利润，创造新的价值，使资金在投入、收回的不同时点上价值不同，从而形成价值差额。而西方财务理论认为，资金时间价值是天然的，是资金拥有者推迟现时消费而取得的一种价值补偿。

3. 资金时间价值的表示方法

资金时间价值可用金额——利息(I)和百分比——利息率(i)两种形式表示，通常用利息率表示。资金时间价值的实质就是在没有风险和通货膨胀条件下的社会平均资金利润率，是企业资金利润率的最低限度，也是使用资金的最低成本率。值得说明的是，其他各种形式的利息率，如贷款利率、债券利率等，除了包括时间价值因素外，还包括通货膨胀和风险价值因素，而在计算资金时间价值时，后两部分不应包括在内。

4. 终值和现值

在将不同时点的资金换算到相同时点的过程中，涉及两个非常重要的概念，即现值和终值。现值又称为本金(P)，是指未来某一时点上的一定量资金折算到现在的价值，如现在存入银行的 1 000 元即 1 年后得到的 1 050 元的现值；终值又称为将来值或本利和(F)，是指现在一定量的资金在未来某一时点上的价值，如 1 年后得到的 1 050 元即现在存入银行的 1 000 元的终值。因此，终值和现值是一定量资金在前后两个不同时点上对应的价值，其差额就是资金的时间价值。现值和终值对应的时点之间可以划分为若干计算利息的时期，称为计息期(n)。

二、一次性收付款项的终值和现值

一次性收付款项是指在某一特定时点上一次性支出或收入，经过一段时间后再一次性收回或支出的款项。例如，现在将一笔 10 000 元的现金存入银行，5 年后一次性取出本利和。

终值与现值的计算同利息的计算方法有关，而利息的计算方法又有单利和复利之分。

(一) 单利的现值和终值

单利是指每期期末计算利息时都以基期的本金作为计算的基础，前期的利息不计入下期的本金。其相关的计算公式为：

单利利息：$I=P\times i\times n$

单利终值：$F=P\times(1+i\times n)$

单利现值：$P=\frac{F}{1+i\times n}$

从以上公式可知，单利现值计算是单利终值计算的逆运算；单利终值系数$(1+i\times n)$与单利现值系数$\left(\frac{1}{1+i\times n}\right)$互为倒数。目前，我国银行定期存款利息都是按单利方法计算的。

[业务实例 2-1]　李伟将 5 000 元的现金存入银行，定期 2 年，银行存款利率为 5%。

要求：计算第 1 年和第 2 年的利息、终值。

解：$I_1=P\times i\times n=5\ 000\times5\%\times1=250$(元)

$I_2=P\times i\times n=5\ 000\times5\%\times2=500$(元)

$F_1=P\times(1+i\times n)=5\ 000\times(1+5\%\times1)=5\ 250$(元)

$F_2=P\times(1+i\times n)=5\ 000\times(1+5\%\times2)=5\ 500$(元)

从以上计算中显而易见，第 1 年的利息在第 2 年不再计息，只有本金在第 2 年计息。此外，无特殊说明，给出的利率均为年利率。

[业务实例 2-2]　张华希望 5 年后获得 10 000 元本利和，利率为 5%。

要求：计算张华现在需存入银行的金额。

解：$P=\frac{F}{1+i\times n}=\frac{10\ 000}{1+5\%\times5}=8\ 000$(元)

上面求现值的计算也可称为贴现值的计算，贴现使用的利率称为贴现率。

(二) 复利的现值和终值

复利是指每经过一个计息期，将所产生的利息计入本金再计算利息，逐期滚动计算，俗称"利滚利"。它的特点是每期不仅对基期的本金计息，而且对前期计算出的利息也要计入本金再次计息，即每期都以上期期末的本利和为基数计算利息。因此，采用复利计算时，计算的各期利息是递增的。在财务管理中，不论是投资、筹资，若计息期在两个或两个以上，通常均按复利来计算。

1. 复利终值

复利终值是指现在一定量的本金按复利计算的若干期后的本利和。其计算公式为：

$$F=P\times(1+i)^n$$

式中，$(1+i)^n$ 称为复利终值系数，用符号$(F/P,i,n)$表示，其数值可查阅"复利终值系数表"(见附表一)得到。该表的作用不仅在于已知 i 和 n 时查找 1 元的复利终值，也可以在已知 i 和 1 元复利终值 F 时，查找 n，或在已知 n 和 1 元复利终值 F 时，查找 i。

[业务实例 2-3]　李伟现在将 5 000 元的现金存入银行，定期 2 年，利率为 5%。

要求：计算第 1 年和第 2 年的本利和。

解：$F_1=P\times(1+5\%)^1=5\ 000\times(F/P,5\%,1)=5\ 000\times1.05=5\ 250$(元)

$F_2=P\times(1+5\%)^2=5\ 000\times(F/P,5\%,2)=5\ 000\times1.1025=5\ 512.50$(元)

上式中的$(F/P,5\%,2)$表示利率为 5%，期限为 2 年的复利终值系数。在"复利终值系数表"中，从第 1 列中找到利息 5%，第 1 行中找到期数 2，纵横相交处，可查到$(F/P,5\%,2)=1.102\ 5$。该系数表明，在年利率为 5%的条件下，现在的 1 元与 2 年后的 1.1025 元的经济价值是等效的。

将业务实例 2-1 与业务实例 2-3 进行比较发现，第 1 年的复利终值与单利终值是相等的，第 2 年的复利终值与单利终值不相等，两者相差 12.5(5 512.5−5 500)元。这是因为第 1 年本金所产生的利息在第 2 年也要计算利息，即 12.5(250×5%)元。因此，从第 2 年开始，复利终值大于单利终值。

[业务实例 2-4] 威麟公司决定提取 140 000 元准备兴建一栋仓库。根据施工单位按图纸估算，预算整个工程需要 300 000 元。如银行存款利率为 12%，每年复利一次。

要求：计算该公司需要存多少年才能获得建仓库所需要的资金。

解：$300\,000=140\,000\times(F/P,12\%,n)$

$$(F/P,12\%,n)=\frac{300\,000}{140\,000}=2.142\,9$$

查"一元复利终值系数表"，在 $i=12\%$ 的竖栏中先找一个比 2.142 9 小的终值系数，为 1.973 8，其相应期数为 6；然后，再找一个比 2.142 9 大的终值系数，为 2.210 7，其相应期数为 7。因此，所要求的 n 值一定是介于 6 和 7 之间。这样，就可以采用内插法进行计算，则：

$$n=6+\frac{2.142\,9-1.973\,8}{2.210\,7-1.973\,8}\times(7-6)=6.7(\text{年})$$

从以上计算结果可知，该公司需要存 6.7 年才能获得建仓库所需要的资金 300 000 元。

2. 复利现值

复利现值是指在未来若干期后一定量的资金按复利折算到现在的价值。其计算公式为：

$$P=F\times(1+i)^{-n}$$

式中，$(1+i)^{-n}$ 称为复利现值系数，用符号 $(P/F,i,n)$ 表示，其数值可查阅"复利现值系数表"(见附表二)得到。该表的使用方法与"1 元复利终值系数表"相同。

从复利终值计算公式与复利现值计算公式可知，复利现值计算是复利终值计算的逆运算。复利终值系数 $(F/P,i,n)$ 与复利现值系数 $(P/F,i,n)$ 互为倒数。

[业务实例 2-5] 华为公司 5 年后进行技术改造需要资金 100 000 元，银行利率为 5%。

要求：计算该公司现在应存入银行的金额。

解：$P=F\times(1+i)^{-5}=P\times(F/P,5\%,5)=100\,000\times0.783\,5=78\,350(\text{元})$

式中，$(P/F,5\%,5)$ 表示利率为 5%，期限为 5 年的复利现值系数。在"复利现值系数表"中，从第 1 列中找到利率 5%，第 1 行中找到期限 5，纵横相交处，可查得 $(P/F,5\%,5)=0.783\,5$。该系数表明，在年利率为 5% 的条件下，5 年后的 1 元与现在的 0.783 5 元的经济价值是等效的。

3. 复利利息

复利利息是在复利计息方式下的利息，即复利终值与复利现值的差额。其计算公式为：

$$I=F-P$$

[业务实例 2-6] 接业务实例 2-5 的资料，其复利现值为 78 350 元，复利终值为 100 000 元。

要求：计算其复利利息。

解：$I=100\,000-78\,350=21\,650(\text{元})$

三、年金的终值和现值

年金(A)是指一定时期内每隔相同的时间，收入或支出相同金额的系列款项。例如，直线法计提的折旧、等额支付的租金、等额分期付款、零存整取的存款等都属于年金。年金具有连续性和等额性等特点。连续性要求在一定时期内间隔相等时间就要发生一次收支业务，中间不得中断，必须形成系列。等额性要求每期收付款项的金额必须相等。

年金可分为普通年金、预付年金、递延年金和永续年金四种形式。其中，普通年金是年金的基本形式，而预付年金、递延年金和永续年金都是在普通年金的基础上派生出来的年金。

（一）普通年金

普通年金是指在间隔相等的每期期末收入或支出相等金额的系列款项，又称为后付年金。

1. 普通年金终值

普通年金终值是指每期期末收入或支出的相等款项，按复利计算在最后一期期末所得的复利终值之和，用 F_A 表示。每期期末收支的款项 A 折算到第 n 年年末的终值推导如下：

第 n 期收支的款项 A 折算到最后一期期末（第 n 年），其终值为 $A\times(1+i)^0$；

第 $n-1$ 期收支的款项 A 折算到最后一期期末（第 n 年），其终值为 $A\times(1+i)^1$；

……

第 2 期收支的款项 A 折算到最后一期期末（第 n 年），其终值为 $A\times(1+i)^{n-2}$；

第 1 期收支的款项 A 折算到最后一期期末（第 n 年），其终值为 $A\times(1+i)^{n-1}$。

那么，n 期的年金终值是：

$$F_A=A\times(1+i)^0+A\times(1+i)^1+\cdots+A\times(1+i)^{n-2}+A\times(1+i)^{n-1}$$

经数学推导可得：$F_A=A\times\dfrac{(1+i)^n-1}{i}$

式中，$\dfrac{(1+i)^n-1}{i}$称为年金终值系数，记为$(F/A,i,n)$，表示年金为 1 元、利率为 i 经过 n 期的年金终值是多少，可直接查“年金终值系数表”（见附表三）得到。该表的使用方法与“复利终值系数表”相同。

［业务实例 2-7］　李伟连续 5 年每年年末存入银行 10 000 元，利率为 5%。

要求：计算李伟第 5 年年末可得的本利和。

解：$F_A=A\times(F/A,5\%,5)=10\,000\times5.525\,6=55\,256$（元）

以上计算结果表明，李伟每年年末存入 10 000 元，连续存 5 年，到第 5 年年末可得 55 256 元。

［业务实例 2-8］　宏达公司有一基建项目，分 5 年投资，每年年末投入 400 000 元，预计 5 年后建成。若该项目的投资来自于银行借款，利率为 14%。

要求：计算该项投资的投资总额。

解：$F_A=A\times(F/A,14\%,5)=400\,000\times6.610\,1=2\,644\,040$（元）

以上计算结果表明，该项投资的投资总额是 2 644 040 元。

2. 年偿债基金

年偿债基金是指为在未来某一时点偿还一定数额的债务，而应分次等额形成的存款准备金。它是年金终值的逆运算，是已知普通年金终值 F_A，求年金 A。由上述普通年金终值的计算公式，可直接求得年偿债基金的计算公式：$A=F_A\times\dfrac{i}{(1+i)^n-1}$

式中，$\dfrac{i}{(1+i)^n-1}$称作偿债基金系数，记为$(A/F,i,n)$。它是年金终值系数的倒数，可查偿债基金系数表，也可根据年金终值系数的倒数来确定，即：$(A/F,i,n)=\frac{1}{(F/A,i,n)}$。

［业务实例 2-9］ 华威公司决定自今年起建立偿债基金，即在今后 5 年内每年年末存入银行等额款项，用来偿还在第 6 年年初到期的公司债务 5 000 000 元。利率为 5%，每年复利一次。

要求：计算该公司每年年末需存入银行的金额。

解：$A=F_A\times(A/F,5\%,5)=F_A\times\frac{1}{(F/A,5\%,5)}=5\,000\,000\times\frac{1}{5.525\,6}=904\,879$(元)

以上计算结果表明，在利率为 5%时，该公司每年年末存入银行 904 879 元，第 6 年年初才能还清债务 5 000 000 元。

3. 普通年金现值

普通年金现值是指一定时期内每期期末收入或支出的相等款项，按复利计算在第 1 期期初所得的复利现值之和，用 P_A 表示。每期期末收支的款项 A 折算到时点 0 的现值推导如下：

第 1 期期末的收支款项 A 折算到时点 0 的现值为 $A\times(1+i)^{-1}$；

第 2 期期末的收支款项 A 折算到时点 0 的现值为 $A\times(1+i)^{-2}$；

……

第 $n-1$ 期期末的收支款项 A 折算到时点 0 的现值为 $A\times(1+i)^{-(n-1)}$；

第 n 期期末的收支款项 A 折算到时点 0 的现值为 $A\times(1+i)^{-n}$。

那么，n 期的年金现值是：

$$P_A=A\times(1+i)^{-1}+A\times(1+i)^{-2}+\cdots+A\times(1+i)^{-(n-1)}+A\times(1+i)^{-n}$$

经数学推导可得：$P_A=A\times\frac{1-(1+i)^{-n}}{i}$

式中，$\frac{1-(1+i)^{-n}}{i}$称为年金现值系数，记为$(P/A,i,n)$，表示年金为 1 元经过 n 期的年金现值是多少，可查“年金现值系数表”(见附表四)得到。该表的使用方法与“复利终值系数表”相同。

［业务实例 2-10］ 方先生希望每年末取得 10 000 元，连续取 5 年，利率为 5%。

要求：计算方先生第 1 年年初应一次存入银行的金额。

解：$P_A=A\times(P/A,5\%,5)=10\,000\times4.329\,5=43\,295$(元)

以上计算结果表明，为了每年年末取得 10 000 元，方先生第 1 年年初应一次存入银行 43 295 元。

［业务实例 2-11］ 林先生最近准备买房，看了好几家开发商的售房方案，其中一个方案是 A 开发商出售一套 100 平方米的住房，要求首期支付 10 万元，然后分 6 年每年年末支付 3 万元，利率为 6%。

要求：计算林先生每年支付的 3 万元相当于现在多少钱，并与现在 2 000 元/平方米的市场价格进行比较以判断分期付款购房是否合算。

解：$P_A=A\times(P/A,6\%,6)=3\times4.917\,3=14.751\,9$(万元)

林先生分期付给 A 开发商的资金现值$=10+14.751\,9=24.751\,9$(万元)

如果直接按每平方米 2 000 元购买，林先生只需付出 20 万元。故分期付款对他不合算。

4. 年资本回收额

年资本回收额是指现在投入一定数额的资金，在未来若干年内每年年末收回多少才能全部收回现在投入的本金。它是年金现值的逆运算，是已知普通年金现值 P_A，求年金 A。由上述普通年金现值的计算公式，可直接求得年资本回收额的计算公式：$A=P_A\times\frac{i}{1-(1+i)^{-n}}$

式中，$\frac{i}{1-(1+i)^{-n}}$称作资本回收系数，记为$(A/P,i,n)$。它是年金现值系数的倒数，可查资本回收系数表获得，也可利用年金现值系数的倒数来求得，即：$(A/P,i,n)=\frac{1}{(P/A,i,n)}$。

[业务实例 2－12]　宏达公司拟投资 1 000 万元建设一个预计寿命期为 10 年的更新改造项目。若企业期望的资金报酬率为 10%。

要求：计算该企业每年年末至少要从这个项目获得多少报酬才算是合算的。

解：$A=P_A\times(A/P,10\%,10)=P_A\times\frac{1}{(P/A,10\%,10)}=1\,000\times\frac{1}{6.144\,6}=162.74$(万元)

以上计算结果表明，该企业每年末至少要从这个项目获得 162.74 万元报酬才算是合算的。

[业务实例 2－13]　李伟购入一套商品房，须向银行按揭贷款 100 万元，准备 20 年年内于每年年末等额偿还。银行贷款利率为 5%。

要求：计算李伟每年应归还贷款的金额。

解：$A=P_A\times(A/P,5\%,20)=P_A\times\frac{1}{(P/A,5\%,20)}=100\times\frac{1}{12.462\,2}=8.024\,3$(万元)

以上计算结果表明，李伟每年应归还 8.024 3 万元贷款。

(二) 预付年金

预付年金是指在间隔相等的每期期初收入或支出相等金额的系列款项，也称为先付年金或即付年金。

预付年金与普通年金的区别在于收付款的时点不同，普通年金在每期期末收付款项，而预付年金在每期期初收付款项，但 n 期的预付年金与 n 期的普通年金，其收付款次数是相同的。如果计算终值，预付年金要比普通年金多计一期利息；如果计算现值，则预付年金要比普通年金少折现一期。因此，在普通年金终值、现值的基础上，乘上$(1+i)$便可以计算出预付年金终值与现值。

1. 预付年金终值

$$F_A=A\times\frac{(1+i)^n-1}{i}\times(1+i)=A\times(F/A,i,n)\times(1+i)$$

或：

$$F_A=A\times\frac{(1+i)^{n+1}-(1+i)}{i}=A\times\left[\frac{(1+i)^{n+1}-1}{i}-1\right]$$

式中，$\left[\frac{(1+i)^{n+1}-1}{i}-1\right]$是预付年金终值系数，记为$[(F/A,i,n+1)-1]$，可利用“1 元年金终值系数表”查得$(n+1)$期的值，然后减 1 得出。

[业务实例 2－14]　将业务实例 2－7 中收付款的时间改为每年年初，其余条件不变。

要求：计算李伟第 5 年年末可得的本利和。

解：$F_A=A\times(F/A,5\%,5)\times(1+5\%)=10\,000\times5.525\,6\times1.05=58\,019A$(元)

或：

$F_A=A\times[(F/A,5\%,5+1)-1]=10\ 000\times[6.801\ 9-1]=58\ 019$(元)

以上计算结果与业务实例 2-7 中的普通年金终值相比，相差 2 763(58 019—55 256)元，该差额实际上就是预付年金终值比普通年金终值多计 1 年利息所致，即 2 763(55 256×5%)元。

2. 预付年金现值

$$P_A=A\times\frac{1-(1+i)^{-n}}{i}\times(1+i)=A\times(P/A,i,n)\times(1+i)$$

或：

$$F_A=A\times\frac{(1+i)-(1+i)^{-(n-1)}}{i}=A\times\left[\frac{1-(1+i)^{-(n-1)}}{i}+1\right]$$

式中，$\left[\frac{1-(1+i)^{-(n-1)}}{i}+1\right]$是预付年金现值系数，记为$[(P/A,i,n-1)+1]$，可利用“1元年金现值系数表”查得($n-1$)期的值，然后加 1 得出。

[业务实例 2-15] 将业务实例 2-10 中收付款的时间改在每年年初，其余条件不变。

要求：计算方先生第 1 年年初应一次存入银行的金额。

解：$P_A=A\times(P/A,5\%,5)\times(1+5\%)=10\ 000\times4.329\ 5\times1.05=45\ 460$(元)

或：

$F_A=A\times[(P/A,5\%,5-1)+1]=10\ 000\times[3.546\ 0+1]=45\ 460$(元)

以上计算结果与业务实例 2-10 中普通年金现值相比，相差 2 165(45 460—43 295)元，该差额实际上是由于预付年金现值比普通年金现值少折现一期造成的，即 2 165(43 295×5%)元。

(三) 递延年金

递延年金是指第一次收付款项发生在第 2 期或第 2 期以后期末的年金。递延年金与普通年金的区别在于递延年金的第一次款项收付没有发生在第 1 期，而是隔了 m 期(这 m 期就是递延期)，在第($m+1$)期期末才发生第一次收付，并且在以后 n 期内，每期期末均发生等额的款项收付。

1. 递延年金终值

递延年金终值的大小与递延期无关，只与年金收付期有关，它的计算方法与普通年金相同，即：$F_A=A\times(F/A,i,n)$

[业务实例 2-16] 宏达公司拟购买一处房产，开发商提供以下三个付款方案：

(1) 从现在起，15 年内每年年末支付 10 万元；

(2) 从现在起，15 年内每年年初支付 9.5 万元；

(3) 前 5 年不支付，从第 6 年起到第 15 年每年年末支付 18 万元。

假设按利率 10%复利计息。

要求：若采用终值方式比较，试分析判断哪一种付款方式对该公司有利。

解：方案一：$F_A=10\times(F/A,10\%,15)=10\times31.772=317.72$(万元)

方案二：$F_A=9.5\times[(F/A,10\%,16)-1]=9.5\times[35.950-1]=332.03$(万元)

方案三：$F_A=18\times(F/A,10\%,10)=18\times15.937=286.87$(万元)

以上计算结果表明，该公司应采用第三种付款方案。

2. 递延年金现值

递延年金现值可分别用以下三种方法来计算：

方法一，先把递延年金视为 n 期的普通年金，求出年金在递延期期末 m 点的现值，再将 m 点的现值复利折现到第 1 期期初，即：$P_A=A\times(P/A,i,n)\times(P/F,i,m)$

方法二，先假设递延期也发生收支，即变成一个$(m+n)$期的普通年金，求出$(m+n)$期的年金现值，再扣除实际并未发生款项收支的递延期(m)的年金现值，即：

$$P_A=A\times[(P/A,i,m+n)-(P/A,i,m)]$$

方法三，先计算递延年金$(m+n)$期期末的终值，再计算出第 1 期期初的复利现值，即：

$$P_A=A\times(F/A,i,n)\times(P/F,i,m+n)$$

[业务实例 2－17]　海天公司年初投资一项目，希望从第 5 年开始至第 10 年每年年末取得 10 万元收益。假定年利率 5%。

要求：计算该企业年初最多投资多少才有利。

解法一：$P_A=A\times(P/A,5\%,6)\times(P/F,5\%,4)$

$=10\times5.0757\times0.8227=41.76$(万元)

解法二：$P_A=A\times[(P/A,5\%,10)-(P/A,5\%,4)]$

$=10\times(7.7217-3.5460)=41.76$(万元)

解法三：$P_A=A\times(F/A,5\%,6)\times(P/F,5\%,10)$

$=10\times6.8019\times0.6139=41.76$(万元)

以上计算结果表明，该企业年初最多投资 41.76 万元。

(四) 永续年金

永续年金是指无限期收入或支出的年金。由于永续年金的期限趋于无限，没有终止时间，因而没有终值，只有现值。永续年金的现值可通过普通年金现值的计算公式推导如下：

$$P_A=A\times\frac{1-(1+i)^{-n}}{i}$$

当 $n\to\infty$ 时，$(1+i)^{-n}\to0$，则：$P_A=\frac{A}{i}$。

[业务实例 2－18]　华为公司要建立一项永久性帮困基金，计划每年拿出 5 万元帮助失学儿童。年利率为 5%。

要求：计算华为公司现在应筹集的资金金额。

解：$P_A=\frac{A}{i}=\frac{5}{5\%}=100$(万元)

以上计算结果表明，华为公司现在应筹集到 100 万元资金，才能每年拿出 5 万元帮助失学的儿童。

利用上面所描述的各种计算资金时间价值的方法，就可以将不同时间的资金统一在同一个时点上进行比较，排除了因时间的不同而导致的不可比因素。

四、资金时间价值计算中的特殊问题

1. 反求利率

前面介绍的关于终值与现值的计算，都假定利率是给定的。但在财务管理中，经常会碰到已知期数、年金、终值和现值，反求利率的问题。

[业务实例 2－19] 张先生把 10 000 元存入银行，按复利计息，若要在 10 年后获得本利和 25 937 元。

要求：计算银行存款的利率。

解： 由 25 937＝10 000×$(F/P,i,10)$可得：

$(F/P,i,10)=2.593\,7$

查“1 元复利终值系数表”，与 $n=10$ 相对应的贴现率中，10%的系数为 2.593 7，故银行存款利率为 10%。

[业务实例 2－20] 张先生现在向银行存入 5 000 元，按复利计息。

要求：计算当利率为多少时，才能保证张先生在以后 10 年中每年年末得到 750 元。

解： 由 5 000＝750×$(P/A,i,10)$可得：

$(P/A,i,10)=6.667\,0$

查“1 元年金现值系数表”，当利率为 8%时，系数为 6.710 1；当利率为 9%时，系数为 6.417 7。可知所求利率必然介于 8%～9%之间，假定 x 为所求利率，可以用内插法计算 x 的值。则：

$$x=8\%+(9\%-8\%)\times\frac{6.710\,1-6.667\,0}{6.710\,1-6.417\,7}=8.15\%$$

故利率为 8.15%。

2. 名义利率与实际利率

上面的有关计算均假定利率为年利率，每年计息一次。但在实务中，有时会遇到计息期短于 1 年的情况。比如，债券每半年付息一次，股利每季度支付一次等，这就需要以半年、季度甚至每天作为计息期。当每年计息次数(m)超过一次时，这时给出的年利率叫作名义利率(r)；而实际利率(i)是指每年实际所得利息与本金之比。名义利率与实际利率的换算关系如下：

$$i=(1+\frac{r}{m})^m-1$$

[业务实例 2－21] 王小姐将 10 000 元投资于一种债券，期限 5 年，年利率 8%，每季度计息一次。

要求：计算王小姐第 5 年年末债券投资的本利和与所得利息。

解： 根据名义利率与实际利率的换算公式 $i=\left(1+\frac{r}{m}\right)^m-1$，本题中 $r=8\%$，$m=4$，则有：

$i=\left(1+\frac{8\%}{4}\right)^4-1=8.24\%$

$F=10\,000\times(1+8.24\%)^5=14\,859$(元)

$I=F-P=14\,859-10\,000=4\,859$(元)

这种方法先计算以年利率表示的实际利率，然后按复利计息年数计算到期本利和。由于计算出的实际利率往往不是整数，故不能通过查表的方式计算到期本利和。因此可以考虑第二种方法，即将$\frac{r}{m}$作为计息期利率，将$(m\times n)$作为计息期进行计算。上例中采用第二种方法的计算过程如下：

每季度利率＝8%÷4＝2%

5 年内复利次数＝4×5＝20(次)

$F=10\,000\times(F/P,2\%,20)=10\,000\times1.485\,9=14\,859$(元)

$I=F-P=14\,859-10\,000=4\,859$(元)

[业务实例 2-22]　王小姐将 10 000 元投资于一种债券，期限 5 年，年利率 8%，每年计息一次。

要求：计算王小姐第 5 年年末债券投资的本利和与所得利息。

解：$F=10\,000\times(F/P,8\%,10)=10\,000\times1.469\,3=14\,693$(元)

$I=F-P=14\,693-10\,000=4\,693$(元)

由以上两例可知，当 1 年内计息若干次时，实际所得利息要比 1 年计息一次计算的利息高。业务实例 2-21 中的利息 4 859 元比业务实例 2-22 中的利息 4 693 元多 166 元。这说明当本金、期限和年利率都相同的情况下，由于年计息次数不同，实际利率高于名义利率。

实务训练

在个人住房公积金贷款中，利率为 10%，期限为 10 年，贷款 12 万元，每年还款计划如表 2-1 所示。

表 2-1　每年还款计划

金额单位：元

年　份	本　金	利　息	合　计	剩余本金
1	7 529.45	12 000.00	19 529.45	112 470.55
2	8 282.39	11 247.06	19 529.45	104 188.16
3	9 110.63	10 418.82	19 529.45	95 077.53
4	10 021.70	9 507.75	19 529.45	85 055.83
5	11 023.86	8 505.59	19 529.45	74 031.97
6	12 126.25	7 403.20	19 529.45	61 905.72
7	13 338.87	6 190.58	19 529.45	48 566.85
8	14 672.77	4 856.68	19 529.45	33 894.08
9	16 140.03	3 389.42	19 529.45	17 754.05
10	17 754.05	1 775.40	19 529.45	0.007

将班级学生分成若干小组（5～8 人为一组），每个小组组织讨论，并进行以下分析：

(1) 每年的利息计息基础是多少？

(2) 越到后面年份，你越想提前还款吗？为什么？

任务二　分析风险与报酬的关系

任务要求

财务活动中的风险是客观存在的。从市场角度来看，风险与收益之间总是存在一种均衡关系，即等量风险应当取得与所承担风险相对等的等量收益。所以，企业理财时，必须研究风险、计量风险并设法控制风险，要根据所冒风险的大小来确定应取得的必要投资报酬率。

一、风险概述

（一）风险的概念

风险是指在一定条件下或一定时期内，某一项行动具有多种可能而不确定的结果。风险是“一定条件下”的风险。投资者在什么时间、买哪一种或哪几种股票、各买多少，风险是不一样的。但这些问题一旦决定下来，风险的大小就无法改变了。因此，特定投资的风险大小是客观的。风险大小随时间的变化而变化。随着时间的延续，事件的不确定性在缩小，事件完成，其结果也就完全肯定了，也就不存在风险了。如对一个投资项目的成本，事先的预计可能不很准确，越接近完工则预计越准确。因此，风险总是“一定时期内”的风险。

风险产生的原因是决策者缺乏信息或不能控制未来事物的发展过程。例如，我们在预计一个投资项目的报酬时，不可能十分精确，也没有百分之百的把握。这是因为有些事情的未来发展我们事先不能确知（如产品价格、销量和成本等），还有可能发生我们预想不到且无法控制的变化。

风险具有多样性和不确定性。人们可以事先估计采取某种行动可能导致的各种结果以及每种结果出现的可能性大小，但无法确定最终结果是什么。例如，掷一枚硬币，我们可以事先知道硬币落地时有正面朝上和反面朝上两种结果，并且每种结果出现的可能性各为50%，但谁也无法事先知道硬币落地时是正面朝上还是反面朝上。

风险是客观的、普遍的，广泛地存在于企业的财务活动中，并影响着企业的财务目标。由于企业的财务活动经常是在有风险的情况下进行的，各种难以预料和无法控制的因素可能会使企业遭受风险，蒙受损失。但如果只有损失，必然没人去冒险；而企业冒着风险投资的最终目的是为了得到更多收益。所以，从财务管理的角度来看，风险就是企业在各项财务活动中，由于各种难以预料或无法控制的因素作用，使企业实际收益与预计收益发生背离的可能性。

（二）风险的类型

1. 按影响范围不同，企业面临的风险主要有两种，即市场风险和企业特有风险

（1）市场风险。市场风险是指那些对所有的项目或企业都产生影响的因素引起的风险。它由企业的外部因素引起，如战争、自然灾害、利率变化、经济周期变化等。这类风险涉及所有投资对象，不能通过分散化投资来消除，故又称之为系统风险或不可分散风险。例如，投资者投资于股票，不论买哪一只股票，都要承担市场风险，经济衰退时各种股票的价格都要不同程度地下跌。

(2) 企业特有风险。企业特有风险是指发生于个别项目或企业的特有事件造成的风险，如新产品开发失败、没有争取到重要合同、工人罢工等。这类事件是随机发生的，只与个别企业和个别投资项目有关，不涉及所有企业和所有项目，因而可以通过分散化投资来消除或减轻，故又称之为非系统风险或可分散风险。例如，投资者投资股票时，买多只不同的股票要比只买一只股票风险小。

2. 按形成原因不同，企业特有风险又可细分为经营风险和财务风险

(1) 经营风险。经营风险是指因生产经营方面的原因给企业盈利即息税前利润带来的不确定性。经营风险是企业固有的，任何企业都必然承受着这种风险。因为企业生产经营的许多方面都会受到来源于企业外部和内部诸多因素的影响，不可避免地具有很大的不确定性。比如，原材料供应地的政治局势变动、运输路线改变、原材料价格变动等因素带来的供应方面的风险；产品生产方向不对、生产质量不合格、新产品开发失败、生产组织不合理等因素带来的生产方面的风险；出现新的竞争对手、消费者爱好发生变化等因素带来的销售方面的风险，所有这些生产经营方面的不确定性，都会带来企业收益的不确定性。

(2) 财务风险。财务风险又称为筹资风险，是指由于举债而给企业财务成果(净资产收益率或普通股每股收益)和偿债能力带来的不确定性。企业全部资金中除自有资金外还有一部分借入资金，而借入资金须还本付息。若企业息税前利润率低于借入资金利息率，使用借入资金获得的利润还不够支付利息，需动用自有资金获得的利润的一部分来支付利息，从而使自有资金收益水平降低；若全部息税前利润不足以支付利息，就会使企业发生亏损；若企业亏损严重，财务状况恶化，丧失支付能力，就会出现无法定期还本付息甚至招致破产的危险。

二、风险的衡量与控制对策

(一) 风险的衡量

由于风险具有普遍性和广泛性，因此正确衡量风险就显得十分重要。风险是对可能结果的描述，即决策者一般能预测某个财务事项的各种可能出现的结果，但不能确定到底会实际出现哪种结果，这是一个概率分布问题。因此，风险可以通过数学方法来计量，即利用概率分布，采用期望值和标准差(系数)来计算和衡量风险的大小。

1. 确定概率分布

在完全相同的条件下，某一事件可能发生也可能不发生，可能出现这种结果也可能出现另一种结果。这类事件称为随机事件，用 X 表示，用 X_i 表示随机事件的第 i 种结果。概率就是用来反映随机事件某种结果发生的可能性大小的数值，用 P_i 表示第 i 种结果出现的概率。一般来说，某种结果的概率在 0 与 1 之间，即 $0<P_i<1$。P_i 越大，表示第 i 种结果发生的可能性越大；反之，P_i 越小，表示第 i 种结果发生的可能性越小。所有可能结果出现的概率之和一定为 1，即 $\sum_{i=1}^{n} P_i = 1$。其中，n 表示某一随机事件所有可能结果的数目。如果将某一随机事件的各种可能结果及相应的概率按一定规则排列出来，则构成概率分布。

[业务实例 2-23] 海威公司正在考虑三个投资项目，其中 A 和 B 是两个不同的房地产项目，而 C 项目是投资于一家新成立的高科技公司。在不同市场情况下，这三个投资项目的各种可能收益及概率如表 2-2 所示。

表 2-2 海威公司投资项目未来可能的收益率情况

市场情况	概率 P_i	项目 A 收益率	项目 B 收益率	项目 C 收益率
疲软	0.3	−20%	−15%	−100%
正常	0.5	26%	21%	40%
繁荣	0.2	50%	40%	120%

从表 2-2 中可知，所有市场情况的概率 P_i 均在 0 和 1 之间，且 $P_1+P_2+P_3=1$。

2. 确定期望值

期望值是指一个随机事件所有可能发生的结果与各自概率之积的加权平均值，是加权平均的中心值，用 E 表示。其计算公式为：

$$E=\sum_{i=1}^{n} x_i p_i$$

期望收益是预计收益的平均化，在各种不确定性因素的影响下，它反映了投资者的合理预期收益。

[业务实例 2-24] 接业务实例 2-23 中的资料。

要求：计算各投资项目年收益率的期望值。

解：$E_A=(-20\%)\times0.3+26\%\times0.5+50\%\times0.2=17\%$

$E_B=(-15\%)\times0.3+21\%\times0.5+40\%\times0.2=14\%$

$E_C=(-100\%)\times0.3+40\%\times0.5+120\%\times0.2=14\%$

3. 确定标准差

投资的风险程度同收益的概率分布有着密切联系。概率分布越集中，实际可能的结果就越接近预期收益；反之，概率分布越分散，投资的风险程度就越大。因此，可以根据离散程度来衡量方案风险的大小。反映随机变量离散程度的指标主要有标准差和标准差系数。标准差是用来衡量概率分布中各种可能值对期望值的偏离程度，它反映风险的绝对大小，用 σ 表示。其计算公式为：

$$\sigma=\sqrt{\sum_{i=1}^{n}(X_i-E)^2\times P_i}$$

标准差是一个绝对数。在多个方案的情况下，若期望值相同，标准差越大，表明各种可能值偏离期望值的幅度越大，结果的不确定性就越大，则风险也就越大；反之，标准差越小，表明各种可能值偏离期望值的幅度越小，结果的不确定性就越小，则风险也就越小。

[业务实例 2-25] 接业务实例 2-23 的资料。

要求：计算标准差，并分析比较风险的大小。

解：$\sigma_A=\sqrt{(-20\%-17\%)^2\times0.3+(26\%-17\%)^2\times0.5+(50\%-17\%)^2\times0.2}=25.86\%$

$\sigma_B=\sqrt{(-15\%-14\%)^2\times0.3+(21\%-14\%)^2\times0.5+(40\%-14\%)^2\times0.2}=20.30\%$

$\sigma_C=\sqrt{(-100\%-14\%)^2\times0.3+(40\%-14\%)^2\times0.5+(120\%-14\%)^2\times0.2}=80.52\%$

根据上述三个投资项目收益率的分布，从直观上可以看出，项目 B 的收益率比项目 C 的收益率偏离程度小。项目 B 可能发生的收益率相对集中，它的变动范围在 −15%～40%；而项目 C 可能发生的收益率则相对分散，在 −100%～120%，然而这两个项目的预期收益率相同。因此可以判断出：项目B的风险比项目C的风险小得多。从标准差的计算也可以看出，项目C的标准差大于项目B的标准差，项目C的风险确实大于项目B的风险。

而项目A的标准差虽然大于项目B的标准差，但项目A的预期收益率也大于项目B的预期收益率，故不能用标准差比较项目A和项目B的风险，需要进一步计算其标准差系数。

4. 确定标准差系数

标准差作为反映可能值与期望值偏离程度的一个指标，可用来衡量风险。但它只适用于在期望值相同条件下风险程度的比较；对于期望值不同的决策方案，须引入标准差系数这个概念。标准差系数是指收益率的标准差与期望值的比值，也称为离散系数，用V表示。其计算公式如下：

$$V=\frac{\sigma}{E}$$

标准差系数以相对数衡量风险的大小，它表示每单位预期收益所包含的风险。标准差系数可以用来比较具有不同预期收益率的风险。在期望值不同时，标准差系数越大，表明可能值与期望值的偏离程度越大，结果的不确定性就越大，风险也就越大；反之，标准差系数越小，表明可能值与期望值的偏离程度越小，结果的不确定性就越小，风险也就越小。

[业务实例2-26] 接业务实例2-23的资料。

要求：计算三个投资项目的标准差系数，并比较风险的大小。

解：$V_A=\frac{\sigma}{E}=\frac{25.86\%}{17\%}=1.521$

$V_B=\frac{\sigma}{E}=\frac{20.30\%}{14\%}=1.450$

$V_C=\frac{\sigma}{E}=\frac{80.52\%}{14\%}=5.751$

以上计算结果可以看出，项目C的标准差系数最大，其次是项目A，项目B的标准差系数最小。所以，项目C的风险最大，其次是项目A，项目B的风险最小。

(二) 风险控制对策

1. 规避风险

当某项投资风险所造成的损失不能由该项投资可能获得的收益予以抵消时，应当放弃该项投资。比如，拒绝与不守信用的厂商业务往来，放弃可能明显导致企业亏损的投资项目。

2. 减少风险

减少风险主要有两个方面意思：一是控制风险因素，减少风险的发生；二是控制风险发生的频率和降低风险损害程度。减少风险的常用方法有进行准确的预测；对决策进行多方案优选和替代；及时与政府部门沟通获取政策信息；在开发新产品前，充分进行市场调研；开展多领域、多项目、多品种的经营或投资以分散风险等。

3. 转移风险

对可能给企业带来灾难性损失的投资，企业应以一定的代价，采取某种方式转移风险。如向保险公司投保；采取合资、联营、联合开发等措施实现风险共担；通过技术转让、租赁经营和业务外包等实现风险转移。

4. 接受风险

接受风险包括风险自担和风险自保两种。风险自担是指风险损失发生时，直接将损失摊入成本或费用,冲减利润。风险自保是指企业预留一笔风险金或随着生产经营的进行,有计划地计提资产减值准备等。

三、风险报酬与必要投资报酬率

1. 风险报酬

对任何一个投资者而言,都宁愿要具有确定性的某一报酬,而不愿意要包含不确定性因素的同一报酬,这种心理称为风险反感或风险厌恶。而企业财务活动和经营管理活动总是在有风险的状态下进行的,只不过风险有大有小。投资者冒着风险投资是为了获得更多的报酬。风险与报酬之间存在密切的对应关系:高风险的项目必然有高报酬,低风险的项目必然是低报酬。因此,风险报酬是投资报酬的组成部分。

那么,什么是风险报酬呢?它是指投资者因冒着风险进行投资而获得的超过资金时间价值的那部分额外收益,是对人们所冒风险的一种补偿,也称为风险价值。它的表现形式可以是风险报酬额或风险报酬率,在财务管理实务中一般以风险报酬率来表示。

2. 必要投资报酬率

投资者冒着风险进行投资所希望得到的投资报酬率是无风险报酬率与风险报酬率之和,这一报酬率在财务上称为必要投资报酬率,也称为最低要求的收益率。即:

必要投资报酬率＝资金时间价值＋通货膨胀贴补率＋风险报酬率

＝无风险报酬率＋风险报酬率

无风险报酬率就是在没有风险状态下的投资报酬率,是投资者投资某一项目能够肯定得到的报酬,它的大小由纯利率(资金时间价值)和通货膨胀贴补率两部分组成,可用短期国债收益率表示。风险报酬率与风险程度和风险报酬斜率的大小成正比关系。风险报酬斜率则取决于投资者对风险的偏好。对风险的态度越是回避,要求的补偿就越高,则风险报酬斜率也就越大;反之,如果对风险的容忍程度越高,则要求的风险补偿就没那么高,那么风险报酬斜率也就越小。上述关系式可用图 2－1 表示。

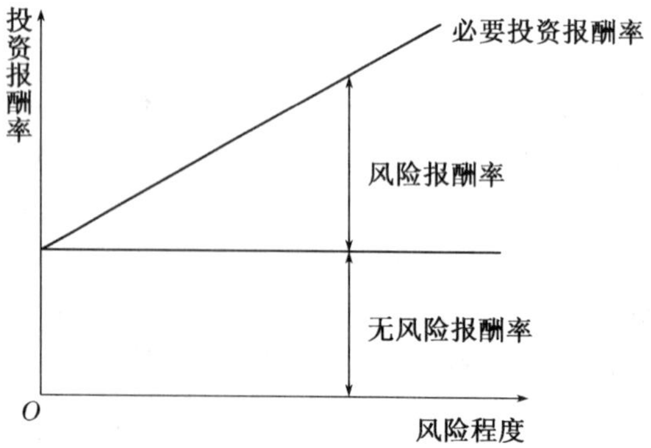

图 2－1　投资报酬率

[业务实例 2－27]　无风险报酬率为 5%,某项投资的风险报酬率为 10%。

要求:计算必要投资报酬率。

解:必要投资报酬率＝无风险投资报酬率＋风险报酬率＝5%＋10%＝15%

实务训练

将班级学生分成若干小组(5～8人为一组),每个小组分别选择当地一家特定企业开展社会实践与调研,组织讨论并分析该企业面临的主要风险类型、风险控制的主要手段和方法,以及了解行业风险报酬情况。

任务三　成本性态分析与本量利分析

任务要求

成本性态分析是本量利分析的基础,而本量利分析法是财务管理的基本方法之一,运用范围很广。所以,应了解本量利的基本概念及前提条件,掌握成本性态分析的主要方法,掌握本量利的关系式及计算与应用。

一、成本性态与成本分类

(一) 成本性态

成本性态是指成本总额与特定的业务量之间在数量方面的依存关系,又称为成本习性。其目的是要反映成本与业务量之间的内在联系;分析当业务量变动时,与之相应的成本是否相应变动。这里的业务量是指企业在一定的生产经营期内投入或完成的工作量的统称,可以是生产量、销售量,也可以是直接人工工时、机器工时。成本总额是指为取得营业收入而发生的全部生产成本和营销费用以及管理费用等非生产成本,但不包括利息等财务费用。

(二) 成本分类

成本按成本性态的不同,可分为变动成本、固定成本和混合成本三大类。

1. 变动成本

变动成本是指在一定时期和一定业务量范围内,总额随着业务量的变动而发生正比例变化的成本。变动成本一般包括企业生产过程中发生的直接材料、直接人工;制造费用中的产品包装费、燃料费、动力费等;按销售量多少支付的销售佣金等。单位变动成本不受业务量波动的影响而保持不变,变动成本总额随着业务量的变动而发生正比例变动。

2. 固定成本

固定成本是指在一定时期和一定业务量范围内,总额不受业务量变动的影响而保持不变的成本。固定成本一般包括固定性制造费用,如按直线法计提的固定资产折旧费、劳动保护费、办公费等;固定性销售费用,如广告费等;固定性管理费用,如管理人员工资、财产保险费等。固定成本总额不受业务量变动的影响而保持不变,单位固定成本随着业务量的变动而发生反比例变动。

固定成本按其支出数额是否受管理当局短期决策的影响,可进一步分为约束性固定成本和酌量性固定成本。约束性固定成本是指支出数额不受管理当局短期决策影响的固定成本,如固定资产折旧、保险费、管理人员工资等。这类固定成本是企业正常经营必须负担的最低成本。企业的经营能力一经形成,在短期内很难有重大改变,具有较大程度的约束性。短期决策分析时约束性固定成本是不可控成本,同时也是决策的无关成本。酌量性固定成本是指支出数额通过管理当局短期决策能够改变的固定成本,如企业的研究开发费、广告费、职工培训费等。这类固定成本支出数额可以改变(一般随某一会计期间生产经营的实际需要与财务负担能力的变化而变化)。短期决策分析时酌量性固定成本是可控成本,同时也是决策的相关成本。

3. 混合成本

混合成本是指总额随着业务量的变动而变动,但不与其成同比例变动的成本。这类成本不能简单地归入变动成本或固定成本。混合成本与业务量的关系比较复杂,按其变动趋势,可分为以下三类:

(1) 半变动成本。它通常有一个初始量,不受业务量变动的影响,类似于固定成本。在这个初始量的基础上随业务量的增长而增长,又类似于变动成本。例如,在租用机器设备时,租约规定租金同时按两种标准计算:每年支付一定租金数额(固定部分);每运转一小时支付一定租金数额(变动部分)。

(2) 延期变动成本。它是指在一定的业务量范围内成本总额保持不变,超过该业务量,成本总额会随着业务量的变动而发生正比例变动,如销售人员工资等。

(3) 半固定成本。它是指成本总额随着业务量的变动呈阶梯式的变化,即在一定的业务量范围内成本总额不随着业务量的变动而变动。当业务量超过这一范围,成本总额会跳跃上升,在新的业务量范围内又保持不变。直到业务量再次突破,成本再次跳跃,如企业的检验员、化验员、运货员的工资等。

二、成本性态分析

(一) 成本性态分析的概念

成本性态分析是指在成本性态分类的基础上,按照一定的程序和方法,将全部成本最终区分为固定成本和变动成本两大类,并建立相应的成本函数模型 $y=a+bx$。其中,y 表示成本总额,a 表示固定成本总额,b 表示单位变动成本,x 表示业务量,bx 表示变动成本总额。通过成本性态分析,可以掌握各项成本与业务量的相互依存关系和变动规律,也是为本量利分析奠定基础。

(二) 成本性态分析的方法

成本性态分析通常采用历史资料分析法。历史资料分析法就是根据过去若干期实际发生的业务量与成本的相关资料,运用一定的数学方法进行计算分析,确定固定成本和单位变动成本的数值,然后建立成本-业务量之间的函数方程,以完成成本性态分析的一种定量分析方法。历史资料分析法适用于生产条件稳定、成本水平波动不大、历史资料齐全的企业。根据利用资料的具体形式不同,它主要有高低点法、一元直线回归法。

1. 高低点法

高低点法是根据过去一定时期内的最高点和最低点业务量的对应成本关系,推算出固定成本总额 a 和单位变动成本 b 的一种成本性态分析方法。高低点法的具体步骤如下:

(1) 确定高低点。根据某项成本在过去一定时期的业务量和成本资料,确定业务量的最高点($y_{高}$,$x_{高}$)和最低点($y_{低}$,$x_{低}$)。

(2) 计算单位变动成本和固定成本。根据成本方程 $y=a+bx$ 和高低点资料,可列出二元一次方程组：$\begin{cases} y_{高}=a+bx_{高} \\ y_{低}=a+bx_{低} \end{cases}$。

根据方程组计算出 $b=\dfrac{y_{高}-y_{低}}{x_{高}-x_{低}}$ 和 $a=y_{高}-bx_{高}$（或 $a=y_{低}-bx_{低}$）。

(3) 建立成本性态方程 $y=a+bx$。

[业务实例 2-28]　华迪公司 A 产品 2018 年 1—7 月份的产量和总成本资料如表 2-3 所示。

表 2-3　华迪公司 2018 年 1—7 月份的产量和总成本资料

月　份	产量/件	总成本/元
1	400	5 500
2	450	6 000
3	500	7 000
4	450	6 500
5	300	5 000
6	350	5 500
7	400	5 000

要求：运用高低点法进行成本性态分析。

解：(1) 确定高低点坐标：高点(500,7 000)，低点(300,5 000)。

(2) 计算 b 值。

$$b=\frac{y_{高}-y_{低}}{x_{高}-x_{低}}=\frac{7\,000-5\,000}{500-300}=10(\text{元/件})$$

(3) 计算 a 值。

$a=y_{高}-bx_{高}=7\,000-10\times500=2\,000$(元)

或：

$a=y_{低}-bx_{低}=5\,000-10\times300=2\,000$(元)

由上面计算表明，总成本中固定成本为 2 000 元，单位变动成本为 10 元/件。

因此，成本性态模型为 $y=2\,000+10x$。

使用高低点法要注意的是，高低点坐标的选择必须以业务量的高低为依据，而不是以成本高低为依据。高低点法只用到两个历史时期的资料，简便易行，容易掌握；但若各期成本变动幅度较大，以高低点为依据不具有代表性，计算结果会有较大误差。

2. 一元直线回归法

一元直线回归法是根据过去若干期业务量和成本的数据，运用最小二乘法原理建立反映业务量和成本之间关系的回归直线方程，并计算固定成本和单位变动成本的一种成本性态分析方法。一元直线回归法的具体步骤如下：

(1) 根据历史资料列表，计算 n、$\sum x$、$\sum y$、$\sum xy$、$\sum x^2$。

(2) 计算单位变动成本和固定成本。

$$b=\frac{n\sum xy-\sum x\sum y}{n\sum x^2-(\sum x)^2};a=\frac{\sum y-b\sum x}{n}$$

(3) 建立成本性态模型 $y=a+bx$。

[业务实例 2-29] 接业务实例 2-28 的资料。

要求：运用一元直线回归法进行成本性态分析。

解：(1) 根据资料列表，计算 n、x、y、xy、x^2 的值，如表 2-4 所示。

表 2-4 华迪公司 2018 年 1—7 月份产量和总成本资料的分析

月　份	产量(x)/件	总成本(y)/元	xy	x^2
1	400	5 500	2 200 000	160 000
2	450	6 000	2 700 000	202 500
3	500	7 000	3 500 000	250 000
4	450	6 500	2 925 000	202 500
5	300	5 000	1 500 000	90 000
6	350	5 500	1 925 000	122 500
7	400	5 000	2 000 000	160 000
$n=7$	$\sum x=2\ 850$	$\sum y=40\ 500$	$\sum xy=16\ 750\ 000$	$\sum x^2=1\ 187\ 500$

(2) 计算 a、b 值。

$$b=\frac{n\sum xy-\sum x\sum y}{n\sum x^2-(\sum x)^2}=\frac{7\times 16\ 750\ 000-2\ 850\times 40\ 500}{7\times 1\ 187\ 500-2\ 850^2}=9.61\ (元/件)$$

$$a=\frac{\sum y-b\sum x}{n}=\frac{40\ 500-9.61\times 2\ 850}{7}=1\ 873.07(元)$$

(3) 建立成本性态模型 $y=a+bx$。

根据以上计算结果可知，总成本中固定成本为 1 873.07 元，单位变动成本为 9.61 元/件。

因此，成本性态模型为 $y=1\ 873.07+9.61x$。

一元直线回归法比较完善，依据也较全面，所以预测结果精确。但这种方法的计算公式复杂，计算过程烦琐，如能使用计算机的回归分析程序来计算，则更为理想。

三、本量利分析

(一) 本量利分析的概念

本量利分析是指在成本性态分析的基础上，运用数学模型与图形来分析成本、业务量、利润三者之间的依存关系，研究其变动规律，最终揭示变动成本、固定成本、销售量、销售单价、利润之间的内在规律。本量利分析法是财务管理的基本方法之一，运用范围广泛，可用于保本预测、销售预测、生产决策、全面预算和经营风险分析等方面。

(二) 本量利分析的基本指标与公式

1. 利润

利润即销售收入与销售成本的差额。其计算公式为：

利润＝销售收入－总成本
＝单价×销售量－(单位变动成本×销售量＋固定成本)
＝(单价－单位变动成本)×销售量－固定成本

即：$\Pi=(P-V)Q-FC$

式中，Π——利润；P——销售单价；V——单位变动成本；Q——销售量；FC——固定成本总额(下同)。

该公式是本量利分析的基本公式，保本分析、保利分析都是在这个公式的基础上进行的。

2. 边际贡献

边际贡献即销售收入总额与变动成本总额之间的差额，也称为贡献毛益，记作 MC。其计算公式为：

边际贡献＝销售收入－变动成本
＝单价×销售量－单位变动成本×销售量
＝(单价－单位变动成本)×销售量

即：$MC=(P-V)\times Q$

3. 单位边际贡献

单位边际贡献是指边际贡献除以销售量，或者单价减去单位变动成本后的差额，表示每增加一个单位的产品销售可为企业带来的贡献，记作 AMC。其计算公式为：

$$单位边际贡献=\frac{边际贡献}{销售量}=单价-单位变动成本$$

即：$AMC=\frac{MC}{Q}=P-V$

有了边际贡献的概念后，利润就可以转化为下列形式：

利润＝边际贡献－固定成本总额
＝单位边际贡献×销售量－固定成本总额

即：$\Pi=MC-FC=AMC\times Q-FC$

从上面的利润公式可知，边际贡献首先用于弥补企业的固定成本，是衡量企业盈利或亏损的一个重要数量界限。边际贡献大于固定成本，企业才有利润；边际贡献小于固定成本，企业就亏损；边际贡献等于固定成本，企业不盈不亏。

4. 边际贡献率

边际贡献率是指边际贡献占销售收入总额(S)的百分比，或者单位边际贡献占销售单价的百分比，表示每增加 1 元销售可为企业带来的贡献，记作 MCR。它以相对数的形式反映企业产品的创利能力。其计算公式为：

$$边际贡献率=\frac{边际贡献}{销售收入总额}\times 100\%=\frac{单位边际贡献}{单价}\times 100\%$$

即：$MCR=\frac{MC}{S}\times 100\%=\frac{AMC}{P}\times 100\%$

5. 变动成本率

变动成本率是指变动成本总额占销售总额的百分比，或者单位变动成本占销售单价的百分比，表示每增加 1 元销售增加的变动成本，记作 VR。其计算公式为：

$$变动成本率=\frac{变动成本总额}{销售收入总额}\times 100\%=\frac{单位变动成本}{单价}\times 100\%$$

即：$VR=\frac{VC}{S}\times100\%=\frac{V}{P}\times100\%$

$$边际贡献率+变动成本率=\frac{单位边际贡献}{单价}+\frac{单位变动成本}{单价}=1$$

即：$MCR+VR=1$

因此，变动成本率和边际贡献率具有互补关系：变动成本率高，边际贡献率就低，盈利能力也就低；变动成本率低，边际贡献率就高，盈利能力也就高。

[业务实例 2-30] 华迪公司准备投入新产品，预计单位变动成本为 30 元/件，固定成本总额为 17 万元，变动成本率为 60%，销售量为 1 万件。

要求：

(1) 计算该产品的单位售价。

(2) 计算该产品的单位边际贡献、边际贡献。

(3) 计算该产品的边际贡献率、利润。

解：

(1) $P=\frac{V}{VR}=\frac{30}{60\%}=50$(元/件)

(2) $AMC=P-V=50-30=20$(元/件)

$MC=(P-V)Q=(50-30)\times1=20$(万元)

或：

$MC=AMC\times Q=20\times1=20$(万元)

(3) $MCR=\frac{AMC}{P}=\frac{20}{50}\times100\%=40\%$

或：

$MCR=1-VR=1-60\%=40\%$

$\Pi=MC-FC=20-17=3$(万元)

(三) 本量利分析的基本内容

本量利分析包括单一品种下的本量利分析和多品种下的本量利分析。本书只介绍单一品种下的保本分析、保利分析和经营安全分析。

1. 保本分析

(1) 保本分析的概念。保本是指企业在一定时期内收支平衡，边际贡献等于固定成本，利润为 0。保本点也称为盈亏平衡点、盈亏临界点，是指企业达到边际贡献等于固定成本，利润为 0，不盈不亏时的业务量。在该业务量水平下，企业的收入正好等于全部成本，超过该业务量水平，企业就盈利；低于该业务量水平，企业就亏损。保本点有保本量和保本额两种形式。保本量以实物量表示保本点，记作 Q^*；保本额以价值量表示保本点，记作 S^*。

保本分析就是分析企业不盈不亏时，成本与业务量之间的关系，也可称作盈亏平衡分析，是本量利分析最基本的内容。

(2) 保本点的计算。

$$保本量=\frac{固定成本}{单价-单位变动成本}=\frac{固定成本}{单位边际贡献}$$

即：$Q^*=\frac{FC}{P-V}=\frac{FC}{AMC}$

$$保本额=单价\times保本量=\frac{固定成本}{边际贡献率}=\frac{固定成本}{1-变动成本率}$$

即：$S^*=P\times Q^*=\frac{FC}{MCR}=\frac{FC}{1-VCR}$

[业务实例 2-31] 接业务实例 2-30 的资料。

要求：计算保本点的保本量、保本额。

解：$Q^*=\frac{FC}{P-V}=\frac{170\,000}{50-30}=8\,500$（件）

或：

$Q^*=\frac{FC}{AMC}=\frac{170\,000}{20}=8\,500$（件）

$S^*=P\times Q^*=50\times 8\,500=425\,000$（元）

或：

$S^*=\frac{FC}{1-VR}=\frac{170\,000}{1-60\%}=425\,000$（元）

以上计算结果表明，企业要保本至少销售 8 500 件产品，或销售额达到 42.5 万元。

2. 保利分析

(1) 保利分析的概念。保本是企业安全经营的前提，但企业的经营目标不在于保本，而是尽可能地获取利润，达到一定的盈利目标，所以保利才是企业生产的真正目的。保利点是指在单价和成本水平确定的情况下，为了实现目标利润而应达到的业务量。保利点也有保利量和保利额两种。保利量是实现目标利润应达到的销售量，记作 Q_1；保利额是实现目标利润应达到的销售额，记作 S_1，目标利润记作 Π_1。通过保利分析，可以确定为了实现目标利润而应该达到的目标销售量（额），从而以销定产，使企业明确短期经营目标。

(2) 保利点的计算。

$$保利量=\frac{固定成本+目标利润}{单价-单位变动成本}=\frac{固定成本+目标利润}{单位边际贡献}$$

即：$Q_1=\frac{FC+\Pi_1}{P-V}=\frac{FC+\Pi_1}{AMC}$

$$保利额=单价\times保利量=\frac{固定成本+目标利润}{边际贡献率}=\frac{固定成本+目标利润}{1-变动成本率}$$

即：$S_1=P\times Q_1=\frac{FC+\Pi_1}{MCR}=\frac{FC+\Pi_1}{1-VR}$

[业务实例 2-32] 按业务实例 2-30 的资料，若计划年度的目标利润为 3 万元。

要求：计算保利量、保利额。

解：$Q_1=\frac{FC+\Pi_1}{P-V}=\frac{170\,000+30\,000}{50-30}=10\,000$（件）

或：

$Q_1=\frac{FC+\Pi_1}{AMC}=\frac{170\,000+30\,000}{20}=10\,000$（件）

$S_1=P\times Q_1=50\times 10\,000=500\,000$（元）

或：

$$S_1=\frac{FC+\Pi_1}{1-VR}=\frac{170\ 000+30\ 000}{1-60\%}=500\ 000(\text{元})$$

以上计算结果表明，该企业为了实现3万元的目标利润，销售量应达到10 000件产品，或销售额达到50万元。

3. 经营安全分析

用来评价企业经营安全程度的指标主要有安全边际量(额)、安全边际率和保本点作业率。

(1) 安全边际量(额)。安全边际量(额)是指实际或预计销售量(额)与保本点销售量(额)之间的差额，有安全边际量和安全边际额两种形式。安全边际量是以实物形态来表示，安全边际额是以价值形态来表示。但这两种形式都是绝对量，只能用来评价同一企业不同时期的经营安全程度。其计算公式分别为：

安全边际量＝实际或预计销售量－保本量

安全边际额＝实际或预计销售额－保本额＝单价×安全边际量

实际或预计销售量(额)是指生产经营正常情况下的企业销售量(额)。安全边际是一个正指标，安全边际量(额)越大，表示企业经营安全程度越高，亏损的可能性越小；反之，安全边际量(额)越小，表示企业经营安全程度越低，亏损的可能性越大。只有超过保本点以上的销售量或销售额(即在安全边际内的销售量或销售额)才能给企业带来利润，因为这时的全部固定成本已在保本点弥补，所以安全边际所提供的边际贡献就是企业的利润。息税前利润可用下式表达：

息税前利润＝安全边际量×单位边际贡献＝安全边际额×边际贡献率

(2) 安全边际率。安全边际率是指安全边际量(额)与实际或预计销售量(额)的比例。它是一个相对量，用来评价不同企业的经营安全程度。其计算公式为：

$$\text{安全边际率}=\frac{\text{安全边际量(额)}}{\text{实际或预计销售量(额)}}\times 100\%$$

将公式(息税前利润＝安全边际额×边际贡献率)两边同时除以营业收入可得：

息税前利润率＝安全边际率×边际贡献率

安全边际率的数值越大，表明企业经营越安全，所以它也是一个正指标。表2-5是评价企业经营安全程度的检验标准。

表2-5 评价企业经营安全性的检验标准

安全边际率	10%以下	10%～20%	20%～30%	30%～40%	40%以上
安全程度	危险	要注意	较安全	安全	很安全

[业务实例2-33] 根据业务实例2-30的资料和业务实例2-31的计算结果，计算安全边际量(额)和安全边际率，并评价该企业的经营安全程度。

解：安全边际量＝10 000－8 500＝1 500(件)

安全边际额＝10 000×50－425 000(或＝1 500×50)＝75 000(元)

$$\text{安全边际率}=\frac{1\ 500}{10\ 000}\times 100\%=15\%$$

或：

$$\text{安全边际率}=\frac{75\ 000}{500\ 000}\times 100\%=15\%$$

以上计算结果表明，由于安全边际率为15%，在10%～20%的范围内，所以企业的经营不是很安全，需要引起注意。

(3) 保本点作业率。保本点作业率是指保本点业务量(额)占实际或预计销售量(额)的百分比，也称为危险率。它是一个逆指标，数值越小，企业的经营越安全；反之，则越不安全。一般情况下，企业的生产经营能力是按正常销售量来规划的，所以保本点作业率还可以说明企业在保本状态下生产经营能力的利用程度。其计算公式如下：

$$保本点作业率=\frac{保本点销售量(额)}{实际或预计销售量(额)}\times 100\%$$

保本点作业率与安全边际率之间是互补关系，即：保本点作业率+安全边际率=1

[业务实例2-34] 根据业务实例2-31的计算结果，计算保本点作业率。

解：保本点作业率$=\frac{8\,500}{10\,000}\times 100\%=85\%$

或：

保本点作业率$=\frac{425\,000}{500\,000}\times 100\%=85\%$

保本点作业率+安全边际率$=85\%+15\%=1$

实务训练

已知华新公司2017年度甲产品的销售量为40 000件，单价为200元/件，该产品的单位变动成本为150元/件，固定成本为600 000元，销售与管理费用为100 000元。假设2018年由于市场变化，单位变动成本由150元/件上升到160元/件，固定成本由600 000元上升到800 000元。

将班级学生分成若干小组(5～8人为一组)，每个小组组织讨论并分析为了保持经营稳定，该企业应采取以下哪项措施：

(1) 提高单价10%，但市场份额会降低5%；

(2) 增加产销量10%，但企业需要增加广告费支出50 000元。

能力拓展训练

一、单项选择题

1. 张先生拟在5年后从银行取出20 000元，年利率为6%，现在应存入银行(　　)元。

A. 26 000　　B. 14 000　　C. 15 385　　D. 14 946

2. 王小姐每年年末存入银行1 000元，年利率为7%，则第4年年末得到的本利和为(　　)元。

A. 4 280　　B. 4 750　　C. 3 750　　D. 4 440

3. 林先生欲在银行以零存整取的方式进行储蓄，并打算在10年后从银行取出200 000元，年利率为10%，此人每年年末应存入银行(　　)元。

A. 20 000　　B. 12 549　　C. 19 031　　D. 18 437

4. 李小姐拟在今后4年每年年末从银行取出1 000元，年利率为7%，则此人现在应存入银行(　　)元。

A. 4 000　　B. 3 720　　C. 3 387　　D. 3 580

5. 刘先生现在存入银行 20 000 元，在年利率为 6% 的情况下，今后 10 年内每年年末可提取的相等金额的现金是(　　)元。

A. 2 000　　B. 2 200　　C. 2 717　　D. 2 145

6. 甲方案在 3 年中每年年初付款 500 元，乙方案在 3 年中每年末付款 500 元。若年利率为 10%，则两个方案第 3 年年末时的终值相差(　　)元。

A. 105　　B. 165.5　　C. 505　　D. 665.5

7. 已知甲方案投资收益率的期望值为 15%，乙方案投资收益率的期望值为 12%，则比较甲、乙两个方案风险大小应采用的指标是(　　)。

A. 方差　　B. 净现值　　C. 标准差　　D. 标准差系数

8. 投资者甘愿冒风险进行投资的诱因是(　　)。

A. 可获得报酬　　B. 可获得相当于资金时间价值的报酬率

C. 可获得利润　　D. 可获得风险报酬

9. 将成本划分为固定成本、变动成本和混合成本，是按(　　)进行分类。

A. 经济用途　　B. 相关范围　　C. 成本性态　　D. 成本可控性

10. 随单价的变动而同方向变动的是(　　)。

A. 保本量　　B. 保利量　　C. 变动成本率　　D. 单位边际贡献

二、多项选择题

1. 下列对资金时间价值的表述中，(　　)是正确的。

A. 资金时间价值是资金经过一定时期的投资而增加的价值

B. 资金时间价值是一种客观存在的经济现象

C. 资金时间价值是指不考虑风险和通货膨胀情况下的社会资金平均利润率

D. 资金时间价值必须按复利方式计算

2. 下列(　　)属于年金形式。

A. 年资本回收额　　B. 定期定额支付的养老金

C. 零存整取储蓄存款　　D. 偿债基金

3. 华兴公司拟购置一台机器设备，卖方要求从第 4 年开始每年年初支付 10 万元，连续支付 10 次，资金成本率为 10%，则其购置该设备所付款项相当于现在一次性付款(　　)元。

A. $10\times[(P/A,10\%,12)-(P/A,10\%,2)]$

B. $10\times[(P/A,10\%,13)-(P/A,10\%,3)]$

C. $10\times(P/A,10\%,10)(P/F,10\%,2)$

D. $10\times(P/A,10\%,10)(P/F,10\%,3)$

4. 永续年金的特点有(　　)。

A. 没有终值　　B. 只有现值　　C. 期限趋于无穷　　D. 每期等额支付

5. 下列各项中，属于财务管理风险对策的有(　　)。

A. 规避风险　　B. 减少风险　　C. 转移风险　　D. 接受风险

6. 影响项目必要投资报酬率变动的因素有(　　)。

A. 无风险报酬率　　B. 项目的风险大小

C. 投资者的偏好　　D. 投资成本

7. 下列各项中，属于固定成本项目的有(　　)。

A. 采用工作量法计提的折旧　　B. 不动产财产保险费

C. 直接材料费　　D. 写字楼租金

8. 下列关于变动成本率的表述中，正确的是(　　)。

A. 是变动成本总额与销售收入的比值　　B. 等于1－边际贡献率

C. 是单位变动成本与单价的比值　　D. 等于1＋边际贡献率

9. 保本点表示(　　)。

A. 边际贡献等于固定成本　　B. 利润为0

C. 边际贡献大于固定成本　　D. 边际贡献小于固定成本

10. 扩大安全边际的方法有(　　)。

A. 增加销售量　　B. 提高单价

C. 降低固定成本　　D. 降低单位变动成本

三、判断题

1. 单利与复利是两种不同的计算方法，单利终值与复利终值在任何时候都不可能相等。(　　)

2. 终值系数与现值系数互为倒数，因此年金终值系数与年金现值系数也互为倒数。(　　)

3. 预付年金的终值与现值可在普通年金终值与现值的基础上乘$(1+i)$得到。(　　)

4. 递延年金现值的大小与递延期无关，因此计算方法与普通年金现值一样。(　　)

5. 用内插法时，如果用8%测试得出的现值大于目标现值，则所求利率必定小于8%。(　　)

6. 一年复利若干次时，实际利率小于名义利率。(　　)

7. 拒绝与不守信用的厂商业务往来属于风险对策中的减少风险。(　　)

8. 对于不同的投资方案，在期望值相同的情况下，其标准差越大，风险越大；反之，其标准差越小，风险越小。(　　)

9. 固定成本的特点是业务量增加，固定成本总额不变，单位固定成本正比例变动；变动成本的特点是业务量增加，变动成本总额不变，单位变动成本正比例变动。(　　)

10. 安全边际是指实际或预计的销售量(额)超过保本点销售量(额)的差额。其数值越大，说明企业经营越安全。(　　)

四、分析计算题

1. 华为公司需用一台设备，买价为16 000元，可用10年。如果租用，则每年年初需付租金2 000元，除此之外，买与租的其他情况相同。假设年利率为6%。

要求：如果你是这个企业的决策者，请做出决策。

2. 金威公司因投资需要向银行借入一笔款项，预计10年后还本付息100 000元。为如期归还该借款，金威公司拟在各年提取相等数额的偿债基金。假定年利率为8%。

要求：

(1) 计算金威公司每年年末提取的基金数额。

(2) 计算金威公司每年年初提取的基金数额。

3. 宏达公司购入一套设备，付款条件为：前5年不用支付任何款项，从第6年至第15年每年末支付 50 000 元。假定年利率为 10%。

要求：计算购买该设备相当于现在一次性的付款额。

4. 峰华公司现有三个投资项目可供选择，预计 A、B 和 C 三个项目年收益及概率如表 2-6 所示。

表 2-6 峰华公司的预测资料

市场状况	预计年收益/万元			概 率
	A 项目	B 项目	C 项目	
繁荣	100	110	90	0.3
正常	50	60	50	0.4
较差	30	20	20	0.3

要求：分析比较这三个投资项目的风险大小。

5. 已知甲产品 2018 年 1—6 月份的产量与成本资料见表 2-7。

表 2-7 甲产品的产量与成本资料

月 份	产量/万件	成本总额/万元
1	100	2 000
2	120	2 100
3	110	2 100
4	120	2 300
5	150	2 500
6	130	2 200

要求：

(1) 利用高低点法，将成本总额分解为变动成本和固定成本，并列出成本-产量方程。

(2) 利用直线回归法，将成本总额分解为变动成本和固定成本，并列出成本-产量方程。

6. 表 2-8 是甲、乙、丙和丁四种产品在 2018 年销售的有关资料。

表 2-8 甲、乙、丙和丁四种产品的销售资料 金额单位：元

产 品	销售量/件	销售收入	变动成本总额	固定成本总额	单位边际贡献	利 润
甲		20 000		5 000	10	5 000
乙	2 000	20 000	12 000			2 000
丙	2 000		30 000		15	20 000
丁	3 000	120 000		50 000		10 000

要求：根据本量利分析的模型，计算填列表 2-8 中的空白栏。

7. 已知衡威公司生产甲产品，2017 年销售量为 6 000 件，单价为 240 元/件。单位成本为 180 元/件，其中单位变动成本为 120 元/件。

要求：

(1) 计算变动成本总额和固定成本总额。

(2) 计算保本点作业率和安全边际率。

(3) 该企业计划 2018 年的利润比 2017 年增加 10%，从哪些方面采取措施才能实现目标利润(假定采取某项措施时，其他条件不变)？

项目三　筹资的规模与方式

【知识目标】

- 了解企业筹资的概念、种类及应遵循的基本原则；
- 了解筹资规模的确定依据及特征；
- 会运用销售百分比法等常用方法预测筹资规模；
- 能通过各种筹资方式的比较，为筹资方式的选择提供信息；
- 掌握股票、债券发行价格和融资租赁租金的计算。

【能力目标】

- 会与企业内、外相关部门沟通筹资决策方面的信息；
- 提高筹资规模预测能力及筹资方式选择能力；
- 具备商业信用决策能力。

【引　言】 企业资金来源有内部融资和外部融资两个渠道。外部融资有直接融资和间接融资两种方式。从西方主要发达国家来看，内部融资比例以美、英两国最高，均高达75%，德、加、法、意四国次之，日本最低。从股权融资比例来看，加拿大最高达到19%，美、法、意三国次之，均为13%，英国和日本分别为8%和7%，德国最低仅为3%。从债务融资比例来看，日本最高达到59%，美国最低为12%。可见，美国企业不仅具有最高的内源融资比例，而且从证券市场筹集的资金中，股权融资所占比例也要比债务融资高得多。而我国上市公司的内部融资比例是非常低的，外部融资比例远高于内部融资，那些"未分配利润为负"的上市公司几乎完全依赖外部融资。另外，外部融资中，股权融资所占比重平均大大超过了50%。

任务一　了解企业筹资的内容

任务要求

企业要发展，必须有资金的支持。在市场经济条件下，企业融资是通过各类筹资渠道借助各种筹资方式筹集各种资金来完成的。因此，为了经济有效地筹集资金，应了解企业筹资的概念、分类和筹资渠道与方式，理解筹资的原则。

一、企业筹资的概念与目的

（一）企业筹资的概念

企业筹资是指企业由于生产经营、对外投资和调整资本结构等活动对资金的需要，通过筹资渠道和资金市场，运用筹资方式，经济有效地筹集所需资金的财务行为。筹集资金是企业财务活动的起点，它会影响乃至决定企业资金运动的规模及效果。筹资工作做得好不仅能降低资本成本，增加企业经济效益，而且能降低财务风险，为企业生产经营创造更为有利的空间。因此，企业的经营者必须把握企业何时需要资金、需要多少资金和以何种方式合理地取得资金。

（二）企业筹资的目的

企业筹资的基本目的是为了满足企业自身正常生产经营与发展的资金需求。在不同时期或不同阶段，企业财务管理的具体目标不同，企业为实现财务目标而进行的筹资动机也不尽相同。企业的筹资目的可概括为以下两大类：

1. 满足生产经营需要

企业生产经营活动具体分为两种类型：一是维持简单再生产；二是扩大再生产，如开发新产品、提高产品质量、改进生产工艺技术、开拓经营领域等。与此相对应的筹资活动也分为两大类型：一是为满足日常生产经营需要而进行的筹资，这类筹资具有稳定性的特点，即筹资量基本稳定，筹资时间基本确定；二是为满足企业发展扩张而进行的筹资，这类筹资无论是筹资时间安排，还是筹资数量都具有不确定性，取决于特定的投资决策和投资安排。为满足生产经营需要而进行的筹资活动，其结果是直接增加企业资产总额和筹资总额。

2. 满足资本结构调整需要

资本结构的调整是企业为了降低筹资风险和减少资本成本而对资本与负债之间的比例关系进行的调整。资本结构调整的方式很多，如为降低财务风险而发行股票，为提高股权资本收益率和降低资本成本而增加负债等。为调整资本结构而进行的筹资可能会引起企业资产总额与筹资总额的增加，也可能会使资产总额与筹资总额保持不变，在特殊情况下还可能引起资产总额与筹资总额的减少。

二、企业筹资的种类

认识和了解企业筹资的种类有助于理解不同种类的筹资方式对企业筹资成本与筹资风险的影响，进而有利于做出正确的筹资决策。

（一）按所筹资金的性质分为权益资金和负债资金

1. 权益资金

权益资金又称为自有资金或主权资金，是企业依法筹集并长期拥有、自主支配的资金，是企业所有者投入的资产及其权益准备，主要包括资本金、留存收益等内容。权益资金是一种高成本、低风险资本：其高成本是指筹资的成本较高，具体表现为企业所有者期望得到的与高风险相对称的较高的必要报酬率；其低风险是指权益资金无须还本付息，从而没有偿债压力，它可作为偿付负债资金的财务保障。

2. 负债资金

负债资金又称为借入资金或债务资金，是企业依法筹措并依约使用、按期偿还本息的资金，主要包括各种借款、应付债券和应付票据等。负债资金与权益资金相比，其特点表现为：资金具有使用上的时间性，须到期偿还；不论企业经营好坏，均须固定支付利息；但其资本成本一般相对较低，且不会分散投资者对企业的控制权。

将权益资金与负债资金进行一定的筹资组合，则企业既能利用权益资金降低财务风险，又能利用债务资金的低成本，从而使取得高收益成为可能。财务上，将权益资金与负债资金的组合称为财务结构或资本结构。

（二）按所筹资金的期限分为长期资本和短期资金

1. 长期资本

长期资本是指使用期限在1年以上的资金，主要投资于新产品的开发和推广、生产规模的扩大、厂房和设备的更新等。长期资本主要通过吸收直接投资、发行股票、发行债券、长期借款等方式来筹集。长期资本成本相对较高但风险相对较低。

2. 短期资金

短期资金是指使用期限在1年以内的资金，是企业在生产经营过程中因短期性的资金周转需要而引起的。短期资金主要通过短期借款、商业信用等方式来筹集。短期资金筹资风险较高但成本相对较低，甚至是免费资金。

如何借助于长、短期资金的组合与搭配，既使得企业所占用的资金时间相对较长、风险较小，又保持较低的综合资本成本，是企业筹资管理的重要内容。财务上，将长期资本与短期资金的组合称为资金结构。

（三）按筹资活动是否以金融机构为媒介来获取社会资金划分为直接筹资和间接筹资

直接筹资是指企业不经过银行等金融机构，而是通过直接面向资金供应者借贷或发行股票、债券等方式所进行的筹资活动。在直接筹资过程中，资金供求双方借助于融资手段直接实现资金的转移，无须通过银行等金融机构。间接筹资是指企业借助于银行等金融机构进行的筹资，主要形式是银行借款、非银行金融机构借款等。

（四）按资金的取得方式划分为内部筹资和外部筹资

内部筹资是指从企业内部所筹集的资金，主要表现为内源性的资本积累，如内部留存收益和折旧等。外部筹资则是指从企业外部市场取得的资本，如发行股票、债券、银行借款等。从西方资本结构理论中的啄序融资理论（Pecking Order Theory）和多数企业的筹资实践来看，内部筹资是企业筹资的首选。只有当企业内部筹资不能满足经营需要时，方可进行借款、发行债券及最后发行股票等外部性筹资。

三、筹资的渠道与方式

企业筹资需要通过一定的渠道并采用一定的方式来完成。

1. 筹资渠道

筹资渠道是指筹措资金来源的方向与通道，体现资金的来源与流量。目前我国企业的筹资渠道主要包括：银行信贷资金；其他金融机构资金；其他企业资金；居民个人资金；国家财政资金；企业自留资金等。

2. 筹资方式

筹资方式是指企业筹集资金所采用的具体方法和手段。目前我国企业的筹资方式主要有：吸收直接投资；发行股票；利用留存收益；向银行借款；利用商业信用；发行公司债券；融资租赁等。

3. 筹资渠道与筹资方式的对应关系

筹资渠道是客观存在的，解决的是资金来源问题；筹资方式取决于企业的主观行为，解决的则是通过何种方式取得资金的问题，它们之间存在一定的对应关系。一定的筹资方式可能只适用于某一特定的筹资渠道；但是，同一渠道的资金往往可采用不同的方式取得，同一筹资方式又往往适用于不同的筹资渠道。企业筹资管理的重要内容就是针对客观存在的筹资渠道，选择合理的筹资方式进行筹资。

四、筹资原则

企业在筹资过程中必须对影响筹资活动的各种因素进行分析，并遵循一定的筹资原则。只有这样，才能提高筹资效率、降低筹资风险与筹资成本。

1. 规模适度原则

它是指企业在筹资过程中，必须预先根据企业生产经营状况，预测资金的需要数量，合理确定筹资规模，使筹资量与需要量相互平衡，既要防止因筹资不足而影响生产经营的正常进行，又要防止因筹资过多而造成资金闲置。

2. 结构合理原则

它是指企业在筹资时，必须使企业的权益资金与借入资金保持合理的结构关系，既要防止因负债过多而增加财务风险，降低偿债能力，又要防止因没有充分利用负债经营而使权益资金收益水平降低。

3. 成本节约原则

它是指企业在筹资行为中，必须根据不同筹资渠道与筹资方式的难易程度、资本成本和财务风险等方面的因素认真选择筹资来源和方式，使得企业筹资成本降低，从而提高筹资效益。

4. 时机得当原则

它是指企业在筹资过程中，必须按照资金投放使用的时间来把握筹资时机，使筹资与用资在时间上相互衔接，既要避免资金过早到位而造成资金投放前的闲置，又要避免因资金到位滞后而丧失资金投放的最佳时机。

5. 依法筹措原则

它是指企业在筹资过程中，必须遵守国家有关法律法规及政策，依法筹资，履行约定的责任，依法披露信息，维护各方的合法权益。

实务训练

将班级学生分成若干小组(5～8 人为一组)，每个小组组织讨论，并分析企业不同的资金来源与哪些会计科目有关？财务报表是如何反映的？

任务二　确定筹资规模

任务要求

企业在筹资时，首先要确定筹资规模。只有这样才能使所筹资金既能满足生产经营的需要，又不会形成太多的闲置资金。所以，应了解筹资规模确定的依据和特征，并掌握资金需要量预测的常用方法。

一、筹资规模确定的依据

筹资规模是指一定时期内企业的筹资总额。确定筹资规模既是制定筹资策略的主要内容，也是选择筹资方式的基本依据。确定筹资规模的依据主要包括法律依据和投资规模依据。

(一) 法律依据

企业筹资规模的确定在一定程度上受到法律的约束。法律对企业筹资规模的约束可归纳为以下两个方面：

1. 法律对注册资本的约束

如规定不同企业在设立时应达到的最低资本限额(即法定资本金)等。这些规定旨在保证企业设立后能正常进行生产经营，保证企业有足够的资本金用来对外负债，并承担民事责任。

2. 法律对企业负债额度的限制

作为承担有限责任的主体，企业只能以其完整的法人财产权为担保，开展对外负债。为了保护债权人的权益，法律从各方面对企业的负债进行约束，如限制公司债券的发行额度等。

(二) 投资规模依据

投资与筹资是财务管理中两项主要财务决策活动。确定筹资规模还要受到企业投资规模的制约。投资规模是根据企业战略及中长期规划、经营目标、市场容量及份额、产业政策以及企业自身的其他方面等因素确定的。企业筹资必须以“投”定“筹”。

二、筹资规模的特征

由于投资规模对筹资规模的决定作用，筹资规模的确定呈现以下特征：

1. 层次性

企业资金从来源来看，分为内部资金和外部资金两部分。企业进行投资时首先利用的是企业内部资金，在内部资金不足时才考虑对外筹资。因此，在确定筹资规模时，不可避免地涉及三个层次，即筹资总规模、内部资金规模和外部筹资规模。其中，筹资总规模直接受制于投资总规模；内部资金规模则包括企业资本金规模与税后留存收益规模；外部筹资规模是筹资总规模抵减内部资金规模之后的差额。了解和掌握筹资规模的层次有利于企业准确把握筹资量，从而为筹资规模的确定提供基本前提和依据。

2. 筹资规模与资产占用的对应性

为了保持财务结构的稳健和提高资产运营的效率，资金来源与资产占用间应保持一定的对应关系。其具体表现在：

(1) 为维持正常生产经营而需要的最低数额的现金、原材料的保险储备、必要的产成品储备，以及固定资产等长期稳定占用的资产，应与企业的长期稳定的资金来源(权益资金和长期负债)相对应。这类筹资规模从其与业务量的关系来看，可定义为不变资金规模。

(2) 对于那些随业务量变动而变动的资金占用，如最低储备以外的现金、存货、应收账款等波动性资产，则与企业临时采用的筹资方式的资金规模相对应。这类筹资规模从其与业务量的关系来看，可定义为变动资金规模，如临时借款的筹资规模等。

对企业资金需求进行上述划分，有利于企业在经营环境变动不大的情况下，通过科学的方法来准确测定筹资需要量。

3. 时间性

企业筹资规模必须与投资需求时间相对应。由于企业投资常常是分阶段进行的，故筹资也相应地要求分为几个阶段。企业在一定的时期内可能有几项投资活动同时进行，它们所需要的资金会一次或分几次筹措。因此，确定筹资规模时，必须弄清总体投资需要和某一项目的筹资额或某一年度的筹资额。只有明确了筹资的时间要求，才能准确把握某一时期内的筹资需要量。

三、资金需要量的预测

在筹资规模的确定上，企业应当采用一定的方法预测资金需要量。只有这样才能使筹集来的资金既能满足生产经营的需要，又不会形成太多的闲置资金。

(一) 销售百分比法

所谓销售百分比法，是指以未来销售收入变动的百分比为主要参数，考虑随销售变动的资产、负债项目及其他因素对资金需求的影响，从而确定未来需要追加资金量的一种定量计算方法。其分析步骤如下：

1. 将资产负债表中各项目区分为敏感项目和非敏感项目

在运用销售百分比法时，应确定资产或负债中与销售规模之间有固定不变比例关系的项目，即随着销售规模的变动而同比例变动的项目。如销售为 100 元时占用的存货为 20 元，则 20%为存货与销售规模之间的固定比例；当销售增加到 200 元时，存货相应要增加到 40 元。这些项目统称为敏感项目，包括敏感资产项目(如现金、应收账款、存货等)和敏感负债项目(如应付账款、应缴税费等)两部分。与敏感项目相对的是非敏感项目，如对外投资、无形资产、短期借款、长期负债和实收资本等，它们在短期内都不会随销售规模的变动而相应改变。需要注意的是，如果固定资产的生产能力已达到饱和，则要随着销售规模的增长而增添设备，此时应将固定资产列为敏感项目，否则应将固定资产列为非敏感项目。

2. 确定敏感资产及负债项目与销售收入的百分比

这是根据基期敏感资产及负债各项目金额与销售收入相比而确定的。其计算公式为：

$$\text{敏感资产(负债)占销售收入百分比}=\frac{\text{基期敏感资产(负债)金额}}{\text{基期销售收入}}\times 100\%$$

3. 确定计划期需要追加的资金数额

其计算公式为：

需要追加的资金数额＝计划期预计销售增加额×(敏感资产百比－敏感负债百分比)

4. 确定计划期预计留存收益

其计算公式为:

计划期预计留存收益=计划期预计销售额×预计销售净利率×(1-股利支付率)

5. 确定计划期对外筹资数额

其计算公式为:

对外筹资额=需要追加的资金数额-计划期预计留存收益

[业务实例 3-1] 海味公司 2017 年度的销售收入为 2 000 万元,销售净利率为 10%,股利支付率为 60%。公司现有生产能力尚未饱和,增加销售无须追加固定资产投资。经预测,2018 年公司销售收入将提高到 2 400 万元,企业销售净利率和利润分配政策不变。该企业 2017 年 12 月 31 日简要资产负债表如表 3-1 所示。

表 3-1 海味公司 2017 年简要资产负债表

2017 年 12 月 31 日　　金额单位:万元

资　产	金　额	负债及所有者权益	金　额
现金	100	短期借款	100
应收账款	300	应付票据	100
存货	600	应付账款	150
固定资产	700	应交税费	50
无形资产	100	长期负债	500
		实收资本	600
		留存收益	300
资产合计	1 800	负债及所有者权益合计	1 800

要求:根据上述资料确定该公司 2018 年需要从外部筹资的数额。

解:首先,根据 2017 年 12 月 31 日资产负债表各项目与销售规模之间的依存关系,编制该年度销售百分比表如表 3-2 所示,即将基期敏感各项目金额分别除以基期的销售收入。

表 3-2 海味公司 2017 年资产负债表

(按销售百分比形式反映)

2017 年 12 月 31 日

资　产	销售百分比	负债及所有者权益	销售百分比
现金	5%	短期借款	—
应收账款	15%	应付票据	5.0%
存货	30%	应付账款	7.5%
固定资产	—	应交税费	2.5%
无形资产	—	长期负债	—
		实收资本	—
		留存收益	—
资产合计	50%	负债及所有者权益合计	15.0%

表 3-2 表明,敏感资产百分比为 50%,也就是说,销售每增加 100 元,须增加资金占用 50

元；而敏感负债百分比为 15%，也就是说，每增加 100 元销售收入，会自动增加资金来源 15 元；两者之差为 35%，意味着每增加 100 元销售收入，须追加资金 35 元。

其次，确定需要追加的资金。

2018 年需要追加的资金数额＝(2 400－2 000)×35%＝140(万元)

再次，确定计划期预计留存收益。

2018 年预计留存收益＝2 400×10%×(1－60%)＝96(万元)

最后，确定计划期对外筹资的数额。

该公司 2018 年对外筹资额＝140－96＝44(万元)

(二) 线性回归法

从前面分析可知，筹资规模根据其与业务量之间的关系可分为不变资金规模与可变资金规模。因此，根据这种对应关系，通过建立线性回归模型来预测资金需要量。其模型为：

$$Y=a+bX$$

式中，Y——筹资规模或需要量；a——不变资金规模；b——单位业务量所需的变动资金规模；X——业务量。

在实际运用中，需要利用历史资料来确定 a、b 数值，然后在已知销售预测(X)的基础上，预测其资金需要量(Y)。

［业务实例 3－2］ 卓越公司 2013—2017 年销售量和资金需要量的历史资料见表 3－3，假定 2018 年的销售量为 7.8 万件。

要求：试预测该公司 2018 年的资金需要量。

表 3－3　卓越公司 2013—2017 年的销售量与资金需要量

年　度	销售量(X)/万件	资金需要量(Y)/万元
2013	6.0	500
2014	5.5	475
2015	5.0	450
2016	6.5	520
2017	7.0	550

解：根据上表有关资料，计算出以下数值：

$n=5$

$\sum X=30$

$\sum Y=2\,495$

$\sum XY=15\,092.5$

$\sum X^2=182.5$

将以上数值代入下述二元一次方程组，可得：

$$\begin{cases}\sum Y=na+b\sum X\\ \sum XY=a\sum X+b\sum X^2\end{cases}$$

即：

$$\begin{cases}2\ 495=5a+30b\\15\ 092.5=30a+182.5b\end{cases}$$

从而解出方程式，可得：

$a=205$

$b=49$

最后，建立线性回归模型 $Y=205+49X$。

在 2018 年销售量为 7.8 万件时，资金需要量为 587.2(205+49×7.8)万元。

运用线性回归法必须注意以下问题：一是资金需要量与业务量间的线性关系应符合实际情况；二是确定不变资金规模与单位变动资金规模时，应尽量使历史资料不少于 3 年。

（三）实际预算法

它是指企业在项目投资额基本确定的情况下，根据项目所需的实际投资额确定筹资规模的方法。其具体预算步骤如下：

(1) 确定投资需要额，即确定预算项目的投资规模。

(2) 确定需要筹集的资金总额。一般情况下，投资总额确定后，筹资总规模也基本上确定了。但是，企业在一定时期内，可能存在本期投资项目所需资金在上期已经筹足到位，或者下期所需资金在本期需要筹集等情况，因而使得项目投资额在时间安排上与企业在一定时期内确定的筹资总规模并非完全一致。考虑到这两种情况，企业在确定一定时期筹资规模时，可通过分项汇总的方法来预计其筹资总额。

(3) 计算企业内部筹资额，即根据企业资金的来源，计算本期可提供的资金数额。

(4) 用筹资总额减去企业内部筹资额，即可确定企业对外筹资规模。

使用实际预算法确定筹资规模具有方法简单、结论准确的特点，但它必须以详尽的项目投资基础资料为前提。实际预算法主要用于长期项目投资，属于资本预算支出的范畴。而销售百分比法和线性回归分析法主要用于短期营运资金的规划。

实务训练

将班级学生分成若干小组(5～8 人为一组)，每个小组组织讨论，并分析当企业生产能力饱和，需要增加新设备时，会对企业的筹资额带来的影响。

任务三　筹集权益资金

任务要求

权益资金是企业最基本的资金来源，是企业筹集负债资金的前提与基础。所以，应理解掌握不同企业筹集权益资金的方式及各自的优、缺点。

一、吸收直接投资

吸收直接投资是指非股份制企业按照“共同投资、共同经营、共担风险、共享利润”的原则，以协议或合同等形式直接吸收国家、法人、个人、外商投入资本金的一种筹资方式。吸收直接投资不以股票为媒介，无须公开发行证券。吸收直接投资中的出资者都是企业所有者，他们对企业拥有经营管理权，并按出资比例分享利润、承担损失。

(一) 吸收直接投资的渠道

企业通过吸收直接投资方式筹集资金有以下四种筹资渠道：

1. 吸收国家投资

国家投资是指有权代表国家投资的政府部门或者机构以国有资产投入企业，由此形成国家资本金。它是国有企业特别是国有独资企业筹集权益资金的主要方式。

2. 吸收法人投资

法人投资是指其他企业、事业单位等法人组织以其可支配的资产投入企业，由此形成法人资本金。在市场经济条件下，法人之间相互投资的情况比较普遍。这种筹资渠道使企业出现了法人股东，他们有权参与企业的经营决策。

3. 吸收个人投资

个人投资是指城乡居民或本企业内部职工以其个人合法财产投入企业，形成个人资本金。随着我国经济的发展和城乡居民收入水平的提高，社会公众的闲置货币资金逐年增加，为企业提供了一个重要的筹资渠道，也提高了企业权益资金的社会性。

4. 吸收外商投资

外商投资是指外国投资者或我国港澳台地区投资者的资金投入企业，形成外商资本金。随着我国改革开放的深入，外商资金将越来越成为众多国内企业权益资金的重要来源。

(二) 吸收直接投资的出资方式

吸收直接投资可以采用多种方式。从出资者的出资形式来看，它主要有以下四种类型：

1. 货币资金出资

货币资金出资是吸收直接投资中最主要的形式之一。货币资金出资与其他出资方式相比其所筹资金在使用上具有更大的灵活性，既可用于购置资产，也可用于费用支付。因此，各国法律法规对货币资金在出资总额中的比例有一定的规定。

2. 实物出资

实物出资是指投资者以房屋、建筑物、设备等固定资产和材料、商品等流动资产所进行的投资。一般来说，企业吸收的实物投资应符合以下条件：

(1) 确为企业科研、生产经营所需；

(2) 技术性能比较好；

(3) 作价公平、合理。

3. 工业产权出资

工业产权出资是指投资者以专有技术、商标权、专利权等无形资产所进行的投资。一般来说，企业吸收的工业产权投资应符合以下条件：

(1) 有助于研究和开发出新的高科技产品；

(2) 有助于生产出适销对路的高科技产品；

(3) 有助于改进产品质量,提高生产效率;

(4) 有助于大幅度降低各种消耗;

(5) 作价公平、合理。

4. 土地使用权出资

土地使用权是指按有关法规和合同的规定使用土地的权利。投资者可以用土地使用权来进行投资。企业吸收土地使用权投资应符合以下条件:

(1) 确为企业科研、生产、销售活动所需;

(2) 交通、地理条件比较适宜;

(3) 作价公平、合理。

(三) 吸收直接投资的优劣分析

1. 吸收直接投资的优点

(1) 筹资方式简便、速度快。与发行股票筹资相比,吸收直接投资履行的法律程序相对简单,不需要审批,不需要在财经媒体上刊登招股说明书等。只要投资各方直接接触磋商,协商一致,筹资即可成功。

(2) 有利于提高企业信誉。吸收直接投资所筹集的资金属于自有资金,是企业从事生产经营活动的"本钱",同时也是企业承担民事责任的物质基础。与借入资金比较,能提高企业的信誉和对外负债的能力。

(3) 有利于尽快形成生产能力。吸收直接投资可直接获得企业生产经营所需的先进设备和先进技术,与通过有价证券筹资相比,能尽快形成生产能力,尽快开拓市场。

(4) 有利于降低财务风险。吸收直接投资可以根据企业的经营状况向投资者支付报酬,企业经营状况好,可以向投资者多支付一些报酬;企业经营状况不好,则可以向投资者少支付甚至不支付报酬,比较灵活。所以,相对于债务融资方式,吸收直接投资没有固定的还本付息压力,财务风险较小。

2. 吸收直接投资的缺点

(1) 资金成本较高。吸收直接投资方式融资所需负担的筹资成本较高,一方面,由于企业向投资者支付的报酬需从税后净利润中直接支付,不能减免企业所得税;另一方面,由于企业向投资者支付报酬的数额在很大程度上取决于企业的经营状况,当企业经营状况较好和盈利能力较强时,需支付的报酬较高,此时负担较重。

(2) 容易分散企业控制权。采用吸收直接投资方式融资,投资者作为企业所有者一般都要求获得与投资份额相应的经营管理权。如果企业外部新的投资者的投资越多,则原有投资者对企业的控制权就越少,严重时甚至会失去对企业的控制。

二、发行股票

股票是股份公司为筹集主权资金而依法发行的有价证券,是持股人拥有公司股份的凭证。它是股东按其所持有的股份享有权益和承担义务的可转让的书面凭证。本部分仅介绍股票与筹资有关的内容,有关股票的其他内容将在"证券投资管理"部分介绍。

按股东享有权利和承担义务的不同,股票可划分为普通股和优先股。

(一) 普通股筹资

普通股是股份公司发行的具有经营管理权而股利不固定的股票,是股份公司筹集权益资金的最主要方式。其持有者即普通股股东，是企业的最终所有者，享有资金提供者最广泛的权利，也是企业所有风险的最终承担者，但仅以其出资额为限承担有限责任。

1. 普通股股东的权利

(1) 经营管理权。普通股股东对公司事务有最终的控制权。但这种权利一般通过投票选举并任命董事会成员来行使，并且拥有监督公司经营和财务管理的权利以及提出建议或质询的权利。普通股股东的经营管理权主要包括投票权、查账权和阻止越权经营等权利。

(2) 盈利分享权。普通股股东有权获得股利，但公司的经营收益必须在满足其他资本供应者(如债权人、优先股股东等)的收益分配要求之后，普通股股东经董事会决议、股东大会批准后从税后利润中分享股息和红利。

(3) 优先认股权。普通股股东是公司资产所有风险的最终承担者。因此，为保持对公司的控制权，原有股东有权按照持股比例优先认购公司增发的新股票。

(4) 剩余财产分配权。公司在清算解散时，在以其财产变现后的资金按其债务账面价值清偿债务、分配给优先股股东后，若还有剩余，再以各普通股股东所持股份分配公司剩余财产。

(5) 股票转让权。普通股没有到期日，普通股股东不能从公司收回自己的投资，但普通股股东不必经过公司或其他股东的同意即可合法地转让其手中的股票。由于与管理当局意见不一致，或认为现有股票的报酬低于期望报酬等原因都可能导致股东转让其股票。

2. 普通股的类型

股份公司根据有关法规的规定以及筹资和投资者的需要，可以发行不同种类的普通股。

(1) 股票按其有无记名，可分为记名股票和不记名股票。记名股票是指在股票票面上记载股东姓名或名称，并将其记入公司股东名册的股票。这种股票要同时附有股权手册，只有同时具备股票和股权手册才能领取股息和红利；且股份的转让有严格的法律程序与手续，须办理过户。不记名股票是股票票面上不记载股东姓名或名称，也不将其记入公司股东名册的股票。这类股票的持有人即股份的所有人，具有股东资格，股票的转让比较自由、方便，无须办理过户手续。我国《公司法》规定，股份公司发行的股票可以为记名股票，也可以为不记名股票。股份公司向发起人以及国家授权投资的机构、法人发行的股票，应当为记名股票。

(2) 股票按是否标明金额，可分为面值股票和无面值股票。面值股票是指在票面上标有一定金额的股票。票面金额代表股东对公司所投入的股本金额。持有该股票的股东对公司享有权利和承担义务的大小，依其所持有的股票票面金额占公司发行在外股票总面值的比例而定。无面值股票是指在票面上不标出金额，只载明所占公司股本总额的比例或股份数的股票。股东对公司享有权利和承担义务的大小，直接依股票标明的比例而定。目前，我国《公司法》规定不允许发行无面值股票，规定股票应标明面额，并且其发行价格不得低于票面金额。

(3) 按发行对象和上市地区不同，我国股票可分为A股、B股、H股和N股等。A股即人民币普通股票，是由我国境内的公司发行，以人民币标明面值，供境内机构、组织或个人以人民币认购和交易的普通股股票。B股即人民币特种股票，是由我国境内的公司发行，以人民币标明面值，以外币认购和交易的普通股票。它的投资人限于外国及我国台港澳地区的自然人、法人和其他组织，定居在国外的中国公民，中国证监会规定的其他投资人。A股和B股均在我国上海或深圳证券交易所上市交易。H股是以外币标明面值，以外币认购，在香港上市交易的股票；N股是以外币标明面值，以外币认购，在纽约上市交易的股票。

3. 普通股的发行与定价

(1) 普通股的发行。股份公司在设立时首次公开发行股票称为IPO。此外，在公司设立后，为扩大经营、改善资本结构也会发行股票，称为增发股票。股票发行包括公募发行、配股发行或者私募发行三种方式。

① 公募发行。公募发行是指通过中介机构，公开向社会公众发行股票。我国《公司法》规定，股份公司向社会公开发行股票，必须与依法设立的证券经营机构签订承销协议，由其承销。股票承销通常有两种基本方式，即包销与代销。所谓包销，是根据承销协议商定的价格，由证券经营机构一次性全部购进发行公司公开募集的全部股份，然后以较高的价格出售给社会认购者的销售方式。对发行公司来说，包销可及时筹足资本，免于承担发行风险；但股票若以较低的价格售给承销商会损失部分溢价。所谓代销，是承销商仅仅作为一个代理商，不需要买入股票，在代销期满将未售出的股票退还给发行人；承销商只是从所售出的股票价款中收取佣金。对发行公司来说，代销的发行费用较低，但公司自己要承担股款未筹足的风险。公募发行范围广，易于足额筹集资本；股票变现性强、流通性好，有助于提高公司的知名度。其不足之处主要是手续烦琐、发行成本高。

② 配股发行。配股发行也称为附权发行，是指向现有股东按其所持股份比例出售股票，即给予现有股东在确定时间里按确定价格从公司买入确定数量的增发股票的选择权。这主要是因为如果增发股票给一般公众，现有股东的持股比例就会降低。所以，通常公司章程里都包含着优先认股权的有关规定，即公司必须先把增发股票出售给现有股东。其价格称为配股价，通常低于股票市场价格。

③ 私募发行。通常只有当公司足够大、经营相当成功且能够在公开发行的股票市场上筹集资金时，才能利用股票市场公开发行股票。而对于那些刚刚成立的或是陷于财务困境的公司来说，利用股票市场公开发行股票常常是可望而不可即的。因此，我国股份公司采用发起设立方式和以不向社会公开募集的方式发行的股票，无须经中介机构承销，只向少数特定的对象直接发行股票，即私募发行。私募发行避开了公开发行所必需的注册登记等程序与成本，且可以有目的地选择对公司发展有重要帮助的投资者；其最大缺陷在于发行范围小，股票变现性差。

(2) 普通股的定价。发行定价决策是股份公司公开发行股票所面临的最重要的财务决策。从规范的市场运作来看，股票定价首先必须明确定价基础，即股票的内在价值。反映股票内在价值的方法通常有未来收益现值法、每股净资产法、清算价值法和市盈率法。

① 未来收益现值法也称为现金流量贴现法。股东购买股票是因为凭此可以得到股利，因此股票价值等于预期未来可收到的全部现金性股利的现值之和，用公式表示为：

$$V=\frac{D_1}{(1+K)}+\frac{D_2}{(1+K)^2}+\cdots+\frac{D_n}{(1+K)^n}=\sum_{t=1}^{n}\frac{Dt}{(1+K)^t}\quad(n\rightarrow\infty)$$

式中，V——普通股的内在投资价值；K——股票投资者应得的必要报酬率；D_t（t 为 $1,2,\cdots,n$）——第 t 年年末预期得到的每股现金股利。

在对公司未来收益能做出准确判断的条件下，按此确定的价格是反映市值的均衡价格。

② 每股净资产法。每股净资产是所有资产按其账面价值，在支付了全部债务（含优先股）后，每股公司所有权的价值，用公式表示为：

$$每股净资产=\frac{账面总资产-账面负债总额}{发行在外的平均股数}$$

由于每股净资产是假定资产按账面价值确定的，因此它不是每股股票的最低价值，可作为股票发行价格确定的基本依据。

③ 清算价值法。每股清算价值与每股净资产不同，它是公司资产被出售以清偿公司债务，在支付了债权人和优先股股东之后，每一普通股股东可得到的价值额，用公式表示为：

$$每股清算价值=\frac{总资产清算价值-全部负债}{发行在外的平均股数}$$

应该说，每股清算价值是每股股票的最低价值，是公司股票发行的底价。

④ 市盈率法。它是根据同行业参考市盈率，结合公司的盈利预测所确定的股票价值的方法，用公式表示为：

$$股票价值=参考市盈率\times 预测每股收益$$

市盈率法所依据的变量有行业参考市盈率和公司盈利预测，这两个变量在预测及质量保证上都有一定的难度。

4. 普通股筹资的优劣分析

(1) 普通股筹资的优点。

① 能增强公司的信誉和举债能力。普通股筹资能增加股份公司主权资金的比重，较多的主权资金为债权人提供了坚实的信用基础和保障，可以增强公司的举债能力。

② 能减少公司的风险。发行普通股所筹资金具有永久性，无须归还，且没有固定的股利负担，股利的支付与否和支付多少，视公司有无盈利和经营需要而定。所以，普通股筹资没有固定的到期还本付息的压力，筹资风险较小。

③ 能增强公司经营灵活性。利用优先股或债券筹资，通常有许多限制，这些限制往往会影响公司经营的灵活性，而利用普通股筹资则没有这种限制。

(2) 普通股筹资的缺点。

① 资金成本较高。发行普通股的资金成本最高，因为普通股股东所承担的风险大而期望报酬高，又因为股利要从税后利润中支付而不具有节税功能，且发行费用也高于其他证券。

② 容易分散公司的控制权。利用普通股筹资会增加新股东，导致股权分散，从而削弱现有股东对公司的控制权。

③有可能导致股价的下降。一方面公司若过度依赖普通股筹资，会被投资者视为消极的信号，从而可能引起股票价格下跌；另一方面，新股东分享公司未发行新股前积累的盈余，会降低普通股每股收益，从而可能引起股票价格下跌。

(二) 优先股筹资

优先股是一种混合证券，既具有普通股的某些特征，没有到期日，股东不能要求公司收回优先股股票，股利要从税后利润中支付，因此它是企业自有资金的一部分；又与债券有相似之处，有固定的股利率，在公司清算时以股票面值为限获得清偿，股东也没有参与公司经营管理的权利。因此，优先股股东对公司资产的要求权次于债权人，但优先于普通股股东，优先股是介于公司债券和普通股之间的一种筹资工具。

1. 优先股的特点

优先股的特点是优先股股东较普通股股东有某些优先权利，表现在：

(1) 优先分配股利权。优先股股东在利润分配上有优先于普通股股东的权利，即在公司未发放优先股股利之前，不得发放普通股股利。

(2) 优先分配剩余财产权。当公司清算时,在偿还支付清算费用和全部债务之后,剩余的财产首先按优先股的票面额分配给优先股股东,然后才分配给普通股股东。

2. 优先股的类型

与普通股不同,优先股的种类较多,不同类型的优先股具有不同的特点。

(1) 优先股按欠发股利是否可以累积,划分为累积优先股和非累积优先股。累积优先股是指欠发的股利可以累积到以后年度一起发放的优先股。如果公司若干年因故无法支付优先股股利,今后公司盈利时,公司只有在发放完积欠的全部优先股股利及当年股利以后,才能发放普通股股利。非累积优先股是指欠发的股利不再补发的优先股。如果公司若干年因故无法支付优先股股利,今后公司盈利时,也只需在付清当年的优先股股利后就可以发放普通股股利,以前积欠的股利不再补发。显然,非累积优先股不利于保护优先股股东的权益,从投资者的角度来看,它甚至不如收益债券。因此,在实际中很少发行非累积优先股,一般只有在公司改组的情况下才可能发行。

(2) 优先股按是否参与剩余利润的分配,可分为参与优先股和非参与优先股。参与优先股是指优先股股东在获取定额的股利后,当公司利润丰厚,普通股股利超过优先股所获股利时,还有权与普通股股东一起参与剩余利润分配的优先股,以共享公司的经营成果,即优先股股东可以获取双重的分红权。非参与优先股是指优先股股东在获取定额股利后,无论企业剩余利润有多少,都不能获得额外股利分配的优先股。

(3) 优先股按是否可转换为普通股,划分为可转换优先股和不可转换优先股。可转换优先股是指优先股股东有权根据发行契约的规定,在将来一定时期内将优先股转换为普通股的股票。相对应地,不可转换优先股则是指不能转换为普通股的优先股。

发行可转换优先股是一种极易成功的筹资方式,因为它赋予投资者获利的机会,并具有灵活性。当股票市价达到转换价格时,是否转换完全取决于投资者的意愿,使投资者可以在普通股市价上涨、收益超过优先股时成为普通股股东,也可以选择保留优先股股东的地位和权利。对于发行公司来说,可以较低的股利率筹资,节省普通股发行费用,又可在适当的时候增加普通股股本,为增加负债奠定基础。

3. 优先股筹资的优劣分析

(1) 优先股筹资的优点。

① 筹资风险低。优先股没有固定到期日,不用偿还本金,且优先股股利金额虽然固定,但当企业无法以现金支付时可以延期。所以优先股不会像公司债券那样增加公司破产的压力和风险。

② 增强公司信誉和举债能力。从债权人的角度来看,优先股筹资属于权益资金筹资的范围。因此,优先股筹资能增加公司主权资金的比重,较多的主权资金为公司提供了较大的偿债保障。

③ 防止股权分散化。优先股股东没有公司经营管理权,因此在资本额一定的情况下,优先股筹资并不会增加参与公司经营管理的股东人数,从而可以维持现有普通股股东对公司经营权的控制。

④ 具有财务杠杆作用。优先股股利固定,且优先股对公司留存收益不具有要求权。因此,在公司净资产利润率大于优先股股利率的情况下,提高优先股的比重,会相应提高普通股每股净收益。

(2) 优先股筹资的缺点。

① 资金成本高。优先股股利要从税后利润中支付，不会使公司享有节税的好处。另外，股利支付虽无约定性且可以延期，但仍然是一种较重的财务负担。

② 由于优先股股东在股利分配、资产清算等方面具有优先权，这会使普通股股东在公司经营不稳定时的权益受到影响。

三、留存收益

留存收益也是权益资金的一种，是指由公司税后利润形成的收益，主要包括企业的盈余公积、未分配利润等，其实质是投资者对企业的再投资。与其他权益资金相比，留存收益的取得更为主动简便，它不需要筹资安排，又无筹资费用。因此这种筹资方式既节约了成本，又提高了企业的信誉。但这种筹资方式受制于企业盈利的多少及企业的利润分配政策。

实务训练

只有少数符合条件的企业才能发行股票筹集权益资金，而大多数企业主要依靠吸收直接投资筹集权益资金。将班级学生分成若干小组(5～8 人为一组)，每个小组组织讨论，并分析大多数企业如何才能吸引投资者直接投资。

任务四　筹集负债资金

任务要求

负债资金是企业资金的重要来源，可以给企业带来节税效应和财务杠杆利益。负债筹资可分为长期负债筹资和短期负债筹资两类。所以，应理解并掌握各类负债资金的筹资方式及各自的优、缺点。

一、长期借款

长期借款是指企业根据借款协议或合同向银行等金融机构借入的、期限在 1 年以上的各种借款。长期借款以企业生产经营及获利能力为依托，用于满足企业长期资产投资和永久性流动资产需要。

(一) 长期借款的种类

1. 按提供贷款的机构分为政策性银行贷款和商业银行贷款

其中，政策性银行贷款具有政策倾向性，贷款面相对较窄，但利率等条件较优惠。商业银行贷款是以“安全性、流动性、效益性”为经营原则，根据国民经济和社会发展需要，在产业政策的指导下，向工商企业提供各种商业贷款。

2. 按是否提供担保分为抵押借款、担保借款和信用借款

其中，抵押借款的抵押品可以是不动产、机器设备等实物资产，也可以是股票、债券等有价

证券，企业到期不能还本付息时，银行等金融机构有权处置抵押品，以保证其贷款安全。担保借款是指企业向银行借款时，不以物资作为抵押，而以信誉较好的个人或组织作为担保人取得的借款。信用借款则是指凭借款企业的信用，无须抵押品或担保人即可取得的借款。只有那些经银行审查、评估，确认资信优良，并确能偿还贷款的企业才能取得信用借款。

（二）长期借款的程序

1. 企业提出借款申请

企业要向银行借入资金，必须向银行提出申请，填写包括借款金额、借款用途、偿还能力和还款方式等内容的"借款申请书"，并提供企业近期的财务报表、预测报表等有关资料。

2. 银行进行审查

银行对企业的借款申请要从企业的信用等级、基本财务状况、投资项目的经济效益和偿债能力等多方面进行必要的调查，并对企业风险和报酬进行分析后，依据审批权限，核准企业申请的贷款金额和用款计划。

3. 签订借款合同

银行审查同意贷款后，再与借款企业进一步协商贷款的具体条件，并签订借款合同，以明确贷款的种类、用途、金额、利率、期限、还款的资金来源与方式，以及保护性条件和违约责任等。

4. 企业取得借款

双方签订借款合同后，银行应按合同规定并根据企业用款计划和实际需要，一次或分次将贷款划入企业的存款结算户，以便企业使用。

5. 企业归还借款

企业应按借款合同规定按时足额归还借款本息。如因故不能按期归还，企业应在借款到期之前提出展期申请，由贷款银行审定是否给予展期。

（三）长期借款协议的保护性条款

一旦银行做出长期贷款承诺，就须在一个较长时期内将一定量的资金提供给企业。为了保护其自身权益，保证到期能收回贷款并获得收益，银行要求企业保持良好的财务状况，至少要求企业在整个借款期内保持与取得借款之时相同的财务状况。因此，银行为了避免借款企业财务状况恶化损害到自己的利益，通常都会在借款协议中规定保护性条款。保护性条款使得银行拥有干预借款企业行为的法律权利：当借款企业经营不善，出现亏损并违约时，银行可据此采取必要的措施。保护性条款有利于确保借款企业财务状况的稳定性和银行贷款的安全性。保护性条款分为三类，即一般性保护条款、例行性保护条款和特殊性保护条款。

1. 一般性保护条款

该类条款适用于大多数借款合同，其目的主要在于保持借款企业资产的流动性和偿债能力。它主要包括流动资本要求、现金流出限制、资本支出限制以及其他债务限制。

（1）流动资本要求是借款协议中最普遍和最复杂的保护条款。它规定企业在借款期内必须保持流动资本的最低限额，如规定企业保持一定的流动比率和速动比率等。

（2）现金流出限制旨在限制现金用于生产经营业务以外的其他用途，以保证借款企业有足够的现金清偿借款。最常用的方法是将支付的红利和股票回购的现金限制为净利润的一定比例，不准企业过多投资于短期内不能收回资金的项目，限制高级管理人员的薪酬总额等。

（3）资本支出限制旨在要求公司的长期资本支出不得突破资本预算所规定的支出范围和

数量，其目的在于减小企业因把大量资金冻结在非流动性投资上面而日后不得不变卖固定资产以偿还贷款的可能性。

(4) 其他债务限制旨在防止其他贷款人取得对企业资产的优先受偿权，以保证银行自己贷款的安全性。最常用的方法是限制借款企业接受除季节性流动资金贷款之外的任何借款，或至少要求借款企业须经银行同意后才能取得其他借款；并且，这些新增借款只能是无担保贷款，或处于从属地位的借款，以确保银行在各类借款中享有优先受偿的权利，减少其所冒的风险。

2. 例行性保护条款

该类条款作为常规条款，在大多数借款合同中都会出现，主要包括借款企业必须定期向银行提交经注册会计师审计过的财务报表，以及现金流量预测等资料，以保证银行及时了解借款企业的经营情况；借款企业必须承担维护其资产安全完整的义务，保证企业正常的生产经营能力，不准在正常情况下出售较多资产，不准把任何资产抵押给其他债权人，不得为其他单位或个人提供担保，限制租赁固定资产规模和及时清偿到期债务等。

3. 特殊性保护条款

它主要是针对某些特殊情况而提出的保护性措施，主要包括贷款的专款专用，以便于银行对借款企业使用借款资金的监控；企业某些关键管理人员(如董事长、总经理和财务总监等)在贷款期内需留在企业，以保证企业长期稳定的发展等。

当借款企业违反了上述各类保护性条款时，银行将采取提高贷款利息率和提前偿付等措施，从而确保银行的自身利益。因此，借款企业在签订借款合同之前，一定要充分了解各类保护性条款对企业经营的影响程度，并分析其利弊，尽量争取有利于企业发展的条款。

(四) 长期借款利率的确定依据及其选择

借款利率的高低直接影响银行与借款企业双方的经济利益。影响长期借款利率的主要因素是借款期限与借款企业的信用。一般认为，借款期限越长，银行承担的风险越大，从而要求的借款利率越高。在期限一定条件下，借款利率的高低则取决于借款企业的信用状况。信用好或抵押品流动性强的借款企业，其借款利率相对于信用差、抵押品流动性弱或没有抵押担保的借款企业的利率要低。也就是说，借款利率与借款期限成正比，与企业信用状况成反比。

长期借款利率制度有固定利率制与浮动利率制两种。其中浮动利率通常有上、下限，并在借款合同中明确其浮动幅度。为节约借款成本，企业必须预测未来市场利率的变化趋势，进行有效的利率预期，并在此基础上灵活采用不同的利率制度。如果预期市场利率上升，则应采用固定利率制，保证借款利率不随市场利率的上升而提高；如果预期市场利率下降，则相应选择浮动利率制，使企业获得借款利率随市场利率的下降而降低的好处。

(五) 长期借款的偿还

长期借款的偿还通常有两种方式，到期一次性偿还；定期或不定期地偿还相等或不等金额的款项，并使借款到期时还清全部本金。

从还款方式可以看出，前者能使借款企业在借款期内使用全部所借资金，但到期还款压力大，需要企业事先做好还款计划与还款准备，如建立偿债基金等；后者则使借款企业在借款期内边用边还，将还款与用款结合，还款压力相对较小，但由于借款不能全额使用，其实际利率大于名义利率。从根本上说，不论采用何种方式，借款偿还都需以所借款项使用后新增的利润及现金流入为依托，借款企业要充分注意到现金流入量的时间和积累两个因素，尽量使长期借款的偿还期和偿付量与现金流入期和积累量相衔接,以规避偿还长期借款的风险。

(六) 长期借款的优劣分析

1. 长期借款筹资的优点

(1) 筹资速度快。与发行股票、债券相比,长期借款不需要印刷证券、报请批准等,在银行对企业进行全面调查分析并审核通过后,可以较快地获取资金。

(2) 借款灵活性大。企业与银行可以直接接触,商谈借款金额、期限和利率等具体条款。借款期间如企业情况变化,也可与银行再次协商修改借款的数量和条件。到期还款有困难,如能取得银行谅解,也可延期归还。

(3) 筹资成本低。这主要是因为利息列支在税前财务费用中,且筹资费用较低。

(4) 具有财务杠杆作用。长期借款筹集的资金属于债务资金,在经营状况较好时可以为企业带来报酬率超过利息率的差额收益,从而提高自有资金收益水平。

2. 长期借款筹资的缺点

(1) 筹资风险大。尽管借款具有一定灵活性,但还本付息的固定义务使得企业在经营不利的情况下,会产生不能偿付本息的风险,甚至会导致破产。

(2) 使用限制多。银行为保证贷款的安全性,对借款的使用附加了很多约束性条款。这些条款在一定程度上限制了企业自主调配与运用资金的能力,从而影响企业资金的使用效益。

(3) 筹资数量有限。银行一般不愿对一个企业贷出巨额资金,在企业需要大量资金时,采用这种筹资方式可能筹措不到所需的全部资金。

二、企业债券

企业债券是企业依照法定程序发行的、承诺按一定利率定期支付利息,并到期偿还本金的有价证券。在我国,由于有资格发行债券的企业多数是公司(包括股份有限公司、国有独资公司和两个以上的国有企业或其他两个以上的国有投资主体投资设立的有限责任公司)。因此,本书所述的企业债券一般指公司债。

(一) 企业债券的种类

1. 按有无抵押担保可分为信用债券、抵押债券和担保债券

信用债券是指仅凭债券发行人的信用发行的,没有抵押品或担保人做担保的债券。投资者之所以购买这类债券,是因为相信企业的盈利能力可做保证。抵押债券是指以特定财产(如企业拥有的固定资产以及金融资产等)做抵押而发行的债券。当企业不能偿还债券本息时,债券持有者可根据合同对抵押品进行处理以获取债券本息。担保债券是指由一定保证人(一般是发债企业的母公司或信誉较高的公司)做担保而发行的债券。当企业没有足够资金偿还债券本息时,债券持有者可根据合同要求保证人偿还债券本息。一般来讲,信用债券的利率往往高于有抵押担保的债券。

信用债券按信用程度又可细分为一般信用债券、次等信用债券和收益债券。一般信用债券是指企业发行的无担保债券。由于一般信用债券没有企业具体资产的担保,如果企业破产清理,债券持有者将成为一般债权人,所以只有信誉卓越的大企业才能发行这种债券。次等信用债券是指债券持有者在企业清偿时,要等到企业对享有优先债权的债务进行清偿之后,才能要求清偿的债券。由于次等信用债券的求偿权次于发行企业的其他所有债务,优先债权人在评估企业财务状况时,可将次等信用债券视为企业的所有者权益。这样,次等信用债券通常被

企业用来作为扩大所有者权益的一种方法，以支持企业增加其他负债。收益债券是一种混合债券，一方面，它与一般信用债券相似，有固定到期日，求偿权排在次等信用债券之前；另一方面，它又与一般信用债券不同，其利息只有在企业获利时才支付。收益债券具有累积性，即各年未付利息可以累积起来，等到企业有足够收益时才支付。显然，这种债券不能使投资者充分得到获取固定报酬的保证，因而并不受投资者欢迎，一般均是在企业改组时发行。次等信用债券的利率高于收益债券，而收益债券的利率又高于一般信用债券。

2. 按是否记名可分为记名债券和无记名债券

记名债券是指债券票面上注明债权人的姓名或名称，同时在发行公司的债权人名册上进行登记的债券。记名债券持有人以背书方式或法律法规规定的其他方式转让。记名债券有利于企业掌握债券持有者的情况，也有利于保证持券人的持券安全。无记名债券是指债券票面上未注明债权人的姓名或名称，同时在发行公司的债权人名册上也没有进行登记的债券。无记名债券持有人将该债券交付给受让人后即发生转让的效力，从而有利于持券人间的相互转让。

3. 按能否转换为公司普通股可分为可转换债券和不可转换债券

可转换债券是指根据发行契约允许持券人按预定的条件、时间和转换率将持有的债券转换为普通股的债券。不能享有这种权利的债券则为不可转换债券。可转换债券持有者对转换股票或不转换股票有选择权。一般来讲，可转换债券的利率低于不可转换债券。

4. 按能否提前收回可分为可提前收兑债券和不可提前收兑债券

可提前收兑债券是指企业按照发行时的条款规定，以一定条件和价格在企业认为合适的时间收回的债券。这类债券的好处在于，当市场利率降低时，企业可用“以旧换新”的办法收回已发行的利率较高的债券，代之以新的、利率较低的债券，以降低债务成本。不可提前收兑债券是指企业不能从债券持有者手中提前收回的债券。企业只能在债券市场上按市场价格买回或等到债券到期后收回。

（二）债券的发行

国有企业、股份有限公司、有限责任公司只要具备发行债券的条件，都可以依法申请发行债券以等集生产经营资金。

1. 发行方式

债券的发行方式有委托发行和自行发行。委托发行是指企业委托银行或其他金融机构承销全部债券，并按总面额的一定比例支付手续费。自行发行是指债券发行企业不经过金融机构直接把债券销售给投资单位和个人。

2. 发行债券的要素

(1) 债券的面值。债券面值包括币种和票面金额。币种可以是本国货币，也可以是外国货币，这取决于债券发行的地区及对象。票面金额是债券到期时偿还本金的金额。

(2) 债券的期限。债券从发行之日起至到期之日止的时间称为债券的期限。

(3) 债券的利率。债券上一般都注明年利率，利率有固定的也有浮动的。面值与利率相乘即为每年应付的利息。

(4) 债券的偿还方式。债券的偿还方式有“分期付息，到期还本”和“到期一次还本付息”两种。

(5) 债券的发行价格。债券的发行价格有三种：一是按债券面值等价发行，又叫作面值发行；二是按低于债券面值折价发行；三是按高于债券面值溢价发行。

债券之所以会偏离面值发行，是因为债券票面利率与市场利率不一致。如果债券票面利率大于市场利率，则由于未来利息费用多计，导致发债企业现在需要得到补偿而采用溢价发行。如果债券票面利率小于市场利率，则由于未来利息费用少计，导致发债企业现在需要付出代价而采用折价发行。债券的发行价格可依据资金的时间价值原理来确定。

分期付息，到期还本债券发行价格的计算公式为：

债券发行价格＝债券面值×按市场利率和债券期限计算的复利现值系数＋债券每年应付利息×按市场利率和债券期限计算的年金现值系数

[业务实例 3-3] 华丰公司发行债券筹资，面值 500 元，期限 5 年。发行时市场利率为 10%，每年年末付息，到期还本。

要求：分别按票面利率为 8%、10%、12%计算债券的发行价格。

解：若票面利率为 8%，则：

债券发行价格＝500×(*P*/*F*,10%,5)＋500×8%×(*P*/*A*,10%,5)

＝500×0.620 9＋40×3.790 8＝462.08(元)

若票面利率为 10%，则：

债券发行价格＝500×(*P*/*F*,10%,5)＋500×10%×(*P*/*A*,10%,5)

＝500×0.620 9＋50×3.790 8＝500(元)

若票面利率为 12%，则：

债券发行价格＝500×(*P*/*F*,10%,5)＋500×12%×(*P*/*A*,10%,5)

＝500×0.620 9＋60×3.790 8＝537.90(元)

从以上计算结果可知，上述三种情况分别以折价、等价和溢价发行。在上面的讨论中使用的市场利率是复利年利率。当债券以单利计息，到期一次还本付息时，即使票面利率与市场利率相等，也不应按面值发行。其计算公式为：

债券发行价格＝按票面利率和债券期限计算债券到期的本利和×按市场利率和债券期限计算的复利现值系数

[业务实例 3-4] 接业务实例 3-3 的资料，改成单利计息，到期一次还本付息，其余不变。

解：若票面利率为 8%，则：

债券发行价格＝500×(1＋5×8%)×(*P*/*F*,10%,5)＝700×0.620 9＝434.63(元)

若票面利率为 10%，则：

债券发行价格＝500×(1＋5×10%)×(*P*/*F*,10%,5)＝750×0.620 9＝465.68(元)

若票面利率为 12%，则：

债券发行价格＝500×(1＋5×12%)×(*P*/*F*,10%,5)＝800×0.620 9＝496.72(元)

(三) 债券筹资的优劣分析

1. 债券筹资的优点

(1) 筹资成本低。与股票筹资相比，债券利率一般要低于股票股息率，加之债券利息作为财务费用在税前列支，从而具有节税功能。因此，利用债券筹资的资金成本较低。

(2) 有利于保障股东对公司的控制权。债券仅代表一种债权债务关系，债券持有人无权参与企业的经营管理决策。因此，通过债券筹资不会改变原有的股权结构，更不会分散现有股东对公司的控制权。

(3) 具有财务杠杆作用。债券利率在发行时就确定，不会因企业利润增加而增加债券持有人的收益。如果企业息税前利润率大于债券利率，运用债券资金产生的“剩余收益”使得公司股东获取更大的收益。

2. 债券筹资的缺点

(1) 筹资风险高。债券筹资有固定到期日，要承担还本付息的法定义务。当企业经营不景气时，向债券持有人还本付息会给企业带来更大的困难，甚至会因不能偿还债务而导致企业破产。

(2) 限制条件较多。债券持有人为保障债权的安全，往往要在债券契约中签订一些限制性条款。这使得企业在股利分配策略、筹资方式和资金调度等多方面受到制约，可能会影响企业的正常发展和以后的筹资能力。

(3) 筹资数量有限。债券筹资的数量一般比银行借款多，但它筹集的毕竟是债务资金，当公司负债率超过一程度后，债券筹资成本会迅速上升，有时甚至会发行不出去。

三、融资租赁

租赁是指承租人向出租人交付租金，出租人在合同规定的期限内将资产的使用权让渡给承租人的一种经济行为。它涉及四个基本要素，即出租人、承租人、租金和租赁资产。

(一) 租赁的种类

租赁的种类很多，按租赁的性质不同，可分为经营租赁和融资租赁两大类。

1. 经营租赁

经营租赁是指由承租人向出租人交付租金，由出租人向承租人提供资产使用及相关的服务，并在租赁期满时由承租人把资产归还给出租人的租赁。其特点如下：

(1) 从承租人的目的来看，承租人不在于通过租赁而融资，而在于通过租入设备取得短期内资产的使用权。

(2) 经营租赁是一个可解约的租赁，承租人在租赁期内可按规定在预先通知出租人后解除租赁合同。

(3) 租赁期短，一般只是租赁设备使用寿命的一小部分。

(4) 租赁期内，出租人向承租人提供资产维修、保养及人员培训等服务。因此，经营租赁又称为服务租赁。

(5) 租赁期满或合同终止时，租赁资产一般归还给出租人。

从以上特征可以看出，在经营租赁中，与资产所有权有关的风险和报酬均没有转移到承租人身上，即承租人既不承担持有租赁资产的风险，也享受不到持有租赁资产所带来的收益。因此，经营租赁不属于负债资金筹资的范畴。

2. 融资租赁

融资租赁又称为财务租赁，是指由出租人出资按承租人要求购买设备，并在合同规定的较长时期内提供给承租人使用的一种长期租赁形式，有时也称之为资本租赁。融资租赁通过融物来达到融资的目的，是现代租赁的主要形式。其特点如下：

(1) 资产所有权形式上属于出租人，但承租人能实质性地控制该项资产，并有权在承租期内取得与该项资产所有权有关的主要报酬和承担与该项资产所有权有关的主要风险。

(2) 融资租赁是一种不可解约的租赁。在租赁期内，承租人非经双方同意，中途不得退租。这样既能保证承租人长期使用该项资产，又能保证出租人收回投资并有收益。

(3) 租赁期长。租赁期一般是租赁资产使用寿命的绝大部分。按国际惯例，租赁期一般接近资产使用年限的70%～80%。

(4) 租赁期内，出租人一般不提供设备维修、保养方面的服务，而由承租人自己承担。

(5) 租赁期满，租赁资产或退还，或留购，或续租。在多数情况下，由承租人支付远低于租赁资产公允价值的价款，即留购资产取得其所有权。

从上述特征可以看出，在融资租赁中，承租人每期所支付的租金实际上就是在租赁期间取得租赁资产使用权和租赁期满时取得其所有权所进行的分期付款，即租金实质上是对实物信贷的分期偿还。

(二) 融资租赁的形式

融资租赁按其业务特点，可分为直接租赁、售后回租和杠杆租赁三种类型。

1. 直接租赁

直接租赁是指生产厂商或租赁机构直接与承租人签订合同，将购建的设备租给承租人并收取租金的租赁。直接租赁是融资租赁的典型形式。直接租赁当事人的关系如图3-1所示。

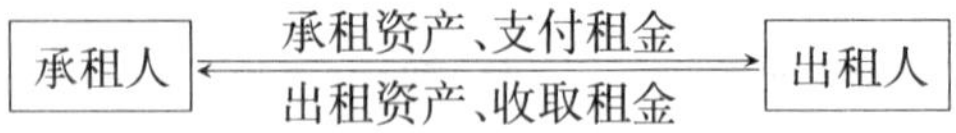

图3-1 直接租赁当事人的关系

2. 售后回租

售后回租是指承租人先把其拥有所有权的资产出售给出租人，然后再向出租人原封不动地将该资产租回的租赁。这种租赁方式既使得承租人通过放弃资产所有权获得一笔资金，满足企业对资金的需要，又使得承租人通过回租而保留了企业对该项资产的使用权。售后回租当事人的关系如图3-2所示。

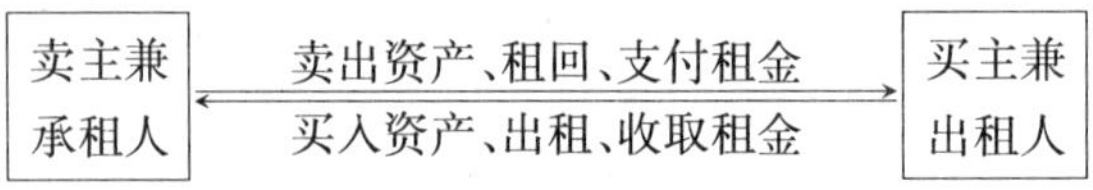

图3-2 售后租回当事人的关系

3. 杠杆租赁

杠杆租赁是指由资金出借人为出租人提供部分购买资产的资金，再由出租人购入资产租给承租人的租赁。这种租赁形式通常适用于金额较大的租赁项目。对于金额较大的租赁项目，出租人可能因财力有限或不愿意承担全部风险，往往会邀请银行等金融机构参加该项目租赁。因此，杠杆租赁涉及出租人、承租人和资金出借人三方。从承租人的角度来看，它与直接租赁方式并无多大区别。从出租人的角度来看，它只支付购买资产的部分资金(20%～40%)，其余部分(60%～80%)是以该项资产为抵押向资金出借人借来的。在杠杆租赁方式下，出租人既向承租人收取租金，又向资金出借人偿还本息。因出租人用少量的资金推动了巨额的租赁业务，租赁收益大于借款成本，出租人借此而获得杠杆利益，故该租赁形式被称为杠杆租赁。杠杆租赁当事人的关系如图3-3所示。

图3-3 杠杆租赁当事人的关系

(三) 融资租赁租金的计算

融资租赁租金是承租人支付给出租人让渡租赁设备使用权的代价。租金总额的构成、每次租金的支付方式及计算方法对承租人的财务状况有直接的影响。

1. 租金总额的构成

(1) 租赁资产的购置成本(C),包括设备的买价、运杂费及途中保险费等。

(2) 预计设备的残值(S),即设备租赁期满时预计的可变现净值(它作为租金构成的减项)。

(3) 利息(I),即出租人为承租人购置设备垫付资金所应支付的利息。

(4) 租赁手续费(F),包括出租人承办租赁业务的营业费用及应得到的利润。租赁手续费一般以租赁资产价款的一定比例确定。

2. 租金的支付方式

影响租金大小的因素除了租金总额的构成外,还涉及租期长短、租金的支付方式。一般认为,租期越长,在租金总额一定的情况下,每期支付的租金相对较少;反之则较多。同样,租金支付次数越多,则每次支付的租金越少;反之则越多。

租金支付方式很多。它按支付间隔期长短不同,可分为年付、半年付、季付和月付;按每期支付租金的时点不同,可分为先付租金和后付租金;按每次支付金额是否相同,可分为等额支付和不等额支付。

3. 租金的计算方法

融资租赁租金的计算方法较多,常用的有平均分摊法和等额年金法。

(1) 平均分摊法。平均分摊法是指先以商定的利息率和手续费率计算出租赁期间的利息和手续费,然后连同租赁设备的购置成本的应摊销总额按租金支付次数平均计算出每次应付租金数额的方法。这种方法不考虑资金时间价值因素,计算简单。在平均分摊法下,每次应付租金数额的计算公式为:

$$R=\frac{(C-S)+I+F}{N}$$

式中,R——每次应付租金数额;N——租赁期间租金支付次数。

[业务实例 3-5]　华威公司 2018 年 1 月 1 日向融资租赁公司租入一套设备,设备原价 100 万元,租期 5 年,预计租赁期满华威公司支付的转让价为 5 万元。年利率为 10%,手续费为设备原价的 2%,租金每年年末支付一次。

要求:计算该企业每年应付租金的数额。

解: $R=\frac{(100-5)+[100\times(1+10\%)^5-100]+100\times2\%}{5}=31.61$(万元)

(2) 等额年金法。等额年金法是运用年金现值的计算原理计算每次应付租金的方法。在这种方法下,要将利息率和手续费率综合在一起确定一个租费率,作为贴现率。这种方法与平均分摊法比较,计算过程稍显复杂,但因为考虑了资金的时间价值,结论更具客观性。等额年金法下,每次应付租金数额的计算公式为:

$$R=\frac{C-S\times(P/F,i,n)}{(P/A,i,n)}$$

需要注意的是,这一公式假定每期租金是期末支付,即租金是后付租金。假如每期租金是期初支付的,即租金是先付租金,那么计算公式如下:$R=\frac{C-S\times(P/F,i,n)}{(P/A,i,n-1)+1}$

[业务实例3-6] 接业务实例3-5的资料,分别对以下两种情况用等额年金法计算该企业每年应付租金额:① 租费率为12%,租金在每年年末支付;② 租费率为12%,租金在每年年初支付。

解:设两种情况的每年应付租金额分别为 R_1、R_2,则:

$$R_1=\frac{100-5\times(P/F,12\%,5)}{(P/A,12\%,5)}=\frac{100-5\times0.5674}{3.6048}=26.95(\text{万元})$$

$$R_2=\frac{100-5\times(P/F,12\%,5)}{(P/A,12\%,4)+1}=\frac{100-5\times0.5674}{3.0373+1}=24.07(\text{万元})$$

从上述两种计算方法来看,平均分摊法没有考虑资金时间价值因素,故它每年支付的租金比等额年金法要多。因此,企业在选择租金计算方法时,应采用等额年金法。从等额年金法的先付与后付两种方式来看,名义上支付的租金额有出入(先付租金小于后付租金),但实质上并没有差别。

(四) 融资租赁的优劣分析

1. 融资租赁的优点

(1) 节约资金,提高资金的使用效益。融资租赁集"融物"与"融资"于一身,企业可以不必筹措一笔相当于设备款的资金就可取得设备完整的使用权,从而减少了企业先筹措资金再购买设备的中间环节和费用,可尽快形成生产能力。

(2) 筹资限制较少。企业运用股票、债券、长期借款等筹资方式,都受到相当多的资格条件的限制,而融资租赁筹资的限制条件较少,且可以不公开企业的财务状况,使企业经营更为自主。

(3) 设备陈旧过时的风险小。随着科学技术的进步,设备陈旧过时的风险很高,而融资租赁期限一般为资产使用年限的一定比例,不会像自己购买设备那样整个期间都要承担风险,且多数租赁协议都规定,在承租人不能按期支付租金及相关费用时,出租人有权收回其出租的资产。如果承租人在承租期间发现承租的设备已经陈旧过时,可以拒付租金,让出租人收回设备,从而可以在一定程度上减少损失。

另外,由于双方不得终止合同,故在通货膨胀情况下,承租人等于用贬值了的货币去支付设备价款,从而对承租人有利。

2. 融资租赁的缺点

融资租赁最主要的缺点是资金成本较高。由于出租人承受的风险大,相应地要求的回报必然会高,租金总额通常要高于设备价值的30%。在企业财务困难时期,支付固定的租金将构成一项沉重的财务负担。

四、短期借款

短期借款是指企业根据借款合同向银行等金融机构借入的期限在1年以内的各种借款。在我国,短期借款是绝大多数企业短期资金来源中最主要的组成部分。

(一) 短期借款的种类

我国目前的短期借款按照目的和用途分为若干种,主要有生产周转借款、临时借款、结算借款等。按照国际通行做法,短期借款还可依偿还方式的不同,分为一次性偿还借款和分期偿还借款;短期借款按担保条件不同,分为信用借款、担保借款和票据贴现等。

(二) 短期借款的信用条件

为了降低贷款风险、方便企业取得借款，银行发放短期借款时往往附带一些信用条件，主要有以下几个方面：

1. 补偿性余额

补偿性余额是指银行要求借款企业在银行存款账户中保持按贷款限额或实际借款额一定百分比的最低存款余额。从银行角度来讲，补偿性余额可降低贷款风险，补偿遭受的贷款损失；但对借款企业来说，补偿性余额使企业实际得到的借款额减少，但利息并未因此而少付，所以提高了借款的实际利率，加重了企业的利息负担。其实际利率的计算公式为：

$$\text{实际利率}=\frac{\text{名义利率}}{1-\text{补偿性余额比例}}\times 100\%$$

[业务实例 3－7]　盛威公司按年利率 9%向银行借款 100 万元，补偿性余额比例为 10%。要求：计算该企业实际借款利率。

解：$\text{实际借款利率}=\frac{9\%}{1-10\%}\times 100\%=10\%$

2. 信贷额度

信贷额度是指借款企业与银行在协议中规定的无担保借款最高限额。在批准的信贷额度内，企业可以随时按需要支用借款。但银行并无必须按最高借款限额保证贷款的法律义务。如果银行缺乏信贷资金或借款企业财务状况恶化，银行可以根据情况改变信贷额度，甚至拒绝提供贷款。信贷额度的有效期通常定为 1 年，次年再重新修订信贷额度。在我国目前的实务中，多站在银行的角度，称其为授信额度。

3. 周转信贷协定

周转信贷协定是指银行具有法律义务地承诺提供不超过某一最高限额的贷款协议。在协定的有效期内，只要企业的借款余额未超过最高限额，银行必须满足企业任何时候提出的借款要求。为了执行这一协定，在银根紧缩时，银行往往被迫从外部借入资金以满足企业随时提出的借款要求。因此，企业享用周转信贷协定，通常要对贷款限额中的未使用部分付给银行一笔承诺费。

[业务实例 3－8]　宏达公司与银行商定的周转信贷额度为 2 000 万元，承诺费率为 4%，该企业年度内实际借款额为 1 600 万元。

要求：计算该企业应向银行支付的承诺费。

解：应付承诺费＝(2 000－1 600)×4%＝16(万元)

4. 借款抵押

银行向财务风险较大的企业或对其信誉不甚有把握的企业发放短期贷款，通常需要有抵押品担保。短期借款的抵押品一般是借款企业的应收账款、存货、有价证券等。银行接受抵押品后，贷款金额一般为抵押品面值的 30%～90%。这一比例的高低取决于抵押品的变现能力和银行的风险偏好。

(三) 短期借款利息的支付方法

一般来讲，借款企业可以采用三种方式支付短期借款利息。

1. 收款法

收款法又称为利随本清法，是指借款期内不支付利息，在借款到期时连本带利一并偿还的利息支付方式。银行向工商企业发放的短期贷款大都采用这种方法收息。在这种方法下，借款的名义利率等于实际利率。

2. 贴现法

贴现法是银行向企业发放贷款时，先从本金中扣除利息部分，而到期时企业则要偿还全部本金的一种计息方法。采用这种方法，企业可利用的贷款只有本金减去利息部分后的差额。因此，贷款的实际利率高于名义利率。实际利率的计算公式为：

$$实际利率=\frac{名义利率}{1-名义利率}\times 100\%$$

［业务实例 3-9］ 金凤公司从银行取得借款 100 000 元，期限 1 年，年利率（即名义利率）8%，利息额 8 000（100 000×8%）元。按照贴现法付息，企业实际可利用的贷款为 92 000（100 000－8 000）元。

要求：计算该项贷款的实际利率。

解：该项贷款的实际利率 $=\frac{8\,000}{100\,000-8\,000}\times 100\%=8.7\%$

3. 加息法

加息法是银行发放分期等额偿还贷款时采用的利息收取方法。在这种方法下，银行将根据名义利率计算的利息加到本金上，计算出贷款的本息和，要求企业在贷款期内分期偿还。由于贷款分期均衡偿还，企业实际上只平均使用了贷款本金的一半，却支付全额利息。这样，企业所负担的实际利率便高于名义利率大约 1 倍。

［业务实例 3-10］ 华英公司借入年利率为 12%的贷款 200 000 元，分 12 个月等额偿还本息。要求：计算该项借款的实际利率。

解：该项借款的实际利率 $=\frac{200\,000\times 12\%}{200\,000\div 2}\times 100\%=24\%$

（四）短期借款筹资的优劣分析

1. 短期借款筹资的优点

（1）筹资速度快。银行发放长期贷款前，通常要对借款企业进行全面的调查分析，花费时间较长；而短期借款筹资则不需要这些繁杂的程序，因而所需时间比长期借款短得多。

（2）筹资弹性大。与其他筹资方式相比，企业可在需要资金时借入短期借款，在资金充裕时偿还短期借款，筹资数额及借款时间弹性较大，便于企业灵活安排。

2. 短期借款筹资的缺点

（1）筹资风险大。短期借款偿还期短，在筹资数额较大的情况下，如果企业资金调度不周，就会无力按期偿还本息，甚至被迫破产。

（2）筹资成本较高。与其他短期筹资方式相比，尤其是在补偿性余额、贴现法计息等情况下，短期借款实际利率通常高于名义利率。

五、商业信用

商业信用是指企业间在商品交易中因延期付款、预收货款而形成的借贷关系，是企业间的直接信用行为。商业信用产生于商品交易中钱与货在时间上的分离，它的表现形式主要是“先取货，后付款”和“先付款，后发货”两种，属于自然性融资。据有关资料统计，商业信用融资在许多生产经营类企业中均达到流动负债的 40%以上，是企业重要的短期资金来源。

(一) 商业信用的类型

商业信用作为企业短期资金的重要来源，主要有应付账款、应付票据、预收账款。

1. 应付账款

应付账款即赊购商品形成的欠款，是一种典型的商业信用形式。应付账款是卖方向买方提供信用，允许买方收到商品后不立即付款，可延续一定时间。在这种形式下，账款的支付主要依赖于买方的信用。卖方为促使买方及时支付货款，在规定信用期限的同时，往往会制定现金折扣条款。如"2/10，n/30"，表示信用期为30天，允许买方在30天内免费占用资金；如买方在10天内付款，可以享有2%的现金折扣。

2. 应付票据

应付票据是企业在延期付款商品交易时开具的反映债权债务关系的票据。应付票据主要是商业汇票，最长期限为6个月。商业汇票根据承兑人的不同可分为商业承兑汇票和银行承兑汇票。商业承兑汇票是由付款人或收款人开出，经付款人承兑的汇票。银行承兑汇票是由付款人或收款人开出，经付款人向开户银行申请并由开户行审查同意承兑的汇票。这种融资与应付账款融资十分相似，对于付款人来说，都是买方在一定时间内占用卖方的资金。所不同的是，应付账款融资不需要给卖方规范的银行票据，而应付票据则要给卖方规范的银行票据。就卖方而言，持有商业汇票的风险要低于应收账款的风险，这是因为商业汇票的承兑者负有到期无条件支付票款的责任，且该责任是受到银行监督的。利用应付票据延期付款，可能不产生成本，也可能产生成本，这主要取决于应付票据是否带息。不带息的应付票据不存在资金成本；如果计息的话，其利率一般比银行借款利率低，且不用保持相应的补偿余额和支付承诺费，所以应付票据的筹资成本低于银行借款成本。

3. 预收账款

预收账款是指卖方按照合同或协议的规定，在发出商品之前向买方预收的部分或全部货款的信用行为。它相当于卖方向买方先借一笔款项，然后用商品偿还。通常买方对于紧俏商品愿意采用这种方式办理货款结算。对于生产周期长、售价高的商品，生产者也经常向买方分次预收货款，以缓解本企业资金占用过多的问题。

此外，企业在生产经营活动中往往还形成一些应付费用，如应付职工薪酬、应交税费等。这些费用项目的发生受益在先，支付在后。因此，它们也属于"自然筹资"的范畴。只要企业的生产经营活动存在，就会产生应付费用筹资的现象。应付费用是一种无筹资成本的资金来源，但这种资金来源是不能由企业自主利用的筹资方式，企业拖欠应付费用可能会产生极高的资金成本。如应交税费的支付期是由税法规定的，企业必须按时缴纳，如不按时缴纳，税务机关将对其征收滞纳金；再如，推迟发放职工薪酬，则必定会受到职工强有力的反对，使企业的生产经营受到影响；等等。

(二) 商业信用筹资管理

商业信用筹资管理集中体现在应付账款管理上。从商业信用筹资量方面来看，其量的多少取决于信用额度的多少、信用期限的长短、享有现金折扣期的长短和现金折扣率的大小等因素。信用额度越大，信用期限越长，则筹资的数量也越多。同时，由于现金折扣期及现金折扣率的影响，使得企业在享有免费信用资金的同时，增加了因未享有现金折扣而产生的机会成本。因此，如何就企业在扩大筹资数量、免费使用他人资金与享有现金折扣、减少机会成本间进行比较权衡，是商业信用筹资管理的重点。

1. 享有现金折扣，在现金折扣期内付款

在这种情形下，企业可获得最长为现金折扣期的免费资金，并取得相应的折扣收益，其免费信用额度为扣除现金折扣后的净额。

2. 放弃现金折扣，在信用期内付款

在这种情形下，企业可获得最长为信用期的免费资金，其信用额度为商品价款总额，但由于放弃现金折扣，从而增加相应的机会成本。为了便于把握机会成本的大小，须将其换算成年成本率。其计算公式为：

$$\text{放弃现金折扣成本率}=\frac{\text{现金折扣率}}{1-\text{现金折扣率}}\times\frac{360}{\text{信用期限}-\text{折扣期限}}$$

一般情况下，企业需要将放弃现金折扣成本率与银行借款年利率进行比较。如果成本率大于银行借款年利率，则企业放弃现金折扣的代价较大，对企业不利。这是因为，如果企业在现金折扣期用银行借款支付货款并享有折扣，其借款利息小于享有折扣的机会收益。

[业务实例 3－11] 华达公司按“3/10，*n*/30”的条件购进一批商品，假定商品价款为10 000 元。

要求：该公司对是否享有现金折扣做出选择。

解：情形一：企业享有现金折扣，并在第 10 天付款，则可获得 10 天的免费信用，其信用额度为 9 700 元，折扣额为 300 元；

情形二：放弃现金折扣，在第 30 天付款，则企业可获得 30 天的免费信用，其信用额度为 10 000 元，但由于放弃现金折扣，从而其机会成本也就是放弃现金折扣成本率 $=\frac{3\%}{1-3\%}\times\frac{360}{30-10}=55.67\%$。

以上计算结果表明，银行借款年利率无论如何也达不到这一水平，因此，该公司应选择享有现金折扣。

当然，如果企业资金紧张，又无法从其他渠道及时筹到资金，那么就只好损失现金折扣了。但是，企业在损失现金折扣后，应该将应付账款付款时间推迟到信用期限的最后一天，以最大限度地减少应付账款的资金成本。

3. 因缺乏资金而逾期支付

在这种情况下，企业实际上是拖欠卖方的货款，逾期越长，筹资数量也越大。但是，企业会因此而信誉下降，未来失去的机会收益将会越多。未来失去的机会收益主要是指因企业信誉恶化而丧失供应商乃至其他债权人的信用，或日后招致苛刻的信用条件。因此，企业间应讲究诚信，不应通过拖欠货款来筹资。

（三）商业信用筹资的优劣分析

1. 商业信用筹资的优点

(1) 筹资方便。商业信用融资与商品买卖同步进行，无须做特殊的筹资安排，也不需要事先计划，随时可以随着购销行为的产生而得到该项资金。

(2) 限制条件少。商业信用相比于其他筹资方式条件宽松，无须担保或抵押，选择余地大。在万一不能如期付款的情况下，也不会像短期借款那样面临抵押资产被银行强行拍卖或处置的风险，使企业的生产能力在相当长的一段时间内不会遭受损失。

(3) 筹资成本低。大多数商业信用都是免费提供的。因此与其他筹资方式相比，商业信用没有实际筹资成本。

2. 商业信用筹资的缺点

(1) 融资期限短。它属于短期筹资方式，不能用于长期资产占用。

(2) 风险较大、还款压力大。各种应付款项经常发生、次数频繁，需要企业有较高的理财技巧，安排和平衡资金，保证如期付款。

实务训练

将班级学生分成若干小组(5～8人为一组)，每个小组组织讨论并分析以下问题：

(1) 抵押贷款为什么成为造成房价上涨的原因之一？

(2) 在2010年国家制定严厉的房地产调控政策，房地产成交量大幅萎缩的情况下，房价为什么不降反升？

能力拓展训练

一、单项选择题

1. 采用销售百分比法预测资金需要量时，下列项目中被视为不随销售收入的变动而变动的是(　　)。

A. 现金　　B. 应付账款　　C. 存货　　D. 公司债券

2. 下列各项中，能引起企业权益资金增加的筹资方式是(　　)。

A. 发行公司债券　　B. 利用留存收益

C. 留存收益转增资本　　D. 吸收直接投资

3. 股票按股东权益的不同可分为(　　)。

A. 面值股票和无面值股票　　B. 普通股和优先股

C. 记名股票和不记名股票　　D. 新股和原始股

4. 普通股筹资的优点不包括(　　)。

A. 没有固定的股利负担　　B. 没有固定的到期日

C. 筹资风险小　　D. 资金成本低

5. 可转换债券对投资人来说，可在一定时期内将其转化为(　　)。

A. 普通股　　B. 优先股

C. 收益较高的新债券　　D. 其他有价证券

6. 下列各项中，不属于融资租赁租金构成内容的是(　　)。

A. 租赁设备的价款　　B. 租赁手续费

C. 租赁设备维护费　　D. 租赁期间利息

7. 出租人既出租某项资产，又以该项资产为担保借入资金的租赁方式是(　　)。

A. 售后租回　　B. 经营租赁　　C. 杠杆租赁　　D. 直接租赁

8. 华云公司与银行商定的周转信贷协定中规定，该企业贷款额度为3 000万元，承诺费率为3%。该企业年度内只借用了2 500万元，则应向银行支付的承诺费为(　　)万元。

A. 90　　B. 75　　C. 15　　D. 50

9. 华鼎公司按年利率12%从银行取得贷款100万元，银行要求企业按贷款额的15%保持补偿性余额，该贷款的实际利率为(　　)。

A. 12%　　B. 14.12%　　C. 10.43%　　D. 13.80%

10. 下列属于商业信用融资缺点的是(　　)。

A. 筹资比较困难　　B. 限制条款较多　　C. 期限较短　　D. 筹资成本高

二、多项选择题

1. 筹资规模具有(　　)特征。

A. 层次性　　B. 时间性

C. 与资产占用的对应性　　D. 波动性

2. 下列筹资方式中，属于权益资金方式的有(　　)。

A. 吸收直接投资　　B. 发行债券　　C. 发行股票　　D. 留存收益

3. 股份公司公募发行普通股的好处包括(　　)。

A. 发行范围广，发行对象多　　B. 股票变现性强，流通性好

C. 弹性较大，发行成本低　　D. 有助于提高公司知名度和扩大其影响力

4. 优先股的优先权主要表现在(　　)。

A. 参与和监督公司经营管理的权利　　B. 公司新股优先认购权

C. 固定股息优先分配权　　D. 剩余财产优先分配权

5. 留存收益是企业内源性股权筹资的主要方式，下列各项中属于该种筹资方式特点的有(　　)。

A. 筹资数额有限　　B. 不存在资本成本

C. 不发生筹资费用　　D. 改变控制权结构

6. 相对于普通股筹资方式而言，长期借款筹资的缺点有(　　)。

A. 筹资风险较大　　B. 筹资费用较高　　C. 筹资数额有限　　D. 资金成本较高

7. 债券筹资具有(　　)优点。

A. 筹资成本低　　B. 可供企业长期自主使用

C. 能获得财务杠杆利益　　D. 筹资风险低

8. 融资租赁具有的特点有(　　)。

A. 设备淘汰风险小　　B. 资金成本较高

C. 筹资速度快　　D. 限制条件少

9. 在短期借款的利息计算和偿还方式中，(　　)会导致实际利率高于名义利率。

A. 贴现法　　B. 加息法　　C. 收款法　　D. 补偿性余额

10. 下列各项中，属于商业信用筹资方式的有(　　)。

A. 应收票据贴现　　B. 应付账款　　C. 应付票据　　D. 预收账款

三、判断题

1. 筹资渠道解决的是资金来源问题，筹资方式解决的是通过何种方式取得资金的问题，它们之间不存在对应关系。(　　)

2. 西方资本结构理论中的优序理论认为，内源筹资是企业筹资的首选，只有当企业内部筹资不能满足经营需要时，方可进行借款、发行债券及最后发行股票等外部性筹资。(　　)

3. 用销售百分比法进行资金预测时，在计算随销售额变动的资产项目基期金额中一定要

包括固定资产项目。（ ）

4. 发行普通股股票可以按面值等价发行，也可以偏离面值按溢价、折价发行。（ ）

5. 由于长期借款的利息是固定的，所以相对而言，这一筹资方式的弹性较小。（ ）

6. 在债券面值和票面利率一定的情况下，市场利率越高，债券发行价格越低。（ ）

7. 在租赁期间，融资租赁的出租人一般需要提供维修保养设备的服务。（ ）

8. 计算融资租赁方式下的后付租金，实际就是根据普通年金现值公式反求年金，即资本年回收额。（ ）

9. 补偿性余额有助于降低银行贷款风险，但同时也减少了企业实际可动用的借款额，提高了借款的实际利率。（ ）

10. 放弃现金折扣成本与折扣期限、折扣率呈同方向变化，与信用期限呈反方向变化。（ ）

四、分析计算题

1. 恩威公司2017年销售收入为2 000万元，销售净利润率为12%，净利润的60%分配给投资者。2017年12月31日的资产负债表如表3-4所示。

表3-4 恩威公司2017年的资产负债表(简表)

2017年12月31日　　金额单位：万元

资　产	期末余额	负债及所有者权益	期末余额
货币资金	100	应付账款	100
应收账款	300	应付票据	200
存货	600	长期借款	900
固定资产	700	实收资本	400
无形资产	100	留存收益	200
资产总计	1 800	负债及所有者权益总计	1 800

该公司2018年计划销售收入比2017年增长30%，现有设备足以满足生产销售增长的需要。据历年财务数据分析，公司流动资产与流动负债随销售额同比率增减。假定该公司2018年的销售净利率和利润分配政策与2017年保持一致。

要求：根据上述资料预测该公司2018年外部融资需求量。

2. 宏达公司拟发行面值为100元，票面利率为12%，期限为5年的债券，该债券每年年末付息一次，到期按面值归还本金。

要求：计算当市场利率分别为10%、12%和14%时的债券发行价格。

3. 华威公司融资租入设备一台，价款为200万元，租期为4年，到期后设备归企业所有，租赁期间贴现率为12%，采用普通年金方式支付租金。

要求：计算该公司每年应支付租金的数额。

项目四　资本成本与资本结构

【知识目标】

- 了解资本成本的概念和种类、作用；
- 熟练掌握各种资本成本的计算方法；
- 掌握各种杠杆系数的计算方法，理解杠杆效应与相关风险的关系；
- 了解资本结构的概念及有关资本结构的理论；
- 掌握不同的资本结构决策方法；
- 了解影响资本结构的因素、资本结构调整的原因和方法。

【能力目标】

- 提高风险意识及资本结构决策能力；
- 具备筹资的分析和决策能力。

【引　言】 资金不似阳光、空气，可以尽情享受；资金是一种稀缺资源，使用资金是要付出一定代价的。因此，我们需要学会计算各种来源的资金成本。另外，我们知道“四两拨千斤”“借鸡下蛋”这些俗语，其实财务管理也存在这样的现象，你学了财务管理的杠杆效应后，就会明白其中的奥妙了。

任务一　资本成本的计算与应用

任务要求

资本成本是衡量资本结构优化程度的标准，也是对投资获得经济效益的最低要求。掌握企业不同来源的资本成本是企业正确进行筹资、投资和盈利分配决策的基础。所以，应能够熟练计算和运用资金成本的相关指标，合理选择筹资方式。

一、资本成本

企业从事生产经营活动必须使用资金，但在市场经济条件下不可能无偿使用资金。因此，企业除了必须节约使用资金外，还必须分析把握各种来源资金的代价。

(一) 资本成本的概念

资本成本又称为资金成本,是企业为筹集和使用长期资金而付出的代价。资本成本包括资金筹集费用和资金使用费用两部分。

1. 资金筹集费用

资金筹集费用是指企业在筹措资金过程中为获得资金而付出的代价,如银行借款手续费,股票、债券发行过程中支付的注册费、佣金、印刷费和律师费等。资金筹集费用通常是在筹集资金时一次性支付的,在使用资金过程中不再发生。它的发生会导致企业实际使用的资金减少,因而可视为筹资总额的一项扣除。

2. 资金使用费用

资金使用费用是指企业在生产经营过程中因使用资金而支付的费用,如银行借款利息、企业债券利息、股票的现金股利等。资金使用费用与筹资金额的大小、资金使用时间的长短有着直接联系,具有经常性、定期性支付的特征。

资本成本是在商品经济条件下,资金所有权与使用权分离的产物。资本成本是资金使用者对资金所有者在一定期间让渡资金使用权的价值补偿。因此,投资者的期望报酬就是企业的资本成本。

(二) 资本成本的表示形式

资本成本可以用绝对数表示,也可以用相对数表示。资本成本用绝对数表示即资本总成本,它是资金筹集费用和使用费用之和。由于它不利于不同资金规模的比较,所以较少使用。资本成本用相对数表示即资本成本率,它是资金使用费用与筹资净额(筹资总额扣除筹资费用后的差额)的比率。一般来讲,资本成本多指资本成本率,其计算公式为:

$$\text{资本成本率}=\frac{\text{资金税后使用费用}}{\text{筹资总额}-\text{资金筹集费用}}\times 100\%$$

资金筹集费用一般以筹资总额的某一百分比(筹资费用率)表示。因此,上述公式也可表示为:

$$\text{资本成本率}=\frac{\text{资金税后使用费用}}{\text{筹资总额}\times(1-\text{筹资费用率})}\times 100\%$$

上述计算公式用字母表示如下:$K=\frac{D}{Q-F}\times 100\%=\frac{D}{Q\times(1-f)}\times 100\%$

式中,K——资本成本,以百分率表示;D——资金税后使用费用;Q——筹资总额;F——筹资费用;f——筹资费用率。

(三) 资本成本的作用

资本成本在企业财务管理中处于至关重要的位置。其主要作用如下:

1. 资本成本是比较筹资方式、选择筹资方案的依据

企业筹措长期资本有多种方式可供选择,它们的筹资费用与使用费用各不相同。通过个别资本成本的计算与比较,可从中选出资本成本较低的筹资方式。另外,由于企业全部长期资本通常是采用多种方式筹措组合构成的,这种筹资组合有多个方案可供选择。综合资本成本的高低是比较各个筹资组合方案、做出资本结构决策的依据。

2. 资本成本是评价投资项目、比较投资方案的主要经济标准

一般而言,项目投资预期收益率只有大于其所需资金的资本成本才是经济合理的;否则投资项目不可行。因此,资本成本是企业项目投资的"必要投资报酬率",或者是判断投资项目可行性的"取舍率"。

二、个别资本成本

企业以不同方式筹集资金所付出的代价一般是不同的，企业综合资本成本是由各项个别资本成本及资金比重所决定的。因此，对资本成本的计算必须从个别资本成本开始。个别资本成本是指以各种筹资方式所筹长期资金的资本成本。由于企业资本从性质上分为债务资本与股权资本两大类，且这两类资本在资本成本计算上存在一定的差异，因此，个别资本成本的计算可分为债务资本成本与权益资本成本两类。

（一）债务资本成本

债务资本成本主要包括银行借款资本成本、债券资本成本。债务的利息均在税前支付，具有抵税功能。因此：企业实际负担的利息成本＝利息×（1－所得税税率）。

1. 银行借款资本成本

其计算公式为：

$$K_L=\frac{I_L\times(1-T)}{Q_L\times(1-f_L)}\times100\%=\frac{i_L\times(1-T)}{(1-f_L)}\times100\%$$

式中，K_L——银行借款资本成本；I_L——银行借款利息；Q_L——银行借款筹资总额；T——所得税税率；f_L——银行借款筹资费用率；i_L——银行借款年利息率。

［业务实例 4－1］ 华丰公司拟从银行取得长期借款 100 万元，年利率为 10%，期限为 5 年，每年付息一次，到期还本付息。假定筹资费用率为 0.1%，企业所得税税率为 25%。

要求：计算该公司该笔借款的资本成本。

解：银行借款资本成本$=\dfrac{100\times10\%\times(1-25\%)}{100\times(1-0.1\%)}\times100\%=7.51\%$

由于银行借款筹资费用率较小可忽略不计，其资本成本可近似计算如下：

银行借款资本成本$\approx i_L\times(1-T)=10\%\times(1-25\%)=7.50\%$

2. 债券资本成本

债券资本成本与银行借款资本成本的主要差别在于，一是其筹资费用较高，因此不能忽略不计；二是债券发行价格与其面值可能存在差异，在计算时要按发行价格确定其筹资总额。其计算公式为：

$$K_B=\frac{I_B\times(1-T)}{Q_B\times(1-f_B)}\times100\%=\frac{B\times i_B\times(1-T)}{Q_B\times(1-f_B)}\times100\%$$

式中，K_B——债券资本成本；I_B——债券年利息；Q_B——债券筹资总额；f_B——债券筹资费用率；B——债券面值总额；i_B——债券年利息率。

［业务实例 4－2］ 华丰公司拟发行面额 1 000 元的债券，按溢价 1 050 元发行，票面年利率为 12%，所得税税率为 25%，筹资费用率为 2%。

要求：计算该债券资本成本。

解：$K_B=\dfrac{1\,000\times12\%\times(1-25\%)}{1\,050\times(1-2\%)}\times100\%=8.75\%$

与银行借款相比，一般债券利率高于银行借款利率、债券发行费用高于银行借款手续费用。因此，债券资本成本相对要高于银行借款资本成本。

（二）权益资本成本

权益资本成本包括优先股资本成本、普通股资本成本和留存收益资本成本等。由于这类资本的使用费用(即股利)均从税后支付,因此不存在节税功能。

1. 优先股资本成本

公司发行优先股需支付发行费用,且优先股的股息通常是固定的。其计算公式为:

$$K_P=\frac{D_p}{Q_P\times(1-f_P)}\times100\%$$

式中,K_P——优先股资本成本;D_p——优先股年股息额;Q_P——优先股筹资总额;f_P——优先股筹资费用率。

[业务实例 4-3] 华丰公司拟发行优先股,面值总额为 100 万元,股息率为 15%,筹资费用率预计为 5%,筹资总额为 150 万元。

要求:计算该优先股资本成本。

解:$K_P=\frac{100\times15\%}{150\times(1-5\%)}\times100\%=10.53\%$

与债券相比,优先股股息率一般高于债券利率,且优先股的股利在税后支付,不存在节税功能。因此,优先股资本成本相对要高于债券资本成本。

2. 普通股资本成本

从理论上来看,普通股股东投资期望收益率即公司普通股资本成本。在计算普通股资本成本时,常常将此作为计算依据。这里介绍固定增长股利模型(普通股股利是逐年增长的,且以固定比例 g 增长)下的普通股资本成本。其计算公式为:

$$K_C=\frac{D_1}{Q_C\times(1-f_C)}+g=\frac{D_0\times(1+g)}{Q_C\times(1-f_C)}+g$$

式中,K_C——普通股资本成本;D_1——预期第一年普通股股利;Q_C——普通股筹资总额;f_C——普通股筹资费用率;g——普通股年股利增长率;D_0——上年普通股实际发放的股利。

[业务实例 4-4] 华丰公司发行普通股,每股面值为 10 元,溢价 12 元发行,筹资费用率为 6%,第一年年末预计股利率为 10%,以后每年增长 4%。

要求:计算该普通股资本成本。

解:$K_C=\frac{10\times10\%}{12\times(1-6\%)}+4\%=12.87\%$

与优先股相比,普通股股利率一般高于优先股股息率,且逐年递增。因此,普通股资本成本高于优先股资本成本。

3. 留存收益资本成本

从表面上来看,企业使用留存收益似乎不花费什么成本,实则不然。这是因为留存收益归投资者所有,投资者同意将这部分利润再投资于企业内部,是期望从中获得更高收益,否则投资者将把资金投到别处去获得收益。因此,留存收益的资本成本是投资者放弃其他投资机会而应得的报酬,是一种机会成本。在财务管理实务中,留存收益资本成本可参照普通股资本成本,但它不会发生筹资费用。其计算公式为:

$$K_R=\frac{D_1}{Q_C}+g=\frac{D_0\times(1+g)}{Q_C}+g$$

式中,K_R——留存收益资本成本;其余同普通股。

[业务实例 4-5] 华丰公司留存收益为 50 万元,其余条件与上例相同。

要求:计算该留存收益资本成本。

解：$K_R=\frac{10\times10\%}{12}+4\%=12.33\%$

（三）个别资本成本的比较

从上面个别资本成本的确定及分析可知，在一般情况下，各种筹资方式的资本成本由小到大排序依次为银行借款、债券、优先股、留存收益和普通股。

三、综合资本成本

实际工作中，受自身条件和多种因素影响，企业往往同时采用多种方式筹集所需资金。为进行筹资决策，就要计算确定企业的综合资本成本。综合资本成本是指一个企业以各种不同筹资方式所筹全部长期资本的资本成本，它是考察企业资本结构优劣以及企业选择最优筹资方案的重要标准之一。综合资本成本是以各种资本所占全部资本的比重为权数，对各种个别资本成本进行加权平均计算出来的。其计算公式为：

$$K_W=\sum_{j=1}^{n}K_jW_j$$

式中，K_W——综合资本成本；K_j——第 j 种资本的个别资本成本；W_j——第 j 种资本占全部资本的比重；n——n 种筹资方式。

［业务实例 4－6］ 金燕公司 2012 年的资本结构如表 4－1 所示。

表 4－1 金燕公司的资本结构

资本来源	金额/万元
普通股 6 万股（筹资费率 4%）	600
长期债券年利率 10%（筹资费率 2%）	400
长期借款年利率 9%（无筹资费用）	200
合　计	1 200

普通股每股面额 100 元，今年期望股息为 10 元/股，预计以后每年股利增加 3%。该企业所得税税率为 25%。

要求：计算其综合资本成本。

解：普通股资本成本$=\frac{10}{100\times(1-4\%)}+3\%=13.42\%$

长期债券资本成本$=\frac{10\%\times(1-25\%)}{1-2\%}=7.65\%$

长期借款资本成本$=9\%\times(1-25\%)=6.75\%$

综合资本成本$=13.42\%\times\frac{600}{1\,200}+7.65\%\times\frac{400}{1\,200}+6.75\%\times\frac{200}{1\,200}=10.385\%$

四、边际资本成本

（一）边际资本成本的概念

企业在持续的生产经营过程中，出于扩大业务或对外投资的需要，有时需要追加筹资。由于种种原因，企业不可能以某一固定不变的资本成本来筹措无限的资本。当企业筹措的资本超过一定限度时，资本成本就会增加。比如，当企业向银行借款 100 万元时，银行要求的利率是 6%；而企业向银行借 1 000 万元时，银行要求的利率则是 8%，因为银行风险加大，会提高利率。因此，企业在追加筹资时，不能仅仅考虑目前所使用资金的资本成本，还要考虑为投资项目追加筹资的资本成本，即边际资本成本。

边际资本成本是指资金每增加一个单位而增加的成本。企业追加筹资，可以只采用某一种筹资方式；但在筹资数额较大或在目标资本结构既定的情况下，往往需要通过多种筹资方式的组合来实现。因此，边际资本成本也是一种加权平均资本成本。

在多种筹资方式下即使企业的资本结构不变，随着追加筹资的数量不断增加，也会由于个别资本成本的增加而导致企业边际资本成本增加。在财务管理实务中，边际资本成本在某一筹资总额范围内相对稳定，当筹资总额超出这一特定范围后将会有所提高。

(二) 边际资本成本的计算

边际资本成本的计算步骤如下：

(1) 确定目标资本结构。目标资本结构是企业增资后拟达到的资本结构，是企业确定的一种较为理想的资本结构。

(2) 测算个别资本成本，确定各种筹资方式资本成本发生变化的筹资限额(即分界点)。比如，某企业长期债券筹资额在 2 000 万元及以下时，长期债券资本成本率为 7%；当超过 2 000 万元时，长期债券资本成本率则上升为 9%。那么，2 000 万元就是长期债券筹资分界点。

(3) 计算筹资总额突破点。筹资总额突破点是指在某种筹资方式特定资本成本条件下可以筹集到的全部资金最高额。当筹资总额在突破点以内时，追加筹资，原有的个别资本成本和边际资本成本保持不变；而一旦筹资总额超过突破点，追加筹资，某项个别资本成本就会随之增加并引起边际资本成本的增加。其计算公式为：

$$BP_j=\frac{TF_j}{W_j}$$

式中，BP_j——筹资总额突破点；TF_j——第 j 种个别资本成本的分界点；W_j——目标资本结构中第 j 种资本的比重。

(4) 计算边际资本成本。根据不同的筹资总额突破点，可以划分出若干个不同的筹资总额范围，对每个筹资总额范围均可以计算出一个加权平均资本成本，即边际资本成本。

[业务实例 4－7]　华东公司现有资金 1 000 万元，其中，长期借款 100 万元，长期债券 200 万元，普通股 700 万元。公司考虑扩大经营规模，拟筹措新的资金。

要求：测算追加筹资的边际资本成本。

解：(1) 确定目标资本结构。经分析测算，该公司认为目前资本结构处于目标资本结构，希望筹集新资金后能保持目前资本结构，即长期借款 10%，长期债券 20%和普通股 70%。

(2) 测算个别资本成本。经测算，随着筹资额的增加，各种筹资方式的资本成本也会增加，测算结果如表 4－2 所示。

表 4－2　华东公司筹资资料

资金种类	目标资本结构	追加筹资范围/万元	个别资本成本
长期借款	10%	0～50	6%
		>50	7%

（续表）

资金种类	目标资本结构	追加筹资范围/万元	个别资本成本
长期债券	20%	0～140	8%
		>140	9%
普通股	70%	0～210	10%
		210～630	11%
		>630	12%

(3) 计算筹资总额突破点。华东公司的筹资总额突破点如表4-3所示。

表4-3 华东公司筹资总额突破点的计算 金额单位:万元

资金种类	个别资本成本	追加筹资范围	筹资总额突破点	筹资总额范围
长期借款	6%	0～50	500*	0～500
	7%	>50		>500
长期债券	8%	0～140	700**	0～700
	9%	>140		>700
普通股	10%	0～210	300***	0～300
	11%	210～630	900****	300～900
	12%	>630		>900

注：* 为 50÷10%=500 万元；** 为 140÷20%=700 万元；*** 为 210÷70%=300 万元；**** 为 630×70%=900 万元。

表4-3中,筹资总额突破点是指引起特定筹资方式资本成本发生变化的筹资总额临界点。例如,对长期债券而言,在140万元以内,其资本成本为8%;而在目标资本结构中,长期债券的比重为20%,这表明长期债券的资本成本由8%上升到9%之前,企业可筹集700万元的资金。当筹资总额超过700万元时,长期债券资本成本将上升到9%。因此,筹资总额700万元即为一个筹资总额突破点。

(4) 计算各筹资总额范围的边际资本成本。根据表4-3中计算的结果,可知有四个筹资总额突破点,分别是300万元、500万元、700万元和900万元,从而应有五个筹资总额范围。对这五个筹资总额范围分别测算其加权平均资本成本,便可得到各筹资总额范围的边际资本成本,计算结果如表4-4所示。

表4-4 华东公司边际资本成本的计算

序　号	筹资总额范围/万元	资金种类	目标资本结构	个别资本成本	边际资本成本
1	0～300	长期借款	10%	6%	0.6%
		长期债券	20%	8%	1.6%

（续表）

序　号	筹资总额范围/万元	资金种类	目标资本结构	个别资本成本	边际资本成本
		普通股	70%	10%	7.0%
		第一个筹资总额范围的边际资本成本=9.2%			
2	300～500	长期借款	10%	6%	0.6%
		长期债券	20%	8%	1.6%
		普通股	70%	11%	7.7%
		第二个筹资总额范围的边际资本成本=9.9%			
3	500～700	长期借款	10%	7%	0.7%
		长期债券	20%	8%	1.6%
		普通股	70%	11%	7.7%
		第三个筹资总额范围的边际资本成本=10%			
4	700～900	长期借款	10%	7%	0.7%
		长期债券	20%	9%	1.8%
		普通股	70%	11%	7.7%
		第四个筹资总额范围的边际资本成本=10.2%			
5	900 以上	长期借款	10%	7%	0.7%
		长期债券	20%	9%	1.8%
		普通股	70%	12%	8.4%
		第五个筹资总额范围的边际资本成本=10.9%			

实务训练

将班级学生分成若干小组(5～8 人为一组)，每个小组到当地一家企业与财务部门工作人员(尤其是财务经理)面谈交流，并组织讨论分析该企业在财务活动各环节如何考虑资本成本的影响。

任务二　杠杆效应分析与风险衡量

任务要求

自然界中的杠杆效应是指人们通过利用杠杆，可以用较小的力量移动较重物体的现象。财务管理中也存在着类似的杠杆效应，即某一财务变量以较小幅度变动会引起另一有关财务变量以较大幅度波动。所以，能够熟练计算和理解经营杠杆、财务杠杆和综合杠杆三种杠杆效应，有助于企业合理地规避风险，提高财务管理水平。

一、经营杠杆

（一）经营风险

经营风险是指企业在不使用债务或不考虑资金来源中是否有负债的前提下息税前利润（*EBIT*）的不确定性，实质上是企业因经营上的原因导致息税前利润变动的风险，它与资产的经营效率直接相关。影响企业经营风险的因素很多，主要有以下几个：

1. 产品需求

市场对产品的需求越稳定，经营风险就越小；反之，经营风险就越大。

2. 产品变动成本

产品变动成本是收入的抵减，产品变动成本不稳定、变动大，会导致息税前利润不稳定、变动大，经营风险就大；反之，经营风险就小。

3. 产品售价

当产品成本变动时，若企业具有较强的调整价格的能力，经营风险就小；反之，经营风险就大。

4. 固定成本的比重

在企业全部成本中，固定成本所占比重较大。若产品产量越大，单位产品分摊的固定成本就越小，经营风险也就越小；反之，经营风险就越大。

（二）经营杠杆效应

在上述影响企业经营风险的诸因素中，固定成本比重的影响最为重要。因此，企业在生产经营中会有这么一种现象：在单价、单位变动成本和固定成本水平不变的条件下，销售量的变动会引起息税前利润以更大幅度变动，这就是经营杠杆效应。经营杠杆效应产生的原因是当销售量增加时，销售收入和变动成本将同比例增加，但固定成本总额不变，单位固定成本以反比例降低，这就导致单位产品成本降低，单位产品利润增加，于是息税前利润比销售量增加得更快；同样道理，当销售量减少时，息税前利润比销售量减少得更快。

［业务实例 4－8］ 考察宏达公司连续 3 年的销量、利润资料，如表 4－5 所示。

表 4－5 宏达公司盈利情况

项 目	第 1 年	第 2 年	第 3 年
销售量/件	10 000	16 000	24 000
销售收入（单价 150 元/件）	1 500 000	2 400 000	3 600 000
变动成本（单位变动成本 100 元/件）	1 000 000	1 600 000	2 400 000
边际贡献（单位边际贡献 50 元/件）	500 000	800 000	1 200 000
固定成本/元	300 000	300 000	300 000
息税前利润/元	200 000	500 000	900 000

由表 4－5 可见，从第 1 年到第 2 年，销售量增加了 60%［（16 000－10 0000÷10 000×100%］，息税前利润增加了 150%［（500 000－200 000）÷200 000×100%］；从第 2 年到第 3

年，销售量增加了 50%[(24 000－16 000)÷16 000×100%]，息税前利润增加了 80%[(900 000－500 000)÷500 000×100%]。利用经营杠杆效应，企业在可能的情况下适当增加销售量会取得更多的息税前利润，这就是经营杠杆利益。但也必须认识到，当企业遇上不利情况而销售量下降时，息税前利润会以更大的幅度下降，即经营杠杆效应也会带来经营风险。

(三) 经营杠杆系数及其计算

从上述计算分析可知，只要企业存在固定成本，就存在经营杠杆效应。但不同企业或同一企业的不同销售量，其经营杠杆效应是不完全一致的。为此，需要对经营杠杆效应进行计量。对经营杠杆效应进行计量的常用指标就是经营杠杆系数(*DOL*)，它是指息税前利润的变动率相对于销售量变动率的倍数。其定义公式为：

$$\text{经营杠杆系数}(DOL)=\frac{\text{息税前利润变动率}}{\text{销售量变动率}}=\frac{\dfrac{\Delta EBIT}{EBIT}}{\dfrac{\Delta Q}{Q}}$$

按表 4－5 中的资料，可以算得第 2 年经营杠杆系数为 2.5$\left(\frac{\frac{500\ 000-200\ 000}{200\ 000}}{\frac{16\ 000-10\ 000}{10\ 000}}\right)$，第 3 年经营杠杆系数为 1.6$\left(\frac{\frac{900\ 000-500\ 000}{500\ 000}}{\frac{24\ 000-16\ 000}{16\ 000}}\right)$。利用上述 *DOL* 的定义公式计算经营杠杆系数必须掌握息税前利润变动率与销售量变动率，这是事后反映，不便于利用 *DOL* 进行预测。为此，我们推导出一个只需用基期数据计算经营杠杆系数的公式。以下标“0”表示基期数据，下标“1”表示预测期数据(下同)，其推导公式如下：

$$DOL=\frac{\dfrac{\Delta EBIT}{EBIT_0}}{\dfrac{\Delta Q}{Q_0}}=\frac{EBIT_1-EBIT_0}{EBIT_0}\times\frac{Q_0}{\Delta Q}=\frac{\Delta Q(P-V)}{Q_0(P-V)-FC}\times\frac{Q_0}{\Delta Q}$$

$$=\frac{Q_0(P-V)}{Q_0(P-V)-FC}=\frac{MC_0}{EBIT_0}=\frac{\text{基期边际贡献}}{\text{基期息税前利润}}=1+\frac{FC}{EBIT_0}$$

从推导公式可知，在企业不发生经营性亏损、息税前利润为正的前提下，经营杠杆系数的大小受固定成本总额大小的影响。当固定成本为 0 时，经营杠杆系数就等于 1；但在实际中，任何企业的固定成本均不可能等于 0，经营杠杆系数总是大于 1；固定成本比重越高，经营杠杆系数就越大。

用推导公式不仅可以计算出业务实例 4－8 中宏达公司第 2 年、第 3 年的经营杠杆系数，而且第四年的经营杠杆系数也可计算出来。根据表 4－5 中的资料，其第四年的经营杠杆系数 $DOL=\frac{1\ 200\ 000}{900\ 000}=1.33$。

经营杠杆系数的意义是，在单价、单位变动成本和固定成本水平不变的前提下，息税前利润将以销售量的一定倍数增长。即：息税前利润增长率＝经营杠杆系数×销售量增长率。

[业务实例 4－9]　华凌公司生产 A 产品，固定成本为 60 万元，变动成本率为 40%。

要求：计算当销售额分别为 400 万元、200 万元、100 万元时的经营杠杆系数。

解：$DOL_1=\frac{400\times(1-40\%)}{400\times(1-40\%)-60}=1.33$

$DOL_2=\frac{200\times(1-40\%)}{200\times(1-40\%)-60}=2$

$DOL_3=\frac{100\times(1-40\%)}{100\times(1-40\%)-60}\rightarrow\infty$

从前述公式及业务实例 4-9 中可以看出：

(1) 在固定成本不变的情况下，经营杠杆系数说明了销售额变动所引起的息税前利润变动的幅度。

(2) 在固定成本不变的情况下，销售额越大，息税前利润越多，经营杠杆系数越小；反之，经营杠杆系数就越大。

(3) 当销售额处于盈亏临界点时(即 $EBIT=0$)，经营杠杆系数趋于无穷大。

(四) 经营杠杆与经营风险的关系

引起企业经营风险的主要原因是市场需求和成本等因素的不确定性，经营杠杆本身并不是息税前利润不稳定的根源。但经营杠杆扩大了市场和生产等不确定因素对息税前利润变动的影响。一般来说，在其他因素一定的情况下，固定成本越高，经营杠杆系数越大，息税前利润变动就越剧烈，企业经营风险也就越大。因此，企业应根据实际情况或在确定经营方针时就将经营风险控制在一个适度的范围内，或大力开拓市场，通过扩大销售量和增加销售收入来充分提高固定成本的利用效果以获得杠杆利益。

二、财务杠杆

(一) 财务风险

财务风险又称为筹资风险，是指企业在经营活动中与筹资有关的风险，尤其是指由于负债筹资而引起的到期不能偿还债务本息的可能性及由此而形成的普通股每股收益(EPS)的变动。负债利息列支在所得税前财务费用中且其资本成本较低，故负债筹资可以给企业带来节税效益。为了保持理想的资本结构，在企业的资本构成中都会有负债资金，因而都会存在一定的财务风险。

(二) 财务杠杆效应

优先股、负债筹资的性质告诉我们，无论息税前利润有多少，企业支付的负债利息、优先股股息等资本成本是相对固定的。因此，企业在生产经营中也会有这么一种现象：在负债、优先股筹资方式下，由于固定的负债利息和优先股股息的存在，息税前利润的变动会引起普通股每股收益更大幅度的变动，这就是财务杠杆效应。财务杠杆效应产生的原因是，在资本构成不变的情况下，企业支付的债务利息、优先股股利等资本成本是固定不变的，息税前利润增长时，每一元息税前利润所负担的固定资本成本就会相应减少，从而引起普通股每股收益更大幅度的增长；反之，息税前利润减少时，每一元息税前利润所负担的固定资本成本就会相应增加，从而引起普通股每股收益更大幅度的下降。

[业务实例 4-10] 接业务实例 4-8 的资料，假设宏达公司年负债利息 100 000 元，所得税税率为 25%，普通股 100 000 股，连续 3 年普通股每股收益的资料如表 4-6 所示。

表 4-6　宏达公司普通股每股收益的资料　　金额单位：元

项　目	第 1 年	第 2 年	第 3 年
息税前利润	200 000	500 000	900 000
减：债务利息	100 000	100 000	100 000
税前利润	100 000	400 000	800 000
减：所得税	25 000	100 000	200 000
税后利润	75 000	300 000	600 000
普通股每股利润	0.75	3	6

由表 4-6 中可见，从第 1 年到第 2 年，*EBIT* 增加了 150%[(500 000−200 000)÷200 000]，*EPS* 增加了 300%[(3−0.75)÷0.75]；从第 2 年到第 3 年，*EBIT* 增加了 80%[(900 000−500 000)÷500 000]，*EPS* 增加了 100%[(6−3)÷3]。利用财务杠杆效应，企业适度负债经营，在盈利条件下可能给普通股股东带来更多的收益，这就是财务杠杆利益。但必须认识到，当企业遇上不利而盈利下降时，负债经营也可能导致普通股股东的收益会以更大幅度减少，即财务杠杆效应也会带来财务风险。

（三）财务杠杆系数及其计算

从上述计算分析可知，只要企业的筹资方式中有固定资本成本的负债和优先股，就存在财务杠杆效应。但不同企业或同一企业的不同息税前利润，其财务杠杆效应是不完全一致的。为此，需要对财务杠杆效应进行计量。对财务杠杆效应进行计量的常用指标就是财务杠杆系数(*DFL*)，它是指普通股每股收益的变动率相对于息税前利润变动率的倍数。其定义公式为：

$$\text{财务杠杆系数}(DFL)=\frac{\text{普通股每股收益变动率}}{\text{息税前利润变动率}}=\frac{\dfrac{\Delta EPS}{EPS}}{\dfrac{\Delta EBIT}{EBIT}}$$

按表 4-6 中的资料，可以算得第 2 年财务杠杆系数为 $2\left(\dfrac{\dfrac{3-0.75}{0.75}}{\dfrac{500\ 000-200\ 000}{200\ 000}}\right)$，第 3 年财务杠杆系数为 $1.25\left(\dfrac{\dfrac{6-3}{3}}{\dfrac{900\ 000-500\ 000}{500\ 000}}\right)$。利用上述 *DFL* 的定义公式计算财务杠杆系数必须掌握普通股每股收益变动率与息税前利润变动率，这是事后反映，不便于利用 *DFL* 进行预测。为此，我们设法推导出一个只需用基期数据计算财务杠杆系数的公式。其推导公式如下：

$$DFL=\frac{\dfrac{\Delta EPS}{EPS_0}}{\dfrac{\Delta EBIT}{EBIT_0}}=\frac{\dfrac{(EBIT_1-I)\times(1-T)-D_p}{N}-\dfrac{(EBIT_0-I)\times(1-T)-D_p}{N}}{\dfrac{(EBIT_0-I)\times(1-T)-D_P}{N}}\div$$

$$\frac{EBIT_1-EBIT_0}{EBIT_0}=\frac{(EBIT_1-EBIT_0)\times(1-T)}{(EBIT_0-I)\times(1-T)-D_P}\times\frac{EBIT_0}{EBIT_1-EBIT_0}$$

$$=\frac{EBIT_0}{EBIT_0-I-\frac{D_P}{1-T}}=\frac{\text{基期息税前利润}}{\text{基期息税前利润}-\text{负债利息}-\frac{\text{优先股股利}}{1-\text{所得税税率}}}$$

式中,I——负债利息;T——所得税税率;D_p——优先股股利;N——普通股股数。

对于无优先股的股份制企业或非股份制企业,上述财务杠杆系数的推导公式可简化为:

$$DFL=\frac{EBIT_0}{EBIT_0-I}=\frac{\text{基期息税前利润}}{\text{基期息税前利润}-\text{债务利息}}$$

从推导公式可知,在企业不发生经营性亏损、息税前利润为正的前提下,财务杠杆系数的大小受固定负债利息和优先股股息总额大小的影响。当固定负债利息和优先股股息总额为0时,财务杠杆系数就等于1;但在实际中,绝大多数企业的负债利息和优先股股息总额均不可能等于0,财务杠杆系数总是大于1;负债利息和优先股股息总额越高,财务杠杆系数就越大。

.用推导公式不仅可以算出业务实例4-10中宏达公司第2、第3年的财务杠杆系数,而且第4年的财务杠杆系数也可算出。根据表4-6中的资料,其第4年的财务杠杆系数 $DFL=\frac{900\ 000}{900\ 000-100\ 000}=1.125$

财务杠杆系数的意义是,在资产总额及资本结构保持不变的前提下,普通股每股收益将以息税前利润的一定倍数增长。即:

普通股每股收益增长率=财务杠杆系数×息税前利润增长率

[业务实例4-11] 华丰公司资产总额为100万元,负债与资本的比例为60∶40,借款年利率为10%,企业基期息税前利润率为10%。公司计划期的息税前利润率由10%增长到30%,即息税前利润增长率为200%,企业所得税税率为25%。

要求:计算该公司净资产收益率的增长幅度。

解:其计算过程见表4-7。

表4-7 华丰公司净资产收益率增长的计算 金额单位:万元

项　目	基　期	计划期
息税前利润	100×10%=10	100×30%=30
减:利息	100×60%×10%=6	100×60%×10%=6
税前利润	4	24
减:所得税	4×25%=1	24×25%=6
税后利润	3	18
资本	40	40
净资产收益率	7.5%	45%

从表4-7中可看出,净资产收益率由7.5%提高到45%,其增长倍数 $=\frac{45\%-7.5\%}{7.5\%}=5$。

财务杠杆系数 $=\frac{10}{10-6}=2.5$

验证:200%×2.5=5

(四)财务杠杆与财务风险的关系

由于财务杠杆的作用,当息税前利润下降时,企业仍需支付固定资本成本,从而导致普通股每股收益会下降得更快。因此,财务杠杆放大了息税前利润变化对普通股每股收益的影响。企业负债比重越大,财务杠杆效应越强,财务风险越大。企业应根据预期的息税前利润变化情况做出最有利的筹资决策,当企业预测未来的息税前利润会上升时,就可以充分利用负债和优先股筹资,以获取财务杠杆利益;反之,当企业预测未来的息税前利润降低时,就应减少负债和优先股筹资,以避免财务杠杆带来的风险损失。

[业务实例4-12]　华为公司2016—2018年的息税前利润分别为400万元、240万元和160万元,每年负债利息都是150万元,企业所得税税率为25%。

要求:计算分析该公司的财务风险。

解:该公司的财务风险测算如表4-8所示。

表4-8　华为公司财务风险测算表　　金额单位:万元

年　份	息税前利润	息税前利润增长率	负债利息	所得税	税后利润	税后利润增长率
2016	400		150	62.5	187.5	
2017	240	−40%	150	22.5	67.5	−64%
2018	160	−33%	150	2.5	7.5	−89%

从表4-8中可知,华为公司2016—2018年每年的负债利息均为150万元保持不变,但随着息税前利润的下降,税后利润以更快的速度下降。与2016年相比,2017年息税前利润的降幅为40%,同期税后利润的降幅达64%;与2017年相比,2018年息税前利润的降幅为33%,同期税后利润的降幅达89%。可知,华为公司没有充分有效地利用财务杠杆,从而导致了财务风险,即税后利润的降低幅度高于息税前利润的降低幅度。

[业务实例4-13]　金地公司与华丰公司2018年资本结构及获利水平如表4-9所示。

表4-9　金地公司和华丰公司2018年有关财务数据　　金额单位:万元

项　目	金地公司	华丰公司
普通股股本	20 000	10 000
公司债券(年利率8%)	0	10 000
资金总额	20 000	20 000
计划息税前利润	2 000	2 000
实际息税前利润	600	600
借款利息	0	800*
利润总额	600	−200

注:*为10 000×8%=800万元。

从表4-9中可以看出,金地公司没有负债,就没有财务风险;华丰公司有负债,当息税前利润比计划减少时,就有了较大的财务风险,如果不能及时扭亏为盈,可能会导致破产。

三、综合杠杆

(一) 综合杠杆效应

存在固定的生产经营成本会产生经营杠杆效应,即销售量的增长会引起息税前利润以更大幅度增长。存在固定资本成本(负债利息和优先股股利)会产生财务杠杆效应,即息税前利润的增长会引起普通股每股收益以更大幅度增长。一个企业会同时存在固定的生产经营成本和固定的资本成本,那么这两种杠杆效应会共同发生,从而形成销售量的变动使普通股每股收益以更大幅度变动。综合杠杆效应就是指由于固定生产经营成本、利息和优先股股息等固定资本成本的存在而导致的普通股每股收益变动率大于销售变动率的效应,也称为总杠杆效应。它是经营杠杆和财务杠杆共同作用的结果。

(二) 综合杠杆系数及其计算

对于不同企业,综合杠杆效应程度是不完全一致的,故需要对综合杠杆效应进行计量。计量综合杠杆效应常用的指标就是综合杠杆系数(DTL),也称为总杠杆系数,是指普通股每股收益的变动率相当于销售量变动率的倍数。其定义公式为:

$$综合杠杆系数(DTL)=\frac{普通股每股收益变动率}{销售量变动率}=\frac{\frac{\Delta EPS}{EPS}}{\frac{Q}{\Delta Q}}$$

对于综合杠杆系数可以推导出其推导公式为:

$$DTL=\frac{\frac{\Delta EPS}{EPS}}{\frac{Q}{\Delta Q}}=\frac{\frac{\Delta EPS}{EPS_0}}{\frac{\Delta EBIT}{EBIT_0}}\times\frac{\frac{\Delta EBIT}{EBIT_0}}{\frac{\Delta Q}{Q}}=DFL\times DOL=\frac{EBIT_0+FC}{EBIT_0-I}$$

可见,综合杠杆系数可以由经营杠杆系数与财务杠杆系数相乘得到。

从推导公式可知,在企业不发生经营性亏损、息税前利润为正的前提下,分子大于分母,即综合杠杆系数必然大于1。这说明,销售量(销售收入)每增减变化1个百分点,普通股每股收益将以大于1个百分点的速度增减变化。

[业务实例4-14] 接业务实例4-10的资料。

要求:计算该公司各年DTL。

解:第二年$DTL=2.5\times2=5$

第三年$DTL=1.6\times1.25=2$

第四年$DTL=1.33\times1.125=1.5$

[业务实例4-15] 华丰公司2017年和2018年的有关财务数据如表4-10所示。

表4-10 华丰公司2017年和2018年的有关财务数据 金额单位:万元

项目	2017年	2018年	变动率
销售收入(单位售价10元/件)	1 000	1 200	+20%
减:变动成本(单位变动成本4元/件)	400	480	+20%
边际贡献	600	720	+20%
减:固定成本	400	400	0

（续表）

项　目	2017 年	2018 年	变动率
息税前利润	200	320	+60%
减：利息	80	80	0
利润总额	120	240	+100%
减：所得税(25%)	30	60	+100%
净利润	90	180	+100%
普通股股数/万股	100	100	0
每股收益/元	0.9	1.8	+100%

要求：分析该公司的综合杠杆效应并计算 2018 年和 2019 年的综合杠杆系数。

解：从表 4-10 中看出，在综合杠杆作用下，销售收入增加 20%，每股收益便增长 100%。当然，如果销售收入下降 20%，企业的每股收益也会下降 100%。

将表 4-10 中 2017 年的数据代入综合杠杆系数的推导公式，可求得：

2018 年的综合杠杆系数 $DTL=\frac{200+400}{200-80}=5$

这就是说，企业的产销量每增减 1%，每股收益就会相应增减 5%。

同理，可利用 2018 年数据计算得出：

2019 年的综合杠杆系数 $DTL=\frac{320+400}{320-80}=3$

（三）综合杠杆与企业风险的关系

由于综合杠杆作用使普通股每股收益大幅度波动而造成的风险称为综合风险。综合风险直接反映企业的整体风险水平。综合杠杆的意义在于，它揭示了企业风险管理的策略，即保持一定的风险状况水平，需要维持一定的综合杠杆系数，经营杠杆和财务杠杆可以有不同的组合。一般来说，固定资产比重较大的资金密集型企业，经营杠杆系数高，经营风险大，企业筹资主要依靠权益资金，以保持较小的财务杠杆系数和财务风险；而变动成本比重较大的劳动密集型企业，由于经营杠杆系数低，经营风险小，企业筹资可主要依靠债务资金，可保持较大的财务杠杆系数和财务风险，以获取财务杠杆利益。

实务训练

将班级学生分成若干小组（5～8 人为一组），每个小组组织讨论，并分析企业不同发展阶段（初创阶段、扩张阶段、成熟阶段和衰退阶段）的经营杠杆和财务杠杆各有什么不同，试从市场占有率、产销量、资金来源等方面分析其原因。

任务三　选择与优化资本结构

任务要求

资本结构是企业筹资决策的核心问题。所以，应综合考虑有关影响因素，运用合适的方法确定最佳资本结构，提升企业价值。如果企业现有资本结构不合理，应通过筹资活动进行优化调整，使其趋于科学、合理。

一、资本结构的概念与理论

（一）资本结构的概念

资本结构是指企业各种资本的构成及其比例关系。在企业筹资管理活动中，资本结构有广义与狭义之分。广义的资本结构是指企业全部资金的来源构成及其比例关系，不但包括长期资本，还包括短期负债。狭义的资本结构仅指企业各种长期资金（长期负债资金与股权资本）的构成及其比例关系。由于短期资金的需求与筹集经常处于变化中，在全部资金中比重也不稳定，因而不将短期负债纳入资本结构范畴，而是作为营运资金进行管理。这里所指的资本结构是指狭义的资本结构。

（二）资本结构理论

人们对资本结构有着不同认识，主要的资本结构理论有净收益理论、净营业收益理论和MM理论。

1. 净收益理论

该理论认为，利用负债资本可以降低企业的综合资本成本。由于债权的投资报酬率固定，债权人有优先受偿权，债权投资风险低于股权投资风险，故负债资本成本一般低于股权资本成本。因此，负债率越高，综合资本成本就越低。当负债率达到100%时，企业价值将达到最大。

这是一种极端的资本结构理论观点。这种观点虽然考虑了财务杠杆利益，但忽略了财务风险。很明显，如果企业负债资本比例过高，财务风险就会很高，企业的综合资本成本率就会上升，企业价值反而下降。

2. 净营业收益理论

该理论认为，资本结构与企业价值无关，决定企业价值高低的关键要素是企业的净营业收益。如果企业增加成本较低的负债资本，即使负债资本成本本身不变，但由于加大了企业风险，导致股权资本成本的提高。这一升一降相互抵消，企业的综合资本成本仍然保持不变。也就是说，不论企业的财务杠杆程度如何，企业的综合资本成本不变，企业价值也就不受资本结构的影响，因而不存在最佳资本结构。

这是另外一种极端的资本结构理论。这种观点虽然认识到负债资本比例的变动会产生财务风险，也可能影响企业的股权资本成本，但实际上企业的综合资本成本不可能是一个常数。企业净营业收益的确会影响企业价值，但企业价值不仅仅取决于企业净营业收益的多少。

3. MM 理论

1958 年，莫迪格莱尼和米勒在他们发表的《资本成本、公司财务和投资管理》一文中提出了著名的 MM 理论。在无税收、资本可以自由流通、充分竞争、预期报酬率相同的证券价格相同、完全信息、利率一致、高度完善和均衡的资本市场等一系列假定之下，MM 理论提出了两个重要命题：一是无论企业有无负债资本，其价值（普通股资本和长期债务资本的市场价值之和）等于企业所有资产的预期收益额按适合该企业风险等级的必要报酬率予以折现的现值；二是利用负债资本的企业，其股权资本成本随负债筹资额的增加而提高。因为便宜的负债资本给企业带来的财务杠杆利益会被股权资本成本的上升而抵消，故企业价值与其资本结构无关。因此，在没有企业和个人所得税的情况下，任何企业的价值，不论其有无负债都等于经营利润除以适用其风险等级的收益率。风险相同的企业，其综合资本成本和价值不受有无负债及负债率高低的影响。

1963 年，莫迪格莱尼和米勒修正了上述理论，认为有负债的企业价值等于有相同风险但无负债企业的价值加上负债的节税利益。因此，在考虑所得税的情况下，由于存在税收庇护利益，企业价值会随负债程度的提高而增加，企业综合资本成本会随负债程度的提高而降低。但负债程度超出一定范围之后，企业破产风险就会迅速增大，从而导致负债资本成本率和股权资本成本率迅速上升，进而使得企业综合资本成本转而上升。同时，企业破产风险带来的成本会超过负债的节税利益，从了导致企业价值下降。这样，企业存在最优资本结构。

二、最佳资本结构决策

（一）最佳资本结构的概念

所谓最佳资本结构，是指在适度负债条件下，使企业综合资本成本最低、企业价值最大的资本结构。其判断标准有三个：一是有利于最大限度地增加所有者财富，能使企业价值最大化；二是企业综合资本成本最低；三是资产保持适宜的流动性，并使资本结构具有弹性。

企业资本结构是由企业采用的各种筹资方式筹集资金而形成的，各种筹资方式不同的组合决定着企业资本结构及其变化。总地来说，企业资金来源可分成股权资本和负债资本两类。从资本成本及筹资风险的分析可看出，负债筹资具有节税、降低资本成本、财务杠杆利益等优势；但随着负债筹资比例的不断扩大，负债利率趋于上升，筹资风险加大。因此，如何找出最佳的负债比例，使得负债筹资的优点得以充分发挥，同时又避免其不足，是筹资管理的关键。财务管理上将最佳负债比例的选择称为资本结构决策。

（二）资本结构决策的方法

企业对拟定的筹资总额可以采用多种筹资方式来解决，同时每种筹资方式的筹资额也可有不同安排，由此形成若干个资本结构可供选择。资本结构决策旨在寻求最佳资本结构，使企业综合资本成本最低，企业风险最小，企业价值最大。下面介绍两种常用的资本结构决策方法。

1. 比较综合资本成本法

它是通过分别计算不同资本结构的综合资本成本，并选择其中综合资本成本最低的资本结构。其决策过程包括：

（1）确定各方案的资本结构；

（2）确定各资本结构的综合资本成本；

(3) 进行比较,选择综合资本成本最低的资本结构为最佳资本结构。

[业务实例4-16] 电通公司拟筹资规模确定为300万元,有三个备选方案A、B和C,这三个方案的资本结构及其个别资本成本分别如表4-11所示。

表4-11 电通公司不同资本结构的筹资方式及其比重

金额单位:万元

筹资方式	方案A		方案B		方案C	
	筹资额	资本成本	筹资额	资本成本	筹资额	资本成本
长期借款	50	6%	70	6.5%	100	7%
债券	150	9%	80	7.5%	120	8%
普通股	100	15%	150	13.5%	80	15.6%
合　计	300	—	300	—	300	—

要求:分析并判断该公司应选择哪种方案进行筹资。

解: 计算各方案的综合资本成本如下:

$$K_{WA}=\frac{50}{300}\times 6\%+\frac{150}{300}\times 9\%+\frac{100}{300}\times 15\%=10.5\%$$

$$K_{WB}=\frac{70}{300}\times 6.5\%+\frac{80}{300}\times 7.5\%+\frac{150}{300}\times 13.5\%=10.27\%$$

$$K_{WC}=\frac{100}{300}\times 7\%+\frac{120}{300}\times 8\%+\frac{80}{300}\times 15.6\%=9.69\%$$

通过计算与比较,方案C的综合资本成本最低。因此,选择C方案即长期借款100万元、债券120万元和普通股80万元的资本结构为最佳资本结构。

2. *无差异点分析法*

资本结构是否合理可以通过普通股每股收益的变化来衡量,能提高普通股每股收益的资本结构是合理的资本结构。无差异点分析法就是对不同资本结构的普通股每股收益进行分析来选择和确定负债与股权资本间的比例与数量关系。无差异点是指两种筹资方式(即负债与股权资本)下普通股每股收益相等的息税前利润,这一点是两种筹资方式优劣的分界点。因此,无差异点分析也称为 $EBIT-EPS$ 分析。根据无差异点,可分析判断在追加筹资时,应选择何种方式来进行资本筹资,并合理安排和调整资本结构。其决策过程如下:

(1) 列出不同筹资方式下普通股每股收益的计算公式:

$$EPS_1=\frac{(\overline{EBIT}-I_1)\times(1-T)-D_{P1}}{N_1};EPS_2=\frac{(\overline{EBIT}-I_2)\times(1-T)-D_{P2}}{N_2}$$

(2) 令两种筹资方式的每股收益相等,即 $EPS_1=EPS_2$

(3) 解出上式中的息税前利润($\overline{EBIT}$),即普通股每股收益无差异点。

(4) 当追加筹资后息税前利润大于无差异点时,应增加负债筹资;当追加筹资后息税前利润小于无差异点时,应增加股权筹资。

[业务实例4-17] 华为公司目前的资本总额为1 000万元,其结构为:债务资本300万元,股权资本700万元。现准备追加筹资200万元,有两种追加筹资方案:A方案增加股权资本;B方案增加负债。已知:增资前负债利率为10%,若采用负债增资方案,则全部负债利率提高到12%;公司所得税税率为25%,增资后息税前利润可达240万元。

要求：计算每股收益无差异点并比较选择两种方案。

解：将有关数据代入上述公式，可得：

$$\frac{(\overline{EBIT}-300\times10\%)\times(1-25\%)}{700+200}=\frac{[\overline{EBIT}-(200+300)\times12\%]\times(1-25\%)}{700}$$

求得：

$\overline{EBIT}=165$（万元）

将165万元代入上述公式，求得：

$$无差异点的净资产收益率=\frac{(165-300\times10\%)\times(1-25\%)}{900}=11.25\%$$

或：

$$\frac{(165-500\times12\%)\times(1-25\%)}{700}=11.25\%$$

它表明：

(1) 当息税前利润等于165万元时，选择股权筹资与选择负债筹资都是一样的；

(2) 当息税前利润预计大于165万元时，则追加负债筹资更为有利；

(3) 当息税前利润预计小于165万元时，则增加股权筹资更为有利。

根据题意，追加筹资后息税前利润达到240万元大于无差异点165万元，故采用负债筹资比股权筹资可行。

上述两种资本结构决策的方法适用于不同的情况：比较综合资本成本法适用于个别资本成本已知或可计算的情况；无差异点分析法适用于息税前利润不能明确预见，但可估测大致范围的情况。

三、资本结构的调整

当现有资本结构不合理时，企业可以通过筹资活动进行调整，使其趋于合理化。资本结构调整的目标是努力达到最佳资本结构，并最终有利于财务管理目标的实现。

（一）影响资本结构的因素

资本结构除受资本成本、财务风险等因素影响外，还要受到其他因素的影响。

1. 企业因素

企业因素主要是指企业内部影响资本结构变动的因素，主要包括以下三个方面：

(1) 经营者的风险态度。资本结构决策最终由经营者做出，他们的态度对资本结构会产生重要影响。如果经营者对风险极为厌恶，则企业资本结构中负债比重相对较小；相反，如果经营者以取得高报酬为目的而比较愿意承担风险，则资本结构中负债比重相对较大。

(2) 企业经营状况的稳定性和成长性。销售是否稳定对资本结构有着重要影响。如果企业的销售比较稳定，则有能力负担较多的财务费用，此时可以选择债务比例较高的资本结构。企业初创阶段，产品市场占有率低，产销业务量小，经营风险高，在资本结构安排上应控制负债比例，主要依靠权益资本筹资；企业成熟阶段，产品市场占有率高，产销业务量大，经营风险低，可适度增加债务资本的比重，发挥财务杠杆效应；企业收缩阶段，产品市场占有率下降，经营风险逐步加大，应逐步降低债务资本比重，保证经营现金流量能够偿付到期债务，保持企业持续经营能力。

(3) 企业资产结构。资产结构会以多种方式影响企业的资本结构：拥有大量固定资产的企业主要通过长期负债和发行股票筹集资本;拥有较多流动资产的企业,更多依赖流动负债来筹集资本;资产适宜抵押的企业举债额较多,如房地产企业的抵押贷款就相当多;以技术研究开发为主的企业则负债较少。

2. 环境因素

环境因素主要是指制约企业资本结构的外部因素,主要包括以下四个方面:

(1) 银行等金融机构的态度。虽然企业希望通过负债筹资来获得净资产收益率的提高,但银行等金融机构的态度在企业负债筹资中起着决定性的作用。大部分银行等金融机构不希望企业负债比率过大,如果企业债务过大,银行可能出于对自身风险的考虑而拒绝贷款。

(2) 信用评估机构的意见。信用评估机构的意见对企业的对外筹资能力起着举足轻重的作用。如果企业的信用等级不高,而且负债率已经较高,债权人将不愿意向企业提供资金,从而使企业无法达到它所希望达到的负债水平。

(3) 所得税税率的高低。债务利息从税前支付,从而具有节税功能;且企业所得税税率越高,节税功能越强,从而举债好处越多,企业倾向于负债筹资。反之,如果企业所得税税率很低,则采用举债方式的节税利益就不十分明显,企业倾向于股权筹资。

(4) 行业差别与企业规模。不同行业所处的经济环境、资产构成以及营运效率、行业经营风险等是不同的。因此,企业必须根据自身所处行业来确定最佳资本结构。一般而言,企业规模越大,筹资方式就越多,筹资能力较强,负债比率一般较低;而一些中小型企业筹资方式比较单一,主要依靠银行借款来解决自身的资本需求,因而负债率一般较高。

(二) 资本结构调整的原因

尽管影响资本结构变动的因素很多,但就某一具体企业来讲,资本结构变动或调整有其直接的原因。

1. 成本过高

即原有资本结构的综合资本成本过高,从而使得利润下降。它是资本结构调整的主要原因之一。

2. 风险过大

虽然负债筹资能降低资本成本,但风险较大。如果筹资风险过大,以至于企业无法承担,企业可预见的破产成本会直接抵减因负债筹资而取得的财务杠杆利益。

3. 弹性不足

所谓弹性,是指企业资本结构具有的灵活性,是判断企业资本结构是否最佳的标志之一,包括筹资期限弹性、各种筹资方式之间的转换弹性等。其中,期限弹性是针对负债筹资方式是否具有展期性、提前收兑性等而言;转换弹性是针对负债与负债间、负债与资本间、资本与资本间是否具有可转换性而言。弹性不足的企业,其财务状况将是脆弱的,它的应变能力也相对较差。

4. 约束过严

在不同的筹资方式下,投资者对企业资金的使用约束是不同的。约束过严,在一定意义上有损于企业财务自主权,有损于企业灵活调度与使用资金。正因为如此,有时企业宁愿承担较高的代价而选择那些使用约束相对较宽的筹资方式。

(三) 资本结构调整的方法

针对上述资本结构的影响因素和调整原因,资本结构调整的方法可归纳如下:

1. 存量调整

所谓存量调整，是指在不改变现有资产规模的基础上，根据目标资本结构要求，对现有资本结构进行必要的调整。其具体方式如下：

(1) 在债务资本过高时，将部分债务资本转化为股权资本，或将长期债务提前收兑归还并同时筹集相应的股权资本；

(2) 在股权资本过高时，通过减资并增加相应的负债来调整资本结构。

2. 增量调整

所谓增量调整，是指通过追加筹资量从而增加总资产的方式来调整资本结构。其具体方式如下：

(1) 在债务资本过高时，通过筹措股权资本来扩大投资，提高股权资本比重，如发行新股票等；

(2) 在股权资本过高时，通过追加负债筹资来扩大投资，提高负债比重，如举借新贷款、发行新债等。

3. 减量调整

所谓减量调整，是指通过减少资本总额和资产总额的方式来调整资本结构。其具体方式如下：

(1) 在股权资本过高时，通过减资来降低其比重(股份公司则可回购部分普通股等)；

(2) 在债务资本过高时，利用税后留利归还债务用以减少资产，并相应减少债务比重，如提前归还借款、收回发行在外的可提前收回债券等。

实务训练

将班级学生分成若干小组(5～8 人为一组)，每个小组组织讨论，并分析企业资本结构的调整与哪些会计科目相关，以及对企业的会计报表会带来哪些变化。

能力拓展训练

一、单项选择题

1. 华鼎公司发行总面额为 500 万元的 5 年期债券，票面利率为 12%，发行费率为 3%，公司所得税税率为 25%，发行价格为 600 万元。则该债券资本成本为(　　)。

A. 7.73%　　B. 10.31%　　C. 10%　　D. 9.38%

2. 华英公司拟发行优先股，面值总额为 200 万元，固定股息率为 15%，筹资费率预计为 4%，该股票溢价发行，筹资总额为 250 万元。则该优先股的资金成本为(　　)。

A. 12.5%　　B. 15.7%　　C. 12%　　D. 15%

3. 华兴公司按面值发行普通股票 600 万元，筹资费用率为 5%，上年股利率为 14%，预计股利每年增长 5%，所得税税率为 25%。则该普通股的资本成本为(　　)。

A. 14.47%　　B. 9.87%　　C. 20.47%　　D. 14.87%

4. 华天公司目标资本结构中长期债券的比重为 20%，债券资金的增加额在 0～10 000 元的范围内，其利率维持 5%不变。则该企业与此相关的筹资总额突破点为(　　)元。

A. 5 000 B. 20 000 C. 50 000 D. 200 000

5. 下列筹资活动不会产生财务杠杆作用的是(　　)。

A. 增发优先股 B. 增发普通股 C. 增发公司债券 D. 增加银行借款

6. 当资产息税前利润率大于债务资金利息率时,(　　)有利于企业获得财务杠杆利益。

A. 吸收直接投资 B. 企业债券 C. 留存收益 D. 普通股

7. 下列有关综合杠杆系数的说法中,不正确的是(　　)。

A. 综合杠杆系数越大,企业总风险越大

B. 它是普通股每股收益变动率与息税前利润变动率之比

C. 它反映产销量变动对普通股每股收益的影响

D. $DTL=DOL\times DFL$

8. 华强公司上年的息税前利润为5 000万元,利息为500万元,优先股股利为375万元;本年的息税前利润为6 000万元,利息为500万元,优先股股利为375万元,所得税税率为25%。则该企业本年度财务杠杆系数为(　　)。

A. 1.2 B. 1.11 C. 1.22 D. 1.25

9. 在通常情况下,适宜采用较高负债比例的企业发展阶段是(　　)。

A. 初创阶段 B. 破产清算阶段 C. 收缩阶段 D. 发展成熟阶段

10. 下列资本结构的调整方法中,属于存量调整的是(　　)。

A. 用闲置货币资金提前收回债券 B. 债转股

C. 长期借款购建厂房 D. 发行股票募集资金进行新技术研发

二、多项选择题

1. 下列各项中,属于资本使用费用的有(　　)。

A. 支付给股东的股利 B. 支付给银行的借款利息

C. 支付给证券承销商的佣金 D. 企业债券的印刷费

2. 计算个别资本成本时,必须考虑所得税影响的有(　　)。

A. 普通股 B. 长期债券 C. 留存收益 D. 银行借款

3. 以下(　　)是影响企业综合资本成本的因素。

A. 筹资总额 B. 筹资期限 C. 个别资本成本 D. 资本结构

4. 筹资总额突破点是指(　　)。

A. 保持某资本成本条件下可以筹集到的资金总额

B. 保持某资本成本条件下可以筹集到的某种资本的限额

C. 受所筹资金总额的影响

D. 受资本结构的影响

5. 下列关于经营杠杆系数的说法中,正的有(　　)。

A. 反映了产销量变动率对每股收益变动率的影响

B. 反映了产销量变动率对息税前利润变动率的影响

C. 经营杠杆系数越大,企业的经营风险越小

D. 是基期边际贡献与基期息税前利润的比率

6. 影响财务杠杆系数的因素有(　　)。

A. 息税前利润 B. 固定成本 C. 优先股股利 D. 所得税税率

7. 华云公司经营杠杆系数等于3,预计息税前利润增长6%,每股收益增长12%。下列说法中正确的有(　　)。

A. 综合杠杆系数等于6　　B. 产销量增长2%

C. 财务杠杆系数等于2　　D. 资产负债率等于50%

8. 最优资本结构是指在一定条件下能使企业达到(　　)状态的资本结构。

A. 企业价值最大化　　B. 加权平均资本成本最低

C. 资本利润率最大化　　D. 利润最大化

9. 影响资本结构变动的因素有(　　)。

A. 经营者对待风险的态度　　B. 企业获利能力

C. 行业差别　　D. 税收因素

10. 企业债务资本过多时,可采用(　　)的方法调整资其本结构。

A. 利用留存收益归还债务　　B. 将可转换债券转换为普通股

C. 以盈余公积金转增普通股　　D. 发行普通股筹集资金提前偿还长期债务

三、判断题

1. 资本成本一般用资本成本率表示,是筹资费用与使用费用之和与筹资总额的百分比。(　　)

2. 留存收益来自于企业税后收益,所以留存收益没有资本成本。(　　)

3. 提高个别资本占全部资本的比重,必然导致加权平均资本成本的提高。(　　)

4. 经营杠杆系数可以用边际贡献除以税前利润来计算,说明了销售变动引起息税前利润变化的幅度。(　　)

5. 在其他因素不变的情况下,固定成本越小,经营杠杆系数就越小,经营风险也就越小。(　　)

6. 企业资本结构中,负债资本与股权资本比例为2∶3,说明企业没有财务风险。(　　)

7. 在筹资额和利息(股利)率相同时,企业借款筹资和优先股筹资的财务杠杆作用是相同的。(　　)

8. 企业负债比例越高,财务风险越大。因此,负债对企业总是不利的。(　　)

9. 净营业收益理论认为,负债率越高,综合资本成本就越低;当负债率达到100%时,企业价值将达到最大。(　　)

10. 当预计的息税前利润大于普通股每股收益无差别点的息税前利润时,负债筹资的普通股每股收益最大。(　　)

四、分析计算题

1. 万通公司拟筹资2 500万元,其中,按面值发行年利率8%的5年期债券1 000万元,筹资费率为2%,所得税税率为25%;面值发行年股息率10%的优先股500万元,筹资费率为3%;面值发行普通股1 000万元,筹资费率为4%,第一年预期股利为12%,以后各年增长4%。

要求:

(1) 计算该筹资方案的各种个别资本成本;

(2) 计算该筹资方案的综合资本成本。

2. 华威公司目前拥有资金5 000万元,其中,长期借款1 000万元,普通股权益4 000万元。经分析测算认为目前的资本结构较为理想，在今后增资时应予保持。企业拟新增资金用于项目投资，随着筹资额的增加，各种资本成本的变化情况如表 4－12 所示。

表 4－12　华威公司筹资资料

筹资方式	新筹资范围	资本成本
长期借款	400 万元以下	6%
	400 万元以上	8%
普通股	1 000 万元以下	10%
	1 000 万元以上	12%

要求：

(1) 计算各筹资总额突破点；

(2) 计算不同筹资总额范围的边际资本成本。

3. 宏达公司 2017 年资本总额为 5 000 万元，负债比率为 60%，利息率为 10%。该公司只生产甲产品，其总成本性态模型 $TC=1\ 500+500Q$。假定该公司 2017 年度销售甲产品 10 万件，每件售价 800 元。市场预测 2018 年甲产品销售将增长 15%。

要求：

(1) 计算该公司 2018 年的经营杠杆系数；

(2) 计算该公司 2018 年息税前利润增长率；

(3) 计算该公司 2018 年综合杠杆系数。

4. 华丰公司拟筹资 1 000 万元开发新产品，现有 A、B 两个备选方案。有关资料如表 4－13 所示。

表 4－13　华威公司筹资资料　　金额单位：万元

筹资方式	A 方案		B 方案	
	筹资额	筹资成本	筹资额	筹资成本
长期借款	200	6%	150	5%
长期债券	300	8%	250	7%
普通股	500	10%	600	12%
合　计	1 000		1 000	

要求：

(1) 分别计算 A、B 方案的综合资本成本；

(2) 设开发该项新产品的投资报酬率为 9.5%，指出该公司应选择的筹资方案。

5. 天利公司目前资本结构如表 4－14 所示。

表 4-14　天利公司目前的资本结构

筹资方式	金额/万元
长期债券(年利率 8%)	1 000
普通股(4 500 万股)	4 500
留存收益	2 000
合　计	7 500

该公司现拟为一新项目融资 2 500 万元，有两个方案可供选择：甲方案为增加发行 1 000 万股普通股，预计每股发行价 2.5 元；乙方案为按面值发行每年年末付息、票面利率为 10% 的公司债券 2 500 万元。假定该公司不考虑证券发行费，适用的企业所得税税率为 25%。

要求：

(1) 计算两种筹资方案下每股收益无差别点；

(2) 计算处于每股收益无差别点时乙方案的财务杠杆系数；

(3) 如果该公司预计息税前利润为 1 200 万元，指出该公司应采用的筹资方案；

(4) 如果该公司预计息税前利润为 1 600 万元，指出该公司应采用的筹资方案；

(5) 若该公司预计息税前利润在每股收益无差别点增长 10%，计算采用乙方案时该公司每股收益的增长幅度。

项目五　项目投资管理

【知识目标】

- 了解项目投资的概念、类型及程序，理解项目计算期的构成和资金投入方式；
- 理解现金流量的概念及构成内容，并能对各种投资项目的现金流量进行估算；
- 掌握各种非贴现与贴现指标的含义、计算方法及评价标准；
- 掌握项目投资决策评价指标的应用，并能做出项目投资决策。

【能力目标】

- 通过现金流量估算的学习，提高分析复杂问题的能力；
- 通过各种投资决策方法的学习，提高财务决策的能力。

【引　言】“项目”现已成为人们使用越来越频繁的词汇。项目各种各样，涉及社会生活的各个领域，大到国家重点建设的三峡水利枢纽工程、西气东输工程等项目，小到一个城市基础设施项目、一个企业精心筹划的新产品上马项目，都可以当作一个项目来对待。而我们希望所进行的投资项目一定是有利可图的。那么，如何来衡量项目的投资可行性呢？

任务一　了解项目投资管理的内容

任务要求

在企业的财务活动中，投资是价值创造的关键环节，筹资的目的是为了投资，而分配活动是对投资活动的结果进行分配。所以，应了解项目投资的概念、类型及程序，理解项目计算期的构成和资金投入方式。

一、项目投资的概念与类型

（一）项目投资的概念

投资是指企业将财力投放于一定的对象，以期望在未来获取收益的行为。而项目投资则是企业内部的资金投放，以用于机器、设备、厂房的购建与更新改造等生产性资产的投资。这里所介绍的项目投资是一种以特定项目为对象，直接与新建项目或更新改造项目有关的长期投资行为。项目投资是企业开展正常生产经营活动的必要前提，是提高产品质量、降低产品成本不可缺少的条件，是增强企业市场竞争能力的重要手段。项目投资具有以下特点：

1. 投资规模较大，投资回收时间较长

项目投资的规模，尤其是新建项目投资的规模往往较大，且使用期限较长。因而投资的回收时间较长，少则几年，多则几十年，会在相当长的时期对企业财务状况产生全面的影响。

2. 投资次数较少

营运资金的投资是经常性的，而项目投资由于自身特点所限，往往不宜过于频繁，企业必须量力而行。

3. 资产的专用性

一旦将资金投放并形成某些资产，该资产在使用属性上就具有专用性。一般来说，资产专用性越强，用作他用的价值就越低，如汽车生产线只能用于生产汽车，而对于非汽车生产商就没有太大的价值。

4. 投资风险较大

项目投资的风险较大，一方面是由于项目投资的规模大、时间长；另一方面是由于项目投资所形成的资产具有专用性，一旦市场发生没有预料到的变化，将会给企业带来较大的损失。

5. 投资决策必须严格遵守相应的投资程序

对企业来说，项目投资是十分重要的，甚至关系到企业的生死存亡。因此，企业必须谨慎投资，严格遵守项目投资各个环节的程序。

(二) 项目投资的类型

为加强项目投资管理，提高投资效益，必须分清项目投资的性质，对项目投资进行科学的分类。

1. 独立投资、互斥投资和互补投资

按投资项目间的相互关系，项目投资可以分为独立投资、互斥投资和互补投资。独立投资也称为非相关投资，是指项目是否采纳，不受其他投资项目的显著影响，不会因其他项目的采纳与否而增减收入与成本的项目，如在企业资金充足、人力和物力均能得到满足的情况下，购置一辆运输汽车和建造职工食堂之间没有什么关系，也互不影响。互斥投资也称为互不相容投资，是指两个或两个以上相互排斥、彼此可以相互替代的项目，若一个项目被采纳，其他项目则必须被放弃的投资，如企业拟购置车床，有自动化程度很高的数控车床和普通车床两种方案可供选择，但只能选择其一。互补投资是指相互关联、相互配套的各项投资，如港口和码头、油田和输油管道等都属于互补投资。

就这三种投资类型的风险收益来说，独立投资的风险收益是独立的、自身的；互斥投资的风险收益虽然是独立的、自身的，但还取决于投资项目的正确选择；互补投资的风险收益则与各配套项目间能否有效补充相联系。

2. 先决投资和后决投资

按项目投资时间的先后顺序，项目投资可以分为先决投资和后决投资。先决投资是指只有先进行该项目投资后，才能使其后或同时进行的其他项目投资得以实现其收益的投资；后决投资是指只有在别的相关项目投资被实施后，才能得以实现其收益的投资。一般来说，先决投资的风险收益主要由其自身的风险收益决定；而后决投资的风险收益不仅取决于自身的风险收益，也取决于先决投资的风险收益。

3. 新建项目投资和更新改造项目投资

按扩大再生产的方式，项目投资可以分为新建项目投资和更新改造项目投资。新建项目投资是指以新增生产能力为目的的外延式扩大再生产投资。新建项目投资按其涉及内容又可分为单纯固定资产投资项目和完整工业投资项目。单纯固定资产投资项目是指只涉及固定资产投资而不涉及无形资产、其他资产和流动资金投资的项目。完整工业投资项目是指不仅包括固定资产投资，而且涉及流动资产投资，甚至包括无形资产等其他长期资产投资的项目。更新改造项目投资是指以恢复或改善生产能力为目的的内含式扩大再生产投资，包括以恢复固定资产生产效率为目的的更新项目和以改善企业经营条件为目的的改造项目两种类型。

4. 战略性投资和战术性投资

按对企业的影响程度，项目投资可分为战略性投资和战术性投资。战略性投资是指对企业长远利益和全局利益有重大影响的投资，往往关系到企业未来的生存与发展，是实现企业战略目标的重要手段。战术性投资是指涉及企业短期和局部范围的投资，是战略投资的具体体现和必要补充。虽然某个战术性投资对企业未来生产经营能力和获利影响不大，但多项战术性投资的效果将直接影响战略投资的实施，甚至影响企业整体的经济效益和生存发展。

二、项目投资程序

企业项目投资的程序主要包括以下几个步骤：

1. 投资项目的方案设计

投资规模较大、所需资金较多的战略性项目，应由企业董事会提议，由各部门专家组成专家小组提出方案；投资规模较小、投资金额不大的战术性项目可由企业主管部门提议，由有关部门组织人员提出方案。

2. 评价投资方案的可行性

在评价投资项目的环境、市场、技术和生产可行性的基础上，通过计算项目的有关现金流量指标以及项目的有关评价指标(如净现值、内含报酬率等)，对投资项目的财务可行性做出总体评价。应注意的是，投资项目的环境影响评价属于否决性指标，凡未开展或没通过环境影响评价的投资项目，不论其经济可行性和财务可行性如何，一律不得实施。

3. 投资方案的比较与选择

在财务可行性评价的基础上，对可供选择的多个投资方案进行比较和选择。

4. 项目投资的执行

对已做出选择的投资项目，企业管理部门要编制资金预算，并筹措所需要资金。在投资项目实施过程中，要进行控制和监督，使之按期完工、投入生产，为企业创造经济效益。

5. 投资方案再评价

在投资项目的执行过程中，应注意评价原来做出的投资决策是否合理、是否正确。一旦出现新的情况，就要随时根据变化的情况做出新的评价。如果情况发生重大变化，原来投资决策变得不合理，就要进行是否终止投资或怎样终止投资的决策，以避免更大的损失。

三、项目计算期的构成与资金投入方式

(一) 项目计算期的构成

项目计算期是指投资项目从投资建设开始到最终清理结束整个过程的全部时间，通常以

年为单位，用 n 表示，项目计算期包括建设期和经营期。建设期（用 s 表示）是从项目资金正式投入开始到项目建成并最终形成生产能力为止所需要的时间；建设期第一年年初称为建设起点，最后一年年末称为投产日；项目计算期最后一年（第 n 年）年末称为终结点。假定项目最终报废或清理均发生在终结点（更新改造除外）。从投产日到终结点的时间间隔称为经营期（用 p 表示），即生产、销售产品，获取收入和利润的时间。项目计算期如图 5－1 所示。

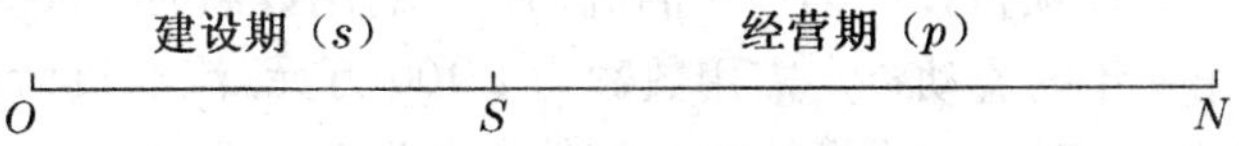

图 5－1　项目计算期

在图 5－1 中，O 点为建设起点，O 点到 S 点为建设期（s），建设期终点（S）同时也是投产日，即经营期的起点；S 点到 N 点为经营期（p），N 点为终结点。项目计算期、建设期和经营期之间的关系如下：

$$项目计算期(n)=建设期(s)+经营期(p)$$

（二）原始投资、投资总额和资金投入方式

1. 原始投资

原始投资是指企业为使项目完全达到设计生产能力、开展正常经营而投入的全部现实资金，包括建设投资和流动资金投资两项内容。建设投资是指在建设期内按一定生产经营规模和建设内容进行的投资，具体包括固定资产投资、无形资产投资和其他资产投资三项内容；流动资金投资是指项目投产前后分次或一次投放于流动资产项目的投资增加额，又称为垫支流动资金或营运资金投资。其计算公式为：

原始投资＝建设投资＋流动资金投资

其中：建设投资＝固定资产投资＋无形资产投资＋其他资产投资

2. 投资总额

投资总额是指投资项目最终占用资金的总和，等于原始投资与建设期资本化利息之和。该指标可以反映投资项目的总体规模。其中，建设期资本化利息是指建设期发生的与购建项目所需的固定资产、无形资产等长期资产有关的借款利息。其计算公式为：

投资总额＝原始投资＋建设期资本化利息

3. 资金投入方式

原始投资投入方式分为一次投入和分次投入两种方式。一次投入方式是全部投资额集中一次发生在建设期的某一时点，而分次投入是全部投资额分若干次在建设期陆续发生。

［业务实例 5－1］　宏达公司拟新建一条生产线，需要在建设起点一次投入固定资产投资 2 000 万元，在建设期期末投入无形资产投资 250 万元。建设期为 1 年，建设期资本化利息为 100 万元，全部计入固定资产原值。流动资金投资合计为 200 万元。

要求：计算该生产线的固定资产原值、建设投资、原始投资和投资总额。

解：固定资产原值＝2 000＋100＝2 100（万元）

建设投资＝2 000＋250＝2 250（万元）

原始投资＝2 250＋200＝2 450（万元）

投资总额＝2 450＋100＝2 550（万元）

实务训练

华丰公司拟在2017年新建一条生产线，建设期为2年，运营期为15年。全部建设投资分别安排在建设起点、建设期第二年年初和建设期期末分三次投入，投资额分别为1 000万元、3 000万元和800万元。该项目投产第一年的流动资产需用数额为1 500万元，流动负债可用数额600万元，投产第二年的流动资产需用数额为2 400万元，流动负债可用数额为1 100万元。根据项目筹资方案的安排，建设期资本化借款利息为280万元。

将班级学生分成若干小组(5～8人为一组)，每个小组组织讨论，并分析该项目的建设投资、流动资金投资、原始投资和投资总额的金额。

任务二　分析项目投资的现金流量

任务要求

对投资项目进行正确决策的关键是要准确地估计投资项目在不同时期的现金流量，因为现金流量是计算项目投资决策评价指标的主要依据和重要信息。因此，应理解现金流量的概念及构成内容，并能对各种投资项目的现金流量进行估算。

一、现金流量的概念

(一) 现金流量的含义

所谓现金流量(*CF*)，是指投资项目在项目计算期内因资金循环而引起的现金流入和现金流出增加的数量。这里的"现金"概念是广义的，不仅包括现金、银行存款等各种货币资金，还包括项目投资所需要的有关非货币资产的变现价值，如项目使用原有土地使用权、厂房、设备和原材料的变现价值等都属于现金流量的内容。只有对投资项目的现金流量进行准确的预测，才能对投资项目在经济上的效益性进行科学的评价。

(二) 投资决策中使用现金流量的原因

财务会计按权责发生制核算企业的收入和成本，并以二者差额作为利润，用来评价企业的经济效益。在项目投资决策中却不能以按这种方法计算的收入和支出作为评价项目可行性的基础，而应以现金流入作为项目的收入，以现金流出作为项目的支出，以现金净流量作为项目的净收益，并在此基础上评价投资项目的财务可行性及优劣。之所以要以按收付实现制计算的现金流量作为评价项目财务可行性及优劣的基础，主要有以下两个方面的原因：

1. 考虑时间价值因素

科学的投资决策必须考虑资金的时间价值，这就要求在决策时一定要弄清每笔预期收入和支出款项的具体时间。不同时间的资金具有不同的价值，是无法简单相加的；而现金流量与项目计算期的各个时点密切结合，有助于在计算项目投资决策评价指标时，应用资金时间价值的形式进行动态投资效果的综合评价。利润与现金流量的差异主要表现在以下方面：一是购置固定资产付出大量现金时不计入当期成本费用；二是将固定资产的价值以折旧的形式逐期计入每期成本费用时，却又无须付出现金；三是只要销售实现，就计算为当期销售收入，但其中有一部分并未于当期收到现金；四是项目寿命终了时，以现金形式回收的固定资产残值和垫支的流动资产，在计算利润时都得不到反映。可见，要在投资决策中考虑时间价值因素，就不能利用利润来衡量项目的优劣，而必须采用现金流量。

2. 用现金流量使投资决策更符合客观实际情况

在项目投资决策中，应用现金流量能更科学、更客观地评价投资方案的优劣，而利润则存在不科学、不客观的成分。这是因为：一是利润的计算没有一个统一的标准，在一定程度上要受存货计价、折旧摊销等不同方法的影响，利润确定比现金流量确定有更大的主观随意性；二是利润反映的是某一会计期间“应计”现金流量，而不是实际现金流量，若以未实际收到现金的收入作为收益，具有较大风险，容易高估投资项目的经济效益。

二、确定现金流量的假设和应注意的问题

（一）确定现金流量的假设

项目投资的现金流量的确定是一项复杂的工作。为了便于确定现金流量的具体内容，简化现金流量的计算过程，在实际工作中需要进行一些假设。

1. 财务可行性假设

这是指仅对投资项目的财务可行性进行分析，而不考虑国民经济可行性和技术可行性（假定该项目已经具备国民经济可行性和技术可行性）。

2. 全投资假设

这是指在确定项目的现金流量时，只考虑全部投资的运动情况，不论是自有资金还是借入资金等具体形式的现金流量，都将其视为自有资金（但在计算固定资产原值和投资总额时，还需要考虑借款利息因素）。

3. 建设期投入全部资金假设

这是指项目的原始投资不论是一次投入还是分次投入，均假设在建设期内投入。

4. 经营期与折旧年限一致的假设

这是指投资项目的固定资产的折旧年限与其经营期相同。

5. 时点指标假设

这是指现金流量的具体内容所涉及的价值指标，不论是时点指标还是时期指标，均假设按照年初或年末的时点指标处理。其中，建设投资在建设期有关年度的年初发生；垫支的流动资金在建设期的最后一年年末发生；经营期内各年的营业收入、付现成本、折旧摊销、利润、所得税等项目的确认均在年末发生；项目最终报废或清理（更新改造项目除外），回收流动资金均发生在经营期最后一年年末。

6. 现销、现购和产销平衡假设

这是指企业产品销售收入的实现时间与现金流入时间一致，各种支出的确认时间和现金流出的时间一致，不存在存货变动对现金流量的影响。

7. 确定性假设

这是指与项目现金流量估算有关的价格、产销量、成本和所得税税率等因素均为已知常数。

(二) 确定现金流量应注意的问题

在确定项目投资的现金流量时,应遵循的基本原则是,只有增量现金流量才是与投资项目相关的现金流量。所谓增量现金流量,是指由于接受或放弃某个投资项目所引起的现金流量变动部分。采纳某个投资方案引起的现金流入增加额才是该方案的现金流入;同理,某个投资方案引起的现金流出增加额才是该方案的现金流出。为了正确计算投资项目的增量现金流量,要注意以下几个问题:

1. 不能考虑沉没成本

沉没成本是过去发生的支出,而不是新增成本。这一成本是由于过去的决策所引起的,对企业当前的投资决策不产生任何影响。例如,某企业在两年前购置的某设备原价 10 万元,估计可使用 5 年,无残值,按直线法计提折旧,目前账面净值为 6 万元。由于科学技术进步,该设备已被淘汰。在这种情况下,账面净值 6 万元就属于沉没成本。所以,企业在进行投资决策时要考虑的是当前的投资是否有利可图,而不是过去已经花掉了多少钱。

2. 充分关注机会成本

在投资决策中,如果选择了某一投资项目,所放弃的其他投资项目可能取得的收益就是该项目的机会成本。机会成本不是实际发生的支出或费用,而是一种放弃的潜在收益。例如,某企业有一块闲置的土地,可以出租获得租金收入 500 000 元,也可以用来建造厂房。如果选择建造厂房而放弃了出租,则放弃出租而丧失的租金收入 500 000 元就是建造厂房的机会成本。在投资决策过程中考虑机会成本,有利于全面分析评价企业所面临的各个投资机会,以便选择经济上最为有利的投资项目。

3. 考虑项目对公司其他部门的影响

一个项目建成后,该项目会对其他部门和产品产生影响。如新项目建成投产后,可能会妨碍现有产品的销售,减少现有项目或其他部门的现金流入;也有可能促进现有产品的销售,增加现有项目或其他部门的现金流入,从而使整个企业的现金流量增加或减少。这些影响所引起的现金流量变化应计入该项目现金流量。

4. 考虑项目对净营运资金的影响

一个新项目投产后,存货和应收账款等流动资产的需求随之增加,同时应付账款等流动负债也会增加。这些与投资项目相关的新增流动资产与流动负债的差额即净营运资金应计入投资项目现金流量。

三、现金流量的构成

在进行项目投资决策分析时,通常用现金流入量、现金流出量和现金净流量指标来反映项目投资的现金流量。

(一) 现金流入量

现金流入量是指投资项目实施后在其计算期内所引起的现金流入的增加额,主要包括:

1. 营业收入

营业收入是指项目投产后每年实现的全部营业收入,应按项目在经营期有关产品的各年预计单价和预测销量进行估算,它是经营期主要的现金流入。

2. 固定资产残值

固定资产残值是指投资项目的固定资产在终结报废清理时的残值收入,或在更新时原有固定资产的变价收入。

3. 回收流动资金

回收流动资金是指投资项目在终结点收回原来投放在各种流动资产上的营运资金。

固定资产残值和回收流动资金统称为回收额。

4. 其他现金流入量

其他现金流入量是指以上三项以外的现金流入项目。

(二) 现金流出量

现金流出量是指投资项目实施后在其计算期内所引起的现金流出的增加额，主要包括：

1. 建设投资(含更新改造投资)

建设投资主要有固定资产投资、无形资产投资和其他投资费用(包括与项目投资有关的职工培训费、谈判费、注册费用等)。建设投资是建设期发生的主要现金流出。需注意的是，建设期资本化利息可根据借款本金、利率和建设期年数按复利计算，且假定只计入固定资产原值，而不作为现金流出。

2. 垫支的流动资金

垫支的流动资金是指投资项目建成投产后为开展正常经营活动而投放在流动资产(如存货、应收账款等)上的营运资金。

3. 付现成本(或经营成本)

付现成本是指在经营期内为满足正常生产经营而需用现金支付的成本。它是经营期主要的现金流出，是当年总成本费用(含期间费用)扣除该年固定资产折旧额、无形资产和开办费摊销额等费用后的差额。这是因为总成本费用中虽包含了这些折旧摊销费用，但其不需要动用货币资金支出，所以不属于付现成本。此外，付现成本的节约额虽相当于本期现金流入的增加，但在实务中一般把它作为现金流出的减项。至于生产经营期间的利息费用，由于全投资假设，不视为现金流出。因此，付现成本的计算公式为：

付现成本＝变动成本＋付现的固定成本＝总成本－折旧摊销额

4. 所得税税额

所得税税额是指投资项目建成投产后，因应纳税所得额增加而增加的所得税。要注意的是，因提前报废旧固定资产所发生的清理净损失而发生的抵减的当期所得税用负数表示。

5. 其他现金流出量

其他现金流出量是指不包括在以上内容中的现金流出，如为使投资项目在经营期内正常运转所产生的固定资产大修理费用等。

(三) 现金净流量

现金净流量是指投资项目在其计算期内每年现金流入量与同年现金流出量的差额所形成的序列指标。由于项目计算期超过 1 年，且资金在不同时间具有不同价值，所以现金净流量是以年为单位的。其计算公式为：

$$\text{第 } t \text{ 年现金净流量}(NCF_t)=\text{该年现金流入量}-\text{该年现金流出量}$$
$$=CI_t-CO_t(t=0,1,2,\cdots,n)$$

当现金流入量大于现金流出量时，现金净流量为正值；反之，现金净流量为负值。一般而言，在建设期内，现金净流量为负值；在经营期内，现金净流量为正值。

四、现金净流量的计算

投资项目的投入、回收及收益的形成均以现金流量的形式表现。因此，在整个项目计算期的各个阶段上都有可能发生现金流量，且必须逐年估算现金流入量和现金流出量。需要说明的是，这里暂不考虑所得税的因素。

1. 初始现金净流量

初始现金净流量是发生在建设期的现金净流量。其计算公式为：

现金净流量＝－该年投资额

由于在建设期没有现金流入量，所以现金净流量总为负值。另外，建设期现金净流量还取决于资金是一次投入还是分次投入。若资金在建设期一次全部投入，上述公式中的该年投资额即原始投资。

2. 经营期现金净流量

经营期现金净流量是指投资项目投产后，在经营期内由于生产经营活动而产生的现金净流量。其计算公式为：

现金净流量＝营业收入－付现成本＝营业收入－(总成本费用－折旧摊销额)

＝息税前利润＋折旧摊销额

3. 终结点现金净流量

终结点现金净流量是指投资项目在计算期结束时所发生的现金净流量。其计算公式为：

现金净流量＝经营期现金净流量＋回收额

[业务实例 5－2] 已知宏达公司拟购建一项固定资产，需在建设起点一次投入全部资金 1 000 万元，按直线法计提折旧，使用寿命为 10 年，期末有 100 万元净残值。建设期为 1 年，发生建设期资本化利息 100 万元。预计投产后每年可获息税前利润 100 万元。

要求：计算该投资项目在项目计算期内各年的现金净流量。

解：项目计算期＝1＋10＝11(年)

(1) 建设期现金净流量计算如下：

$NCF_0=-1\,000$(万元)

$NCF_1=0$

(2) 经营期现金净流量计算如下：

固定资产原值＝1 000＋100＝1 100(万元)

固定资产年折旧额$=\dfrac{1\,100-100}{10}=100$(万元)

$NCF_{2\sim10}=100+100=200$(万元)

$NCF_{11}=200+100=300$(万元)

[业务实例 5－3] 华为公司某项目投资总额为 1 500 万元，其中固定资产投资 1 100 万元，建设期为 2 年，在建设起点分两年平均投入。无形资产投资 200 万元，在建设起点投入。流动资金投资 200 万元，在投产开始垫付。该项目经营期为 10 年，固定资产按直线法计提折旧，期满有 100 万元净残值；无形资产从投产开始分 5 年平均摊销；流动资金在项目终结时可一次全部收回。另外，预计项目投产后，前 5 年每年可获得 400 万元的营业收入，并发生 330 万元的总成本；后 5 年每年可获得 600 万元的营业收入，发生 250 万元的变动成本和 150 万元

的付现固定成本。

要求：计算该投资项目在项目计算期内各年的现金净流量。

解：项目计算期＝2＋10＝12(年)

(1) 建设期现金净流量计算如下：

$NCF_0=-\frac{1\,100}{2}-200=-750$(万元)

$NCF_1=-\frac{1\,100}{2}=-550$(万元)

$NCF_2=-200$(万元)

(2) 经营期现金净流量计算如下：

固定资产年折旧额$=\frac{1\,100-100}{10}=100$(万元)

无形资产年摊销额$=\frac{200}{5}=40$(万元)

$NCF_{3\sim7}=400-330+100+40=210$(万元)

$NCF_{8\sim11}=600-250-150=200$(万元)

(3) 终结点现金净流量计算如下：

$NCF_{12}=200+100+200=500$(万元)

[业务实例 5-4]　华丰公司拟更新一套尚可使用 5 年的旧设备。旧设备原价 170 万元，账面净值 110 万元，期满残值 10 万元，目前旧设备变价净收入 60 万元。继续使用旧设备每年营业收入 200 万元，付现成本 164 万元。新设备投资总额 300 万元，可用 5 年，使用新设备后每年可增加营业收入 60 万元，并降低付现成本 24 万元，期满残值 30 万元。

要求：

(1) 计算新、旧方案的各年现金净流量；

(2) 计算更新方案的各年差量现金净流量。

解：(1) 继续使用旧设备的各年现金净流量计算如下：

$NCF_0=-60$(万元)

$NCF_{1\sim4}=200-164=36$(万元)

$NCF_5=36+10=46$(万元)

(2) 采用新设备的各年现金净流量计算如下：

$NCF_0=-300$(万元)

$NCF_{1\sim4}=(200+60)-(164-24)=120$(元)

$NCF_5=120+30=150$(万元)

(3) 更新方案的各年差量现金净流量计算如下：

$\triangle NCF_0=-300-(-60)=-240$(万元)

$\triangle NCF_{1\sim4}=120-36=84$(万元)

$\triangle NCF_5=150-46=104$(万元)

实务训练

将班级学生分成若干小组(5～8 人为一组)，每个小组组织讨论，并分析企业项目投资中的现金流量是否与财务会计中现金流量表的现金流量完全一致。它们有哪些区别和联系？

任务三　掌握项目投资决策的评价指标及其应用

任务要求

项目投资决策评价指标是衡量和比较投资项目可行性并据以进行方案决策的量化标准与尺度。所以，应能根据投资项目在项目计算期的各期现金流量数据，运用相关决策评价指标对投资项目进行计算分析，从而为不同情况下多个投资项目和方案做出正确的选择。

项目投资决策评价指标根据其是否考虑资金时间价值，可分为非贴现指标和贴现指标两大类。

一、非贴现指标

非贴现指标也称为静态指标，即没有考虑资金时间价值因素的指标，主要包括投资报酬率、静态投资回收期等指标。

（一）投资报酬率(*ROI*)

1. 投资报酬率的含义与计算

投资报酬率是指投资方案在经营期年均息税前利润占项目投资总额的百分比。其计算公式为：

$$投资报酬率=\frac{年均息税前利润}{投资总额}\times 100\%$$

投资报酬率的决策标准是，在进行决策时，须事先确定必要投资报酬率，只有投资报酬率高于必要投资报酬率的方案才能入选；而在有多个方案的互斥选择中，则选用投资报酬率最高的方案。

[业务实例5-5]　华为公司有甲、乙两个投资方案，建设期为0，投资总额均为100万元，全部用于购置新设备，折旧采用直线法，使用期均为5年，无残值，其他资料如表5-1所示。

表5-1　华为公司甲、乙投资方案项目计算期的利润与现金净流量　金额单位：万元

项目计算期	甲方案		乙方案	
	息税前利润	现金净流量	息税前利润	现金净流量
0		−100		−100
1	15	35	10	30
2	15	35	14	34
3	15	35	18	38
4	15	35	22	42
5	15	35	26	46
合　计	75	75	90	90

要求：计算甲、乙两个方案的投资报酬率。

解：甲方案的投资报酬率$=\frac{15}{100}\times100\%=15\%$

乙方案的投资报酬率$=\frac{90\div5}{100}\times100\%=18\%$

从以上计算结果来看，乙方案的投资报酬率比甲方案的投资报酬率高3%(18%－15%)，应选择乙方案。

2. 投资报酬率的特点

投资报酬率的优点是计算简单明了、容易掌握，且该指标不受建设期的长短、投资方式、回收额的有无以及现金净流量的大小等因素的影响，能够说明各投资方案的收益水平。投资报酬率的缺点是，没有考虑资金时间价值因素，不能正确反映建设期长短及投资方式不同对项目的影响；该指标的分子、分母时间特征不一致(分子是时期指标，分母是时点指标)，计算口径可比性较差；该指标的计算无法直接利用现金净流量信息。

(二) 静态投资回收期

1. 静态投资回收期的含义与计算

静态投资回收期是指以投资项目经营现金净流量抵偿全部原始投资所需的时间，一般以年为单位。它有包括建设期的投资回收期(PP)和不包括建设期的投资回收期(PP')两种形式。这两种形式的关系如下：

包括建设期的投资回收期＝不包括建设期的投资回收期＋建设期

静态投资回收期的决策标准是，在进行决策时，须事先确定基准静态投资回收期，只有短于基准静态投资回收期的方案才能入选；而在有多个方案的互斥选择中，则选用静态投资回收期最短的方案。静态投资回收期的计算可以分为以下两种情况：

(1) 经营期各年现金净流量相等。如果投资项目投产后若干年(假设为M年)内，每年经营现金净流量相等，且$M\times$投产后M年内每年现金净流量$\geqslant$投资总额，则可用下述公式计算不包括建设期的投资回收期：

$$\text{不包括建设期的投资回收期}=\frac{\text{投资总额}}{\text{年现金净流量}}$$

[业务实例5-6]　接业务实例5-5的资料。

要求：计算甲方案的投资回收期。

解：甲方案不包括建设期的投资回收期$PP'=\frac{100}{35}=2.86$(年)

[业务实例5-7]　某项目投资总额为100万元，建设期为2年，投产后第一年至第八年每年现金净流量为25万元，第9年、第10年每年现金净流量均为20万元。

要求：计算该项目的投资回收期。

解：因为$8\times25=200$万元$\geqslant100$万元，所以：

不包括建设期的投资回收期$PP'=\frac{100}{25}=4$(年)

包括建设期的投资回收期$PP=2+4=6$(年)

(2) 经营期各年现金净流量不相等。此时，须先采用列表法计算逐年累计现金净流量，再用插入法计算出包括建设期的投资回收期，然后推算出不包括建设期的投资回收期。其原理是按照投资回收期的定义，包括建设期的投资回收期 PP 满足以下关系式：$\sum_{t=0}^{PP} NCF_t = 0$ 即包括建设期的投资回收期 PP 恰好是累计现金净流量为0的年限。其计算公式为：

$$\text{包括建设期的投资回收期}(PP) = \text{最后一项为负值的累计现金净流量对应的年限} + \frac{\text{最后一项为负值的累计现金净流量绝对值}}{\text{下年现金净流量}}$$

［业务实例5-8］ 接业务实例5-5的资料。

要求：计算乙方案的投资回收期。

解：列表计算乙方案累计现金净流量，如表5-2所示。

表5-2　乙方案累计现金流量　　金额单位：万元

项目计算期	0	1	2	3	4	5
现金净流量	-100	30	34	38	42	46
累计现金净流量	-100	-70	-36	2	44	90

从上表可得出，乙方案的投资回收期在第2年与第3年之间，用插入法可计算得出：

乙方案包括建设期的投资回收期 $=2+\frac{36}{38}=2.95$（年）

2. 静态投资回收期的特点

静态投资回收期的优点是能够直观反映全部原始投资的返本期限，便于理解，计算也比较简单，可以直接利用回收期之前的现金净流量信息。静态投资回收期的缺点是，没有考虑资金时间价值因素和回收期后继续发生的现金流量，不能正确反映投资方式不同对项目的影响；容易导致优先考虑急功近利的项目，有可能放弃长期有利的方案。

在实际项目投资评价决策中，非贴现指标不能作为评价投资决策的主要指标，而只能作为辅助指标，主要适用于方案的筛选和初评，或者投资后各项目经济效益的比较。

二、贴现指标

非贴现指标由于未考虑资金时间价值，往往会造成决策的失误。因此，在实际投资决策中，广泛运用贴现指标。贴现指标也称为动态指标，即考虑资金时间价值因素的指标，主要包括净现值、净现值率、现值指数和内含报酬率等指标。

（一）净现值（*NPV*）

1. 净现值的含义及计算

净现值是指在项目计算期内，按设定贴现率 i_c 计算的各年现金净流量现值的代数和。也就是将项目投入使用后的各年现金净流量按设定贴现率 i_c 折算为现值，减去原始投资现值的余额。所用的贴现率 i_c 可以是企业的资本成本，也可以是企业所要求的最低投资报酬率。其计算公式为：

$$NPV = \sum_{t=0}^{n} NCF_t \times (P/F, i_c, t)$$

式中，$(P/F, i_c, t)$——第 t 年贴现率为 i_c 的复利现值系数。

净现值指标的决策标准是，如果方案的净现值大于或等于0，该方案为可行方案；如果方案的净现值小于0，该方案为不可行方案；如果几个方案的投资额相同，项目计算期相等且净现值均大于0,那么净现值最大的方案为最优方案。净现值的计算分为以下两种情况：

(1) 建设期为0,经营期内各年现金净流量(NCF)相等。净现值的计算公式为：

$$NPV=NCF\times(P/A,i_c,n)-C$$

式中,$(P/A,i_c,n)$——n年期贴现率为i_c的年金现值系数;C——原始投资额。

[业务实例5-9] 接业务实例5-5的资料,假定贴现率为10%。

要求:计算甲方案的净现值。

解:$NCF_0=-100$(万元)

$NCF_{1\sim5}=35$(万元)

$NPV=35\times(P/A,10\%,5)-100=35\times3.7908-100=32.68$(万元)

(2) 经营期内各年现金净流量不相等。净现值的计算公式为：

$$净现值=\sum(经营期各年现金净流量\times各年复利现值系数)-原始投资额现值$$

[业务实例5-10] 接业务实例5-5的资料,假定贴现率为10%。

要求:计算乙方案的净现值。

解:$NCF_0=-100$(万元)

$CF_1=30$(万元);

$NCF_2=34$(万元);

$NCF_3=38$(万元)

$NCF_4=42$(万元)

$NCF_5=46$(万元)

$NPV=30\times(P/F,10\%,1)+34\times(P/F,10\%,2)+38\times(P/F,10\%,3)+42\times(P/F,10\%,4)+46\times(P/F,10\%,5)-100=30\times0.9091+34\times0.8264+38\times0.7513+42\times0.6830+46\times0.6209-100=41.17$(万元)

[业务实例5-11] 华丰公司拟建一项固定资产,需投资55万元,按直线法计提折旧,使用寿命为10年,预计有5万元净残值。该项工程建设期为1年,投资额分别于年初投入30万元,年末投入25万元。预计项目投产后每年可增加营业收入15万元,总成本为10万元,假定贴现率为10%。

要求:计算该投资项目净现值。

解:项目计算期=1+10=11(年)

(1) 计算建设期现金净流量。

$NCF_0=-30$(万元)

$NCF_1=-25$(万元)

(2) 计算经营期营业现金净流量。

年折旧额$=\dfrac{55-5}{10}=5$(万元)

$NCF_{2\sim10}=(15-10)+5=10$(万元)

(3) 计算终结点现金净流量。

$NCF_{11}=10+5=15$(万元)

(4) $NPV=10\times[(P/A,10\%,10)-(P/A,10\%,1)]+15\times(P/F,10\%,11)-[30+25\times(P/F,10\%,1)]$

$=10\times(6.1446-0.9091)+15\times0.3505-(30+25\times0.9091)=4.885$(万元)

2. 净现值的特点

净现值是一个贴现的绝对值正指标,其优点在于,一是不仅考虑了资金时间价值,还考虑了投资发生时间和收入实现时间对投资项目的影响,使对投资方案的评价建立在合理可比的基础之上;二是充分考虑了整个项目计算期的现金净流量,避免了投资回收期只考虑回收期现金流量的弊端;三是考虑了投资风险性,因为贴现率的大小与风险大小有关,风险越大,贴现率就越高。但是,该指标的缺点也是明显的:一是不能从动态角度直接反映投资项目可能达到的真实收益率;二是当项目投资额或计算期不同时,难以直接用净现值来判断方案的优劣;三是各期现金净流量和贴现率的确定比较困难,受主观因素的影响比较大。

(二)净现值率(*NPVR*)与现值指数(*PI*)

1. 净现值率与现值指数的含义及计算

净现值是一个绝对数指标,与其对应的相对数指标是净现值率与现值指数。净现值率是指项目的净现值与原始投资现值的比率;现值指数是指项目投产后按设定的贴现率计算的在经营期各年现金净流量的现值合计与原始投资现值的比值,也称为获利指数。其计算公式为:

$$净现值率=\frac{投资项目净现值}{原始投资现值}$$

$$现值指数=\frac{\sum 经营期各年现金净流量现值}{原始投资现值}$$

净现值率与现值指数有如下关系:现值指数=净现值率+1

用净现值率和现值指数评价项目可行的必要条件是,净现值率大于或等于0,现值指数大于或等于1;当有多个项目可供选择时,应采用净现值率大于0或现值指数大于1中最大的项目。

[业务实例5-12] 接业务实例5-9的资料。

要求:计算甲方案净现值率和现值指数。

解:$NPVR=\frac{32.68}{100}=0.327$

$PI=\frac{35\times(P/A,10\%,5)}{100}=1.327$。

或:

$PI=NPVR+1=0.327+1=1.327$

[业务实例5-13] 接业务实例5-11的资料。

要求:计算该投资项目净现值率和现值指数。

解:$NPVR=\frac{4.885}{30+25\times(P/F,10\%,1)}=0.09$

$PI=\frac{10\times[(P/A,10\%,10)-(P/A,10\%,1)]+15\times(P/F,10\%,11)}{30+25\times(P/F,10\%,1)}=1.09$

或:

$PI=NPVR+1=0.09+1=1.09$

2. 净现值率与现值指数的特点

净现值率与现值指数是贴现的相对量正指标,其优点在于,考虑了资金的时间价值,可以从动态的角度反映项目的资金投入与产出之间的关系,有利于在原始投资额不同的项目之间进行对比。其缺点是无法直接反映项目的真实报酬率，且现金净流量和贴现率的确定在一定程度上受主观因素的影响。

(三) 内含报酬率(*IRR*)

1. 内含报酬率的含义及计算

内含报酬率是指投资项目在项目计算期各年现金净流量现值合计数等于 0 时的贴现率，即能使项目的净现值等于 0 时的贴现率。内含报酬率实际上反映了项目可能达到的真实报酬率。显然，内含报酬率 *IRR* 满足下列等式：

$$NPV=\sum_{t=0}^{n}NCF_t\times(P/F,IRR,t)=0$$

用内含报酬率评价项目可行的必要条件是，内含报酬率大于或等于设定的贴现率，即 $IRR\geqslant i_c$；在有多个项目可供选择时，应选用内含报酬率超过设定贴现率最多的项目。内含报酬率的计算分为以下两种情况：

(1) 建设期为 0，经营期内各年现金净流量相等。内部报酬率 *IRR* 可按下式确定：

$$(P/A,IRR,n)=\frac{\text{初始投资额}}{\text{经营期每年相等的现金净流量}}$$

内含报酬率具体计算的程序如下：

① 计算年金现值系数 $(P/A,IRR,n)$，即该方案的静态投资回收期。

② 根据计算出来的年金现值系数与已知的年限 n，查“1 元年金现值系数表”。若在“1 元年金现值系数表”中恰好能找到等于上述数值的年金现值系数 $(P/A,i,n)$，则该系数所对应的贴现率 i 即所求的内含报酬率 *IRR*；否则，找出与上述年金现值系数邻近的年金现值系数 $(P/A,i_1,n)<(P/A,i_2,n)$ 及其对应的贴现率 $(i_1>i_2)$。

③ 根据上述两个邻近的贴现率及其对应的年金现值系数与已求得的年金现值系数，采用插入法求出该项目的内含报酬率。其计算公式为：

$$IRR=i_2+(i_1-i_2)\times\frac{(P/A,i_2,n)-(P/A,IRR,n)}{(P/A,i_2,n)-(P/A,i_1,n)}$$

[业务实例 5-14]　某投资项目在建设起点一次性投资 254 580 元，当年完工并投产，投产后每年可获现金净流量 50 000 元，经营期为 15 年。

要求：计算该投资项目的内含报酬率。

解： $(P/A,IRR,15)=\frac{254\ 580}{50\ 000}=5.091\ 6$

查表可知：

$(P/A,18\%,15)=5.091\ 6$

$IRR=18\%$

[业务实例 5-15]　接业务实例 5-5 的资料。

要求：计算甲方案的内含报酬率。

解： $(P/A,IRR,5)=\frac{100}{35}=2.857\ 1$

查表可知：

$(P/A,20\%,5)=2.990\ 6$；$(P/A,24\%,5)=2.745\ 4$

$IRR=20\%+\frac{2.990\ 6-2.857\ 1}{2.990\ 6-2.745\ 4}\times(24\%-20\%)=22.18\%$

(2) 经营期各年现金净流量不相等。若投资项目在经营期各年现金净流量不相等,或建设期不为0,原始投资额在建设期内分次投入的情况下,将无法应用上述的简便方法,需按定义采用逐步测试的方法,计算出能使净现值等于0的贴现率,即内含报酬率。其具体计算步骤如下:

① 估计一个贴现率,并用它来计算净现值。如果净现值等于0,该贴现率即内含报酬率。如果净现值为正数,说明方案的内含报酬率大于该贴现率,应提高贴现率再进一步测试;如果净现值为负数,说明方案的内含报酬率小于该贴现率,应降低贴现率再进行测试。如此反复测试,直到找出使净现值由正到负或由负到正且接近0的两个贴现率($i_1>i_2$)及其对应的净现值($NPV_1<0$;$NPV_2>0$)。

② 根据上述相邻的两个贴现率及其对应的净现值,用插入法求出该方案的内含报酬率。其计算公式如下:

$$IRR=i_2+(i_1-i_2)\times\frac{NPV_2}{NPV_2-NPV_1}$$

[业务实例5-16] 接业务实例5-10的资料。

要求:计算乙方案的内含报酬率。

解: 先按18%估计的贴现率进行测试,其净现值为14.7408万元,是正数。于是把贴现率提高到20%进行测试,净现值为9.3432万元,仍为正数;再把贴现率提高到24%重新测试,净现值为-0.3038万元,是负数,说明该项目的内含报酬率在20%~24%之间。有关测试计算如表5-3所示。

表5-3 内含报酬率测试表

金额单位:万元

年份	现金净流量	贴现率=18%		贴现率=20%		贴现率=24%	
		现值系数	现值	现值系数	现值	现值系数	现值
0	-100	1	-100	1	-100	1	-100
1	30	0.8475	25.4250	0.8333	24.9990	0.8065	24.1950
2	34	0.7182	24.4188	0.6944	23.6096	0.6504	22.1136
3	38	0.6086	23.1268	0.5787	21.9906	0.5245	19.9310
4	42	0.5158	21.6636	0.4823	20.2566	0.4230	17.7660
5	46	0.4371	20.1066	0.4019	18.4874	0.3411	15.6906
净现值			14.7408		9.3432		-0.3038

最后,用插入法近似计算内含报酬率如下:

$$IRR=20\%+\frac{9.3432}{9.3432-(-0.3038)}\times(24\%-20\%)=23.87\%$$

2. 内含报酬率的特点

内含报酬率是一个动态相对量正指标,它既考虑了资金时间价值,又能从动态的角度直接反映项目的真实报酬率,且不受设定的贴现率高低的影响,比较客观。但该指标的计算过程比较复杂,特别是经营期每年净现金流量不相等的项目,一般要经过多次测算才能算出。

(四) 贴现指标之间的关系

净现值、净现值率、现值指数和内含报酬率之间存在以下数量关系:

(1) 当 $NPV>0$ 时,$NPVR>0$,$PI>1$,$IRR>i_c$;

(2) 当 $NPV=0$ 时,$NPVR=0$,$PI=1$,$IRR=i_c$;

(3) 当 $NPV<0$ 时,$NPVR<0$,$PI<1$,$IRR<i_c$。

此外,净现值率的计算需要在已知净现值的基础上进行,内部收益率的计算也需要利用净现值。这些指标的计算结果都受到建设期和经营期的长短、投资金额及方式以及各年现金净流量的影响。所不同的是净现值为绝对数指标,其余为相对数指标;计算净现值、净现值率和现值指数所依据的贴现率都是事先已知的 i_c,而内含报酬率的计算本身与 i_c 的高低无关,只是采用这一指标的决策标准是将所测算的内含报酬率与其贴现率进行对比,当 $IRR \geqslant i_c$ 时,该方案是可行的。

从以上计算分析可以看出,不同的项目投资决策评价指标各有各的优、缺点。在进行项目投资决策时,要尽可能多地计算一些不同类别的评价指标,以全面揭示投资项目在各个方面的特征,使评价建立在科学的基础之上。

三、项目投资决策评价指标的应用

计算评价指标的目的是为了使它们在方案的对比与选优中正确地发挥作用,为投资方案提供决策的定量依据。但投资方案决策的方法会因投资方案的不同而有所差异。

(一) 独立方案财务可行性评价及投资决策

对于独立方案而言,评价其财务可行性也就是对其做出最终决策的过程。因为独立方案是否可行仅取决于本方案的经济效益,与其他方案无关,都存在着"接受"或"拒绝"的选择。只有完全具备或基本具备财务可行性的方案才可以接受。完全不具备或基本不具备财务可行性的方案只能选择拒绝。

1. 独立方案完全具备财务可行性的条件

同时满足以下条件的方案完全具备财务可行性:

(1) 净现值 $NPV \geqslant 0$;

(2) 净现值率 $NPVR \geqslant 0$;

(3) 现值指数 $PI \geqslant 1$;

(4) 内含报酬率 $IRR \geqslant$ 设定贴现率 i_c;

(5) 包括建设期的静态投资回收期 $PP \leqslant \frac{n}{2}$(即项目计算期的一半);

(6) 不包括建设期的静态投资回收期 $PP' \leqslant \frac{p}{2}$(即经营期的一半);

(7) 投资报酬率 $ROI \geqslant$ 设定的投资报酬率 i。

2. 独立方案基本具备财务可行性的条件

如果 $NPV \geqslant 0$,$NPVR \geqslant 0$,$PI \geqslant 1$,$IRR \geqslant i_c$;但此时 $PP > \frac{n}{2}$,$PP' > \frac{p}{2}$,或 $ROI < i$,该方案基本具备财务可行性。

3. 独立方案基本不具备财务可行性的条件

如果 $NPV<0$,$NPVR<0$,$PI<1$,$IRR<i_c$;而 $PP \leqslant \frac{n}{2}$,$PP' \leqslant \frac{p}{2}$,或 $ROI \geqslant i$,该方案基本不具备财务可行性。

4. 独立方案完全不具备财务可行性的条件

同时满足以下条件的方案完全不具备财务可行性：

(1) $NPV<0$；

(2) $NPVR<0$；

(3) $PI<1$；

(4) $IRR<i_c$；

(5) $PP>\frac{n}{2}$；

(6) $PP'>\frac{p}{2}$；

(7) $ROI<i$。

但需注意，当辅助指标（静态投资回收期和投资报酬率）与主要指标（如净现值等）的评价结论发生矛盾时，应当以主要指标的结论为准。

［业务实例5-17］ 某固定资产投资项目只有一个方案，原始投资为1 000万元，项目计算期为11年（其中经营期为10年），设定的投资报酬率为9.5%，设定的贴现率为10%。

有关投资决策评价指标如下：$ROI=10\%$，$PP=6$ 年，$PP'=5$ 年，$NPV=162.65$ 万元，$NPVR=17.04\%$，$PI=1.170\ 4$，$IRR=12.73\%$。

要求：评价该项目的财务可行性。

解：因为 $ROI=10\%>9.5\%$，$PP'=5$ 年 $=\frac{p}{2}$，$NPV=162.65$ 万元 >0，$NPVR=17.04\%>0$，$PI=1.170\ 4>1$，$IRR=12.73\%>10\%$，所以，该方案基本上具备财务可行性。尽管 $PP=6$ 年 $>\frac{n}{2}=5.5$ 年，但该方案各项主要评价指标均达到或超过相应标准；如果条件允许，可实施该投资项目。

（二）互斥方案的比较决策

互斥方案决策过程就是在每一个入选方案已具备财务可行性的前提下，通过具体决策方法比较各个方案的优劣，利用评价指标从各个备选方案中最终选出最优方案的过程。这需要根据各个方案的项目计算期、投资额相等与否，采用不同的方法做出选择。

1. 项目计算期、投资额均相等

此时可采用净现值法或内含报酬率法。所谓净现值法，是指通过比较互斥方案净现值的大小来选择最优方案的方法。所谓内含报酬率法，是指通过比较互斥方案内含报酬率的大小来选择最优方案的方法。净现值或内含报酬率最大的方案为最优方案。

［业务实例5-18］ 华为公司拟进行固定资产项目投资，有A、B、C、D四个互相排斥的备选方案可供选择。这四个方案投资总额均为100万元，项目计算期都为6年，贴现率为10%，现计算如下：

$NPV_A=8.125\ 3$ 万元，$IRR_A=13.3\%$；$NPV_B=12.25$ 万元，$IRR_B=16.87\%$；$NPV_C=-2.12$ 万元，$IRR_C=8.96\%$；$NPV_D=10.36$ 万元，$IRR_D=15.02\%$。

要求：决策哪一个投资方案最优。

解：因为C方案净现值为-2.12万元，小于0；内含报酬率为8.96%，小于贴现率，不符合财务可行的必要条件，应舍去。

又因为A、B、D三个备选方案的净现值均大于0，且内含报酬率均大于贴现率。所以A、B、D三个方案均符合财务可行的必要条件。

因为 $NPV_B > NPV_D > NPV_A$，且 $IRR_B > IRR_D > IRR_A$，所以B方案最优，D方案其次，A方案最差，应采用B方案。

2. 投资额不相等，但项目计算期相等

此时可采用差额法。所谓差额法，是指在确定两个投资额不同方案的差量现金净流量（记作 $\triangle NCF$）的基础上，计算出差额净现值（记作 $\triangle NPV$）或差额内含报酬率（记作 $\triangle IRR$），并据以判断方案孰优孰劣的方法。差额净现值或差额内含报酬率的计算过程和技巧与净现值或内含报酬率完全一样，只是所依据的是 $\triangle NCF$。在此方法下，一般以投资额大的方案减投资额小的方案。当 $\triangle NPV \geqslant 0$ 或 $\triangle IRR \geqslant i_c$ 时，投资额大的方案较优；反之，则投资额小的方案为优。

［业务实例5-19］　宏达公司有甲、乙两个投资方案可供选择：甲方案的投资额为100万元，每年现金净流量均为30万元，可使用5年；乙方案的投资额为70万元，每年的现金净流量分别为10万元、15万元、20万元、25万元和30万元，使用年限也为5年。甲、乙两个方案均无建设期，贴现率为10%。

要求：对甲、乙方案做出选择。

解：因为两个方案的项目计算期相同，但投资额不相等，所以可采用差额法来评判。

$\triangle NCF_0 = -100-(-70) = -30$（万元），$\triangle NCF_1 = 30-10 = 20$（万元）

$\triangle NCF_2 = 30-15 = 15$（万元），$\triangle NCF_3 = 30-20 = 10$（万元）

$\triangle NCF_4 = 30-25 = 5$（万元），$\triangle NCF_5 = 30-30 = 0$（万元）

$$\begin{aligned}\triangle NPV_{甲-乙} &= 20\times(P/F,10\%,1)+15\times(P/F,10\%,2)+10\times(P/F,10\%,3)+5\times\\&\quad(P/F,10\%,4)-30\\&= 20\times0.909\,1+15\times0.826\,4+10\times0.751\,3+5\times0.683\,0-30 = 11.51(万元)\\&>0\end{aligned}$$

用 $i=28\%$ 测算 $\triangle NPV$ 如下：

$$\begin{aligned}\triangle NPV_{甲-乙} &= 20\times(P/F,28\%,1)+15\times(P/F,28\%,2)+10\times(P/F,28\%,3)+5\times\\&\quad(P/F,28\%,4)-30\\&= 20\times0.781\,3+15\times0.610\,4+10\times0.476\,8+5\times0.372\,5-30 = 1.412\,5(万\\&\quad元)>0\end{aligned}$$

再用 $i=32\%$ 测算 $\triangle NPV$ 如下：

$$\begin{aligned}\triangle NPV_{甲-乙} &= 20\times(P/F,32\%,1)+15\times(P/F,32\%,2)+10\times(P/F,32\%,3)+5\times\\&\quad(P/F,32\%,4)-30\\&= 20\times0.757\,6+15\times0.573\,9+10\times0.434\,8+5\times0.329\,4-30 = -0.244\,5\\&\quad(万元)<0\end{aligned}$$

最后，用插入法计算 $\triangle IRR$ 如下：

$$\triangle IRR_{甲-乙} = 28\% + \frac{1.412\,5-0}{1.421\,5-(-0.244\,5)}\times(32\%-28\%) = 31.39\% > 10\%$$

以上计算结果表明，差额净现值为11.51万元，大于0；差额内含报酬率为31.39%，大于贴现率10%。因此应选择甲方案。

3. 投资额不相等，项目计算期也不相同

此时可采用年等额净回收额法。所谓年等额净回收额法，是指通过比较所有投资方案的年等额净回收额的大小来选择最优方案的决策方法。在此方法下，年等额净回收额最大的方案为最优方案。年等额净回收额法的步骤如下：

(1) 根据各方案的现金净流量计算净现值 NPV；

(2) 将此净现值视为项目计算期各年的年等额净回收额的现值，计算年等额净回收额；

$$某方案年等额净回收额=\frac{该方案净现值}{年金现值系数}=\frac{NPV}{(P/A,i,n)}$$

(3) 比较不同方案的年等额净回收额，进而做出决策。

[业务实例 5-20] 盛大公司拟投资建设一条新生产线。现有三个方案可供选择：A 方案的原始投资为 1 250 万元，项目计算期为 11 年，净现值为 958.7 万元；B 方案的原始投资为 1 100 万元，项目计算期为 10 年，净现值为 920 万元；C 方案的净现值为 -12.5 万元。行业基准贴现率为 10%。

要求：

(1) 判断每个方案的财务可行性；

(2) 用年等额净回收额法做出最终的投资决策。

解：(1) 因为 A 方案和 B 方案的净现值均大于 0；而 C 方案的净现值小于 0，所以，A 方案和 B 方案具有财务可行性，而 C 方案不具有财务可行性。

(2) $A方案年等额净回收额=\frac{958.7}{(P/A,10\%,11)}=\frac{958.7}{6.4951}=147.60(万元)$

$B方案年等额净回收额=\frac{920}{(P/A,10\%,10)}=\frac{920}{6.1446}=149.72(万元)$

因为 A 方案年等额净回收额 147.60 万元<B 方案年等额净回收额 149.72 万元，所以应选择 B 方案。

(三) 其他方案的对比与选优

1. 无须(不能)计算收入

在实际项目投资决策中，有些投资方案不能单独计算盈亏，或者投资方案的收入相同且难以计量，可采用成本现值比较法或年成本比较法做出比较和评价。所谓成本现值比较法，是指计算各个方案的成本现值之和并进行对比，成本现值之和最低的方案是最优的，该方法适用于项目计算期相同的方案间的对比、选优。对于项目计算期不同的投资方案则应采用年成本比较法，即比较年平均成本现值，平均成本现值最低的方案是最优的方案。

[业务实例 5-21] 天宏公司有甲、乙两个投资方案可供选择，两个方案的生产能力相同，设备的寿命期均为 4 年，均无建设期。甲方案的投资额为 150 万元，每年经营成本分别为 40 万元、44 万元、46 万元、48 万元，寿命终期有 14 万元的净残值；乙方案投资额为 120 万元，每年经营成本均为 60 万元，寿命终期有 12 万元净残值。

要求：若企业的贴现率为 8%，试比较两个方案的优劣。

解：因为甲、乙两个方案的收入不知道，无法计算 NPV。但两个方案生产能力相同且项目计算期相同均为 4 年，所以应采用成本现值比较法。

甲投资方案的成本现值 $=150+40\times(P/F,8\%,1)+44\times(P/F,8\%,2)+46\times(P/F,8\%,3)+48\times(P/F,8\%,4)-14\times(P/F,8\%,4)=150+40\times0.9259+44\times0.8573+46\times0.7938+48\times0.7350-14\times0.7350=286.262$(万元)

乙投资方案的成本现值 $=120+60\times(P/A,8\%,4)-12\times(P/F,8\%,4)=120+60\times$

3.312 1－12×0.735 0＝309.906(万元)

以上计算结果表明，甲方案的投资成本现值较低，所以甲方案优于乙方案。

[业务实例 5－22] 接业务实例 5－21 的资料，假设甲、乙投资方案寿命期分别为 4 年和 5 年，仍均无建设期，其余资料不变。

要求：如果企业的贴现率仍为 8%，应选择哪个方案。

解：因为甲、乙两个方案的项目计算期不相同，所以不能采用成本现值比较法，而应采用年成本比较法。

其计算步骤如下：

(1) 计算甲、乙方案的成本现值。

甲方案成本现值＝286.262(万元)

乙方案成本现值＝120＋60×$(P/A,8\%,5)$－12×$(P/F,8\%,5)$＝120＋60×3.992 7－12×0.680 6＝351.395(万元)

(2) 计算甲、乙方案的年均成本。

$$甲方案的年均成本=\frac{286.262}{(P/A,8\%,4)}=\frac{286.262}{3.312\ 1}=86.43(万元)$$

$$乙方案的年均成本=\frac{351.395}{(P/A,8\%,5)}=\frac{351.395}{3.992\ 7}=88.01(万元)$$

以上计算结果表明，甲方案的年均成本低于乙方案的年均成本，因此应选择甲方案。

2. 多方案组合排队投资决策

(1) 多方案组合排队投资决策的含义。如果一组投资方案既不属于相互独立，又不属于相互排斥，而是可以实现任意组合或排队，则这些方案称作组合或排队方案。在这种投资方案决策中，除了要求首先评价所有方案的财务可行性，淘汰不具备财务可行性的方案外，还需要反复衡量和比较不同组合条件下有关评价指标的大小，从而做出最终决策。

这类决策分两种情况：一是在资金总量不受限制的情况下，可按每一项目的净现值大小排队，确定优先考虑的项目顺序；二是在资金总量受到限制时，则需要按净现值率或现值指数大小，结合净现值进行各种组合排队，从中选出能使净现值总额最大的最优组合。

(2) 在资金总量受到限制时多方案组合排队投资决策的程序。

第一，以各方案的净现值率或现值指数为标准，由大到小逐项计算累计投资额，并与限定投资总额进行比较。

第二，当截止到某投资项目(假定为第 j 项)的累计投资额恰好等于限定的投资总额时，则第 1 项至第 j 项的项目组合为最优的投资组合。

第三，若在排序过程中未能直接找到最优组合，须按下列方法进行修正：

首先，当排序中发现至第 j 项的累计投资额首次超过限定投资额，而删除该项后，按顺延的项目计算的累计投资额却小于或等于限定投资额时，可将第 j 项与第$(j+1)$项交换位置，继续计算累计投资额。这种交换可连续进行。

其次，当排序中发现至第 j 项的累计投资额首次超过限定投资额，又无法与下一项进行交换，第$(j-1)$项的原始投资大于第 j 项原始投资时，可将第 j 项与第$(j-1)$项交换位置，继续计算累计投资额。这种交换也可连续进行。

最后，若经过反复交换，已不能再进行交换，仍未能找到能使累计投资额恰好等于限定投资额的项目组合时，可按最后一次交换后的项目组合作为最优的投资组合。

[业务实例5-23] A、B、C、D和E五个投资项目为非互斥方案，有关原始投资额、净现值和现值指数的数据如表5-4所示。

表5-4 多方案组合排队投资决策资料(一) 金额单位：万元

项 目	原始投资	净现值	现值指数
A	3 000	1 200	1.40
B	2 000	400	1.20
C	2 000	1 000	1.50
D	1 000	220	1.22
E	1 000	300	1.30

要求：

(1) 若投资总额不受限制，试做出多方案组合决策。

(2) 若投资总额受到限制，分别为2 000万元、3 000万元、4 000万元、4 500万元、5 000万元、6 000万元、7 000万元和8 000万元，试做出多方案组合决策。

解：按各方案现值指数的大小排序，并计算累计原始投资和累计净现值数据。其结果如表5-5所示。

表5-5 多方案组合排队投资决策资料(二) 金额单位：万元

项 目	原始投资	累计原始投资	净现值	累计净现值
C	2 000	2 000	1 000	1 000
A	3 000	5 000	1 200	2 200
E	1 000	6 000	300	2 500
D	1 000	7 000	220	2 720
B	2 000	9 000	400	3 120

根据表5-5中的数据，按投资组合决策程序做如下决策：

(1) 如果投资总额不受限制，因为这五个方案的净现值均大于0且现值指数均大于1，故均为可入选方案，最优投资组合为A+B+C+D+E。

(2) 当限定投资总额为2 000万元时，只能投资C项目，可获1 000万元净现值，比其他组合E+D和B的净现值都多。

同理，当限定投资总额为5 000万元、6 000万元和7 000万元时，最优投资组合分别为C+A、C+A+E、C+A+E+D。

当限定投资总额为3 000万元时，最优投资组合为C+E(因为A和E可进行交换)，净现值为1 300万元，比其他组合A、C+D、E+B和D+B的净现值都多。

当限定投资总额为4 000万元时，最优投资组合为C+E+D(因为A和E、D分别交换一次)，净现值为1 520万元，比其他组合A+E、A+D、C+B和E+D+B的净现值都多。

当限定投资总额为4 500万元时，最优组合仍为C+E+D，此时累计投资总额为4 000(2 000+1 000+1 000)万元小于4 500万元，但实现的净现值仍比所有其他组合的多。

当限定投资总额为 8 000 万元时，最优投资组合为 C＋A＋E＋B(因为 D 和 B 可进行交换)，净现值为 2 900 万元，比其他组合 C＋A＋B＋D 的净现值 2 820 万元多。

实务训练

将班级学生分成若干小组(5～8 人为一组)，每个小组组织讨论并分析为什么在经济生活中经常会出现这样的现象：一个经过可行性研究被认为可行的投资项目，实施结果却效益很差？

任务四　分析所得税与折旧对项目投资的影响

任务要求

所得税是一种现金流出，由利润和税率决定。而利润又受折旧(含无形资产、开办费的摊销)的影响。所以，应考虑所得税和折旧对投资项目现金流量确定的影响。

一、考虑所得税与折旧因素的现金流量

(一) 税后成本和税后收入

企业负担的成本应是扣除了所得税影响后的费用净额，即税后成本。其计算公式为：

税后成本＝实际支付额×(1－所得税税率)

比如，某企业本年度发生电费 20 000 元，电费就是一项所得税税前扣除的费用，因此实际支付额并不由企业全部负担。如果企业所得税税率为 25%，据此计算电费的税后成本＝20 000×(1－25%)＝15 000 元。

与税后成本对应的是税后收入。所得税对企业营业收入也会产生影响，使得营业收入的一部分流出企业。这样企业实际的现金流入就是纳税以后的收入，即税后收入。其计算公式为：

税后收入＝营业收入×(1－所得税税率)

(二) 折旧的抵税作用

折旧是企业的成本，但不是付现成本。企业对固定资产计提折旧会引起成本增加，利润减少，从而使所得税减少。所以折旧可以起到减少税负的作用，即会使企业实际少缴所得税，也就是减少了企业现金流出量，增加了现金净流量。折旧抵税额的计算公式为：

折旧抵税额(税负减少)＝折旧额×所得税税率

例如，某企业的折旧额增加了 5 000 元，其他各种因素均不变，所得税税率为 25%。由于企业增加了折旧额 5 000 元，使税前利润减少了 5 000 元，减少所得税 1 250(5 000×25%)元，即企业实际少缴了 1 250 元的所得税，使得现金净流量增加了 1 250 元。

(三) 税后现金净流量

1. 建设期现金净流量

在考虑所得税因素之后，建设期的现金净流量的确定要根据投资项目的类型分别考虑。

（1）如果是新建项目，所得税对现金净流量没有影响。

现金净流量＝－该年投资额

（2）如果是更新改造项目，固定资产的清理损益就应该考虑所得税因素。

现金净流量＝－该年投资额＋（旧设备账面价值－旧设备变价收入）×所得税税率

2. 经营期现金净流量

在考虑所得税因素之后，经营期的现金净流量可按下列方法确定：

（1）根据现金净流量的定义确定。

现金净流量＝营业收入－付现成本－所得税

（2）根据年末经营成果确定。

现金净流量＝税后利润＋折旧额

（3）根据所得税对收入、成本和折旧的影响确定。

现金净流量＝税后收入－税后成本＋折旧抵税额
＝营业收入×（1－所得税税率）－付现成本×（1－所得税税率）＋折旧额×所得税税率
＝（营业收入－付现成本）×（1－所得税税率）＋折旧额×所得税税率

3. 终结点现金净流量

终结点现金净流量可根据经营期现金净流量加上回收额计算得到。但在实际工作中，固定资产的实际残值收入往往并不等于预计残值收入，它们之间的差额会引起企业利润增加或减少。因此，固定资产的清理损益就应该考虑所得税因素。

现金净流量＝经营期现金净流量＋回收额－（固定资产实际残值收入－固定资产预计残值收入）×所得税税率

二、举例

［业务实例 5－24］ 峰化公司 5 年前购置一设备，价值 78 万元，购置时预期使用寿命为 15 年，残值为 3 万元，目前已计提折旧 25 万元，账面净值为 53 万元。利用这一设备，企业每年产生的营业收入为 90 万元，付现成本为 60 万元。现在市场上推出一种新设备，价值 120 万元，购入后即可使用，使用寿命为 10 年，预计 10 年后残值为 20 万元。该设备由于技术先进、效率较高，预期每年的净利润可达到 30 万元。如果现在将旧设备出售，估计售价为 10 万元。新、旧设备均采用直线法计提折旧。设该企业的资本成本为 10%，所得税税率为 25%。

要求：试对该企业是否用新设备替换旧设备做出决策。

解：旧设备的账面净值＝53（万元）

旧设备出售净损失＝53－10＝43（万元）

少缴所得税＝43×25%＝10.75（万元）（属于经营期第 1 年年末现金流入）

因为旧设备还可使用 10 年，新设备的使用寿命也为 10 年，所以新、旧设备项目计算期相同，可采用差额法进行评价决策。

新设备年折旧额$=\frac{120-20}{10}=10$（万元）

$NCF_{新0}=-120$（万元）

$NCF_{新1\sim9}=30+10=40$（万元）

$NCF_{新10}=40+20=60$(万元)

旧设备年折旧额$=\frac{53-3}{10}=5$(万元)

$NCF_{旧0}=-10$(万元)(机会成本)

$NCF_{旧1\sim9}=(90-60)\times(1-25\%)+5\times25\%=23.75$(万元)

$NCF_{旧10}=23.75+3=26.75$(万元)

$\triangle NCF_0=-120-(-10)=-110$(万元)

$\triangle NCF_1=40-23.75+10.75=27$(万元)

$\triangle NCF_{2\sim9}=40-23.75=16.25$(万元)

$\triangle NCF_{10}=60-26.75=33.25$(万元)

$$\begin{aligned}\triangle NPV&=27\times(P/F,10\%,1)+16.25\times(P/A,10\%,8)\times(P/F,10\%,1)+33.25\times\\&\quad(P/F,10\%,10)-110\\&=27\times0.9091+16.25\times5.3349\times0.9091+33.25\times0.3855-110\\&=6.17(\text{万元})>0\end{aligned}$$

从以上计算结果可知,企业应考虑设备更新。

[业务实例 5-25]　华发公司 4 年前购置一设备,现考虑是否需要更新。假定新、旧设备生产能力相同,均采用直线法计提折旧,其他有关资料如表 5-6 所示。

要求:若企业所得税税率为 25%,贴现率为 10%,设备是否更新,请做出决策。

表 5-6　设备更新决策资料表　　金额单位:万元

项　目	旧设备	新设备
原价	800	800
税法规定残值(10%)	80	80
税法规定使用年限	10	8
已使用年限	4	0
尚可使用年限	6	8
建设期	0	0
每年付现成本	90	70
3 年后大修费用	100	0
预计报废残值	70	90
旧设备目前变现价值	150	0

解:因为新、旧设备生产能力相同,所以取得的营业收入也相同。

又因为新、旧设备的项目计算期不相同,则:

旧设备项目计算期=6(年)

新设备项目计算期=0+8=8(年)

所以应采用年成本比较法。

(1) 分别计算新、旧设备经营期的现金净流量如表 5-7 所示。

表 5-7 新、旧设备经营期现金净流量计算表 金额单位:万元

项目	$NCF_{新}$	$NCF_{旧}$
年折旧额 / 经营期	$\frac{800-80}{8}=90$	$\frac{800-80}{10}=72$
1	−30+90.5=60.5	−49.5
2	−30	−49.5
3	−30	−49.5−75=−124.5
4	−30	−49.5
5	−30	−49.5
6	−30	−49.5+70+2.5=23
7	−30	
8	−30+90−2.5=57.5	

① 经营期现金净流量按照下列公式计算:

NCF=税后收入−税后付现成本+折旧×所得税税率

$NCF_{新}=-70\times(1-25\%)+90\times25\%=-30$(万元)

$NCF_{旧}=-90\times(1-25\%)+72\times25\%=-49.5$(万元)

② 因为旧设备账面净值=800−4×72=512(万元)

旧设备出售净损失=512−150=362(万元)(计入营业外支出)

所以第 1 年少缴的所得税=362×25%=90.5(万元)(属于现金流入)

③ 第 3 年旧设备大修理费用 100 万元属于现金流出,100×(1−25%)=75 万元为税后大修理费用。

④ 第 6 年旧设备有残值收入 70 万元,第 8 年新设备有残值收入 90 万元,属于现金流入。

因为新、旧设备的预计报废残值与税法规定的残值均不相同,这样就会存在多缴或少缴所得税的问题。新设备的预计报废残值大于税法规定的残值,从而增加了利润需多缴所得税 2.5[(90−80)×25%]万元,属于现金流出;旧设备的预计报废残值小于税法规定的残值,从而减少了利润可少缴所得税 2.5[(80−70)×25%]万元,属于现金流入。

(2) 分别计算新、旧设备建设期现金净流量。

$NCF_{旧0}=-150$(万元)(机会成本)

$NCF_{新0}=-800$(万元)

(3) 分别计算新、旧设备的成本现值。

新设备成本现值=800−60.5×(P/F,10%,1)+30×(P/A,10%,6)×(P/F,10%,1)−57.5×(P/F,10%,8)=800−60.5×0.909 1+30×4.355 3×0.909 1−57.5×0.466 5=836.96(万元)

旧设备成本现值=150+49.5×(P/A,10%,2)+124.5×(P/F,10%,3)+49.5×(P/F,10%,4)+49.5×(P/F,10%,5)−23×(P/F,10%,6)=150+49.5×1.735 5+124.5×0.751 3+49.5×0.683 0+49.5×0.620 9−23×0.564 5=381.00(万元)

(4) 分别计算新、旧设备的年均成本。

新设备年均成本$=\frac{836.96}{(P/A,10\%,8)}=\frac{836.96}{5.334\,9}=156.88$(万元)

$$旧设备年均成本=\frac{381.00}{(P/A,10\%,6)}=\frac{381.00}{4.3553}=87.48(万元)$$

以上计算结果表明，新设备年均成本高于旧设备年均成本，所以企业不应考虑更新，而应继续使用旧设备。

[业务实例 5-26]　华丰公司拟投资新建一条流水线，现有两个方案可供选择：

(1) A 方案投资额为 1 200 万元于第 1 年年初一次性投入，建设期为 2 年，经营期为 8 年，最终残值为 200 万元，每年可获得销售收入 400 万元，发生总成本为 150 万元。

(2) B 方案投资额为 1 100 万元，无建设期，经营期为 8 年，最终残值为 100 万元，每年的税后利润为 120 万元。

A、B 两个方案均采用直线法计提折旧。

要求：若企业期望最低报酬率为 10%，所得税税率为 25%，做出方案决策。

解：A 方案项目计算期＝2＋8＝10(年)

B 方案项目计算期＝0＋8＝8(年)

因为 A、B 方案的项目计算期不同，所以应采用年等额净回收额法来分析评价。

A 方案计算如下：

$$年折旧额=\frac{1200-200}{8}=125(万元)$$

$NCF_0=-1200$(万元)

$NCF_{1\sim2}=0$(万元)

$NCF_{3\sim9}=(400-150)\times(1-25\%)+125=312.5$(万元)

$NCF_{10}=312.5+200=512.5$(万元)

$$\begin{aligned}NPV&=312.5\times[(P/A,10\%,9)-(P/A,10\%,2)]+512.5\times(P/F,10\%,10)-1200\\&=312.5\times(5.7590-1.7355)+512.5\times0.3855-1200=254.91(万元)\end{aligned}$$

$$年回收额=\frac{254.91}{(P/A,10\%,10)}=\frac{254.91}{6.1446}=41.49(万元)$$

B 方案计算如下：

$$年折旧额=\frac{1100-100}{8}=125(万元)$$

$NCF_0=-1100$(万元)

$NCF_{1\sim7}=120+125=245$(万元)

$NCF_8=245+100=345$(万元)

$$\begin{aligned}NPV&=245\times(P/A,10\%,7)+345\times(P/F,10\%,8)-1100\\&=245\times4.8684+345\times0.4665-1100=253.7(万元)\end{aligned}$$

$$年回收额=\frac{253.7}{(P/A,10\%,8)}=\frac{253.7}{5.3349}=47.56(万元)$$

以上计算结果表明，虽然 A 方案净现值大于 B 方案，但 A 方案年回收额小于 B 方案，所以应采用 B 方案。

实务训练

华天公司由华廷公司和天威公司合并而成。合并之前，华廷公司主要生产“彩虹”牌系列洗涤用品，它是一种低泡沫、高浓缩粉状洗涤剂。天威公司主要生产“波浪”牌系列洗涤用品，它具有泡沫丰富、去污力强等特点。两种产品在东北地区的销售市场各占有一定份额。两公司合并后，仍继续生产两种产品，并保持各自的商标。目前，这两种洗涤剂的销售收入已是合并前的3倍，其销售市场已经从东北延伸到全国各地。

2012年6月18日上午，华天公司正在召开会议，讨论新产品开发及其资本支出预算等有关问题。面对日益激烈的市场竞争，华天公司投入大量资金进行新产品的研发工作，经过2年不懈努力，终于研制成功一种新型、高浓缩液体洗涤剂——“长风”牌液体洗涤剂。该产品采用国际最新技术、生物可解配方制成，与传统的粉状洗涤剂相比，具有以下几项优点：一是采用“长风”牌系列洗涤剂漂洗相同重量的衣物，其用量只相当于粉状洗涤剂的1/6或1/8；二是对于特别脏的衣物、洗衣量较大或水质较硬的地区，如华北、东北地区，可达到最佳洗涤效果，且不需要事前浸泡；三是采用轻体塑料瓶包装，使用方便，容易保管。

参加会议的有董事长、总经理、研发部经理、财务部经理等有关人员。研发部经理首先介绍了新产品的特点、作用，研发费用及开发项目的现金流量等。研发部经理指出，生产“长风”牌液体洗涤剂的原始投资为1 100万元，其中新产品市场调查研究费100万元，购置专用设备、包装用品设备等需投资1 000万元。预计设备使用年限为10年，期满无残值。研发部经理列示了“长风”牌洗涤剂投产后每年的现金流量(见表5-8)，并解释由于新产品投放市场后会冲击原来两种产品的销量，“长风”牌洗涤剂投产后每年增量现金流量见表5-9。

表5-8 开发“长风”牌产品后公司预计现金流量表 金额单位：万元

年 份	现金流量	年 份	现金流量
1	280	6	350
2	280	7	350
3	280	8	350
4	280	9	350
5	280	10	350

表5-9 开发“长风”牌产品后公司预计增量现金流量表 金额单位：万元

年 份	现金流量	年 份	现金流量
1	250	6	315
2	250	7	315
3	250	8	315
4	250	9	315
5	250	10	315

研发部经理介绍完毕，会议展开了讨论，在分析了市场状况、投资机会以及同行业发展水平的基础上，确定公司投资机会成本为10%。

财务部经理首先提出“长风”牌洗涤剂开发项目资本支出预算中“为什么没有包括厂房和其他设备支出”的问题。研发部经理解释：目前“彩虹”牌系列洗涤剂的生产设备利用率仅为

55%，由于这些设备完全适用于生产“长风”牌液体洗涤剂，故除专用设备和加工包装设备外，不需要再增加其他设备。预计“长风”牌洗涤剂生产线全部投产后，只需要 15%的工厂生产能力。

总经理质疑：开发新产品是否应考虑增加的流动资金？研发部经理解释：新产品投产后，每年需追加流动资金 300 万元，由于这项资金每年年初借，年末还，一直保留在公司，所以不需要将此项费用列入项目现金流量中。

接着，董事长问：生产新产品占用了公司的剩余生产能力，如果将这部分剩余生产能力出租，公司每年将得到 25 万元的租金收入。但他又指出，公司一直奉行严格的设备管理政策，即不允许出租厂房、设备等固定资产。

将班级学生分成若干小组(5～8 人为一组)，每个小组组织讨论，并分析以下问题：

(1) 新产品市场调查研究费用是否属于该项目的现金流量？

(2) 对新产品所追加的流动资金应否算作该项目的现金流量？

(3) 新产品生产使用公司剩余的生产能力是否应该支付使用费？为什么？

(4) 投资项目现金流量中是否应该反映由于新产品上市使原来老产品的市场份额减少而丧失的收入？

(5) 如果投资项目所需资金是银行借入的，那么与此相关的利息支出是否应在该项目的现金流量中予以反映？

(6) 计算该项目的 *NPV*、*IRR* 和 *PI*，并根据其他因素确定是接受还是放弃该项目？

能力拓展训练

一、单项选择题

1. 在财务管理中，将企业为使项目完全达到设计生产能力、开展正常经营而投入的全部现实资金称为(　　)。

A. 投资总额　　B. 现金流量　　C. 建设投资　　D. 原始投资

2. 按照现金流量估算的时点指标假设，发生在建设期期末和经营期期初的现金流量是(　　)。

A. 固定资产投资　　B. 无形资产投资　　C. 流动资产投资　　D. 付现成本

3. 华安公司已投资 50 万元用于一项设备研制，但它不能使用。投资 50 万元后仍不能使用。如果继续投资 40 万元，应该有成功的把握。则该设备运行取得现金流入至少为(　　)。

A. 40 万元　　B. 100 万元　　C. 140 万元　　D. 60 万元

4. 华英公司下属两个分厂，一分厂从事生物医药产品生产和销售，年销售收入 3 000 万元，现二分厂拟投资一项目从事新生物医药产品生产和销售，预计该项目投产后每年为二分厂带来销售收入 2 000 万元。但由于和一分厂形成竞争，每年使得一分厂销售收入减少 400 万元。那么，从华英公司的角度出发，二分厂投资该项目预计的每年现金流入为(　　)。

A. 5 000 万元　　B. 2 000 万元　　C. 4 600 万元　　D. 1 600 万元

5. 一个投资方案年销售收入 300 万元，年销售成本 200 万元，其中折旧 80 万元，所得税税率为 25%，则该方案年现金净流量为(　　)。

A. 100 万元　　B. 155 万元　　C. 180 万元　　D. 75 万元

6. 包括建设期的静态投资回收期是(　　)。

A. 净现值为0的年限　　B. 现金净流量为0的年限

C. 累计净现值为0的年限　　D. 累计现金净流量为0的年限

7. 某企业欲自筹资金购入一套新设备,需支付400万元,该设备使用寿命为4年,期末无残值,采用直线法计提折旧。预计每年可产生息税前利润140万元,如果所得税税率为25%,则其静态投资回收期为(　　)。

A. 2.86年　　B. 1.67年　　C. 1.95年　　D. 3.3年

8. 已知某投资项目按16%的折现率计算的净现值大于0,按18%的折现率计算的净现值小于0,则该项目的内含报酬率肯定(　　)。

A. 大于18%　　B. 小于16%

C. 等于17%　　D. 大于16%,小于18%

9. 华云公司拟进行一项固定资产投资项目决策,设定贴现率为12%。有四个方案可供选择:甲方案的项目计算期为10年,净现值为1 000万元;乙方案的净现值率为−15%;丙方案的项目计算期为11年,年等额净回收额为150万元;丁方案的内部收益率为10%。则最优投资方案为(　　)。

A. 甲方案　　B. 乙方案　　C. 丙方案　　D. 丁方案

10. 如果其他因素不变,一旦折现率提高,则下列指标中其数值将会变小的是(　　)。

A. 现值指数　　B. 投资报酬率　　C. 内含报酬率　　D. 静态投资回收期

二、多项选择题

1. 华飞公司拟新建一条生产线,需要在建设起点一次性投入固定资产200万元,在建设期期末投入无形资产25万元,投入流动资产20万元;建设期为1年,资本化利息为10万元,全部计入固定资产原值。根据上述资料,下列选项正确的是(　　)。

A. 固定资产原值210万元　　B. 建设投资225万元

C. 原始投资245万元　　D. 项目投资总额255万元

2. 下列属于计算现金流量假设的有(　　)。

A. 所有投资均为自有资金　　B. 所有现金流量指标均为时期指标

C. 影响现金流量的各指标均为常数　　D. 所有投资均发生在建设期

3. 某单纯固定资产投资项目的资金来源为银行借款,按照全投资假设和简化公式计算经营期某年的现金净流量时,需要考虑的因素有(　　)。

A. 因使用该固定资产新增的净利润　　B. 支付的相关借款利息

C. 因使用该固定资产新增的折旧　　D. 偿还的相关借款本金

4. 现金流出是指投资项目所引起的企业现金支出的增加额,包括(　　)。

A. 建设投资　　B. 付现成本　　C. 年折旧额　　D. 所得税

5. 下列项目中,属于终结点现金流量的有(　　)。

A. 固定资产折旧　　B. 固定资产残值收入

C. 固定资产清理费用　　D. 流动资产回收额

6. 下列指标中,属于贴现指标的有(　　)。

A. 净现值　　B. 内含报酬率　　C. 现值指数　　D. 静态投资回收期

7. 确定一个投资方案可行的必要条件有(　　)。

A. 净现值大于0　　　　　　　　B. 现值指数大于1

C. 内含报酬率较高　　　　　　　D. 内含报酬率大于资金成本率

8. 某投资项目的现值指数为1.35,则下列表述中正确的有(　　)。

A. 项目净现值大于0

B. 内含报酬率大于计算现值指数时设定的折现率

C. 净现值率等于0.35

D. 项目投资回收期大于设定的基准投资回收期

9. 下列项目投资决策评价指标中,其数值越大越好的是(　　)。

A. 静态投资回收期　　　　　　　B. 投资报酬率

C. 现值指数　　　　　　　　　D. 内含报酬率

10. 在计算税后现金净流量时,可以抵税的项目有(　　)。

A. 固定资产折旧额　　　　　　　B. 无形资产摊销额

C. 负债利息　　　　　　　　　D. 设备买价

三、判断题

1. 在投资项目可行性研究中,应首先进行财务可行性评价,再进行技术可行性分析,如果项目具备财务可行性和技术可行性,就可以做出该项目应当投资的决策。(　　)

2. 投资决策中现金流量所指的"现金"不仅包括各种货币资金,而且包括投资项目所需要的有关非货币资源的变现价值。(　　)

3. 现金流量是按照收付实现制计算的,而在投资决策时,应该以权责发生制计算的营业利润作为评价项目可行性的基础。(　　)

4. 归还借款本息导致现金流出企业,所以如果投资项目的资金包括借款,则计算其现金流量时应扣除还本付息支出。(　　)

5. 在不考虑所得税因素的情况下,同一投资方案分别采用加速折旧法、直线法计提折旧不会影响经营期各年的现金流量。(　　)

6. 投资回收期既考虑了资金的时间价值,又考虑了回收期满后的现金流量情况。(　　)

7. 净现值法考虑了资金的时间价值,能够反映各种投资方案的净收益,但不能揭示各方案本身可能达到的投资报酬率。(　　)

8. 投资项目评价所运用的内含报酬率指标的计算与项目所设定的贴现率高低有直接关系。(　　)

9. 在评价投资项目的财务可行性时,如果投资回收期或投资报酬率的评价结论与净现值指标的评价结论发生矛盾,应当以净现值指标的结论为准。(　　)

10. 对多方案进行组合或排队决策,在资金总量受到限制时,需要按照净现值的大小排队,从中选出能使净现值合计最大的最优组合。(　　)

四、分析计算题

1. 华为公司拟进行一项固定资产投资(均在建设期投入),该项目的现金流量如表5-10所示。

表 5-10　现金流量表

金额单位:万元

项　目	建设期		经营期			
	0	1	2	3	4	5
现金净流量	−800	−200	100	600	B	1 000
累计现金净流量	−800	−1 000	−900	A	100	1 100
现金净流量现值	−800	−180	C	437.4	262.44	590.49

要求:

(1) 计算表中用英文字母表示的项目的数值。

(2) 计算下列指标:① 原始投资及其现值;② 静态投资回收期;③ 净现值;④ 净现值率;⑤ 现值指数。

2. 华丰公司拟花费 80 万元购置设备一套且不需安装,可为企业每年增加净利 8 万元,该套设备可使用 5 年,无残值,采用直线法计提折旧,设定贴现率为 12%。

要求:

(1) 用非贴现法计算该项投资的静态投资回收期和投资报酬率;

(2) 用贴现法计算该项投资的净现值、现值指数和内含报酬率,并对该项投资做出评价。

3. 信合公司准备购入一设备以扩充生产能力。现有甲、乙两个方案可供选择:

(1) 甲方案需固定资产投资 2 000 万元,建设期 1 年,建设期资本化利息 100 万元,使用寿命 5 年,采用直线折旧,5 年后设备无残值;5 年中每年销售收入均为 1 100 万元,每年付现成本均为 400 万元。

(2) 乙方案需要固定资产投资 2 400 万元,流动资产投资 200 万元,建设期 1 年,建设期资本化利息 120 万元,采用直线法计提折旧,使用寿命也为 5 年,5 年后有残值收入 20 万元。5 年中每年的销售收入均为 1 400 万元,付现成本第 1 年为 5 00 元,以后随着设备陈旧,逐年将增加修理费 50 万元,所得税税率为 25%,资金成本为 10%。

要求:

(1) 分别计算甲、乙两个方案在整个项目计算期每年的现金净流量;

(2) 分别计算甲、乙两个方案的净现值率,并比较两个方案的优劣。

4. 飞鸿公司于两年前购置设备一台,购买价为 240 万元,估计使用寿命 12 年,期满无残值,折旧采用直线法,目前该设备账面价值 200 万元。现有更先进的设备可供公司使用,购买价 390 万元,可使用 10 年,期满无残值。使用新设备后,每年可增加收入 35 万元,降低付现成本 25 万元。旧设备若立即出售可得价款 160 万元,所得税税率为 25%,企业要求的最低报酬率为 12%。

要求:确定企业是否更新此设备。

5. 兴业公司目前正在使用的机器 A 现时价值为 80 万元,尚可使用 5 年,5 年年末的残值为 0,其年付现成本为 10 万元。现有一较为先进的设备 B,其价值为 150 万元,可使用 10 年,期满无残值,其年付现成本为 5 万元。企业要求的最低投资报酬率为 8%。

要求:确定是否以机器 B 取代机器 A。

6. 宏达公司现有五个可供选择的项目 A、B_1、B_2、C_1 和 C_2,其中 B_1、B_2,C_1、C_2 是互斥项目,详细情况如表 5-11 所示。

表 5-11　宏达公司项目投资组合决策方案资料　　金额单位:万元

投资项目	初始投资	现值指数	净现值
A	200	1.375	75.0
B_1	100	1.450	45.0
B_2	150	1.250	37.5
C_1	180	1.300	54.0
C_2	150	1.100	15.0

要求:当该公司资本的最大限量分别为 300 万元、400 万元和 500 万元时,确定该公司应选择的投资组合。

项目六　证券投资管理

【知识目标】

- 了解证券投资的概念、目的、种类、程序和时机选择；
- 掌握股票和债券的内在价值及收益率的计算；
- 理解证券投资风险及其种类；
- 掌握证券投资组合的策略和方法、风险与收益率。

【能力目标】

- 提高资金时间价值观念和风险价值观念的应用能力；
- 能够利用证券投资的基本分析法与操作技巧进行合理的证券投资。

【引　言】　出生于1930年8月30日的美国人沃伦·巴菲特被称为“股神”。他从零开始，仅仅从事股票和企业投资积聚起巨额财富，成为名列前茅的世界级富豪。如果在1956年，他刚开始从事投资管理时你给他1万美元，13年后你的投资竟达到30万美元。1965—2006年的42年间，巴菲特麾下的投资旗舰公司——伯克希尔·哈撒韦公司净资产的年均增长率达到21.46%；同期标准普尔500指数成分公司的年均增长率为10.4%。2011年，巴菲特的财富位居世界第三，净资产500亿美元。巴菲特的投资信条是，猎寻那些远远低于“内在价值”的证券进行投资。他认为决定公司价值的唯一重要的因素是公司将来的盈利能力。

任务一　了解证券投资的内容

任务要求

证券投资为企业有效利用资金、充分挖掘资金的潜力提供了十分理想的途径。但进行证券投资并非总能实现高额收益，企业也要承担较高的投资风险。所以，应了解证券投资的概念、目的、种类、程序和时机选择。

一、证券投资的概念与目的

（一）证券的概念与特点

证券是指具有一定票面金额，代表财产所有权或债权，可以有偿转让的信用凭证，如股票、债券等。证券具有以下三个特点：

（1）流动性。流动性又称为变现性，是指证券具有的可随时抛售取得现金的能力。证券的流动性往往受证券期限长短、发行单位信誉及证券市场完善程度等因素的影响。

（2）收益性。收益性是指投资者凭借证券可以获得相应的报酬。证券收益一般由当期收益和资本利得构成。以股息、红利或利息所表示的收益称为当期收益。由证券价格上升（或下降）而产生的收益（或亏损）称为资本利得。

（3）风险性。风险性是指投资者达不到预期的收益或遭受各种损失的可能性。证券投资既有可能获得收益，又有可能带来损失，具有很强的不确定性。

流动性与收益性往往成反比，而风险性则一般与收益性成正比。

（二）证券投资的概念与目的

证券投资是指企业为获取投资收益或特定经营目的而买卖有价证券的投资行为。证券投资如果运用得好，能起到扩大投资规模、提高企业整体资产获利水平并促进企业发展的作用。但如果运用得不好，也会给企业带来巨大的损失。所以，企业进行证券投资，需要明确投资目的并以此指导投资行为。不同企业进行证券投资的目的各不相同，但总体来说有以下四个方面：

1. 充分利用闲置资金，获取投资收益

企业正常经营过程中会有一些暂时多余的闲置资金。企业通过投资于流动性强、收益稳定的证券，一方面可以利用闲置资金，增加投资收益；另一方面也可以作为现金的替代物，当企业急需现金时，通过出售证券及时补充现金缺口。

2. 积累发展基金或偿债基金，满足未来财务需求

为保证企业生产经营活动中未来的资金需要，特别是为了保证某些重要债务的偿还，企业可以事先将一部分资金投资于债券等收益比较稳定的证券。这样可以保证企业在未来某一时期内得到稳定的现金流入，从而满足企业的现金支付需求。

3. 进行多元化投资，分散投资风险

企业进行多元化投资可以降低投资风险。但在多数情况下，直接进行实业方面的多样化投资是有一定困难的，会受到多种不同行业的进入壁垒及投资限制，投资成本较高，且风险也较大。利用证券投资，则可以比较方便地投资于新的行业与市场，从而达到投资多样化的目的。

4. 对相关企业进行控制或实施重大影响，增强企业竞争能力

基于战略发展的考虑，企业往往需要控制或影响其上游企业、下游企业或其他企业的生产经营，以便获取稳定的材料供应、保证稳定的销售渠道或增强自身的实力。这时，企业就可以在证券市场上购入对目标公司有控制权或重大影响的股票，通过行使股东的权力来实现企业的战略目的。

二、证券投资的种类与特点

证券投资的种类与特点取决于其投资对象——证券的种类与特点。

(一) 证券的种类与特点

(1) 证券按其体现的权益关系不同,可分为所有权证券、信托投资证券和债权证券。所有权证券是一种既不定期支付利息,也无固定偿还日期的证券。它代表着投资者在被投资企业所占权益的份额,股票是典型的所有权证券。信托投资证券是由公众投资者共同聚集资金、委托专门的证券投资机构投资于各种证券,以获取收益的股份或收益凭证,如证券投资基金等。债权证券是一种必须定期支付利息,并按期偿还本金的证券,各种债券如国库券、企业债券、金融债券等都是债权证券。一般来说,所有权证券的投资风险要大于债权证券,信托投资证券的风险低于所有权证券而高于债权证券。

(2) 证券按其收益状况不同,可分为固定收益证券和变动收益证券。固定收益证券是指证券票面上规定有固定收益率,投资者可定期获得稳定收益的证券,如优先股股票、企业债券等。变动收益证券是指证券票面无固定收益率,其收益情况随企业经营状况的好坏而变动的证券,如普通股股票等。一般而言,变动收益证券风险大,投资报酬也相对较高。固定收益证券风险低,投资报酬也相对较低。

(3) 证券按其发行主体不同,可分为政府证券、金融证券和公司证券三种。政府证券是指中央或地方政府为筹集资金而发行的证券,如国库券等。金融证券是指银行或其他金融机构为筹集资金而发行的证券。公司证券又称为企业证券,是一般工商企业为筹集资金而发行的证券。政府证券与金融证券的主要优点是风险小、流动性强且抵押代用率高。而公司证券的风险与收益相对要高些,尤其是公司股票的风险与收益一般要高于政府证券与金融证券。

(二) 证券投资的分类

常见的证券投资种类一般有股票投资、债券投资、组合投资和基金投资。

1. 股票投资

股票投资是指企业通过购买股份公司发行的股票以获取收益或控制权的行为。股票投资风险较大,收益也相对较高。

2. 债券投资

债券投资是指企业通过购买政府、金融机构或公司发行的债券以获取收益的行为。相对于股票投资,债券投资一般风险较小,能获得稳定收益。

3. 组合投资

组合投资又称为证券组合投资,是指企业通过同时购买股票、债券等多种证券以获取收益的投资行为。组合投资具有分散风险、稳定收益的特点。

4. 基金投资

基金就是许多投资者的资金集合在一起,然后由基金公司的专家负责管理,用来投资于多家公司的股票或者债券。基金投资是一种利益共享、风险共担的集合投资方式,具有资金的规模优势和专家理财优势,能进行充分的投资组合,从而降低风险、提高收益水平。因此,基金投资越来越受到广大投资者的青睐。

本项目主要介绍债券投资、股票投资及证券组合投资。

三、证券投资的程序和时机选择

(一) 证券投资的程序

1. 合理选择投资对象

企业进行证券投资首先要选择合适的投资对象,即选择投资于何种证券,投资于哪家企业的证券。企业应根据一定的投资原则,认真分析各种证券的收益水平和风险程度,合理选择投资对象,尽可能地降低风险水平,以获取较好的投资收益。

2. 委托买卖

由于一般投资者无法直接进入证券交易所交易,买卖证券业务须委托证券商代理。因此,投资者应确定证券商并在证券商处开立账户(包括证券账户和资金账户)。企业可通过电话委托、计算机终端委托等方式委托券商代为买卖有价证券。其委托内容主要有买卖证券的名称、数量、价格及有效期。

3. 成交

证券买、卖双方通过券商的在证券交易所的交易员分别出价委托,若买、卖双方的价位与数量合适,交易即可达成。

4. 清算与交割

企业委托券商买卖某种证券成功后,就要及时办理证券交割,即证券买入方交付价款领取证券,卖出方交出证券收取价款。证券交割一般采用清算制度,即投资者买卖证券的数量、金额相互抵消,然后就抵消后的净额进行交割。

5. 办理证券过户手续

当企业委托买卖某种证券成功后,需办理证券持有人的姓名或名称变更手续。但现在结算公司实行证券集中存管和无纸化交收,证券过户手续在清算交割后就已由电脑自动完成。

(二) 证券投资的时机选择

尽管证券的买卖时机一般不易把握,但时机形成又有一定的规律性,它是主观因素与客观因素综合作用的结果。只要投资者能够对各种因素进行合理分析、预期,再加上自身的经验、知识及直觉等,是可以在一定程度上对证券的买卖时机加以判断的。投资时机判断的方法主要有因素分析法、指标分析法及图示分析法等。

1. 因素分析法

因素分析法就是依据单一或综合因素对证券投资者心理和买卖行为的影响来分析证券市价变动趋势的方法。影响证券市场价格变动的因素主要包括:

(1) 国内外政治局势、经济景气指数、政府的宏观经济政策,如产业政策、财政金融政策等;

(2) 上市公司的质量或品质,如核心竞争力、市场定位及发展的稳定性等;

(3) 投资者心理预期及其他突发因素等。

一般而言,如果国内外政治局势稳定,经济良性增长,政策支持、宽松优惠,上市公司经济效益不断提高、前景良好,投资者必然对未来证券市场的走势产生乐观预期,从而增强投资信心,推动市价涨扬;反之,则会因投资者信心不足而减少投资,抛售证券,最终导致市价跌落。投资者应顺应证券价格波动,抓住波动规律及节拍,投资获利。

2. 指标分析法

指标分析法就是根据有关经济指标，如价格指数、市盈率、上市公司的各项财务指标等的变动趋势来分析判断证券市场未来走向的方法。目前证券市场的价格指数主要是股价指数，即反映股票市价变动水平的相对数指标，如美国纽约道·琼斯工业指数、日本日经指数、香港恒生指数和上证指数等。

3. 图示分析法

图示分析法就是将一定时期证券市价的变动情况绘制成走势图，投资者借以判断价格峰顶或谷底的形成，从而找出买卖时机的方法。

图示分析法认为，证券市场的波浪式变动有其周期性特点，价格曲线向上或向下变动时，通常会受到心理上的压力线与支撑点的约束。如果市价在某一高位几经盘整而无明显上涨迹象时，通常意味着价格已至峰顶，将有回落的迹象，此时一般应为售出时机；反之，若价格在某一低位波动一段时间但无明显跌落迹象时，表明已接近谷底，应考虑买入证券。

总之，上述证券投资时机判断方法的任务就是将证券的理论价值与不同时期的市场价格相比较，以确定哪些证券在什么时间的价值被高估，哪些证券在什么时间的价值被低估，当前市场价格是否与理论价值相背离等。只有这样，才能做到低价买入、高价卖出。

实务训练

登录叩富网(http://www.cofool.com/)，注册模拟证券投资账号，根据实盘进行模拟投资，课程结束提交投资报告。

任务二　评价证券投资收益

任务要求

企业要进行证券投资，首先必须进行证券投资的收益评价。评价证券投资收益水平主要有两个指标，即证券的价值和收益率。所以，要掌握评价证券投资收益的方法。

一、债券投资的收益评价

（一）债券的价值

债券的价值又称为债券的内在价值。根据资产的收入资本化定价理论，任何资产的内在价值都是在投资者预期可获得的现金收入基础上进行贴现决定的。运用到债券上，债券的价值是指投资者进行债券投资时预期可获得现金流入的现值。债券的现金流入主要包括利息和到期收回的本金或出售时获得的收入两部分。当债券的购买价格低于债券价值时，才值得购买。

1. 债券价值的基本模型

该模型主要是按复利方式计算的分期付息、到期一次还本情况下的债券估价模型。其价值模型为：

$$V=\sum_{t=1}^{n}\frac{I}{(1+K)^t}+\frac{P_n}{(1+K)^n}=I\times(P/A,K,n)+P_n\times(P/F,K,n)$$

式中，V——债券价值；I——债券票面利息；P_n——债券面值或未到期出售收入；K——市场利率或投资者要求的必要收益率；n——债券计息总期数。

[业务实例6-1]　开利公司欲购入面值100元，票面利率6%，期限5年的债券10 000张，利息每年支付一次，本金到期归还。债券市场价格为95元，市场利率为7%。

要求：确定该公司是否应进行此项投资。

解：$V=100\times6\%\times(P/A,7\%,5)+100\times(P/F,7\%,5)$

$=6\times4.100\,2+100\times0.713\,0=95.9$（元）

以上计算结果表明，该债券价值大于目前债券的市场价格，可以进行投资。

2. 单利计息、到期一次还本付息的债券价值模型

单利计息、到期一次还本付息的债券价值就是未来到期收回本息的现值。其价值模型为：

$$V=\frac{I\times n+P_n}{(1+K)^n}=(I\times n+P_n)\times(P/F,K,n)$$

公式中的符号含义同基本模型。

[业务实例6-2]　开利公司拟购买另一家公司的债券作为投资。该债券面值1 000元，期限5年，票面利率5%，单利计息，到期一次还本付息，当前市场利率为6%。

要求：计算该债券发行价格为多少元时才能购买。

解：$V=1\,000\times(1+5\%\times5)\times(P/F,6\%,5)$

$=1\,000\times1.25\times0.747\,3=934.13$（元）

以上计算结果表明，该债券价格应低于934.13元时才适宜购买。

3. 零息债券的价值模型

零息债券又称为贴息债券，是指票面只有面值、没有票面利率，发行价低于面值，到期按面值偿还的债券。其价值模型为：

$$V=\frac{P_n}{(1+K)^n}=P_n\times(P/F,K,n)$$

公式中的符号含义同基本模型。

[业务实例6-3]　开利公司拟购买一批市价为760元，面值1 000元的5年期零息债券。目前市场利率为6%。

要求：判断该企业是否可以进行此项投资。

解：$V=1\,000\times(P/F,6\%,3)=1\,000\times0.747\,3=747.3$（元）

以上计算结果表明，该债券市价高于其价值，不可以进行此项投资。

（二）债券投资的收益率

债券收益率是进行债券投资时选购债券的重要标准，如果债券的收益率高于投资人要求的必要报酬率，则可购进债券；否则，就应放弃此项投资。

1. 短期债券投资收益率的计算

短期债券投资由于期限较短，一般不用考虑货币时间价值，只需考虑债券价差及利息，将其与投资额相比，即可求出短期债券投资收益率。其计算公式为：

$$K=\frac{P_1-P_0+I}{P_0}\times 100\%$$

式中，P_0——债券的购买价格；P_1——债券出售价格；I——债券票面利息；K——债券投资收益率。

[业务实例 6-4] 开利公司于 2017 年 6 月 8 日以 915 元购进一张面值 1 000 元，票面利率 5%，每年付息一次的债券，并于 2018 年 6 月 8 日以 970 元的市价出售。

要求：计算该债券的投资收益率。

解：$K=\frac{970-915+1\,000\times 5\%}{915}\times 100\%=11.47\%$

以上计算结果表明，该债券的投资收益率为 11.47%。

2. 长期债券投资收益率的计算

对于长期债券投资，由于涉及时间较长，需要考虑货币时间价值。其投资收益率一般是指购进债券后一直持有至到期日（或出售日）止可获得的收益率，它是使债券利息的年金现值和债券到期收回本金（或未到期出售收入）的复利现值之和等于债券购买价格时的贴现率。

(1) 分期付息、到期一次还本债券收益率的计算。其计算公式为：

$$P_0=I\times(P/A,K,n)+P_n\times(P/F,K,n)$$

式中，P_n——债券面值或未到期出售收入；n——投资期限；其他符号含义同短期债券投资收益率的计算。

由于无法直接计算收益率，必须采用逐步测试法及内插法来计算。即先设定一个贴现率代入上式，如计算出的 V 正好等于债券买价，该贴现率即为收益率；如计算出的 V 与债券买价不等，则须继续测试，再用内插法求出收益率。

[业务实例 6-5] 开利公司 2013 年 1 月 1 日用平价购买一张面值为 1 000 元的债券，其票面利率为 8%，每年 1 月 1 日计算并支付一次利息，该债券于 2018 年 1 月 1 日到期，按面值收回本金。

要求：计算该债券到期收益率。

解：已知 $I=1\,000\times 8\%=80$(元)，$P_5=1\,000$(元)。设贴现率 $K=8\%$，则：

$V=80\times(P/A,8\%,5)+1\,000\times(P/F,8\%,5)=1\,000$(元)

以上计算结果表明，用 8%计算出来的债券价值正好等于债券买价，所以该债券的收益率为 8%。可见，平价发行的每年复利一次计息的债券，其到期收益率等于票面利率。

如果该公司购买该债券的价格为 1 100 元，即高于面值，则该债券收益率应为多少？

要想求出收益率，必须使下式成立：

$1\,100=80\times(P/A,K,5)+1\,000\times(P/F,K,5)$

通过前面计算已知，$K=8\%$时，上式右边为 1 000 元。由于利率与现值成反向变化，即利率越小，现值越大。所以，债券买价为 1 100 元，收益率一定低于 8%，需降低贴现率进一步试算。

(1) 用 $K_1=6\%$试算。

$V_1=80\times(P/A,6\%,5)+1\,000\times(P/F,6\%,5)$

$\quad=80\times 4.212\,4+1\,000\times 0.747\,3=1\,084.29$(元)

由于计算结果仍小于 1 100 元，还应进一步降低贴现率试算。

(2) 用 $K_2=5\%$试算。

$V_2 = 80 \times (P/A, 5\%, 5) + 1\,000 \times (P/F, 5\%, 5)$

$= 80 \times 4.329\,5 + 1\,000 \times 0.783\,5 = 1\,129.86$(元)

(3) 用内插法计算。

$K = 5\% + \dfrac{1\,129.86 - 1\,100}{1\,129.86 - 1\,084.29} \times (6\% - 5\%) = 5.66\%$

所以,如果债券购买价格为 1 100 元时,债券收益率为 5.66%。

(2) 到期一次还本付息的单利债券投资收益率的计算。其计算公式为:

$$P_0 = (I \times n + P_n) \times (P/F, K, n)$$

公式中的符号含义同分期付息、到期一次还本债券收益率的计算。

[业务实例 6-6] 开利公司 2017 年 1 月 1 日以 1 020 元购买一张面值为 1 000 元,票面利率为 10%,单利计息的债券。该债券期限 5 年,到期一次还本付息。

要求:计算该债券到期收益率。

解:$1\,020 = 1\,000 \times (1 + 5 \times 10\%) \times (P/F, K, 5)$

$(P/F, K, 5) = \dfrac{1\,020}{1\,500} = 0.680\,6$

查"1 元复利现值系数表",5 年期的复利现值系数等于 0.680 6 时,$K = 8\%$。

所以,该债券到期收益率为 8%。

(三) 债券投资的优、缺点

1. 债券投资的优点

(1) 本金安全性高。相对于股票投资而言,政府债券有国家财力作为后盾,通常被视为无风险证券;而企业清算时企业债券的持有人对企业的剩余财产有优先受偿权。因此,进行债券投资本金损失的可能性较小。

(2) 投资收益稳定。债券票面一般都标有固定利息,债券的发行人有按时支付利息的法定义务。因此,正常情况下,进行债券投资可定期获得固定的利息收入。

(3) 流动性较强。大企业及政府债券很容易在债券市场上迅速出售,流动性较强。

2. 债券投资的缺点

(1) 无经营管理权。债券投资者只能定期取得利息、到期收回本金,无权对债券发行单位生产经营决策施加影响或控制。

(2) 购买力风险较大。由于债券面值和利率是固定的,如果投资期间通货膨胀率较高,债券本金和利息的实际购买力将会不同程度地受到侵蚀,特别是在通货膨胀率非常高时,投资者虽然名义上有收益,但实际上却有损失。

二、股票投资的收益评价

(一) 股票的价值

股票的价值又称为股票的内在价值,是进行股票投资所获得的现金流入的现值。股票带给投资者的现金流入包括股利收入和股票出售收入。因此,股票的内在价值由一系列股利和未来股票出售收入的现值构成。通常当股票的市场价格低于股票价值时才适宜购买。

1. 股票价值的基本模型

$$V = \sum_{t=1}^{n} \frac{d_t}{(1+K)^t} + \frac{V_n}{(1+K)^n}$$

式中，V——股票价值；d_t——第 t 期的预期股利；n——预计持有股票的期数；K——投资者要求的必要收益率；V_n——未来出售时预计的股票价格。

由于股票价值的基本模型要求预计持有期间历年的股利和出售时的股票价格，而这些实际上是很难做到的，故实务中运用的模型都是各种简化模型，如股利零增长或固定增长等。

2. 股利零增长、长期持有的股票价值模型

如果股份公司每年发给股东的股利是固定的，也即预期股利增长率为 0，则这种股利为零增长股利。这时各年的股利为永续年金。这种股票的估价模型为：

$$V=\frac{d}{K}$$

式中，d——每年固定股利；其他符号的含义与基本模型相同。

[业务实例 6-7] 开利公司拟投资购买并长期持有某公司股票，该股票每年分配股利 2 元，必要收益率为 12.5%。

要求：计算该股票价格为多少元时适合购买。

解：$V=\frac{d}{K}=\frac{2}{12.5\%}=16$(元)

以上计算结果表明，股票价格低于 16 元时才适合购买。

3. 股利固定增长、长期持有的股票价值模型

如果投资者打算长期持有某种股票，股份公司采取固定比率增长股利政策，则各年的股利是一组无限等比数列。这种股票的估价模型为：

$$V=\frac{d_0\times(1+g)}{K-g}=\frac{d_1}{K-g}$$

式中，d_0——上年已经发放的股利；d_1——本年预计股利；g——今后每年股利预计增长率；其他符号的含义与基本模型相同。

[业务实例 6-8] 开利公司拟投资购买某公司股票，该股票上年每股股利为 2 元，预计年增长率为 4%，必要投资报酬率为 10%。

要求：计算该股票价格为多少元时可以投资。

解：$V=\frac{d_0\times(1+g)}{K-g}=\frac{2\times(1+4\%)}{10\%-4\%}=34.67$(元)

以上计算结果表明，该股票价格低于 34.67 元时可以投资。

4. 股利非固定增长的股票价值模型

有些股份公司在一段时间里高速成长，在另一段时间里又正常固定增长或固定不变，这样就要分段计算，即分别计算高速成长、正常固定增长、固定不变等各阶段未来收益的现值，各阶段收益现值之和就是股利非固定增长的股票价值。

V=高速成长阶段收益现值+固定增长阶段收益现值+固定不变阶段收益现值

[业务实例 6-9] 开利公司持有 A 公司股票，其必要报酬率为 15%，预计 A 公司未来 3 年股利高速增长，增长率为 20%。此后转为正常增长，增长率为 10%。A 公司最近支付的股利是 2 元。

要求：计算 A 公司的股票价值。

解：首先，计算高速增长期的股利现值，如表 6-1 所示。

表 6-1　股利的现值　　金额单位:元

年　份	股　利	现值系数	现　值
1	2×1.2=2.400	0.869 6	2.087 0
2	2.4×1.2=2.880	0.756 1	2.177 6
3	2.88×1.2=3.456	0.657 5	2.272 3
合　计	—	—	6.536 9

其次,按股利固定增长模型计算固定增长部分的股票价值。

$$V_3=\frac{d_3\times(1+g)}{K-g}=\frac{3.456\times1.1}{0.15-0.10}=76.032(\text{元})$$

由于这部分股票价值是第 3 年年末以后的股利折算的内在价值,需将其进一步折算为现值,则:

$V_3\times(P/F,15\%,3)=76.032\times0.6575=49.9910$(元)

最后,计算股票目前的内在价值。

$V=6.5369+49.9910=56.53$(元)

5. *P/E* 比率估价模型

前述各种估价模型在理论上很有逻辑性,但股利的预计十分复杂,使得各种估价模型难以广泛运用。*P/E* 比率估价方法就简便多了,被许多投资者所采用。*P/E* 比率,即股票的每股市价与每股收益的比率,又称为市盈率。其用公式表示为:

$$\text{市盈率}=\frac{\text{每股市价}}{\text{每股收益}}=\frac{P}{E}$$

将上式转化,可得:

股票价格=该股票市盈率×该股票每股收益

股票价值=行业平均市盈率×该股票每股收益

根据证券投资服务机构提供的同行业上市公司股票过去若干年的平均市盈率,乘以当前每股收益,即可得出该股票价值。用股票价值和股票价格比较,可以看出该股票是否值得投资。

[业务实例 6-10]　大鹏公司股票的每股收益为 1.5 元,市盈率为 10。行业类似股票的市盈率为 11。

要求:确定该股票是否值得投资。

解:股票价值=11×1.5=16.5(元)

股票价格=10×1.5=15(元)

以上计算结果说明,市场对该股票的评估略低,股价属于正常,该股票有一定投资潜力。

(二) 股票投资收益率

1. 短期股票投资收益率的计算

如果企业购买的股票在一年内出售,其投资收益主要包括股票资本利得和股利两部分,不需要考虑货币时间价值。其收益率计算公式如下:

$$K=\frac{P_1-P_0+d}{P_0}\times100\%=\frac{P_1-P_0}{P_0}\times100\%+\frac{d}{P_0}\times100\%=\text{资本利得收益率}+\text{股利收益率}$$

式中，K——股票短期收益率；P_1——股票出售价格；P_0——股票购买价格；d——股利。

［业务实例6-11］ 2017年3月10日，开利公司购买某公司每股市价为20元的股票。2018年1月，开利公司每股获现金股利1元。2018年3月10日，开利公司将该股票以每股22元的价格出售。

要求：计算该股票投资的收益率。

解：$K=\frac{22-20+1}{20}\times100\%=15\%$

2. 股利固定增长、长期持有的股票投资收益率的计算

由固定增长股利股票的估价模型 $V=\frac{d_1}{K-g}$，可以推导得出股利固定增长股票的投资收益率的计算模型如下：

$$K=\frac{d_1}{V}+g$$

［业务实例6-12］ 有一只股票的价格为40元，预计下一期的股利为2元，该股利将以大约10%的速度持续增长。

要求：计算该股票的预期投资收益率。

解：$K=\frac{d_1}{V}+g=\frac{2}{40}+10\%=15\%$

3. 一般情况下股票投资收益率的计算

一般情况下，由于股票投资涉及时间较长，需要考虑货币时间价值。股票投资收益率是使各期股利及股票售价的复利现值等于股票买价时的贴现率，即：

$$P_0=\sum_{t=1}^{n}\frac{d_t}{(1+K)^t}+\frac{P_1}{(1+K)^n}$$

式中，d_t——第 t 期的股利；n——持有股票的期数；其他符号含义同短期股票投资收益率的计算。

［业务实例6-13］ 开利公司于2015年5月1日投资510万元，购买某种股票100万股。在2016年、2017年和2018年的4月30日分得每股现金股利分别为0.5元、0.6元和0.8元，并于2018年5月15日以每股6元的价格将股票全部出售。

要求：计算该项投资的收益率。

解：设该项投资的投资收益率为 K，根据题意，列如下等式：

$510=100\times0.5\times(P/F,K,1)+100\times0.6\times(P/F,K,2)+100\times(6+0.8)\times(P/F,K,3)$

然后，采用逐步测试法进行测试，逐步测试的结果如表6-2所示。

表6-2 逐步测试相关资料

金额单位：万元

项目/时间	股利及出售股票的现金流量	测试20%		测试18%		测试16%	
		系数	数值	系数	数值	系数	数值
2016	50	0.833 3	41.67	0.847 5	42.38	0.862 1	43.11
2017	60	0.694 4	41.66	0.718 2	43.09	0.743 2	44.59
2018	680	0.578 7	393.52	0.608 6	413.85	0.640 7	435.68
合　计	—	—	476.85	—	499.32	—	523.38

最后，用内插法计算投资收益率如下：

$$K=16\%+\frac{523.38-510}{523.38-499.32}\times(18\%-16\%)=17.11\%$$

(三) 股票投资的优、缺点

1. 股票投资的优点

(1) 投资收益高。只要选择得当，就能取得优厚的投资收益。当股份公司经营状况好、盈利水平高时，投资者既可从公司领取高额股利，也可因股票升值获取较高的资本利得。

(2) 购买力风险低。与固定收益的债券投资相比，股票投资能有效地降低购买力风险。因为通货膨胀率较高时，物价普遍上涨，股份公司盈利增加，股利也会随之增加。

(3) 拥有经营控制权。股票投资者是被投资企业的股东，有权监督和控制被投资企业的生产经营活动。

2. 股票投资的缺点

股票投资的最大缺点就是风险很大，这是因为：

(1) 收入不稳定。投资者的预期收益取决于股票发行公司的经营水平及股票市场行情。如果公司经营状况不佳，整个经济形势不景气，股价下跌，投资者将会因此遭受损失。

(2) 求偿权居后。企业清算时，投资者对被投资企业的资产求偿权居于最后，其投资有可能部分甚至完全不能得到补偿。

实务训练

将班级学生分成若干小组(5～8 人为一组)，每个小组组织讨论，并分析如何理解下面这段话："在底部倾听阴暗和毁灭，在顶部倾听慌乱和雀跃，要提出质疑——卓越的投资者在聆听流行的说法时，总是留着一只耳朵在搜寻隐秘的希望或者极端恐慌的蛛丝马迹——要学会在担心和恐慌中买进，在贪婪和歇斯底里中卖出。"

任务三　明确证券投资的风险与组合

任务要求

证券投资的收益性吸引了众多投资者，但无论何种证券投资，投资者均面临着风险问题。而证券投资组合可以帮助投资者全面捕捉获利机会，降低投资风险。所以，要理解证券投资风险的类型，掌握利用证券投资组合分散风险的方法。

一、证券投资风险

证券投资风险是指投资者在证券投资过程中遭受损失或达不到预期收益的可能性。证券投资风险按其是否可以通过投资组合加以分散与消除，可分为系统性风险与非系统性风险。

(一) 系统性风险

系统性风险是指由于政治、经济及社会环境的变化而影响证券市场上所有证券的风险。

如国家宏观经济状况的变化、税法的变化、财政金融政策的调整以及世界能源状况的改变等都会影响证券市场。由于系统性风险对所有证券的投资总是存在的，且无法通过多样化的证券投资加以分散与消除，故称为不可分散风险。它包括市场风险、利率风险、购买力风险等。

1. 市场风险

市场风险是指由证券的“空头”和“多头”等市场因素所引起的证券投资收益变动的可能性。空头市场即熊市，是证券市场价格指数从某一个较高点(波峰)下降开始，一直呈下降趋势至某一较低点(波谷)并开始上升结束。多头市场即牛市，是证券市场价格指数从某一个较低点开始上升，一直呈上升趋势至某一较高点并开始下降结束。从这一点开始，证券市场又进入空头市场。多头市场和空头市场的这种交替，导致证券投资收益发生变动，进而引发市场风险。多头市场的上升和空头市场的下跌都是就市场总趋势而言。显然，市场风险是无法回避的。

2. 利率风险

利率风险是指由于市场利率变动引起证券价格变动，进而引起证券投资收益变动的可能性。市场利率与证券价格呈反向变化，即当利率下降时，证券价格上升；当利率上升时，证券价格下降。市场利率的波动是基于社会资金供求状况与基准利率水平的波动。不同经济发展阶段社会资金供求状况不同，中央银行根据宏观金融调控的要求调节基准利率水平。这时，各种金融资产的利率和价格必然做出灵敏的市场反应，所以利率风险也是无法回避的。

3. 购买力风险

购买力风险又称为通货膨胀风险，是指投资者在证券出售或到期收回现金时由于通货膨胀造成实际购买力下降而承担的风险。通货膨胀必然引起企业制造成本、管理成本、融资成本的提高，当企业无法通过涨价或内部消化加以弥补时，就会导致经营状况与财务状况的恶化，投资者因此会丧失对证券投资的信心，证券价格随之跌落。此外，通货膨胀还会引起投资者本金与收益的贬值，使投资者货币收入增加却并不一定真的获利。通货膨胀是一种常见的经济现象。它的存在必然使投资者承担购买力风险，而且这种风险不会因为投资者退出证券市场就可以避免。

(二) 非系统性风险

非系统性风险是指来源于特定的证券发行主体，是由某些因素造成的只影响某一证券收益的风险。它是投资者可以通过证券组合投资予以分散的风险，故又称为公司特别风险或可分散风险。它包括违约风险、流动性风险、期限性风险等。

1. 违约风险

违约风险又称为信用风险，是指证券发行主体由于自身的经营风险、财务风险或其他原因而不能按照证券发行契约或发行承诺支付投资者利息、股息、红利及偿还债券本金而使投资者遭受损失的可能性。违约风险的大小与证券发行主体的经营环境、经营能力、理财能力、管理水平和道德水准有着密切关系。因此，投资者要降低违约风险，必须对所投资对象给予密切关注，选择经营稳定、信誉好、管理水平高的主体发行的证券进行投资。一般而言，政府证券的违约风险最小，金融证券次之，公司证券的违约风险最大。

2. 流动性风险

流动性风险又称为变现力风险，是指投资者想出售证券换取现金时，证券不能立即按合理价格出售的风险。流动性风险的大小和发行者的实力、信誉及经营状况密切相关。一般而言，政府证券的流动性风险最小，金融证券次之，公司证券流动性风险取决于公司的经营状况、经营环境和未来的发展变化趋势。规模大、实力雄厚及信誉卓越的公司，其证券的流动性风险较小；而规模小、实力薄弱及信誉差的公司，其证券的流动性风险较大。

3. 期限性风险

期限性风险是指和证券期限有关的风险。证券期限越长，未来不确定性因素越多，投资者所放弃的可供选择的投资机会就越多；反之，证券期限越短，未来的不确定性因素相对较少，投资者将会有更多的投资机会可以选择。因此，期限越长的证券，期限性风险越大。

二、单一证券投资风险的衡量

衡量单一证券的投资风险对于投资者具有极为重要的现实意义，它是投资者选择合适投资对象的基本出发点。衡量单一证券投资风险的方法一般包括算术平均法和概率测定法两种。

(一) 算术平均法

算术平均法是最早产生的单一证券投资风险的测定方法。其计算公式为：

$$\text{平均价差率} = \frac{\sum_{t=1}^{n} \text{各期价差率}}{n}$$

式中，各期价差率$=\dfrac{\text{该时期最高价}-\text{最低价}}{(\text{该时期最高价}+\text{最低价})\div 2}$；$n$——计算时期数。

如果将风险理解为证券价格可能的波动，平均价差率则是一个衡量证券投资风险的较好指标。投资者可以根据平均价差率的大小来判断该证券的风险大小：平均价差率大的证券风险较大；平均价差率小的证券风险则较小。

利用算术平均法对证券投资风险的测定，其优点是简单明了，但测定范围有限，风险着重于过去的证券价格波动。因此，它不能准确地反映该证券投资未来风险的可能趋势。

(二) 概率测定法

概率测定法是衡量单一证券投资风险的主要方法，它是依据概率分布原理，计算各种可能证券收益率的标准差与标准差率，以反映证券投资的风险程度。

1. 标准差

判断证券可能收益率与期望收益率的偏离程度，一般可采用标准差指标。其计算公式为：

$$\sigma = \sqrt{\sum_{t=1}^{n} (K_i - \overline{K})^2 P_i}$$

式中，$\overline{K}$—— 期望收益率$[\sum_{t=1}^{n}(K_i \times P_i)]$；$K_i$—— 第 i 种可能情况下的收益率；P_i——第 i 种可能情况发生的概率；n——可能结果的个数；σ——标准差。

一般来说，标准差越大，说明可能收益率与期望收益率偏离越大，实际收益率越不稳定，故该证券投资风险大；标准差越小，说明可能收益率与期望收益率偏离越小，实际收益率比较稳定，故该证券投资风险小。但标准差只能用来比较期望收益率相同的证券投资风险程度，而不能用来比较期望收益率不同的证券投资的风险程度。

2. 标准差率

标准差率又称为标准差系数或离散系数，是标准差与期望收益率的比例。其计算公式为：

$$q=\frac{\sigma}{\overline{K}}\times 100\%$$

标准差系数通过标准差与期望收益率的对比，以消除期望收益率水平高低的影响，可以用来比较不同收益率水平的证券投资风险程度的大小。一般来说，标准差系数越小，说明该证券投资风险程度相对较低。

[业务实例 6-14] 华威公司拟对两种证券进行投资，每种证券均可能遭遇繁荣、衰退两种行情，各自的预期收益率及概率如表 6-2 所示。

要求：试比较 A、B 两种证券投资的风险程度。

表 6-2 华威公司两种证券投资的风险比较

经济趋势	发生概率	收益率(K_i)	
		A	B
衰退	50%	−20%	10%
繁荣	50%	70%	30%

解：(1) 分别计算 A、B 证券的期望收益率。

$\overline{K_A}=-20\%\times 0.5+70\%\times 0.5=25\%$

$\overline{K_B}=10\%\times 0.5+30\%\times 0.5=20\%$

(2) 分别计算 A、B 证券收益率的标准差。

$\sigma_A=\sqrt{(-20\%-25\%)^2\times 0.5+(70\%-25\%)^2\times 0.5}=45\%$

$\sigma_B=\sqrt{(10\%-20\%)^2\times 0.5+(30\%-20\%)^2\times 0.5}=10\%$

(3) 分别计算 A、B 证券收益率的标准离差率。

$q_A=45\%\div 25\%=180\%$

$q_B=10\%\div 20\%=50\%$

由此可以判定，尽管证券 A 的期望收益率高于 B 证券，但其风险程度也高于证券 B。

以可能收益对其期望值的标准差或标准差率来评价证券投资的风险程度，是普遍采用的较为合理的方法。如果证券市场上可供选择的证券的期望收益率与风险程度均存在着差异时，则需要依据不同投资者的收益偏好、风险态度及对风险损失的承受能力而加以具体分析。

三、证券投资组合

前已述及，证券投资充满了各种各样的风险。为了规避风险，可以采用证券投资组合的方式，即投资者在进行证券投资时，不是将所有的资金都投向单一的某种证券，而是有选择地投向多种证券，从而达到分散风险取得较高收益的目的。因此，“不要把所有的鸡蛋都装在同一个篮子里”是证券投资的基本理念。

(一) 证券投资组合的策略与方法

1. 证券投资组合的策略

证券投资组合策略是指投资者根据市场上各种证券的具体情况以及对风险的偏好与承受能力，选择相应证券进行组合时所采用的方针。因此，证券投资组合策略与投资者对待风险的态度有关。根据投资者对待风险的态度，可以把投资者划分为三类，即风险厌恶型、风险中立型和风险爱好型。风险厌恶型投资者厌恶风险，不愿意冒风险，即使风险投资的期望收益高于无风险投资收益，也宁可投资于无风险项目。风险中立型投资者对待风险的态度中庸，只要风险投资的期望收益大于无风险投资收益，他将愿意进行风险投资。而风险爱好型投资者则愿意承担风险，敢于冒风险，即使风险投资的期望收益低于无风险投资收益，他也会投资于风险项目以获取可能的高收益。不同类型的投资者会采取不同的证券投资组合策略。

(1) 保守型策略。这种策略认为，最佳的证券投资组合要尽量模拟市场现状，购买尽可能多的证券，以便分散掉所有的非系统性风险，获得相当于市场平均水平的收益。这种策略操作简单，不需要高深的证券投资专业知识，但需要有足够的资金，否则无法包含足以降低风险的证券种类。该策略常为风险厌恶型投资者所采用。

(2) 适中型策略。这种策略认为，证券价格特别是股票价格，主要由企业经营业绩决定，以其价值为基础；证券市场价格的波动虽然短期内可能背离其价值，但从长期来看，终究会体现其价值。因此，应对发行证券企业所处的行业、经营业绩和财务状况进行细致深入地分析，选择那些业绩好、价值高于市场价格的证券构成投资组合。这种策略风险不太大，收益却比较高，但要求投资者具有充分的理性、耐性，丰富的证券投资经验和专业技能。

(3) 冒险型策略。这种策略认为，只要投资组合做得好，就能取得远高于市场平均水平的收益。这种策略主要选择高风险高收益的成长性证券，对低风险低收益的证券不屑一顾；并且组合的随意性强，变动频繁，更注重眼前收益，一般不愿做长期投资。该策略常为风险爱好型投资者所采用。

2. 证券投资组合的方法

有效的证券投资组合必须建立在对不同证券投资风险与收益的客观分析基础之上，从而达到以下目的：风险不变收益提高，或收益相同风险降低，或收益上升(下降)幅度大于(小于)风险上升(下降)幅度等。证券投资组合的方法主要有以下三种类型：

(1) 不同风险等级的证券投资组合。证券的风险等级有着不同的划分。从发行主体来看，政府证券与金融证券的安全性远大于企业证券；从证券的性质来看，各种债券的风险小于股票的风险等。投资者将资金分散于不同风险等级的证券之中，即把全部资金的 1/3 投资于风险大的证券，1/3 投资于风险中等的证券，1/3 投资于风险小的证券。一般而言，风险大的证券对经济形势的变化比较敏感，当经济繁荣时，这类证券可获得高额收益；但当将经济衰退时，这类证券却会遭受巨额损失。相反，风险小的证券对经济形势的变化则不甚敏感，一般都能获得稳定的收益，不至于遭受损失。因此，这种 1/3 的证券投资组合方法是一种“进可攻、退可守”的方法。

(2) 不同弹性的证券投资组合。证券的弹性是指投资者持有的证券得以清偿、转让或转换的可能性，是证券流动性大小的重要标志。所有的上市证券都具有可转让性质，但不同素质的证券的转让性也有较大差异。那些素质良好、具有较高投资价值的证券要比素质低下、投资价值较低的证券更容易转让。无论何种债券投资均规定有到期偿还日，即便交易转让受阻，到期也可以收回投资本息；而股票投资则不存在到期清偿的可能。在债券投资中，长期债券的随时清偿性不如短期债券。此外，可转换证券比不可转换证券具有更高的投资弹性。基于上述分析，投资者应在不同弹性的证券之间进行有机组合，这样既可以分散风险，也有利于稳定投资收益。

(3) 不同期限的证券投资组合。不同期限的投资方式，投资者所承受的风险是不尽相同的。以获取股息、红利、利息为基本目的的长期投资比以获取差价收入为主要目的的短期投资或中期投资的风险要小。将拥有的资金分散于长、中、短期的投资方式上面，并尽量做到长期余裕资金主要用于稳定增长的蓝筹股、成长股等绩优股，即进行长期投资；中期余裕资金主要用于市价及收益不明确的新上市股或收益周期性波动的股票，即进行中期投资；短期余裕资金主要用于市价波动较大的投机性股票，即进行短期投资。

总之，投资者在进行证券投资组合时，一定要有具体的证券投资组合目标和详细的证券投资组合计划，决不能随意投资。

（二）证券投资组合的期望收益率

当投资者同时进行若干种证券投资时，其投资组合的期望收益率就是各种证券期望收益率的加权平均值。其计算公式为：

$$\overline{K}_p = \sum_{i=1}^{n} \overline{K}_i W_i$$

式中，$\overline{K}_p$——证券投资组合的期望收益率；$\overline{K}_i$——第 i 种证券的期望收益率；W_i——第 i 种证券价值占证券投资组合总价值的比重；n——证券组合投资中的证券数量。

［业务实例 6－15］ 接业务实例 6－14 的资料，如果该企业各投资 50%于 A、B 证券。

要求：计算证券投资组合的期望收益率。

解：$\overline{K}_p = 25\% \times 0.5 + 20\% \times 0.5 = 22.5\%$

（三）证券投资组合的风险

证券投资组合风险的确定比单项证券投资风险的确定要复杂得多，并不直接等于组合中各个证券收益率标准差的加权平均数，它除了与单个证券的风险有关外，还决定于各个证券收益间的相关程度。

1. 两个证券收益间相关程度的衡量

不同证券之间的发展变化趋势不同，有些证券之间是正相关关系，有些证券之间是负相关关系。所谓正相关，是指证券之间具有相同的变化趋势。如生产经营普通照相机与生产经营感光材料的企业发行的证券即正相关证券，当数码相机的使用日益增多时，普通相机和感光材料企业的生产经营都会受到影响，其证券价格和收益率均可能下降。所谓负相关，是指证券之间具有相反的发展变化趋势。如生产经营汽车与生产经营摩托车的企业发行的证券往往为负相关关系，当人们对汽车的消费增加时，对摩托车的消费将会下降，其收益和证券价格变动的趋势一般是反方向的。

衡量两个证券之间相关程度的指标有两个，分别是协方差和相关系数。

(1) 协方差。反映两个证券 x 和 y 之间的协方差通常表示为 $\mathrm{cov}(x, y)$或 σ_{xy}。其计算公式为：

$$\sigma_{xy} = \sum_{i=1}^{n} P_i (x_i - \overline{x})(y_i - \overline{y})$$

式中，P_i——第 i 种状态的概率；x_i——第 i 种状态证券 x 的收益；y_i——第 i 种状态证券 y 的收益；$\overline{x}$——证券 x 的期望收益；$\overline{y}$——证券 y 的期望收益。

协方差的值可以取正值、负值或 0。当协方差为正值时，表示一个证券收益在大于其均值时，另一个证券收益也大于其均值，这两个证券正相关；当协方差为负值时，表示一个证券收益在大于其均值时，另一个证券收益却小于其均值，这两个证券负相关；当协方差为 0 时，表示两个证券之间没有什么固定的关系,这两个证券无关。

(2) 相关系数。表示两个证券之间相关程度的另一个指标是相关系数,通常表示为 cor(x,y)或 γ_{xy}。其计算公式为:

$$\mathrm{cor}(x,y)=\gamma_{xy}=\frac{\sigma_{xy}}{\sigma_x\sigma_y}$$

协方差对特定计量单位的敏感性很强,而相关系数则不然:协方差能取任何值,而相关系数只能在±1 和−1 之间取值。当 $r=+1$ 时,表示两个证券完全正相关,两者发生同向变动;当 $r=-1$ 时,表示两个证券完全负相关,两者发生反向变动;当 $r=0$ 时,表示两个证券不相关。

在大多数情况下,两个证券之间的相关系数介于+1 和−1 之间。一般证券之间的相关系数位于 0.5～0.7 之间。相关系数与协方差之间存在如下关系:

$$\sigma_{xy}=\gamma_{xy}\sigma_x\sigma_y$$

2. 证券投资组合风险的衡量

衡量证券投资组合风险的指标是证券投资组合收益率的标准差。

(1) 两种证券投资组合的风险。其计算公式为:

$$\sigma_p=\sqrt{\omega_1^2\sigma_1^2+\omega_2^2\sigma_2^2+2\omega_1\omega_2\sigma_{12}}=\sqrt{\omega_1^2\sigma_1^2+\omega_2^2\sigma_2^2+2\omega_1\omega_2\gamma_{12}\sigma_1\sigma_2}$$

式中,σ_p——投资组合的标准差;σ_1——证券 1 的标准差;σ_2——证券 2 的标准差;ω_1——证券 1 的投资比例;ω_2——证券 2 的投资比例;σ_{12}——两种证券之间的协方差;γ_{12}——两种证券之间的相关系数。

在财务管理实务中,绝大多数证券两两之间都具有不完全的相关关系,即相关系数介于+1 和−1 之间。因此,会有 $0<\sigma_p<(\omega_1\sigma_1+\omega_2\sigma_2)$,即证券组合的标准差小于组合中各证券标准差的加权平均,也即证券组合的风险小于组合中各证券风险的加权平均值。

(2) 三种及多种证券投资组合的风险。如果证券投资组合包括三种证券 1、2、3,则证券投资组合的标准差为:

$$\sigma_p=\sqrt{\omega_1^2\sigma_1^2+\omega_2^2\sigma_2^2+\omega_3^2\sigma_3^2+2\omega_1\omega_2\sigma_{12}+2\omega_1\omega_3\sigma_{13}+2\omega_2\omega_3\sigma_{23}}$$

推而广之,当证券投资组合包括 n 种证券时,则证券投资组合的标准差为:

$$\sigma_p=\sqrt{\omega_1^2\sigma_1^2+\omega_2^2\sigma_2^2+\cdots+\omega_{n-1}^2\sigma_{n-1}^2+\omega_n^2\sigma_n^2+2\omega_1\omega_2\sigma_{12}+\cdots+2\omega_{n-1}\omega_n\sigma_{(n-1)n}}$$

从上式可以看出,随着投资组合中证券数量的增加,单个证券的标准差对整个投资组合的标准差造成的影响越来越小,而各种证券之间的协方差造成的影响却越来越大。当投资组合中证券的数目趋向于无穷大时,单个证券的标准差对整个投资组合的标准差造成的影响程度趋向于 0。这就意味着通过多种证券的组合,可以使单个证券的风险得以分散,从而降低投资组合的风险。但由协方差表示的各证券收益率之间的相互作用所产生的风险并不能随着组合中证券数量的增大而消失,它是始终存在的。

[业务实例 6-16]　甲、乙两种股票投资组合,相应可能的收益率和发生的概率如表 6-3 所示。甲、乙两种股票的投资比重各为 50%。

表 6-3　甲、乙两种股票风险与收益率计算表

经济状况	概　率	甲股票收益率/%	乙股票收益率/%
衰　退	0.3	−10	3
适度增长	0.4	20	18
繁　荣	0.3	30	28
期望收益率	—	14	16.5
标准差	—	16.25	9.76

要求：计算该投资组合期望收益率、标准差、相关系数。

解：$\overline{R_{甲}}=-10\%\times0.3+20\%\times0.4+30\%\times0.3=14\%$

$\overline{R_{乙}}=3\%\times0.3+18\%\times0.4+28\%\times0.3=16.5\%$

$$\sigma_{甲}=\sqrt{(-10\%-14\%)^2\times0.3+(20\%-14\%)^2\times0.4+(30\%-14\%)^2\times0.3}=16.25\%$$

$$\sigma_{乙}=\sqrt{(3\%-16.5\%)^2\times0.3+(18\%-16.5\%)^2\times0.4+(28\%-16.5\%)^2\times0.3}=9.76\%$$

$$\sigma_{甲乙}=0.3\times(-10\%-14\%)\times(3\%-16.5\%)+0.4\times(20\%-14\%)\times(18\%-16.5\%)+0.3\times(30\%-14\%)\times(28\%-16.5\%)=0.0156$$

$$\gamma_{甲乙}=\frac{0.0156}{16.25\%\times9.76\%}=0.984$$

投资组合期望收益率 $\overline{R_p}=0.5\times14\%+0.5\times16.5\%=15.25\%$

投资组合标准差 $\sigma_p=\sqrt{0.5^2\times16.25\%^2+0.5^2\times9.76\%^2+2\times0.5\times0.5\times0.0156}=12.95\%$

按加权平均法计算投资组合标准差：$\overline{\sigma_P}=0.5\times16.25\%+0.5\times9.76\%=13.01\%$

从上例中可以看出，证券投资组合风险程度有所降低，低于按加权平均法计算的风险程度。

对于大多数证券一般表现为正相关，但又不是完全正相关，故投资组合能够在一定程度上降低投资风险，但不能完全消除投资风险。证券投资组合理论研究表明，理想的证券投资组合的风险一般要小于单个证券风险的加权平均值，且可以规避各证券本身的非系统性风险。

（四）系统性风险的衡量

前已述及，系统性风险是由于政治、经济及社会环境的变动影响整个市场上所有证券的风险，所有证券的价格和收益率都会受到影响，该种风险不可能通过选择或组合而分散掉。正因为如此，在证券投资组合中，重要的是系统性风险。但每一种证券受系统性风险的影响程度并不相同，有的证券受市场变化的影响较大，有些证券受市场变化的影响较小。

一般可以用 β 系数来测定一种证券受系统性风险的影响程度，它反映了一种证券收益相对于整个市场平均收益水平的波动性。其计算公式如下：

$$\beta=\frac{某种证券风险收益率变动率}{证券市场平均风险收益率变动率}$$

如果某种证券的β系数为1,说明这种证券系统性风险程度与整个证券市场的风险程度一致,即如果证券市场的平均风险收益率在诸多因素影响下上升1%,该证券的风险收益率也将上升1%;反之,如果证券市场的平均风险收益率在诸多因素影响下下降1%,该证券的风险收益率也将下降1%。如果某种证券的β系数大于1,说明该证券系统性风险程度大于整个证券市场的风险程度。如果某种证券的β系数小于1,说明该证券系统性风险程度小于整个证券市场的风险程度。β系数越大,说明证券的系统性风险越大;反之,则越小。

单一证券β系数通常会由一些投资服务机构定期计算并公布,证券投资组合β系数则可由证券投资组合中各组成证券β系数加权计算得到。其计算公式为:

$$\beta_p = \sum_{i=1}^{n} W_i \beta_i$$

式中,β_p——证券投资组合的β系数;n——证券投资组合中证券的数量;β_i——第i种证券的β系数;W_i——证券投资组合中第i种证券所占的比重。

[业务实例6-17]　宏达公司持有共100万元的三种股票。该组合中A股票20万元,B股票40万元,β系数均为1.5;C股票40万元,β系数为0.8。

要求:确定该证券投资组合的β系数。

解:$\beta_p=20\%\times1.5+40\%\times1.5+40\%\times0.8=1.22$

(五)证券投资组合的风险与收益

1. 证券投资组合的风险收益

投资者在承担证券投资组合风险的同时也要求获得投资回报。证券投资组合的风险越大,投资者要求的收益就越高。由于非系统性风险可以通过证券投资组合来抵消,投资者要求补偿的风险只是系统性风险。因此,证券投资组合的风险收益是指投资者因承担系统性风险而要求的、超过资金时间价值的那部分额外收益。其计算公式为:

$$R_p=\beta_p\times(K_m-R_f)$$

式中,R_p——证券投资组合的风险收益率;β_p——证券投资组合的β系数;K_m——证券市场上所有证券的平均收益率;R_f——无风险收益率。

由上述公式可知,在其他因素不变的情况下,风险收益取决于证券投资组合的β系数:β系数越大,风险收益越大;β系数越小,风险收益越小。

[业务实例6-18]　接业务实例6-17的资料,股票市场收益率为10%,无风险收益率为6%。

要求:

(1) 确定该证券投资组合的风险收益率;

(2) 如果宏达公司调整投资组合,将A、B、C三种股票的投资额调整为40万元、40万元和20万元,确定调整后的证券投资组合的风险收益率。

解:(1) $R_p=1.22\times(10\%-6\%)=4.88\%$

(2) 调整后证券投资组合的$\beta_p=40\%\times1.5+40\%\times1.5+20\%\times0.8=1.36$

调整后证券投资组合的风险收益率$R_p=1.36\times(10\%-6\%)=5.44\%$

从上例中可以看出,调整证券投资组合可以改变风险程度和收益水平。

2. 证券投资的必要收益率

描述证券投资风险与收益关系的一个重要模型是资本资产定价模型(CAPM)。其核心思想是，在市场均衡时，一种证券（组合）能提供与系统性风险相称的必要收益；证券（组合）的系统性风险越大，投资者期望从该证券（组合）获得的收益也越高。其表达形式为：

$$K_i = R_f + \beta_i \times (K_m - R_f)$$

式中，K_i——第 i 种证券（组合）必要收益率；β_i——第 i 种证券（组合）β 系数；K_m——证券市场上所有证券的平均收益率；R_f——无风险收益率。

从上述公式可知，证券投资的必要收益率等于无风险收益率加上风险收益率，并且风险系数越大，必要收益率越高；风险系数越小，必要收益率越小。

[业务实例 6-19] 华为公司股票的 β 系数为 1.5，无风险利率为 4%，市场平均收益率为 8%。

要求：计算该股票的预计收益率为多少时，投资者才会购买。

解：$K_i = R_f + \beta_i \times (K_m - R_f) = 4\% + 1.5 \times (8\% - 4\%) = 10\%$

以上计算结果表明，华为公司股票的预计收益率达到或超过 10%时，投资者才会购买。

[业务实例 6-20] 华丰公司持有甲、乙和丙三种股票，其 β 系数分别为 2.5、1.2 和 0.7，投资比重分别为 30%、30%和 40%，市场平均收益率为 14%，无风险收益率为 6%。

要求：

(1) 确定该证券投资组合的必要收益率；

(2) 如果甲、乙和丙三种股票的预计收益率分别为 25%、16%和 12%，则可做何种调整？调整后的必要收益率和预计收益率分别为多少？是否可以进行投资？

解：

(1) 该证券投资组合 $\beta_p = 2.5 \times 30\% + 1.2 \times 30\% + 0.7 \times 40\% = 1.39$

该证券投资组合 $K_p = 6\% + 1.39 \times (14\% - 6\%) = 17.12\%$

(2) 各证券的必要收益率计算如下：

$K_{甲} = 6\% + 2.5 \times (14\% - 6\%) = 26\%$

$K_{乙} = 6\% + 1.2 \times (14\% - 6\%) = 15.6\%$

$K_{丙} = 6\% + 0.7 \times (14\% - 6\%) = 11.6\%$

由于甲股票的预计收益率 25%低于其必要收益率 26%，不宜进行投资；乙股票的预计收益率 16%高于其必要收益率 15.6%，可以进行投资；丙股票的预计收益率 12%高于其必要收益率 11.6%，可以进行投资；

可以按乙、丙股票各占 50%的比例进行调整。

调整后预计收益率 $= 16\% \times 50\% + 12\% \times 50\% = 14\%$

调整后该组合 $\beta_p = 1.2 \times 50\% + 0.7 \times 50\% = 0.95$

调整后该组合 $K_p = 6\% + 0.95 \times (14\% - 6\%) = 13.6\%$

新组合的预计收益率大于必要收益率，可以进行投资。

实务训练

将班级学生分成若干小组（5～8 人为一组），每个小组在证券市场上选择投资对象，形成投资组合。收集相关资料，组织讨论并分析该投资组合的风险情况，说明应采用什么策略与方法进行组合。

能力拓展训练

一、单项选择题

1. 长期债券投资的目的是（　　）。
   A. 合理利用暂时闲置的货币资金　　B. 调节现金余额
   C. 获得稳定收益　　D. 获得企业的控制权
2. 下列各项证券中，一般情况下属于变动收益证券的是（　　）。
   A. 国库券　　B. 公司债券　　C. 普通股　　D. 优先股
3. 华威公司每年分配股利 1.2 元，最低收益率为 15%，则该股票内在价值为（　　）。
   A. 15 元　　B. 10 元　　C. 8 元　　D. 7 元
4. 下列因素引起的风险中，投资者可以通过证券投资组合予以分散的是（　　）。
   A. 宏观经济状况变化　　B. 世界能源状况变化
   C. 发生经济危机　　D. 被投资企业出现经营失误
5. 非系统性风险（　　）。
   A. 归因于一般的价格趋势和事件　　B. 不能通过投资组合加以分散
   C. 通常以 β 系数进行衡量　　D. 归因于被投资企业特有的因素和事件
6. 一般而言，下列证券中，流动性风险相对最小的是（　　）。
   A. 国库券　　B. 公司债券　　C. 普通股　　D. 优先股
7. 下列证券中，能够更好地避免证券投资购买力风险的是（　　）。
   A. 国库券　　B. 公司债券　　C. 普通股　　D. 优先股
8. 某公司股票的 β 系数等于 1 时，下列表述正确的是（　　）。
   A. 该股票的系统性风险大于整个股票市场的风险
   B. 该股票的系统性风险小于整个股票市场的风险
   C. 该股票的系统性风险等于整个股票市场的风险
   D. 该股票的系统性风险与整个股票市场的风险无关
9. 某公司股票的 β 系数为 1.5，无风险利率为 4%，市场上所有股票的平均收益率为 8%，则该公司股票的必要收益率为（　　）。
   A. 4%　　B. 12%　　C. 8%　　D. 10%
10. 证券组合投资的主要目的是（　　）。
   A. 获取高额回报　　B. 分散投资风险
   C. 达到规模经济目的　　D. 节约交易成本

二、多项选择题

1. 下列关于基金投资的说法中，正确的有（　　）。
   A. 具有资金规模优势和专家理财优势
   B. 是一种利益共享、风险共担的集合投资方式
   C. 能够在不承担太大风险的情况下获得较高收益
   D. 能够获得很高的投资收益
2. 证券投资的基本程序包括（　　）。

A. 选择投资对象　　B. 委托买卖与成交
C. 清算与交割　　D. 办理证券过户手续

3. 与股票投资相比，债券投资的主要缺点有(　　)。
A. 购买力风险大　　B. 流动性风险大
C. 没有经营管理权　　D. 投资收益不稳定

4. 股票投资的缺点有(　　)。
A. 购买力风险高　B. 求偿权居后　C. 价格不稳定　D. 收入稳定性强

5. 短期证券投资的收益包括(　　)。
A. 买卖价差　B. 股利收益　C. 利息收益　D. 出售收入

6. 证券投资的风险主要有(　　)。
A. 违约风险　B. 利率风险　C. 购买力风险　D. 流动性风险

7. 影响证券投资组合风险大小的因素包括(　　)。
A. 投资总额　　B. 单个证券收益率的标准差
C. 投资比例　　D. 两个证券收益率的协方差

8. 证券投资组合的系统性风险产生的原因主要有(　　)。
A. 国家税法的变化　　B. 国家财政货币政策的变化
C. 投资失误　　D. 世界能源状况的变化

9. 证券投资组合的策略主要有(　　)。
A. 保守型策略　B. 冒险型策略　C. 适中型策略　D. 稳健型策略

10. 按照资本资产定价模型，确定特定股票必要收益率所考虑的因素有(　　)。
A. 无风险收益率　　B. 公司股票的特有风险
C. 特定股票β系数　　D. 股票市场平均收益率

三、判断题

1. 证券投资可以随时出售转变为现金，用于偿还债务，既保持了资产的流动性，又增加了企业的收益。(　　)

2. 所有权证券比债权证券的投资风险低，其要求的投资收益也低。(　　)

3. 一般而言，随着通货膨胀的发生，固定收益证券要比变动收益证券能更好地避免购买力风险。(　　)

4. 清算与交割是证券投资最关键的一步。(　　)

5. 证券投资时机判断的方法主要有因素分析法、指标分析法及图示分析法等。(　　)

6. 在计算长期证券投资收益率时，应该考虑资金时间价值因素。(　　)

7. 一般情况下，股票市场价格会随着市场利率的上升而下降，随着市场利率的下降而上升。(　　)

8. 把投资收益呈完全正相关的证券放在一起进行组合，可以降低风险。(　　)

9. 调整各种证券在证券投资组合中所占的比重，可以改变证券投资组合的β系数，从而改变证券投资组合的风险和风险收益率。(　　)

10. 当股票种类足够多时，几乎可以把所有的系统风险分散掉。(　　)

四、分析计算题

1. 宏达公司拟购买公司债券作为长期投资(打算持有至到期日)，要求的必要报酬率为

6%。现有三家公司同时发行5年期,面值均为1 000元的债券。其中,甲公司债券的票面利率为8%,每年付息一次到期还本,债券发行价格为1 041元;乙公司债券的票面利率为8%,单利计息,到期一次还本付息,债券发行价格为1 010元;丙公司债券的票面利率为0,债券发行价格为750元,到期按面值还本。

要求:

(1) 计算甲公司债券的内在价值和收益率。

(2) 计算乙公司债券的内在价值和收益率。

(3) 计算丙公司债券的内在价值和收益率。

(4) 根据上述结果,评价甲、乙、丙三种公司债券是否具有投资价值,并为宏达公司做出购买何种债券的决策。

(5) 若宏达公司购买甲公司债券,1年后将其以1 050元的价格出售,计算该项投资的收益率。

2. 宏盛公司目前普通股的股利是1.6元。公司预期前4年股利以20%的增长率增长,后4年以15%的增长率增长,再往后则以7%的增长率增长,投资者要求的收益率是16%。

要求:计算该股票的内在价值。

3. 甲投资者拟投资购买华欣公司的股票。华欣公司去年支付的股利是每股1元,根据有关信息,估计华欣公司年股利增长率可达10%。华欣公司股票的β系数为2,证券市场所有股票的平均收益率是15%,现行国库券利率为10%。

要求:

(1) 计算该股票的必要收益率。

(2) 计算该股票的内在价值。

4. 华丰公司持有A、B、C三种股票,在由上述股票组成的证券投资组合中,各股票所占的比重分别为50%、30%和20%,其β系数分别为2.0、1.0和0.5,证券市场所有股票的平均收益率是15%,现行国库券利率为10%。A股票当前每股市价为12元,刚收到上一年度派发的每股1.2元的现金股利,预计股利以后每年增长8%。

要求:

(1) 计算下列指标:① 华丰公司证券组合的β系数;② 华丰公司证券组合的风险收益率;③ 华丰公司证券组合的必要收益率;④ 投资A股票的必要收益率。

(2) 利用股票估价模型分析当前出售A股票是否对华丰公司有利。

项目七　营运资金管理

【知识目标】

- 了解营运资金的概念、特点及营运资金管理的基本要求和流动资产的分类；
- 理解企业置存货币资金的动机与成本，掌握最佳货币资金持有量的确定方法，了解货币资金的日常管理；
- 理解信用政策的含义、内容，熟练掌握信用标准、信用条件和收账政策与应收账款水平的关系，了解应收账款的作用及日常管理；
- 掌握应收账款的机会成本、坏账损失、收账费用的确定，并与相应信用政策下的收益进行比较，确定最有利于企业的信用政策；
- 了解存货功能与存货成本的内容，掌握存货的取得成本和储存成本的确定；
- 掌握存货资金定额测算的定额日数法，理解存货资金定额测算的因素分析法、比例分析法；
- 掌握存货经济采购批量控制和存货储存期控制，理解存货 ABC 分类管理及适时性管理。

【能力目标】

- 提高对营运资金管理重要性的认识能力；
- 通过各种流动资产管理方法的学习，培养并提高分析研究事物之间的联系性、复杂性，以及迅速抉择最优方案的综合能力；
- 能系统清晰又重点突出地撰写营运资金管理分析报告。

【引　言】　出门口袋里习惯带多少钱？带多了不安全还损失存在银行的利息收入，带少了可能耽误事情。带多少最合适呢？您一定权衡过。企业也一样，企业的流动资产尤其是货币资金、存货需要通过权衡利弊后确定一个最佳数量。现在的市场竞争日益激烈，很多企业为了吸引客户往往倾向于采用赊销方式，还提供现金折扣。您知道赊销的利弊如何权衡？打折扣对企业是否有利？只有经过分析计算，我们才能做到心中有数。

任务一 了解营运资金管理的内容

任务要求

营运资金管理是财务管理的日常基础工作，是保证企业生产经营连续进行的关键。所以，应了解营运资金的概念和特点，了解营运资金管理的基本要求，了解流动资产的分类。

一、营运资金的概念

营运资金是指流动资产减去流动负债后的余额，是企业用以维持正常经营所需的资金，即企业在生产经营中可用流动资产的净额。流动资产是指可以在1年或超过1年的一个营业周期内变现或者耗用的资产，包括货币资金、交易性金融资产、应收款项和存货等。流动负债是指必须在1年或超过1年的一个营业周期内偿还的债务，包括短期借款、应付款项、应交税费等。营运资金的存在表明企业流动资产占用的资金除了通过流动负债筹集外，还通过长期负债或所有者权益筹集。

营运资金因其较强的流动性而成为企业日常生产经营活动的润滑剂和基础，是判断和分析企业流动资金运作状况和财务风险程度的重要依据。企业应控制营运资金的持有数量，既要防止营运资金不足，也要避免营运资金过多。这是因为企业营运资金越多，风险越小，但收益也越低；相反，营运资金越少，风险越大。因此，企业需要在风险和收益之间进行权衡，将营运资金的数量控制在一定范围之内。

二、营运资金的特点

营运资金的特点体现在流动资产和流动负债两个方面。流动负债的特点在筹资管理中已经介绍过，这里阐述流动资产的特点。与非流动资产投资相比，流动资产投资具有如下特点：

1. 投资回收期短、变现能力强

投资于流动资产的资金一般在1年或一个营业周期内收回。流动资产中的货币资金本身就是随时可支用的财务资源，具有百分之百的变现能力；其他流动资产，如交易性金融资产、应收票据、应收账款和存货等的变现能力也较强。一旦企业出现资金周转不灵、现金短缺的情形，企业可以迅速地变卖这些资产，以获取现金。

2. 继起性和并存性

流动资产的价值表现就是流动资金。流动资金的占用形态在时间上表现为依次继起，相继转化。流动资金从货币资金开始依次转化为储备资金、生产资金、产成品资金、结算资金，最后又回到货币资金。它的每一次转化都是一种形态的结束和另一种形态的开始。流动资金的占用形态从空间上来看是并存的，各种占用形态同时分布在供、产、销各个环节中。

3. 获利能力相对较弱、投资风险相对较小

流动资产一般被认为是企业生产经营过程中的垫支性资产，如货币资金转化为存货、存货转化为应收账款等，都是资金周转中的不同价值形态的转化。这些垫支性资产并不直接创造

价值,但又是价值创造过程中不可或缺的要素。垫支性在某种程度上即意味着通用性(与固定资产专用性相比),即这些资产的专用性很低、通用性很强。如货币资金可被用于任何一种场合而价值不受损,应收账款变现也是如此。因此,流动资产变现风险小,投资风险低。

三、营运资金管理的基本要求

营运资金管理就是对企业流动资产和流动负债的管理。这里论述流动资产的管理。流动资产管理的基本目标是既要保证企业有足够的流动资金以满足生产经营的需要,又要努力提高企业的获利能力。为达此基本目标,企业流动资产管理应遵循以下基本要求:

1. 合理确定并控制流动资金的需要量

企业流动资金的需要量取决于生产经营规模和流动资金的周转速度,同时也受市场及供产销情况的影响。企业应综合考虑各种因素,合理确定流动资金的需要量,既要保证企业生产经营的需要,又不能因安排过量而浪费。平时也应控制流动资金的占用,使其纳入计划预算的良性范围内。

2. 合理确定流动资金的来源构成

企业应选择合适的筹资渠道及方式来满足流动资金的需要,力求以最小的代价谋取最大的经济利益,并使筹资与日后的偿债能力合理配合。

3. 加快流动资金周转,提高资金效益

当企业经营规模一定时,流动资产周转速度与流动资金需要量成反向变化。企业应加强内部责任管理,适度加快存货周转、缩短应收账款的收款周期、延长应付账款的付款周期,以提高资金的利用效果。

四、流动资产的分类

流动资产具有较强的变现能力,这是就总体意义而言的。具体来看,不同构成项目的变现能力以及其对整个流动资产变现速度的影响不尽相同。

流动资产按其流动性强弱,分为速动资产和非速动资产。在整个流动资产中,变现能力最强的是货币资金,因为货币资金本身就是随时可支用的财务资源,具有百分之百的变现能力。其次是交易性金融资产,由于交易性金融资产不受具体使用价值(即实物形态)的限制,金融市场的灵活转让,决定了交易性金融资产相对于其他实物形态资产较为容易地实现向货币资金转化。各种结算资产已经完成销售,进入款项待收阶段,其变现能力大于尚未进入销售过程的存货资产。

可见,速动资产一般包括货币资金、交易性金融资产、应收票据和应收账款等,非速动资产主要包括存货等。

实务训练

将班级学生分成若干小组(5~8人为一组),每个小组组织讨论,并分析以下问题:

(1) 企业营运资金与哪些会计科目相关?

(2) 这些科目是如何在各生产环节进行转换的?

(3) 这些会计科目数据的变化反映了企业营运资金什么状况?

任务二　货币资金管理

任务要求

货币资金作为企业生产经营活动赖以进行的最重要的流动资产，可以用来满足生产经营开支的各种需要，或者用来还本付息和履行纳税义务。所以，应理解企业置存货币资金的动机和成本，掌握确定最佳货币资金持有量的方法，了解货币资金的日常管理。

一、货币资金管理的目标

货币资金是指企业在生产经营过程中暂时停留在货币形态的资金，包括库存现金、银行存款和其他货币资金。在企业生产经营过程中，货币资金既是营运资金的起始形态，又是营运资金的终结形态，是企业持续经营的前提。企业的货币资金拥有量是企业支付能力大小的标志，也是投资者分析企业财务状况好坏的重要标志。拥有足够的货币资金对于降低企业风险，增强企业资产流动性和债务的可清偿性有着重要意义。但是，货币资金盈利性最弱，库存现金是非盈利性资产，银行存款虽有利息生成但利率非常低。货币资金持有量过多，其所提供的流动性边际效益便会随之下降，进而导致企业收益水平下降。因此，如何在货币资金流动性与收益性之间做出合理选择，即在保证企业经营活动所需货币资金的同时，尽量减少货币资金的闲置，提高货币资金的使用效果是货币资金管理的目标。

二、置存货币资金的动机与成本

（一）置存货币资金的动机

一般来说，企业置存一定数量的货币资金主要基于以下三个方面的动机：

1. 交易动机

交易动机是指企业为满足正常生产经营需要而置存货币资金。企业货币资金收支在时间与数额上存在一定程度的差异，因此企业为了组织日常生产经营活动，必须保持一定数额的货币资金，用于购买原材料、支付人工薪酬、偿还债务、缴纳税款等。这种需要发生频繁、金额较大，是企业置存货币资金的主要原因。一般来说，企业为满足交易动机所持有的货币资金主要取决于企业销售水平。企业销售规模扩大，销售额增加，所需货币资金也随之增加。

2. 预防动机

预防动机是指企业为应付意外、紧急的情况而需要置存货币资金。由于市场行情瞬息万变和其他各种不测因素（如生产事故、自然灾害、客户违约等）的存在，企业通常难以对未来货币资金收支做出准确的估计。一旦企业对未来货币资金收支的预期与实际情况发生偏离，必然对企业的正常经营秩序产生极为不利的影响。因此，在正常业务活动货币资金需要量的基础上，企业需追加一定量的货币资金以应付未来货币资金收支的随机波动。企业为满足预防动机而置存的货币资金量取决于：一是企业临时举债的能力；二是企业其他流动资产的变现能力；三是企业对货币资金收支预测的可靠程度；四是企业愿意承担风险的态度。

3. 投机动机

投机动机是指企业为了抓住各种瞬息即逝的市场机会，获取较大的利益而置存货币资金，如在证券市价大幅下跌时低价购入有价证券，以期在价格反弹时卖出证券来获取高额资本利得等。因此，企业必须额外置存一定的货币资金，才有可能抓住这些稍纵即逝的机会，获取超常的利益。企业为满足投机动机而置存的货币资金量往往与企业在市场上的投资机会及企业对待风险的态度有关。

总之，企业在确定货币资金置存金额时，一般应综合考虑各方面的持有动机。但要注意的是，由于各种动机所需的货币资金可以相互调剂使用，企业持有的货币资金总额并不等于各种动机所需货币资金数量的简单相加，前者通常小于后者。

（二）置存货币资金的成本

明确与货币资金有关的成本及其各自特性，有助于从成本最低的角度确定货币资金最佳持有量。置存货币资金通常会发生四种成本，即机会成本、转换成本、短缺成本和管理成本。

1. 机会成本

机会成本是指企业因置存一定数量的货币资金而丧失的将这些资金进行其他投资可得到的投资收益。它与置存货币资金的数量有关。货币资金置存越多，机会成本越大；反之就越小。机会成本一般可按年平均货币资金持有量的某一百分比计算。这个百分比是该企业机会性投资的收益率，一般可用有价证券利息率代替。其计算公式为：

机会成本＝货币资金平均持有量×有价证券利息率

2. 转换成本

转换成本是指企业用货币资金购买有价证券以及转让有价证券换取货币资金时付出的交易费用。有的转换成本具有变动成本的性质，如委托买卖佣金或手续费，这些费用通常是按照委托成交金额的一定百分比计算的。在证券总额既定的条件下，无论变现次数怎样变动，所需支付的佣金、手续费金额是相同的。因此，这些转换成本与证券变现次数关系不大，属于决策无关成本。而与证券变现次数密切相关的转换成本只是其中的固定性交易费用（如证券过户费等），这才是决策相关成本。固定性转换成本与货币资金持有量成反比例关系：在货币资金需求总量既定的前提下，货币资金持有量越少，进行证券变现的次数越多，相应的转换成本就越大。其计算公式为：

转换成本＝交易次数×有价证券每次交易的固定成本

3. 短缺成本

短缺成本是指因置存货币资金太少又无法及时加以补充而给企业造成的损失，如因无钱购买原材料造成停工损失、失去现金折扣以及不能及时支付而造成的信誉损失等。短缺成本也与置存货币资金数量成反向变动关系：货币资金持有量越多，短缺成本越小。

4. 管理成本

管理成本是指企业因置存货币资金而发生的管理费用，如管理人员薪酬支出、安全设施建造费用等。这部分费用具有固定成本性质，在一定范围内与货币资金置存数量关系不大。

三、最佳货币资金持有量的确定

如上所述，企业在生产经营过程中为了满足交易、预防和投机等动机的需要，必须置存一定数量的货币资金。然而，货币资金作为一种非收益性资产，持有量过多尽管可以降低财务风险,但影响企业资金使用效益的提高。因此,从货币资金管理的目标出发,确定最佳货币资金持有量便成为货币资金管理的基本任务。最佳货币资金持有量就是指使相关成本之和最小的货币资金持有数额。确定最佳货币资金持有量的方法较多,本任务只介绍应用较广泛的成本分析模式和存货分析模式两种方法。

1. 成本分析模式

成本分析模式是通过分析测算企业置存货币资金的各相关成本,确定各相关成本之和最小时的货币资金持有量的一种方法。在成本分析模式下,应分析机会成本、管理成本和短缺成本,而不考虑转换成本。机会成本随着货币资金持有量的增大而增大;管理成本是固定成本,按理说在决策中不应予以考虑,但为匡算总成本的大小,仍把它考虑在内;短缺成本随着货币资金持有量的增大而减少,当货币资金持有量增大到一定量时,短缺成本将不存在。

成本分析模式下的最佳货币资金持有量可用图解法确定。在直角坐标平面内,以横轴表示货币资金持有量,以纵轴表示成本,画出各项成本的曲线。一般来说,机会成本是一条由原点出发向右上方的射线,管理成本是一条水平线,短缺成本是一条由左上方向右下方的直线或上凹的曲线,它与横轴相交,表示货币资金持有量相当大时不再存在短缺成本。总成本线由各成本线叠加后得到,是一条上凹的曲线。总成本线最低点处对应的横坐标即最佳货币资金持有量,如图 7-1 所示。

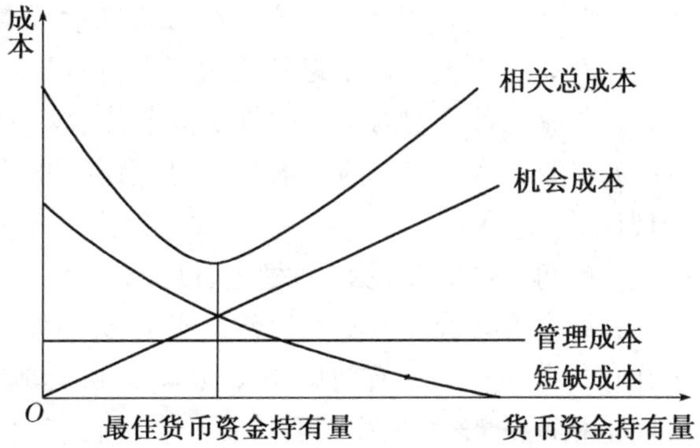

图 7-1　成本分析模式

实际工作中,运用成本分析模式确定最佳货币资金持有量的具体步骤如下:

(1) 根据不同货币资金持有量测算有关成本数值;

(2) 按照不同货币资金持有量及其有关成本资料编制测算表;

(3) 在测算表中找出相关总成本最低时的货币资金持有量,即最佳货币资金持有量。

[业务实例 7-1] 峰华公司现有甲、乙、丙和丁四种货币资金持有方案,有关资料如表 7-1 所示。

表 7-1　峰华公司货币资金持有量的备选方案　　金额单位:万元

项　目	甲	乙	丙	丁
货币资金持有量	50	60	70.0	80
机会成本率/%	10	10	10	10
管理成本	1	1	1.0	1
短缺成本	3	1	0.5	0

要求:确定该公司最佳货币资金持有量。

解:根据表 7-1 中的资料,编制该公司最佳货币资金持有量测算表,如表 7-2 所示。

表 7－2　峰华公司货币资金持有量测算表　　金额单位:万元

项　目	甲	乙	丙	丁
货币资金持有量	50	60	70.0	80
机会成本	5	6	7.0	8
管理成本	1	1	1.0	1
短缺成本	3	1	0.5	0
持有总成本	9	8	8.5	9

通过分析比较表 7－2 中各方案的持有总成本可知，乙方案的相关总成本最低。因此，企业最佳货币资金持有量为 60 万元，最小持有总成本为 8 万元。

2. 存货分析模式

存货分析模式是指借用存货经济订货批量基本模型来确定最佳货币资金持有量的一种方法。运用存货分析模式确定最佳货币资金持有量时，是以下列假设为前提的：

(1) 企业在预算期内需用的货币资金总量(T)已事先筹措到，并以证券的形式存在；

(2) 企业对货币资金的需求是均匀、稳定、可知的，而且每当货币资金余额降至 0 时，可通过变现证券(Q)取得；

(3) 短期有价证券利率(i)稳定、可知；

(4) 每次将有价证券变现的转换成本(b)可知。

在存货分析模式下有两项相关成本，即机会成本和转换成本。机会成本和转换成本的变化方向是相反的：若每次变现有价证券金额较多，会使货币资金平均持有量增大而增加机会成本，但会使变现次数减少而降低转换成本；反之，若每次变现有价证券金额较少，会减少机会成本和增加转换成本。存货分析模式旨在使相关总成本，即机会成本和转换成本之和最小化。相关总成本的计算公式如下：

相关总成本＝机会成本＋转换成本

＝货币资金平均余额×有价证券收益率＋交易次数×有价证券每次交易固定成本

$$=\frac{Q}{2}\times i+\frac{T}{Q}\times b$$

经过对上述公式进行数学推导，可得到以下结果：

$$\text{最佳货币资金持有量 } Q^{*}=\sqrt{\frac{2bT}{i}}$$

$$\text{最小相关总成本 } TC^{*}=\sqrt{2bTi}$$

$$\text{证券变现次数 } n=\frac{T}{Q^{*}}$$

[业务实例 7－2]　峰华公司预计 2017 年全年经营所需货币资金约为 800 万元，准备用短期有价证券变现取得，证券每次转换的固定成本为 1 000 元，证券市场年利率为 10%。

要求：计算最佳货币资金持有量、最小相关总成本、变现次数及变现间隔期。

解：最佳货币资金持有量 $Q^{*}=\sqrt{\frac{2\times 1\,000\times 8\,000\,000}{10\%}}=400\,000$(元)

最小相关总成本 $TC^{*}=\sqrt{2\times1\,000\times8\,000\,000\times10\%}=40\,000$(元)

证券变现次数 $=\dfrac{8\,000\,000}{400\,000}=20$(次)

证券变现时间间隔 $=\dfrac{360}{20}=18$(天)

四、货币资金的日常管理

企业在确定了最佳货币资金持有量后,还应加强货币资金的日常管理,以保证货币资金的安全完整,使货币资金得到最有效的使用。货币资金的日常管理主要包括以下三个方面:

(一) 货币资金收入的管理

货币资金收入的管理重在缩短收款时间,以加速货币资金周转,提高货币资金的使用效率。企业销售款项的收取一般要经历如下过程:由客户开出付款票据、企业收到票据、票据交付给银行和企业收到货币资金。因此,企业账款收回的时间包括票据邮寄时间、票据在企业停留时间以及票据结算时间。前两个阶段所需时间的长短不但与客户、企业和银行之间的距离有关,而且与收款效率有关。在实际工作中,缩短这两个阶段时间不仅可以采用邮政信箱法、银行业务集中法,还可以采取电汇、大额款项专人处理、企业内部往来多边结算、集中轧抵以及减少不必要的银行账户等方法加快货币资金回收。

(二) 货币资金支出的管理

与货币资金收入的管理相反,货币资金支出的管理重在尽可能延缓货币资金的支出时间。当然这种延缓必须是合理合法的,否则企业延期支付账款所得到的收益将远低于由此而遭受的损失。延期支付账款的方法一般有以下几种:

1. 合理利用货币资金"浮游量"

所谓货币资金浮游量,是指企业银行存款日记账余额与银行账户上的存款余额的差额。有时,企业银行存款日记账余额已为0,而该企业在银行账户上的存款余额还有很多,这是因为企业开出的付款票据尚处在传递过程中,开户银行尚未将这笔款项划出。只要能正确预测浮游量并加以利用,可节约大量货币资金;但一定要控制好使用时间,否则会发生银行存款透支。

2. 推迟支付应付款项

当企业购买原材料等发生应付款项时,可在不影响信誉的情况下,尽可能地推迟应付款项的支付日期,如在信用期限或现金折扣期的最后一天付款。因为该付的钱推迟支付相当于在推迟期间筹措到一笔免费的可用资金。

3. 采用汇票付款

在诸多结算付款方式中如有可能应优先考虑使用汇票结算。这是因为在使用支票付款时,只要持票人将支票交付给银行,银行就应无条件地付款;而汇票不是"见票即付"的付款方式,在汇票即将到付款期时,由企业将一笔相当于汇票金额的资金存入银行,银行才会付款给持票人。这样,企业就能合法地延期付款。

(三) 闲置货币资金的利用

企业在筹资和经营时会取得大量货币资金。这些资金在用于资本投资或经营支出之前,通常会闲置一段时间。这些闲置的货币资金可以进行短期证券投资以获取利息收入或资本利得。需注意的是，企业货币资金管理的目的首先是保证日常生产经营业务的货币资金需求，其次才是使这些货币资金获得最大收益。因此，企业应把闲置货币资金投向流动性高、风险低、交易期限短的金融工具（如国库券、短期融资券及可转让存单等），以获得一定收益。

实务训练

将班级学生分成若干小组（5～8 人为一组），每个小组深入调查当地一家企业货币资金管理情况，组织讨论并分析该企业的货币资金管理制度和方式，说明其优点和缺陷，并为该企业设计一套合理的货币资金管理方案。

任务三　应收账款管理

任务要求

在市场经济条件下，商业信用的使用日趋增多，应收账款的数额也日趋增大，成为流动资产中的重要项目。所以，应理解应收账款的功能与成本，掌握信用政策的制定和选择方法，并了解应收账款的日常管理。

一、应收账款的功能与成本

（一）应收账款的功能

应收账款是企业对外赊销商品、材料以及赊供劳务，应向购货或接受劳务的单位收取的款项。这里所说的应收账款是一个广义的概念，包括记账形式的“应收账款”及票据形式的“应收票据”等。应收账款的功能是指应收账款在企业生产经营中所具有的作用。其主要功能如下：

1. 增加销售

企业销售产品有赊销和现销两种方式。在销售顺畅无阻的情况下，任何企业都喜欢采用现销的方式，这样既能及时收到款项，又能避免坏账损失，因而是企业最期望的一种销售方式。然而在竞争激烈的市场经济条件下，企业之间除了产品质量、价格、售后服务等竞争外，势必也有销售方式的竞争。赊销除了向客户提供产品外，同时提供了商业信用，即向客户提供一笔在一定期限内无偿使用的资金，这对于客户具有极大的吸引力。因此，赊销作为一种重要的促销手段，在产品销售不畅、市场萎缩、竞争不力的情况下，或者在销售新产品、开拓新市场时，企业适时地采取各种有效的赊销方式就显得尤为必要。这样，企业因赊销而增加的应收账款可以扩大企业的销售量，使企业从销售收入的增长中获得更大的收益。

2. 减少存货

赊销可以加速产品销售的实现，加快产成品向销售收入的转化速度，从而对降低存货中的产成品有着积极的影响。这有利于缩短产成品的库存时间，减少产成品存货的仓储、保险等管理费用支出，减少存货变质等损失。因此，当产成品存货较多时，企业可以采用较为优惠的信用条件进行赊销，尽快地实现产成品向销售收入的转化，变持有产成品存货为持有应收账款，以节约各项存货支出。

(二) 应收账款的成本

企业在采取赊销方式促进销售的同时，会因持有应收账款而付出一定的代价，即应收账款的成本，也称为信用成本。其内容包括：

1. 机会成本

机会成本是指企业因资金投放在应收账款上所丧失的其他收益，如投资于有价证券便会有利息等收益。这一成本的大小通常与企业维持赊销业务所需的资金数量(即应收账款投资额)有关，也与资金成本率有关。其计算公式为：

$$应收账款机会成本=维持赊销业务所需资金\times资金成本率$$

其中：维持赊销业务所需资金=应收账款平均余额×变动成本率

在上式分析中，假设企业的产品成本水平保持不变，即单位变动成本和固定成本总额不变，则随着赊销业务的扩大，只有变动成本所占用的资金随之上升。

$$应收账款平均余额=\frac{赊销收入净额}{应收账款周转率}=赊销收入净额\times\frac{应收账款周转天数}{360}$$

上式中，应收账款周转天数相当于应收账款平均收账期；在平均收账期不清楚的情况下，可以使用信用期限近似替代。若存在现金折扣，可用下列公式计算：

$$应收账款周转天数=\sum 各现金折扣期或信用期限\times客户享受现金折扣的赊销收入或不享受现金折扣的赊销收入的估计平均比重$$

2. 管理成本

管理成本是指企业对应收账款进行管理而发生的开支。管理成本包括客户信用调查费用、应收账款记录分析费用、催收账款费用等。

3. 坏账损失

坏账损失是指企业不能收回应收账款而发生的损失。只要企业持有应收账款就难以避免坏账的发生。坏账损失一般与赊销收入数额的大小和应收账款拖欠的时间有关。其计算公式为：

$$坏账损失=赊销收入\times坏账损失率$$

从上述分析可知，应收账款是企业为扩大销售和减少存货而进行的投资，在增加销售利润的同时，也会增加相关的成本费用。因此，应收账款管理的基本目标是，在发挥应收账款强化竞争、扩大销售功能的同时，尽可能降低应收账款的机会成本、管理成本与坏账损失等信用成本，最大限度地提高应收账款的投资收益。

二、信用政策

根据企业的实际经营情况和客户不同的信誉情况制定合理的信用政策，是加强应收账款管理，提高应收账款投资效益的重要前提。信用政策即应收账款的管理政策，是指企业为对应收账款投资进行规划与控制而确立的基本原则与行为规范，包括信用标准、信用条件和收账政策。

(一) 信用标准

信用标准是指客户获得企业商业信用所应具备的最低条件，通常以预期坏账损失率表示。如果企业把信用标准定得过于严格(预期坏账损失率过小)，将会使许多客户因资信达不到所设定的标准而被拒之门外，其结果尽管有利于降低应收账款的机会成本、管理成本和坏账损失，但不利于企业市场竞争能力的提高和销售收入的扩大；相反，如果企业把信用标准定得过于宽松(预期坏账损失率过大),虽然有利于企业扩大销售,提高市场竞争力和占有率,但同时也会导致应收账款的机会成本、管理成本和坏账损失增加。

1. 影响信用标准制定的因素——定性分析

企业在制定或选择信用标准时,应考虑以下三个基本因素:

(1) 同行业竞争对手的情况。面对竞争对手,企业首先应考虑的是如何在竞争中处于优势地位,保持并不断扩大市场占有率。如果竞争对手实力很强,企业欲取得或保持优势地位,就需采取较宽松的信用标准;反之,其信用标准可以相应严格一些。

(2) 企业承担坏账风险的能力。当企业具有较强的坏账风险承担能力时,就可以以较宽松的信用标准来提高市场竞争力,争取客户,扩大销售;反之,如果企业承担坏账风险的能力较弱,就只能选择严格的信用标准以尽可能地降低坏账风险。

(3) 客户的资信程度。企业在制定信用标准时,必须对客户的资信程度进行调查、分析,然后在此基础上,判断客户的信用等级并决定是否给予客户信用优惠。客户资信程度的高低通常取决于五个方面,即客户的信用品质(character)、偿付能力(capacity)、资本(capital)、抵押品(collateral)和经济状况(conditions),简称“5C”系统。

(1) 信用品质是指客户履约或赖账的可能性。这是决定是否给予客户信用的首要因素,主要通过了解客户以往的付款履约记录进行评价。如客户以往是否有故意拖欠账款和赖账的行为,是否有因商业行为不端而受到司法判处的前科,与其他供货企业的关系是否良好等。

(2) 偿付能力是指客户支付货款的能力。这主要是分析客户的财务报表、资产与负债的比率、资产的变现能力等以判断客户偿付能力的高低。一方面,客户流动资产的数量越多,流动比率越大,表明其偿付债务的物质保证越雄厚。另一方面,还需要注意对客户资产变现能力以及负债的流动性进行分析。资产的变现能力越大,客户的偿债能力就越强;相反,负债的流动性越大,客户的偿债能力就越弱。

(3) 资本反映了客户的经济实力和财务状况的优劣,是客户偿付债务的最终保证。这主要是根据有关的财务比率来测定客户净资产的大小及其获利的可能性。

(4) 抵押品是指客户提供的可作为资信安全保证的资产。对不知底细或信用状况有争议的客户,只要客户能提供足够的具有较高变现能力的抵押资产,就可以向他们提供相应的商业信用。

(5) 经济状况是指不利经济环境对客户偿付能力的影响及客户是否具有较强的应变能力。

上述各种信息资料主要通过下列渠道取得:商业代理机构或资信调查机构提供的客户信息资料及信用等级标准资料;委托往来银行信用部门向与客户有关联业务的银行索取信用资料;和与同一客户有信用关系的其他企业相互交换该客户的信用资料;客户的财务报告等。

2. 信用标准的确立——定量分析

对信用标准进行定量分析旨在解决两个问题:一是确定客户拒付账款的风险;二是确定客户的信用等级,以作为给予或拒绝客户信用的依据。这主要通过以下三个步骤来完成:

(1) 设定信用等级的评价标准。即根据对客户信用资料的调查分析,找出评价信用优劣的标准。这可以通过查阅各个客户过去若干年度的信用资料,以一组具有代表性、能够说明付款能力和财务状况的若干比率(如流动比率、速动比率、应收账款周转率、存货周转率、产权比率、赊购付款履约情况等)作为信用风险指标,根据数年内最坏年景的情况,分别找出信用好和信用坏两类顾客上述比率的平均值,以此作为比较其他客户信用的标准。

［业务实例 7－3］　按照上述方法找出的信用评价标准，如表 7－3 所示。

表 7－3　信用评价标准

指　标	信用评价标准	
	信用好	信用坏
流动比率	2.3	1.6
速动比率	1.1	0.8
现金比率	0.4	0.2
产权比率	2.0	4.0
已获利息倍数	3.0	1.6
有形净值负债率	1.9	2.5
应收账款周转率	12 次	7 次
存货周转率	6 次	3 次
总资产息税前利润率	35%	18%
赊购付款履约情况	及时	拖欠

(2) 利用既有或潜在客户的财务数据计算各自的指标值，并与上述标准进行比较。比较的方法是，若客户的某项指标值等于或低于坏的信用标准，则该客户的拒付风险系数增加 10%；若客户的某项指标值介于好与坏的信用标准之间，则该客户的拒付风险系数增加 5%；当客户的某项指标值等于或高于好的信用指标时，则视该客户的这一指标无拒付风险，其拒付风险系数为 0；最后，将该客户的各项指标的拒付风险系数累加。

［业务实例 7－4］　接业务实例 7－3 的资料，甲客户的各项指标及累计拒付风险系数如表 7－4 所示。

表 7－4　甲客户的信用状况及风险系数

指　标	甲客户信用状况	
	信用状况	拒付风险系数
流动比率	2.5	0
速动比率	1.2	0
现金比率	0.3	5%
产权比率	2.0	0
已获利息倍数	3.1	0
有形净值负债率	2.3	5%
应收账款周转率	10 次	5%
存货周转率	7 次	0
总资产息税前利润率	35%	0
赊购付款履约情况	及时	0
累计拒付风险系数	—	15%

表 7－4 中，甲客户的流动比率、速动比率、产权比率、已获利息倍数、存货周转率、总资产息税前利润率、赊购付款履约情况等指标均等于或高于好的信用标准值。因此，这些指标产生拒付风险的系数为 0。而现金比率、有形净值负债率和应收账款周转率三项指标值则介于信用好与信用坏的标准值之间，各自发生拒付风险的系数均为 5%，累计为 15%。

(3) 进行风险排队，并确定各客户的信用等级。依据上述风险系数分析数据，按照客户累计拒付风险系数由小到大进行排序；然后，结合企业承受违约风险的能力及市场竞争的需要，具体划分客户的信用等级，如累计拒付风险系数 15%以内的为 A 级客户，15%～25%的为 B 级客户等。对于不同信用等级的客户，分别采取不同的信用对策，包括拒绝或接受客户信用订单以及给予不同的信用条件或附加某些限制条款等。

(二) 信用条件

当企业根据信用标准决定给予客户信用时，就需要考虑具体的信用条件。所谓信用条件，就是指企业接受客户信用订单时所提出的付款要求，主要包括信用期限、现金折扣等。信用条件的表现方式如"2/10，*n*/45"，意思是若客户能够在发票开出后的 10 日内付款，可以享受 2% 的现金折扣；如果放弃现金折扣，则全部款项必须在 45 日内付清。在此，45 天为信用期限，10 天为折扣期限，2%为现金折扣率。

1. 信用期限

信用期限是指企业允许客户从购货到付款之间最长的时间间隔。只要客户在此期限内能够付清账款，便认为该客户没有违约。通常，延长信用期限可以在一定程度上扩大销售量，从而增加边际贡献。但不适当地延长信用期限，会给企业带来不良后果：使收账期延长，占用在应收账款上的资金相应增加，引起机会成本等信用成本的增加。因此，企业是否给予客户延长信用期限，应视延长信用期限增加的边际贡献是否超过增加的信用成本而定。

[业务实例 7－5] 华威公司预测的 2017 年度赊销额为 3 600 万元，变动成本率为 60%，资金成本率为 10%。假设该企业生产经营能力尚未充分利用，2018 年可以在不增加固定成本的条件下增加产品的产销量。该企业 2018 年准备了三个信用条件的备选方案：A 方案，维持原来的信用条件"*n*/30"；B 方案，将信用条件放宽到"*n*/60"；C 方案，将信用条件放宽到"*n*/90"。

为各种备选方案估计的赊销收入、坏账百分比和管理成本等有关数据如表 7－5 所示。

表 7－5　信用条件的备选方案　　金额单位：万元

项　目	A 方案(*n*/30)	B 方案(*n*/60)	C 方案(*n*/90)
赊销收入	3 600	3 960	4 200
应收账款平均天数	30	60	90
应收账款平均余额	$3\,600\times\frac{30}{360}=300$	$3\,960\times\frac{60}{360}=660$	$4\,200\times\frac{90}{360}=1\,050$
维持赊销业务所需资金	300×60%=180	660×60%=396	1 050×60%=630
坏账损失率	2%	3%	6%
管理成本	36	60	144

要求：确定该企业应选择的信用期限。

解：根据以上资料，可计算出以下指标(如表 7－6 所示)：

表 7-6　信用条件的分析评价(一)　　金额单位:万元

项　目	A 方案(n/30)	B 方案(n/60)	C 方案(n/90)
赊销收入	3 600	3 960	4 200
减:变动成本	3 600×60%=2 160	3 960×60%=2 376	4 200×60%=2 520
信用成本前收益	1 440	1 584	1 680
减:信用成本			
机会成本	180×10%=18	396×10%=39.6	630×10%=63
坏账损失	3 600×2%=72	3 960×3%=118.8	4 200×6%=252
管理成本	36	60	144
小　计	126	218.4	459
信用成本后收益	1 314	1 365.6	1 221

根据表 7-6 分析可知,在这三种方案中,B 方案(n/60)获利最大,它比 A 方案(n/30)增加收益 51.6 万元;比 C 方案(n/90)收益要多 144.6 万元。因此,在其他条件不变的情况下,应选择 B 方案。

2. 现金折扣

延长信用期限会增加应收账款的资金占用额及收账期,从而增加机会成本、管理成本和坏账损失。为了既能扩大销售,又能及早收回款项,减少信用成本,企业往往在给客户以延长信用期限的同时给予一定现金折扣。现金折扣是企业给予客户在规定时期内提前付款而按销售额的一定比率享受折扣的优惠政策,包括现金折扣期限和现金折扣率。

现金折扣条款在有利于增加销售和降低机会成本、管理成本和坏账损失的同时,也需付出一定代价,即给予现金折扣造成的损失(现金折扣成本)。如果加速收款带来的收益能够绰绰有余地补偿现金折扣成本,企业就可以采用现金折扣或进一步改变当前的折扣方针;如果加速收款的收益不能补偿现金折扣成本,现金折扣优惠条件便被认为是不恰当的。因此,企业究竟应当核定多长的折扣期限,以及给予客户多大程度的折扣优惠,必须将加速收款所得到的收益与付出的现金折扣成本综合起来考虑。现金折扣成本的计算公式如下:

现金折扣成本=赊销净额×享受现金折扣的销售比例×现金折扣率

[业务实例 7-6]　接业务实例 7-5 的资料,若企业为了加速应收账款的回收,决定在 B 方案的基础上将赊销条件改为“2/10,1/20,n/60”(D 方案),估计约有 60%的客户(按赊销额计算,下同)会享受 2%的折扣,15%的客户会享受 1%的折扣。坏账损失率降为 1.5%,管理成本降为 42 万元。

要求:判断该企业应选择的方案。

解:应收账款平均天数=60%×10+15%×20+(1-60%-15%)×60=24(天)

应收账款平均余额$=3\,960\times\dfrac{24}{360}=264$(万元)

维持赊销业务所需要的资金=264×60%=158.4(万元)

应收账款机会成本=158.4×10%=15.84(万元)

应收账款坏账损失=3 960×1.5%=59.4(万元)

现金折扣成本＝3 960×(2%×60%＋1%×15%)＝53.46(万元)

根据以上资料,可计算出以下指标,如表 7－7 所示。

表 7－7 信用条件的分析评价(二) 金额单位:万元

项 目	B 方案(*n*/60)	D 方案(2/10,1/20,*n*/60)
赊销收入	3 960	3 960
减:现金折扣	——	53.46
变动成本	3 960×60%＝2 376	3 960×60%＝2 376
信用成本前收益	1 584	1 530.54
减:信用成本		
机会成本	39.6	15.84
坏账损失	118.8	59.4
管理成本	60	42
小 计	218.4	117.24
信用成本后收益	1 365.6	1 413.3

计算结果表明,提供现金折扣以后,企业收益增加 47.7(1 413.3—1 365.6)万元。因此,企业最终应选择 D 方案(2/10,1/20,*n*/60)作为最佳方案。

(三) 收账政策

收账政策是指当客户违反信用条件,拖欠甚至拒付账款时企业所采取的收账策略与措施。企业在向客户提供信用之前或当时,就应对发生账款拖欠或拒付的各种可能性进行合理预期,并制定相应的收账政策,防患于未然。一旦账款遭到拖欠甚至拒付,企业就可以采取有效的收账措施加以解决。

1. 企业对客户欠款的催收应做到有理、有利、有节

当账款被客户拖欠或拒付时,企业首先应分析现有的信用标准及信用审批制度是否存在纰漏,并重新对违约客户的资信等级进行审查、评价。各个客户拖欠或拒付账款的原因不尽相同,许多信用品质良好的客户也可能因为某些原因而无法如期付款。

其次,对于信用记录一向正常的客户,应采取电话、信函等方式“提醒”对方付款。如果客户确因财务困难而无力支付,应派人与客户直接进行协商,彼此沟通意见,达成谅解妥协,甚至对客户予以适当帮助、进行债务重整等。这样既可以密切相互间的业务关系,又有助于较为理想地解决账款拖欠问题,并且一旦将来彼此关系置换时,也有一个缓冲的余地。

最后,对于信用品质恶劣、蓄意赖账、欠款久拖不还的客户则应加强催收力度,首先将其从信用名单中排除,然后对其所拖欠的款项可先通过信函、电讯或者派专人前往等方式进行催收,态度可以渐加强硬,并提出警告。当这些措施无效时,可以诉诸法律加以解决。为了提高诉讼效果,有必要联合其他经常被该客户拖欠或拒付账款的企业一起向法院起诉,以增强该客户信用品质不佳的证据力。

2. 企业必须权衡收账费用与催账收益的关系

企业对拖欠的应收账款无论采取何种方式进行催收,都需要付出一定代价,即收账费用,

如收款所花的邮电通讯费、派专人收款的差旅费和不得已时的法律诉讼费等。因此，在组织账款催收时，企业必须权衡收账费用与催账收益的关系。一般来说，在一定限度内，收账费用花费越多，措施越加得力，应收账款机会成本、坏账损失也就越少。但二者并非呈线性关系，最初支出的收账费用，也许不会使应收账款机会成本、坏账损失减少多少，以后陆续支出的收账费用将对应收账款机会成本、坏账损失的减少产生越来越大的效应。但增加到一定数额(即饱和点)后，收账费用的增加对进一步降低应收账款机会成本、坏账损失的效力便会逐渐减弱，以致得不偿失。特别是当客户倾其所有资产也不可能偿还所欠款项时，企业无论花费多少收账费用对增加货款的回收也不会起到什么作用，即收账费用的作用锐减。判断收账费用是否已临近饱和点的基本方法是，随着收账费用支出效果的减弱，如果应收账款机会成本和坏账损失的减少额等于收账费用的增加额时，通常认为收账费用已达饱和点。图 7－2 可以反映出收账费用与催账收益间的变动关系(P 为饱和点)。

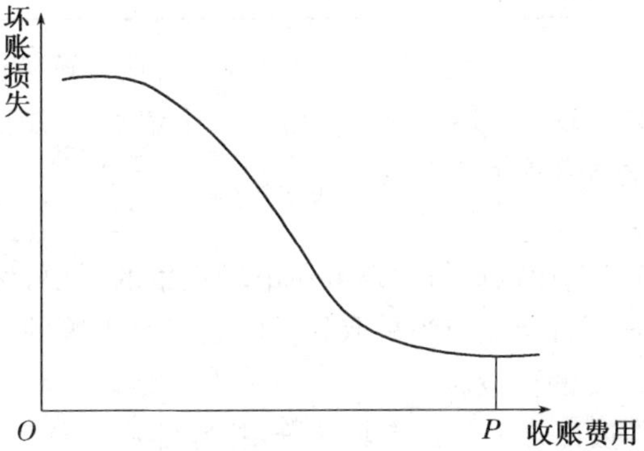

图 7－2　收账费用与催账收益之间的变动关系

综上所述，如果企业制定的收账政策过于宽松，可能会导致逾期未付款项的客户拖延时间更长，对企业不利；收账政策过于严格，又可能伤害无意拖欠的客户，影响企业未来的销售和利润。因此，企业制定收账政策时，要在增加的收账费用与减少的应收账款机会成本和坏账损失之间进行权衡，掌握好宽严界线。若前者小于后者，则说明制定的收账政策是可取的。

[业务实例 7－7]　已知峰华公司应收账款现行的收账政策和拟改变的收账政策的资料如表 7－8 所示。假设资金利润率为 10%。

表 7－8　峰华公司收账政策备选方案的资料

项　目	现行收账政策	拟改变的收账政策
收账费用/万元	90	150
应收账款平均收账天数/天	60	30
坏账损失率/%	3	2
销售额/万元	7 200	7 200
变动成本率/%	60	60

要求：计算并分析该企业是否应改变现行收账政策。

解：根据表 7－8 中的资料，计算两种方案的收账总成本如表 7－9 所示。

表 7-9　收账政策的分析评价　　金额单位：万元

项　目	现行收账政策	拟改变的收账政策
赊销额	7 200	7 200
应收账款平均余额	$7\,200\times\frac{60}{360}=1\,200$	$7\,200\times\frac{30}{360}=600$
应收账款占用资金	1 200×60%=720	600×60%=360
信用成本		
机会成本	720×10%=72	360×10%=36
坏账损失	7 200×3%=216	7 200×2%=144
收账费用	90	150
合　计	378	330

表 7-9 中的计算结果表明，拟改变的收账政策较现行收账政策减少的应收账款机会成本和坏账损失之和 108[(72—36)+(216—144)]万元，大于增加的收账费用 60(150—90)万元。因此，改变现行收账政策的方案是可以接受的。

(四) 应收账款管理决策

应收账款管理决策就是企业依据信用政策和市场竞争的需要，做出应否改变信用标准和信用条件、可否接受客户信用订单及应当采取怎样的收账政策等的一系列决策选择等。这里介绍信用标准、信用条件改变的决策。

[业务实例 7-8]　华谊公司为加强市场竞争，拟降低原有信用标准(预期坏账损失率为 1%)与信用条件(n/30)。现有 A、B 两个方案可供参考和选择。其中：

A 方案：预期坏账损失率为 3%，信用条件为“3/20，2/35，1/50，n/90”，估计分别将有 30%、20%、20%的客户愿享受现金折扣优惠，其余的在信用截止日全部还款。

B 方案：预期坏账损失率为 6%，信用条件为“3/30，2/60，1/90，n/120”，估计分别将有 40%、30%、20%的客户愿享受现金折扣优惠，其余的在信用截止日全部还款。

采用 A、B 两个方案后，预计年赊销收入将分别比原来的 3 000 万元提高 20%和 30%，且变动成本率为 60%，证券投资收益率为 10%。假定原有方案与 A、B 方案下的应收账款管理成本分别为 4 万元、12 万元和 20 万元。

要求：分析哪一个方案更为有利。

解：可用成本效益分析原则，利用差量分析法来分析方案孰优孰劣。其具体决策思路如下：

(1) 确定方案的决策相关成本，包括应收账款的机会成本、坏账损失等；

(2) 确定方案的决策相关收益，包括扩大销售所取得的边际贡献增量收益；

(3) 对每一个方案进行成本效益比较，得出净收益最大的决策方案。

其原理公式为：方案净收益=决策收益—决策成本。

决策标准：以方案净收益大于 0 为基本标准，取其净收益最大的决策方案。

将上述原理应用于本业务实例的决策过程中，具体如表 7-10 所示。

表 7－10　净收益决策过程

金额单位：万元

项　　目	原有信用政策	A 方案	B 方案	差　异	
				A	B
赊销收入	3 000	3 600	3 900	600	900
减：现金折扣	0	54*	78**	54	78
变动成本	1 800	2 160	2 340	360	540
信用成本前收益	1 200	1 386	1 482	186	282
应收账款平均收账期/天	30	50***	60****	20	30
应收账款周转率/次	12	7.2	6	－4.8	－6
应收账款平均余额	250	500	650	250	400
应收账款资金占用额	150	300	390	150	240
减：信用成本					
机会成本	15	30	39	15	24
管理成本	4	12	20	8	16
坏账损失	30	108	234	78	204
小　计	49	150	293	101	244
信用成本后收益	1 151	1 236	1 189	85	38

注：* 为 3 600×(30%×3%＋20%×2%＋20%×1%)＝54；** 为 3 900×(40%×3%＋30%×2%＋20%×1%)＝78；*** 为 30%×20＋20%×35＋20%×50＋30%×90＝50；**** 为 40%×30＋30%×60＋20%×90＋10%×120＝60。

从表 7－10 中可以看出，信用标准、信用条件调整为 A 方案时对企业有益，它比原有信用标准、信用条件可增加净收益 85 万元；而当信用标准、信用条件调整为 B 方案时，则只增加净收益 38 万元。因此，将信用标准、信用条件调整为 A 方案被认为是适当的。

(五) 信用政策综述

以上分别讨论了制定信用政策所要考虑的若干问题，即信用标准、信用条件和收账政策等方面的问题。现根据客户的信用品质，把客户分为付款迅速、付款迟缓和拒付账款三大类，以及把企业是否提供信用的决策分为提供信用和不提供信用两种。这样，将会出现六种不同的组合结果。这六种组合结果如表 7－11 所示。

表 7－11　信用决策的六种最终结果

企业信用决策 / 最终结果 / 客户付款行为	提供信用	不提供信用
付款迅速	① 盈利增加	② 失去盈利机会
付款迟缓	③ 机会成本、收账费用增加，盈利减少	④ 避免了机会成本、收账费用，但失去了盈利机会
拒付账款	⑤ 机会成本、收账费用和坏账损失增加	⑥ 避免了机会成本、收账费用和坏账损失增加

从表7-11中可以看出，结果①和结果⑥是企业进行信用分析所追求的目标，如果通过信用分析得到这两个结果，企业就很容易采取果断措施提供信用或不提供信用。结果②和结果⑤是企业应该努力避免的结果，避免这两种结果可以使企业盈利能力得到提高。上述四种结果对企业盈利能力的影响是显而易见的，但结果③和结果④对企业盈利能力的影响则不明显，需要将它们产生的收益和成本进行比较后才能得出结论。在客户付款迟缓的情况下，企业提供信用，如果发生了结果③，那么企业提供信用所增加的收益将被增加的机会成本、收账费用抵减一部分，甚至收益可能被全部抵消而出现负数。如果没有提供信用的话，则如结果④所示，避免了机会成本、收账费用和丧失了盈利机会。显然，企业在制定信用政策时，应尽可能使结果③和结果④明朗化，以最大限度地减少机会成本、收账费用所带来的风险和增加提供信用所带来的收益。

三、应收账款的日常管理

为了更加有效地促进应收账款投资的良性循环，企业在制定合理的信用政策的基础上，还必须进一步强化日常管理工作，健全相应的责任制度与控制措施。这些措施主要包括应收账款投资总额控制、应收账款追踪分析、应收账款账龄分析和应收账款收现保证率分析等。

1. 应收账款投资总额控制

应收账款投资总额控制可以用应收账款余额占总资产余额的比率作为标准。应收账款余额占总资产余额的比率反映企业提供信用水平的高低，该比率越大，说明企业提供的信用水平越高，相应地风险也就越大。应收账款余额占总资产余额的比率的变化，可以反映企业各期提供信用水平的变动状况。企业应根据自身资金来源和资产分布的实际情况，确定一个应收账款余额占总资产余额的最高比率和最低比率作为控制标准，并随时将企业实际提供的信用水平与与这两个提供信用水平的控制标准相比较。当实际信用水平达到或超过最高控制标准时，企业就应该采取有效措施缩减信用水平；当实际信用水平接近或低于最低控制标准时，企业就应该适当放宽信用水平，促使企业销售量增加。

2. 应收账款追踪分析

应收账款一旦发生，企业就必须考虑如何按期足额收回的问题。为了达到这一目的，企业有必要在收回账款之前，对应收账款的运行过程进行追踪分析。对应收账款追踪分析的重点应放在客户对赊购商品的销售与变现方面。客户赊购购入商品后，迫于获利的动力和付款信誉的压力，必然期望迅速地实现销售并收回账款。如果这一期望能够顺利实现，而客户又具有良好的信用品质，则企业如期足额地收回账款一般不会有多大问题。然而，市场供求关系所具有的瞬变性，使得客户所赊购的商品有时不能顺利地销售与变现，经常出现的情形有两种：积压或赊销。但无论属于哪种情形，对客户而言，都意味着与应付账款相应的现金支付能力的匮乏。这时，客户能否按时足额支付货款取决于两个因素：客户的信用品质和客户现金的持有量与调剂程度。如果客户的信用品质良好，持有一定的现金余额，且现金的可调剂程度较大，客户是不愿意以损失市场信誉为代价而拖欠企业账款的；如果客户信用品质不佳，或者现金匮乏，或者现金的可调剂程度低下，则企业应收账款遭受拖欠也就在所难免。

可见，对应收账款进行追踪分析，有利于企业准确地预期应收账发生坏账风险的可能性，研究和制定有效的收账对策，从而提高收账效益。

3. 应收账款账龄分析

应收账款账龄分析就是考察研究应收账款的账龄结构。所谓应收账款的账龄结构，是指企业在某一时点将尚未收回的各笔应收账款按照开票周期进行归类(即确定账龄)，并计算出各账龄应收账款余额占应收账款总额的比重。企业已发生的应收账款账龄长短不一，有的尚未超过信用期，有的则已逾期拖欠。一般来讲，应收账款逾期拖欠时间越短，收回的可能性越大，发生坏账损失的程度就越小；反之，收账的难度越大以及发生坏账损失的可能性也越大。

[业务实例 7-9]　2017 年 12 月 31 日，华为公司的应收账款账龄结构如表 7-12 所示。

表 7-12　华为公司应收账款账龄分析

应收账款账龄	账户数量	金额/万元	比重/%
信用期内	60	800	42.11
超过信用期 1 个月内	35	400	21.05
超过信用期 2 个月内	30	300	15.79
超过信用期 3 个月内	25	200	10.53
超过信用期半年内	15	100	5.26
超过信用期 1 年内	7	50	2.63
超过信用期 1 年以上	10	50	2.63
合　计	182	1 900	100.00

在应收账款的账龄结构中，可以清楚地看出企业应收账款的分布和被拖欠情况，便于企业加强对应收账款的管理。表 7-12 表明，该企业应收账款余额中，有 800 万元尚在信用期内，占全部应收账款的 42.11%；逾期数额 1 100 万元，占全部应收账款的 57.89%。其中逾期在 1、2、3、6、12 个月内的，分别为 21.05%、15.79%、10.53%、5.26%、2.63%。另有 2.63%的应收账款已经逾期 1 年以上。此时，企业应分析逾期账款属于哪些客户，这些客户是否经常发生拖欠情况，发生拖欠的原因何在。

因此，通过编制应收账款账龄分析表，进行账龄结构分析，做好信用记录，有助于企业进一步研究与制定新的信用政策。对不同拖欠时间的应收账款及不同信用品质的客户，企业应制定出经济可行的收账政策；对可能发生的坏账损失，须计提坏账准备，充分估计对企业利润的影响；对尚未过期的应收账款也不应放松管理和账龄分析，防止发生新的逾期拖欠。

4. 应收账款收现保证率分析

由于企业当期现金支付需要量与当期应收账款收现额之间存在着非对称性矛盾，并呈现出预付性与滞后性的差异特征，如企业必须用现金支付与赊销收入有关的增值税和所得税，弥补应收账款资金占用等，这就决定了企业必须对应收账款的收现水平制定一个必要的控制标准，即应收账款收现保证率。应收账款收现保证率就是为适应企业现金收支匹配关系的需要，所确定出的有效收现的应收账款应占全部应收账款的百分比，是二者应当保持的最低结构状态。其计算公式为：

$$应收账款收现保证率=\frac{当期预计现金需要额-当期预计其他稳定可靠的现金来源额}{当期应收账款总计余额}$$

上式中，其他稳定可靠的现金来源额是指从应收账款收现以外的途径可以取得的各种稳定可靠的现金流入数额，如短期有价证券变现净额、可随时取得的短期借款额等。

应收账款收现保证率指标反映了企业一定会计期间预期必要现金支付需要数额扣除其他各种可靠稳定性来源后的差额，必须通过应收账款有效收现予以弥补的最低保证程度，是企业控制应收账款收现水平的基本依据。其意义在于应收款项未来是否可能发生坏账损失对企业并非最为重要，更为关键的是实际收现的款项能否满足同期必需的现金支付需要，特别是满足具有刚性约束的纳税债务及不得展期或调换的一般到期债务偿付的需要。

[业务实例 7-10] 2018 年，华为公司预计实现销售收入 18 000 万(不含增值税)，以前尚未收现的应收账款余额为 2 250 万元，进价成本率 70%(赊购比重 40%)，变动费用率 4%(假设二者均为付现成本)，固定费用 675 万元(其中折旧费用和其他非付现固定费用共计 315 万元)，销售税金及附加 250 万元，本期将有 900 万元的到期债务。其他稳定可靠的现金来源为 2 700 万元。增值税税率为 16%，所得税税率为 25%。

要求：为保证该公司正常运营的现金需要，计算本期最低的应收账款收现率。

解：本期必要现金支付量计算如下：

应纳增值税 $=18\,000\times(1-70\%)\times16\%=864$(万元)

应纳所得税 $=[18\,000\times(1-70\%-4\%)-675-250]\times25\%=938.75$(万元)

营业付现成本 $=18\,000\times[70\%\times(1-40\%)+4\%]+(675-315)=8\,640$(万元)

总计现金支付必要量 $=864+938.75+250+900+8\,640=11\,592.75$(万元)

$$\text{应收账款收现保证率}=\frac{11\,592.75-2\,700}{18\,000\times(1+16\%)+2\,250}\times100\%=\frac{8\,892.75}{23\,130}\times100\%=38.45\%$$

即欲满足企业正常运营的现金需要，企业本期发生的 20 880[18 000×(1+16%)]万元的应收账款及以前尚未收现的 2 250 万元应收账款，在本期必须保证 8 892.75(11 592.75－2 700)万元的最低收现额，即收现比率不得低于 38.45%。否则，一旦实际的收现率达不到这一标准，势必影响企业预期经营目标的实现和信誉地位的提高，并有可能拖欠税款。

实务训练

将班级学生分成若干小组(5～8 人为一组)，每个小组组织讨论如何通过分析企业财务报表、观察企业的经营状况和市场表现来判断企业的信用状况。

任务四　存货管理

任务要求

作为联系产品生产和销售的重要环节，存货控制或管理效率的高低，直接反映并决定着企业收益、风险、流动性的综合水平。所以，应理解存货的功能与成本，熟练采用适当的方法计算存货资金定额，掌握各种模型下存货经济采购批量的确定方法，并能有效地使用存货控制的方法及措施。

一、存货的功能与成本

（一）存货的功能

存货是指企业在生产经营过程中为销售或耗用而储备的物资，包括商品、材料、燃料、低值易耗品、在产品、半成品和产成品等。存货的功能是指存货在生产经营过程中所具有的作用，主要表现在以下四个方面：

1. 防止停工待料

适量的原材料、在制品和半成品等存货能有效防止停工待料事件的发生，维持生产的连续性。因为就企业外部而言，供货方的生产和销售往往会因某些原因而暂停或推迟，从而影响企业材料的及时采购、入库和投产；就企业内部而言，有适量的半成品储备，能使各生产环节的调度更加合理，各生产工序步调更为协调，不至于因等待半成品而影响生产。

2. 适应市场变化

企业面对的市场是千变万化的，市场对企业产品的需求量一般来说是不稳定的。企业有了足够的库存产成品，当市场的需求量突然增加时，就能有效地供应市场，满足顾客需要。在通货膨胀时，适当的原材料存货，能使企业减少因市场物价上涨而带来的成本增加。

3. 降低进货成本

一般来说，企业采购时，进货成本与采购物资的单位售价及采购次数有密切的关系。很多供应商为扩大销售规模，当企业购货达到一定数量时，便在价格上给予相应的商业折扣优惠。企业采取批量集中进货，就可以降低单位物资的买价。此外，通过增加每次购货数量，减少购货次数，可以降低采购费用支出。

4. 维持均衡生产

对于那些生产所需材料的供应具有季节性，所产产品属于季节性存货的企业，为实行均衡生产，降低生产成本，就必须适当保持一定的原材料存货或储备一定的半成品存货，否则，这些企业若按照季节变动组织生产活动，难免会产生忙时超负荷运转，闲时生产能力得不到充分利用的情形，这会导致生产成本的增加。

（二）存货成本

为充分发挥存货的固有功能，企业必须储备一定的存货，但也会由此而发生各项支出，这就是存货成本。它主要包括以下内容：

1. 取得成本

取得成本是指企业取得存货而发生的支出，它由购置成本和订货成本构成。

(1) 购置成本即存货的买价，它等于存货单价与数量的乘积。在一定时期且采购存货总量既定的条件下，无论企业采购批量如何变动，存货的购置成本通常是保持相对稳定的(假设物价不变且无商业折扣)，因而属于存货决策的无关成本。但如果存在商业折扣，则存货的购置成本随着采购批量及享受商业折扣的不同而不同，此时属于存货决策的相关成本。

(2) 订货成本又称为进货费用，是指企业为组织采购存货而发生的费用。订货成本有一部分与订货次数无关，如常设采购机构的基本开支等，这类固定性的订货成本属于存货决策的无关成本。订货成本中另外一部分与订货次数有关，如差旅费、邮电费等与订货次数成正比例变动，这类变动性的订货成本属于存货决策的相关成本。

2. 存储成本

存储成本是指企业在持有存货过程中而发生的支出。存储成本可以按照与存货存储数额的关系分为变动性存储成本和固定性存储成本。其中，固定性存储成本与存货储存数额的多少没有直接的联系，如仓库折旧费、仓库员工工资等，这类成本属于存货决策的无关成本。而变动性存储成本则随着存货存储数额的增减成正比例的变动，如存货资金的应计利息、存货残损和变质损失、存货保险费等，这类成本属于存货决策的相关成本。

3. 缺货成本

缺货成本是指由于存货不足而给企业造成的损失，如材料供应中断造成的停工损失、产成品库存短缺造成的延迟发货的信誉损失及丧失销售机会损失、材料缺货而采用替代材料的额外支出等。缺货成本能否作为存货决策的相关成本，应视企业是否允许出现存货短缺的不同情形而定。当企业允许缺货时，缺货成本随存货的减少而增加，是存货决策的相关成本；反之，当企业不允许缺货时，缺货成本为 0，也就无须加以考虑。

因此，如何在存货的功能与成本之间进行利弊权衡，在充分发挥存货功能的同时降低成本、增加收益，便成为存货管理的基本目标。

二、存货资金定额的测算

存货在企业流动资产中所占的比重很大，做好存货资金定额的测算工作，有助于降低存货资金的占用数额，提高存货资金的利用效果。测算存货资金定额的方法有定额日数法、因素分析法和比例分析法等。

（一）定额日数法

定额日数法是根据存货每日平均资金占用额和定额日数来计算存货资金定额的一种方法。其计算公式为：

$$存货资金定额=每日平均资金占用额\times定额日数$$

这种方法适用于原材料、在产品和产成品等资金定额的测算。

1. 原材料资金定额的测算

其计算公式为：

$$\begin{aligned}原材料资金定额&=原材料每日平均资金占用额\times原材料资金定额日数\\&=\frac{计划期原材料耗用总量\times计划单价}{计划期日数}\times(在途日数+验收日数+整理准备日数+保险日数+供应间隔日数\times供应间隔系数)\end{aligned}$$

上式中，供应间隔系数是指原材料平均库存量与周转最高库存量的比率。如果用的仅是一种原材料，则此比率为 50%；如果生产中同时采用几种原材料，则此比率比 50%要大，但一般小于 60%。上式中，供应间隔日数乘以供应间隔系数是对供应间隔日数打个折扣，这样处理的原因是原材料在供应间隔期内随着生产投入，其占用的资金会逐渐转移到在产品项目上，并非始终全额占用。

［业务实例 7-11］ 华为公司计划年度生产甲产品 9 000 件，每件耗用 A 材料 200 千克，计划单价 100 元。A 材料在途 4 天，验收 1 天，整理准备 1 天，保险 2 天，供应间隔 30 天，供应间隔系数为 60%。

要求：计算 A 材料资金定额。

解:A 材料资金定额 $=\frac{100\times200\times9\,000}{360}\times(4+1+1+2+30\times60\%)=13\,000\,000$(元)

2. 在产品资金定额的测算

其计算公式为:

$$在产品资金定额=\frac{计划期生产总量\times单位产品计划成本}{计划期日数}\times生产周期\times在产品成本系数$$

上式中,在产品成本系数是指生产过程中在产品平均成本占产成品成本的百分比。打这个折扣的原因是产品生产成本不一定在生产周期之初一次全额投入。如某产品的单位成本是 150 元,其中原材料费用 90 元在生产开始时一次投入,其他费用 60 元在生产中陆续投入,则该产品的在产品成本系数 $=\frac{90+60\times50\%}{150}\times100\%=80\%$。

[**业务实例 7-12**]　峰华公司甲产品全年产量 20 000 吨,产品单位计划成本 500 元,生产周期 18 天,在产品成本系数为 70%。

要求:计算该在产品资金定额。

解:甲在产品资金定额 $=\frac{20\,000\times500}{360}\times18\times70\%=350\,000$(元)

3. 产成品资金定额的测算

其计算公式为:

$$产成品资金定额=\frac{计划期生产总量\times单位产品计划成本}{计划期日数}\times产成品定额日数$$

上式中,产成品定额日数包括产成品在库储存日数、发运日数和销售款项的结算日数。

[**业务实例 7-13**]　接业务实例 7-12 中的资料,若甲产品库存日数为 6 天,发运日数为 1 天,结算日数为 2 天。

要求:计算甲产品的产成品资金定额。

解:甲产成品资金定额 $=\frac{20\,000\times500}{360}\times(6+1+2)=250\,000$(元)

(二) 因素分析法

因素分析法是以基期有关存货资金实际合理占用额为基础,分析有关因素变动情况来测算存货资金定额的一种方法。其计算公式为:

存货资金定额=(基期存货实际平均占用额－不合理占用额)×(1＋计划期生产增长%)×(1＋计划期价格增长%)×(1－计划期存货周转速度增长%)

[**业务实例 7-14**]　峰华公司上年度包装物平均资金占用额为 20 万元,其中不合理占用为 2 万元。假定计划年度生产增长 5%,包装物价格上涨 10%,资金周转加速 5%。

要求:计算计划年度包装物资金定额。

解:包装物资金定额 $=(20-2)\times(1+5\%)\times(1+10\%)\times(1-5\%)=19.75$(万元)

(三) 比例分析法

比例分析法是根据存货资金占用额的相关指标的变动情况,按比例推算存货资金定额的一种方法。其计算公式为:

存货资金定额=计划期某项指标的数额×基期该项指标正常存货率×(1－计划期存货周转速度增长%)

[业务实例 7-15] 新华公司上年度合理存货平均占用额为 400 万元，销售收入总额 800 万元；预测计划年度销售收入将增加到 1 000 万元，存货周转增长速度为 10%。

要求：计算计划年度存货资金定额。

解：存货资金定额 $=1\,000\times\frac{400}{800}\times(1-10\%)=450$（万元）

三、存货控制方法

存货资金定额确定之后，如何取得存货、管理存货，使存货在使用和周转过程中相关成本最小、效益最大，这就是存货的控制。存货控制方法有多种，以下介绍存货经济采购批量控制、存货储存期控制、存货 ABC 分类管理、存货结构管理及适时性管理。

（一）存货经济采购批量控制

存货经济采购批量是指能使一定时期内某项存货的相关总成本达到最小时的订货批量。通过对前面存货成本的分析可知，决定存货采购批量的成本因素主要包括购置成本、变动性订货成本（简称订货成本）、变动性存储成本（简称存储成本）以及允许缺货时的缺货成本。不同的成本项目与订货批量有着不同的变动关系。减少订货批量，增加订货次数，在存储成本降低的同时，也会导致订货成本与缺货成本的提高；相反，增加订货批量，减少订货次数，尽管有利于降低订货成本与缺货成本，但同时也会提高存储成本。因此，如何协调各项成本间的关系，使相关成本总和保持最低水平，是企业组织订货时需要解决的主要问题。

1. 基本模型

基本模型下的经济采购批量是以如下假设为前提的：

(1) 企业一定时期的订货总量(A)可以较为准确地预测；

(2) 存货的耗用或销售比较均衡；

(3) 存货单价(P)稳定，且不存在商业折扣优惠；

(4) 每当存货量降为 0 时，订货能瞬间一次到达；

(5) 每次订货成本(B)、单位储存成本(C)都不变等。

由于每当存货量降为 0 时，下一批订货便会随即全部购入，故不存在缺货成本。这样，基本模型中的相关总成本 TC 就只有订货成本 TC_o 和存储成本 TC_c 两项。

设全年订货 n 次，每次订货量为 Q，则：$TC_o=B\times n=B\times\frac{A}{Q}$

设年平均储存量为$\underline{Q}$，则：$TC_c=C\times\underline{Q}=C\times\frac{Q}{2}$

存货相关总成本 TC 是 TC_o 和 TC_c 之和，即：$TC=TC_o+TC_c=B\times\frac{A}{Q}+C\times\frac{Q}{2}$

对上述公式利用数学方法推导可得：

$$经济采购批量：Q^*=\sqrt{\frac{2AB}{C}}$$

$$最小相关总成本：TC^*=\sqrt{2ABC}$$

$$经济采购批量平均占用资金：W=\frac{PQ^*}{2}$$

$$最佳订货次数：n=\frac{A}{Q^*}$$

基本模型下存货相关总成本和订货成本与存储成本的关系如图 7－3 所示。

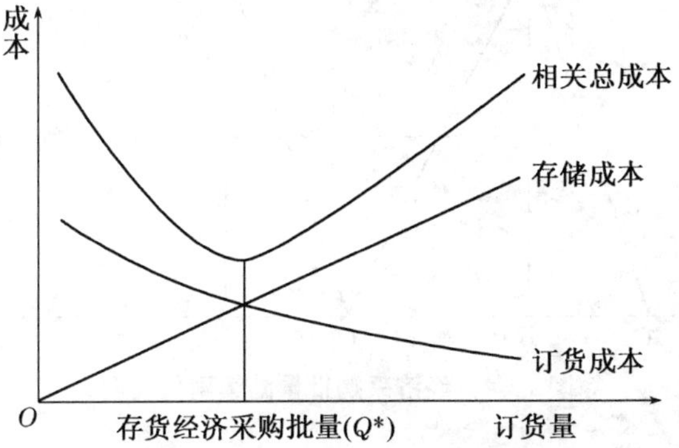

图 7－3　经济采购批量基本模型

从图 7－3 中可知，基本模型下存货经济采购批量出现在订货成本和存储成本之和最小处，即订货成本和存储成本相等时。

[业务实例 7－16]　华为公司全年耗用甲材料 180 000 千克，该材料单价 20 元，单位存储成本 4 元，每次订货成本 1 600 元。

要求：

(1) 计算经济采购批量；

(2) 计算最小相关总成本；

(3) 计算最佳订货次数；

(4) 计算最佳订货周期；

(5) 计算最佳存货资金占用额。

解：

(1) 经济采购批量$=\sqrt{\frac{2\times 180\,000\times 1\,600}{4}}=12\,000$(千克)

(2) 最小相关总成本$=\sqrt{2\times 180\,000\times 1\,600\times 4}=48\,000$(元)

(3) 最佳订货次数$=\frac{180\,000}{12\,000}=15$(次)

(4) 最佳订货周期$=\frac{360}{15}=24$(天)

(5) 最佳存货资金占用额$=20\times\frac{12\,000}{2}=120\,000$(元)

2. 陆续到货模型

基本模型中，有一项假设是"订货能瞬间一次到达"。然而，实际未必如此。为此，需要分析探讨存货陆续到达情况下的经济采购批量。本模型下存货储存情况如图 7－4 所示。

图 7－4 中时间段 AC 是一个订货周期，这一周期分成两部分：在 AB 段陆续到货又陆续耗用，在 BC 段只耗用，则：

订货成本 $TC_o=B\times n=B\times\frac{A}{Q}$

设每日到货量为 m，每日耗用量为 n，且 $m>n$，在 AB 段，每日存货增加 $m-n$，共到货$\frac{Q}{m}$

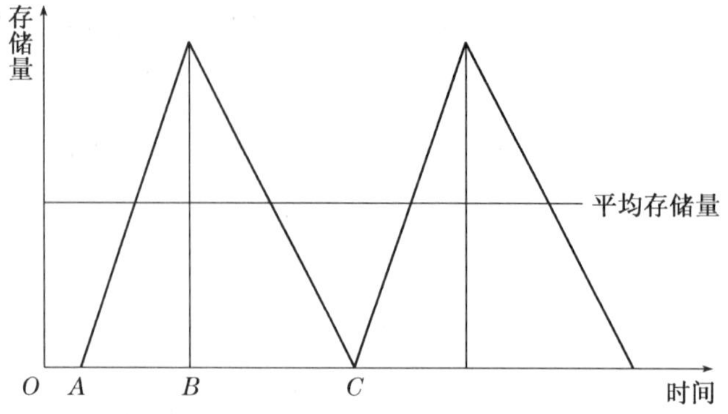

图 7－4　经济采购批量陆续到货模型

天，每批订货全部到达后，则：

$$最大库存量\underline{Q}=(m-n)\times\frac{Q}{m}=\left(1-\frac{n}{m}\right)\times Q$$

$$储存成本\ TC_c=C\times\underline{Q}=C\times\frac{\underline{Q}}{2}=C\times\left(1-\frac{n}{m}\right)\times\frac{Q}{2}$$

陆续到货模型的相关总成本 $TC=TC_o+TC_c=B\times\frac{A}{Q}+C\times\left(1-\frac{n}{m}\right)\times\frac{Q}{2}$

对上述公式利用数学方法推导可得：

$$经济采购批量\ Q^*=\sqrt{\frac{2AB}{C\times\left(1-\frac{n}{m}\right)}}$$

$$最小相关总成本\ TC^*=\sqrt{2ABC\times\left(1-\frac{n}{m}\right)}$$

［业务实例 7－17］　峰华公司全年需耗用 A 原料 28 800 千克，每次订货成本为 200 元，A 原料单位存储成本为 3 元；每天能运达 A 原料 240 千克，而每天生产消耗 A 原料 80 千克。

要求：计算最优订货批量及全年最小相关总成本。

解：最优订货批量＝$\sqrt{\frac{2\times200\times28\,800}{3\times\left(1-\frac{80}{240}\right)}}=2\,400$（千克）

最小相关总成本＝$\sqrt{2\times200\times28\,800\times3\times\left(1-\frac{80}{240}\right)}=4\,800$（元）

3. 商业折扣模型

基本模型中的“存货单价不变”假设也有可能与实际不符，为此需分析讨论存在商业折扣情况下的最优采购批量。这时购置成本（TC_K）随采购批量的大小而变动，是决策的相关成本。

相关总成本 $TC=TC_k+TC_0+TC_c=P\times A+B\times\frac{A}{Q}+C\times\frac{Q}{2}$。

本模型可按下述程序求出经济采购批量：

（1）按基本模型求出订货批量；

（2）按商业折扣条款查出与步骤（1）求得的批量对应的采购单价并求出相关总成本；

（3）按商业折扣条款中给予商业折扣的各档次的最低批量求出对应的相关总成本；

（4）比较不同采购批量的相关总成本，相关总成本最低的订货批量为经济采购批量。

[业务实例 7-18] 华为公司全年需耗用甲零件 200 000 件。每次订货成本 500 元，甲零件单位储存成本 2 元。当采购量小于 20 000 件时，单价为 10 元；当采购量大于或等于 20 000 件，但小于 40 000 件时，单价为 9.7 元；当采购量大于或等于 40 000 件时，单价为 9.2 元。

要求：计算经济采购批量及全年最小相关总成本。

解： 基本模型下的经济批量 $Q_1=\sqrt{\dfrac{2\times500\times200\ 000}{2}}=10\ 000$(件)

这时单价为 10 元，则：

$TC_1=10\times200\ 000+\sqrt{2\times500\times200\ 000\times2}=2\ 020\ 000$(元)

当单价为 9.7 元时，$Q_2=20\ 000$ 件，则：

$TC_2=9.7\times200\ 000+500\times\dfrac{200\ 000}{20\ 000}+2\times\dfrac{20\ 000}{2}=1\ 965\ 000$(元)

当单价为 9.2 元时，$Q_3=40\ 000$ 件，则：

$TC_3=9.2\times200\ 000+500\times\dfrac{200\ 000}{40\ 000}+2\times\dfrac{40\ 000}{2}=1\ 882\ 500$(元)

因此，经济采购批量为 40 000 件，全年相关总成本为 1 882 500 元。

(二) 存货储存期控制

无论是流通企业还是生产企业，其商品一旦入库，便面临着如何尽快销售出去的问题。即使不考虑未来市场供求关系的不确定性风险，仅存货存储本身就会给企业造成巨额的资金占用费用（如贷款购置存货的利息成本或现金购置存货的机会成本）与仓储保管费用开支或损失。因此，尽力缩短存货存储时间，加速存货周转，是节约资金占用、降低成本费用、提高企业获利水平的重要保证。

存货成本费用按照与储存时间的关系可以分为一次性费用和日增长费用两类。前者数额的大小与存货储存期的长短无直接关系，如各项进货费用等；日增长费用则随着存货储存期的延长或缩短而呈正比例增减变动，如存货资金占用费、保管费、仓储损耗等。

基于上述分析，得出以下公式：

商品经营利润＝商品销售毛利－一次性费用－销售税金及附加－每天日增长费用×存储天数

可见，存货成本费用之所以会不断增加，主要是由于日增长费用随着存货储存期的延长而不断增加的结果。所以，利润与成本费用之间此增彼减的关系实际上是利润与日增长费用之间此增彼减的关系。这样，随着存货储存期的延长，利润将日渐减少。当毛利余额（即毛利减一次性费用和销售税金及附加的余额）被日增长费用抵消到恰好等于目标利润时，表明存货已经到了保利期。当毛利余额完全被日增长费用抵消时，便意味着存货已到了保本期。因此，存货如果能够在保利期内售出，所获得的利润便会超过目标利润；反之，将难以实现既定的利润目标。倘若存货不能在保本期内售出，企业便会蒙受损失。其具体计算公式如下：

$$保本存储天数=\frac{毛利-一次性费用-销售税金及附加}{每天日增长费用}$$

$$保利存储天数=\frac{毛利-一次性费用-销售税金及附加-目标利润}{每天日增长费用}$$

经销存货获利或亏损额＝每天日增长费用×（保本存储天数－实际存储天数）

从上述公式可知，比保本期每提前一天售出，就可以节约一天日增长费用，即取得相当于一天日增长费用的利润额。因此，确定每天日增长费用是问题的关键，每天日增长费用可归纳为日利息和日保管费之和。

[业务实例 7－19] 华云公司购进甲商品 2 000 件，单位进价 50 元（不含增值税），单位售价 65 元（不含增值税），经销该批商品的一次性费用为 11 000 元；若货款均来自负债，年综合利息率为 10.8%，该批存货的月保管费用率为 0.24%，销售税金及附加为 800 元。该商品适用的增值税税率为 16%。

要求：

（1）计算该批存货的保本存储期；

（2）若企业要求 8%的投资利润率，计算保利期。

解：$$保本存储天数=\frac{(65-50)\times 2\,000-11\,000-800}{50\times(1+16\%)\times 2\,000\times\left(\frac{10.8\%}{360}+\frac{0.24\%}{30}\right)}=413(天)$$

$$保利存储天数=\frac{(65-50)\times 2\,000-11\,000-800-50\times(1+16\%)\times 2\,000\times 8\%}{50\times(1+16\%)\times 2\,000\times\left(\frac{10.8\%}{360}+\frac{0.24\%}{30}\right)}$$

$$=202(天)$$

通过对存货储存期的分析，企业可以及时掌握存货的相关信息，如有哪些存货已过保本期或保利期，金额多大，比重多高。这样，企业就可以针对不同情况采取相应的管理措施。凡已过保本期的大多属于积压呆滞的存货，企业应当积极推销，压缩库存，将损失降至最低限度；对于已经超过保利期但尚未过保本期的存货，应当首先检查其销售状况并查明原因，是人为所致还是市场行情已经逆转，有无沦为过期积压的可能。若有，需尽早采取措施。至于那些尚未超过保利期的存货，企业也应密切监控，以防发生过期损失。

（三）存货 ABC 分类管理

一般来说，企业存货品种繁多，尤其是大中型企业多达上万种，不同的存货对企业财务目标的实现具有不同的作用。有的存货尽管品种很少但金额巨大，如果管理不善，将可能给企业造成极大损失；相反，有的存货虽然品种数量繁多但金额甚小，即便管理当中出现一些问题，也不至于对企业产生较大影响。如一家拥有上万种商品的商业零售企业，家用电器、高档皮货、家具和大型健身器械等商品的品种数量并不是很多，但价值金额却相当大；大众化的服装、鞋帽、床上用品、体育用品等商品品种数量比较多，但价值金额相对小一些；至于各种小百货，如针线、纽扣、一般化妆品、日常卫生用品及其他日杂用品等品种数量极其繁多，但所占金额极少。因此，无论是从管理能力还是从经济角度，企业不可能也没有必要对所有的存货均以同样的精力实施管理。ABC 分类管理正是基于这一考虑而提出的。

所谓 ABC 分类管理，就是按照一定的标准，把企业的存货分为 A、B、C 三类，分别实行按品种重点管理、按类别一般控制和按总额灵活掌握的存货管理方法。

1. 存货 ABC 分类的标准

其分类的标准主要有两个：一是金额标准；二是品种数量标准。其中金额标准是最基本的，品种数量标准仅作为参考。

2. ABC 三类存货的具体划分

其具体划分过程可以分为以下三个步骤：

（1）列示企业全部存货的明细表，并计算出每种存货的价值总额及占全部存货金额的百分比。

(2) 按照金额标准由大到小进行排序并累加金额百分比。

(3) 当金额百分比累加到70%左右时,以上存货视为A类存货;介于70%~90%之间的存货视为B类存货,其余则视为C类存货。

一般而言,A类存货是指品种少、实物量少而价值高的存货,其成本金额约占70%,而实物量不超过10%;B类存货是指品种、实物量与价值相当的存货,其成本金额、实物量均约占20%;C类存货是指品种多、实物量多而价值低的存货,其成本金额约占10%,而实物量不低于70%。

3. ABC分类法在存货管理中的运用

对存货进行ABC分类,可以使企业分清主次,采取相应对策对存货进行经济有效的管理和控制。企业在确定存货资金定额、组织进货批量、进行储存期分析时,对A、B两类存货可以分别按品种、类别进行。A类存货占用企业绝大多数的资金,只要能够控制好A类存货,基本上就不会出现较大的问题;同时,由于A类存货品种数量较少,企业完全有能力按照每一个品种进行管理。B类存货金额相对较小,企业不必像对待A类存货那样花费太多的精力;同时,由于B类存货的品种数量远多于A类存货,企业通常又没有能力对每一具体品种加以控制,因此可以通过划分类别的方式进行大类管理。C类存货尽管品种数量繁多,但其所占金额却很小,故企业对C类存货只需按总量加以灵活掌握即可,一般不必进行上述各方面的测算与分析。

(四) 存货结构管理

存货结构首先可分为原材料、在制品和产成品三大类。在每一大类之下又分为若干小类,如原材料细分为主要材料、辅助材料、燃料等。而它们又可按规格和型号分为若干更加明细的种类。

1. 影响存货结构的因素

原材料、在制品和产成品三类存货各占存货资金总额的比重主要受以下因素的影响:

(1) 生产经营的特点。企业的生产经营特点(如产品的生产制造周期、原材料采购的季节性和产成品销售的季节性等)直接影响不同存货占存货资金总额的比重。制造周期长的产品,其在制品占存货资金总额的比重就大;原材料采购如果存在季节性,原材料的储备时间就会增长,原材料占用资金的平均余额就会较大,占存货资金总额的比重也就会上升;如果产成品销售存在季节性,产成品占存货资金总额的比重也会增大。

(2) 生产组织的形式和经营管理的要求。企业生产组织的形式和经营管理的要求也与企业存货的结构密切相关。比如,订单式的生产组织形式与先生产后推销的生产组织形式相比较,前者产成品占存货资金总额的比重比后者产成品占存货资金总额的比重就小;再如,重视生产过程稳定性以降低生产成本的经营管理与重视密切与市场需求相符以减少产成品积压的经营管理相比较,前者原材料和在制品占存货资金总额的比重就比后者原材料和在制品占存货资金总额的比重大。

2. 不同存货结构的收益和风险

不同存货结构存在着不同的收益和风险。

(1) 原材料的收益和风险。原材料因为尚未投入生产使用,对企业而言,其潜在使用用途较多,用途转换的风险较小;但原材料尚未经过加工,本身并没有附加任何新的价值,其收益能力也相对较低。

(2) 产成品的收益和风险。产成品是企业加工完毕后准备销售的产品。从风险的角度来看,一方面,对企业而言,产成品用途只有在市场上销售一条路,用途转换风险极大;另一方面,从正常经营角度来看,产成品是全部存货中变现能力最强的部分,变现风险较低。产成品风险水平究竟怎样,要看产品销售市场状况。如果销售状况不好,那么其风险就会大于原材料存货;如果销售状况好,其风险就会小于原材料存货。从收益的角度来看,产成品中包含着在生产过程中新创造的价值,其收益能力是各类存货中最高的。

(3) 在制品的收益和风险。在制品是尚未加工完毕需进一步加工的存货。从风险角度来看,一是在制品的用途只有继续加工一条路,用途转换风险极大;二是在制品还承受着能否转变为合格产成品的生产风险;三是在制品没有完整的使用功能,几乎不具备在市场上变现的功能,变现风险极大。这三个方面决定了在制品风险最大。从收益能力的角度来看,产品的加工过程就是新创造价值的积累过程,在制品正处于加工过程之中,包含了一部分新创造的价值。因此,在制品收益能力高于原材料但低于产成品。

从上述分析中可以看出,在制品是三类存货中风险最大但收益极不确定的一类存货。因此,在存货结构的安排中,应尽可能地减少在制品占存货资金总额的比重。减少在制品的方法,从生产的角度来看,主要是改进产品的生产加工工艺,以缩短生产周期;从组织管理的角度来看,主要应实行少量小批生产,以减少积压在生产过程中在制品的绝对数量。对产成品而言,应适当减少产成品的库存量,实行以销定产,使产成品的库存量尽可能与市场需求保持一致。在原材料安排方面,虽然原材料与在制品和产成品相比有比较大的自由空间,但仍应坚持按需采购,以减少盲目采购所带来的风险和损失。这三类存货的比重随生产活动的周期而不断变化,在实际的存货结构管理中,应为不同的生产周期制定不同的结构标准,以加强存货结构管理。

(五) 适时性(JIT)管理

适时性管理又称为零存货管理,是指企业在生产经营过程中努力实现经营需求与存货供应同步,存货传送与存货消耗同步,使得存货库存最小化(接近零存货)。也就是说,当有了客户订单时才进行生产和经营,只有在生产需要时才购置材料和零部件。

在适时性管理中,供应商管理被视为企业生产经营过程中的一个重要环节。为了保证企业各环节能按照适时性的要求运转,供应商应该能够经常并且及时地供应批量不大但质量优良的材料和零部件,否则零存货的目标就无法实现,企业将不得不储备大量库存。为此,企业应经常与供应商保持密切的联系,以确保这一环节不出问题。

适时性管理最大限度地节省了存货的订货成本和存储成本,能有效降低存货资金占用,提高流动资金的使用效率。但实施适时性管理也要花费一定代价,如与供应商加强密切联系的各种费用以及可能因存货供应不畅而导致生产经营中断的潜在损失等。

实务训练

将班级学生分成若干小组(5～8 人为一组),每个小组组织讨论并分析以下问题:

(1) 汽车制造企业与 4S 店的库存关系对双方造成了什么影响?

(2) 汽车制造企业的零库存是否反映了其真正销量?

能力拓展训练

一、单项选择题

1. 不属于流动资产特点的是(　　)。

A. 占用形态的继起性和并存性　B. 投资回收期短

C. 投资的集中性　D. 获利能力相对较弱

2. 持有过量货币资金可能导致的不利后果是(　　)。

A. 财务风险加大　B. 收益水平下降　C. 偿债能力下降　D. 资产流动性下降

3. 在一定时期,当货币资金需要量一定时,同货币资金持有量呈反向变化的成本是(　　)。

A. 管理成本　B. 短缺成本　C. 机会成本　D. 资金成本

4. 企业将资金占用在应收账款上而放弃投资于其他方面的收益称为应收账款的(　　)。

A. 管理成本　B. 坏账成本　C. 折扣成本　D. 机会成本

5. 通常可以作为信用标准的指标是(　　)。

A. 未来收益率　B. 未来损失率　C. 预期坏账损失率　D. 应收账款收现率

6. 下列对信用期限的表述中,正确的是(　　)。

A. 信用期限越长,企业坏账风险越小

B. 信用期限越长,表明客户享受的信用条件越优越

C. 信用期限越长,应收账款的机会成本越低

D. 延长信用期限,不利于销售收入的扩大

7. 华丰公司 2017 年预计应收账款的总计金额为 5 000 万元,必要的现金支付为 4 500 万元,应收账款以外的其他稳定可靠的现金流入总额为 2 000 万元,则该公司 2017 年的应收账款收现保证率为(　　)。

A. 90%　B. 40%　C. 50%　D. 44.44%

8. 依据存货每日资金占用额及资金周转期计算存货资金定额的方法叫作(　　)。

A. 因素分析法　B. 定额日数法　C. 比例分析法　D. 时间序列法

9. 陆续到货模型中,企业存货最大库存量是(　　)。

A. 一次进货量　B. 全部需求量

C. 一天到货量　D. 进货期内累计增加的库存量

10. 采用 ABC 分类法对存货进行控制时,应当重点规划和控制的是(　　)。

A. 品种数量较多而金额较少的存货　B. 品种数量较少而金额较多的存货

C. 品种数量较多且金额较多的存货　D. 品种数量较少且金额较少的存货

二、多项选择题

1. 下列属于流动资产的有(　　)。

A. 现金　B. 交易性金融资产

C. 应付账款　D. 预付账款

2. 企业置存货币资金的动机主要有(　　)。

A. 预防动机　B. 交易动机　C. 投资动机　D. 投机动机

3. 确定最佳货币资金持有量的成本分析模式须考虑的成本主要有(　　)。

A. 管理成本　B. 机会成本　C. 短缺成本　D. 转换成本

4. 货币资金日常管理应注意(　　)。

A. 缩短收款时间　B. 推迟付款日期　C. 利用闲置资金　D. 采用汇票付款

5. 构成企业信用政策的主要内容有(　　)。

A. 信用标准　B. 信用条件　C. 商业折扣　D. 收账政策

6. 影响信用标准制定的基本因素包括(　　)。

A. 企业自身的资信程度　B. 同行业竞争对手的情况

C. 客户资信程度　D. 企业承担风险的能力

7. 延长信用期限会使销售额增加,但也会增加相应的成本,主要有(　　)。

A. 机会成本　B. 坏账损失　C. 收账费用　D. 现金折扣成本

8. 利用账龄分析表可了解的情况有(　　)。

A. 信用期内的应收账款数额　B. 逾期应收账款的还款日期

C. 信用期内应收账款的还款日期　D. 逾期的应收账款数额

9. 下列属于存货变动成本的有(　　)。

A. 存货资金的应计利息　B. 紧急额外购入成本

C. 存货的破损变质损失　D. 存货的保险费用

10. 根据经济订货批量的基本模型,下列各项中可能导致经济订货批量降低的有(　　)。

A. 对存货的总需求降低　B. 每次订货成本降低

C. 单位存货存储成本降低　D. 存货的采购单价降低

三、判断题

1. 营运资金就是流动资产。(　　)

2. 企业持有货币资金所发生的管理成本是一种固定成本,与货币资金持有量之间没有明显的比例关系。(　　)

3. 企业为满足交易动机所持有的货币资金余额主要取决于企业销售水平的高低。(　　)

4. 企业的信用标准严格,给予客户的信用期短,使得应收账款周转率很高,将有利于增加企业的销售。(　　)

5. 现金折扣是企业为了鼓励客户多买商品而给予的价格优惠,每次购买的数量越多,价格也就越便宜。(　　)

6. 收账费用与坏账损失呈反向变动关系,收账费用发生得越多,坏账损失就越少。因此,企业应不断加大收账费用,以便将坏账损失降到最低。(　　)

7. 一般而言,企业存货需要量与企业生产销售的规模成正比,与存货周转一次所需要的天数成反比。(　　)

8. 存货占用资金的应计利息属于变动储存成本,在存货决策时应加以考虑。(　　)

9. 存在商业折扣的经济进货批量的确定,需要考虑的相关成本包括购置成本、变动性进货费用和变动性储存成本。(　　)

10. 适时性管理可以使企业在生产经营过程中实现经营需求与存货供应同步,存货传送与存货消耗同步,使存货库存最小化。(　　)

四、分析计算题

1. 宏利公司2017年货币资金需要量为800 000元，预计2018年需要量增加25%。假定年内收支状况稳定，每次有价证券交易费用为250元，证券市场平均利率为5%。

要求：

(1) 计算最佳货币资金持有量；

(2) 计算最佳货币资金持有量下的转换成本、机会成本和相关总成本；

(3) 计算有价证券交易次数和交易间隔期。

2. 宏丰公司2017年B产品的销售收入为4 000万元，总成本为3 000万元，其中固定成本为600万元。2018年该企业有两种信用政策可供选择：

方案甲：给予客户60天信用期限(*n*/60)，预计销售收入为5 000万元，货款将于第60天收到，其信用成本为140万元。

方案乙：信用条件为“2/10，1/30，*n*/90”，预计销售收入为5 400万元，将有30%货款于第10天收到，20%货款于第30天收到，其余50%货款于第90天收到(前两部分货款不会产生坏账，后一部分货款的坏账损失率为该部分货款的4%)，收账费用为50万元。

该企业B产品销售额的相关范围为3 000万～6 000万元，企业资金成本率为8%。

要求：

(1) 计算该企业2017年的下列指标：① 变动成本总额；② 以销售收入为基础计算变动成本率。

(2) 计算乙方案的下列指标：① 应收账款平均收账天数；② 应收账款平均余额；③ 维持赊销业务所需资金；④ 应收账款机会成本；⑤ 坏账成本；⑥ 采用乙方案的信用成本。

(3) 计算下列指标：① 甲方案的现金折扣；② 乙方案的现金折扣；③ 甲、乙两方案信用成本前收益之差；④ 甲、乙两方案信用成本后收益之差。

(4) 为该企业做出采用何种信用政策的决策，并说明理由。

3. 哈飞公司预计全年需要耗用A材料60 000千克，单价为150元。平均每次订货成本为500元，单位储存成本为15元，假设该材料不存在缺货情况。

要求：

(1) 假定满足经济订货批量基本模型的全部假设前提，试计算：① A材料的经济订货批量；② 经济订货批量下的储存成本、订货成本和相关总成本；③ 计算年度最佳订货次数；④ 计算经济订货批量下的A材料平均资金占用。

(2) 如果每次订货量达到5 000千克可以享受2%的商业折扣；达到10 000千克可以享受3%的商业折扣，为该公司做出经济采购批量的决策。

4. 东方公司购进乙产品10 000件，单位进价500元(不含增值税)，单位售价650元(不含增值税)，经销该批商品的一次性费用为1 100 000元，若货款均来自负债，年综合利息率为7.2%，该批存货的月保管费用率为0.36%，销售税金及附加为80 000元。该批商品适用16%的增值税税率。

要求：

(1) 计算该批存货的保本储存期。

(2) 若企业要实现5%的投资利润率，计算其保利期。

项目八　利润分配管理

【知识目标】

- 了解我国公司制企业利润分配的原则和一般程序；
- 识别企业制定股利分配政策的影响因素及其影响；
- 了解股利理论的种类和基本观点；
- 掌握股利分配政策的种类、优缺点，并能进行比较分析；
- 掌握现金股利与股票股利的基本内容；
- 了解股利的支付程序。

【能力目标】

- 通过对制定股利分配政策的影响因素的分析，提高分析复杂问题的能力，并对财务管理各方面的相互联系性和制约性有更深的认识；
- 能根据企业具体情况分析和选用合适的股利分配政策，并计算应发放的股利数额。

【引　言】　若干研究表明，无论是美国这样的成熟资本市场，还是中国的A股市场，现金红利都是投资收益的重要源泉；而且随着投资期限的延长，现金红利对投资收益的贡献越来越大。特别是经历了21世纪初的网络经济泡沫破裂，以及诸如美国的安然公司、世通公司，意大利的帕玛拉特公司等一系列大公司财务丑闻后，投资者纷纷把目光重新投向财务稳健并具有稳定分红记录的公司股票上来，促使上市公司的现金分红数量和分红频率显著增加。在这样的市场氛围中，一些著名的指数公司开始编制并发布上市公司红利指数。其中推出时间较早并获得较高市场认同度的指数有两个，分别是道・琼斯精选红利指数和标准普尔500红利经典指数。

2003年11月，美国道・琼斯公司发布道・琼斯精选红利指数，其由股息率最高的100家美国上市公司的股票组成。另外，道・琼斯公司还先后针对多个国家和地区的上市公司发布了相应的精选红利指数，由此形成了一个以国家或地区为划分特征的精选红利指数家族。2005年5月，标准普尔公司发布标准普尔500红利经典指数，由标准普尔500指数成分股中在过去25年间现金分红持续增长的大盘蓝筹股构成。另外，标准普尔公司还针对欧洲市场发布了标准普尔欧洲350红利经典指数，由标准普尔欧洲350指数成分股中在过去10年间每年持续保持现金分红增长的大盘蓝筹股构成。与此同时，标准普尔500红利经典指数和道・琼斯精选红利指数已经被用作众多ETF产品的投资标的。比如，在道・琼斯精选红利指数于2003年公开发布的同时，巴克莱全球投资公司立即以该指数为投资标的开发了 ETF 产品，并在美国股票交易所上市交易；2005 年年底，一家专注于指数化投资的德国公司 In-dexchange 也以道·琼斯精选红利指数为投资标的推出了 ETF 产品，并在法兰克福股票交易所上市交易。

我国上海证券交易所则于 2005 年 1 月开始编制和发布上证红利指数，以顺应上述“基本面”指数化投资的潮流。上证红利指数的出现，不仅为中国 A 股市场中重视长期稳定回报的投资群体提供了一个科学的基准指数，也为投资者进行多类别资产配置提供了一个反映具有优质“基本面”股票的基准指数。该指数也为我国金融工具创新创造了条件，为国内“基本面”指数化产品的诞生提供了一个理想标的。

总之，无论是国内外市场近年来越来越重视红利指数的编制和发布，还是以红利指数为投资标的的产品设计，均充分说明了现金红利对投资者而言并非不重要，而是极为重要。

任务一　了解利润分配的原则与程序

任务要求

一个企业的利润分配不仅会影响企业的筹资和投资决策，而且涉及国家、企业、投资者、职工等多方面的利益关系，涉及企业长远利益与近期利益、整体利益与局部利益等关系的处理与协调。所以，应了解利润分配的原则与程序。

收益分配是财务管理的重要内容，有广义的收益分配和狭义的收益分配两种。广义的收益分配是指对企业收入和利润进行分配的过程，即企业收入首先用来弥补成本费用，然后缴纳所得税，税后利润向投资者分配，剩余的就是企业的留用利润。狭义的收益分配则是指对企业税后利润的分配，即企业股东(大)会决定税后利润在投资者和企业之间的分配比例。收益分配的结果形成了国家的所得税收入、投资者的投资报酬和企业的留存收益等不同项目，其中企业的留存收益包括盈余公积和未分配利润。所得税是国家参与企业利润分配的结果，缴纳所得税税款是企业必须履行的义务，是按照《企业所得税法》确定的企业应税所得和适用的所得税税率由国家税务部门强制征收的。从这个意义上来看，财务管理中的收益分配主要指企业的税后利润分配。故本书所讨论的收益分配是指对税后利润的分配，即狭义的收益分配。

一、利润分配的基本原则

为合理组织利润分配和正确处理各方面的利益关系，企业应遵循以下原则：

1. 依法分配原则

为规范企业的利润分配行为，国家制定和颁布了若干法律法规(如《公司法》《企业所得税法》等)。这些法律法规规定了企业利润分配的基本要求、一般程序和重大比例。企业的利润分配必须依法进行，这是正确处理企业各方面利益关系的关键。

2. 资本保全原则

企业利润分配必须以资本的保全为前提。企业利润分配是对投资者投入资本的增值部分所进行的分配，不是投资者资本金的返还。以企业资本金进行分配，属于一种清算行为，而不是利润分配。企业必须在有可供分配利润的情况下进行利润分配，只有这样才能充分保护企业各方的利益。

3. 分配与积累并重原则

企业进行利润分配，要正确处理长远利益和近期利益的辩证关系，坚持分配与积累并重的原则。考虑到未来投资机会及其收益能力以及企业长期发展，为增强企业后劲，有必要将部分利润以留存的方式再投资于企业。这部分积累不仅可以作为企业扩大生产的资金来源，增强企业发展能力和抵御风险的能力，还可以供未来年度进行利润分配，起到以丰补歉、平抑利润分配数额波动的作用。

4. 兼顾各方利益原则

企业的税后利润归投资者所有，是企业所有者投资于企业的根本动力所在。企业的债权人在向企业借出资金的同时也承担了一定的风险，企业的税后利润分配中应当体现对债权人利益的充分保护，不能损害债权人的利益。另外，企业利润是由全体职工的劳动创造的，他们除了获得工资和奖金等劳动报酬外，还应该以适当的方式参与税后利润的分配。因此，企业在进行利润分配时，要兼顾各方利益、合理安排，维护投资者、债权人与职工的合法权益。

5. 投资与收益对等原则

企业利润分配应当体现“谁投资、谁受益”、收益大小与投资比例相适应，即投资与收益对等原则，这是正确处理企业与投资者利益关系的立足点。投资者因其投资行为而享有收益权，并且其投资收益应同其投资比例对等。这就要求企业在向投资者分配利润时，应本着平等一致的原则，一视同仁地对待所有投资者，按照投资者投入资本的多少进行利润分配，不得以损害其他投资者利益为代价来提高部分投资者的收益；利润分配方案要提交股东(大)会讨论并决议，并充分尊重中小股东的意见，利润分配要做到公平、公正、公开。

二、利润分配的一般程序

利润分配程序是指公司制企业根据适用法律、法规或规定，对企业一定期间实现的税后利润进行分配必须经过的先后步骤。

(一) 非股份制企业的利润分配程序

根据我国《公司法》等有关规定，非股份制企业当年实现的利润总额应按国家有关税法的规定做相应的调整，然后依法缴纳所得税。缴纳所得税后的净利润按下列顺序进行分配：

1. 弥补以前年度亏损

按我国财务和税法制度的规定，企业的年度亏损可以由下一年度的税前利润弥补；下一年度税前利润尚不足以弥补的，可以由以后年度的税前利润继续弥补，但用税前利润弥补以前年度亏损的连续期限不得超过5年。5年不足以弥补的，用本年度税后利润弥补。本年税后利润加上年初未分配利润为企业可供分配的利润。只有可供分配的利润大于0时，企业才能进行后续分配。

2. 提取法定盈余公积金

法定盈余公积金以税后利润扣除以前年度亏损的余额为基数，按10%的比例提取。即企业年初未分配利润为借方余额时，法定盈余公积金计提基数为：本年税后利润与年初未分配利润借方余额的差额；若企业年初未分配利润为贷方余额时，法定盈余公积金计提基数为本年税后利润。当企业法定盈余公积金达到注册资本的50%时，可不再提取。法定盈余公积金主要用于弥补企业亏损、扩大生产经营和按规定转增资本金，但转增资本金后的法定盈余公积金余额一般不低于转增前注册资本的25%。

3. 向投资者分配利润

企业提取法定盈余公积金后的余额，加上年初未分配利润的贷方余额，即企业本年可供投资者分配的利润。按照分配与积累并重原则，确定应向投资者分配的利润数额。

[业务实例8-1] 宏达公司2010年年初未分配利润账户的贷方余额为37万元，2010年发生亏损100万元，2011—2015年，每年的税前利润均为10万元，2016年税前利润为16万元，2017年税前利润为40万元。所得税税率为25%，盈余公积金的计提比例为10%。

要求：

(1) 2016年是否缴纳所得税？是否计提盈余公积金？

(2) 2017年可供投资者分配的利润为多少？

解：

(1) 2016年年初未分配利润＝37－100＋10×5＝－13(万元)(为以后年度税后利润应弥补的亏损)

2016年应缴纳的所得税＝16×25%＝4(万元)

2016年税后利润＝16－4＝12(万元)

2016年可供分配的利润＝12－13＝－1(万元)

因此，该企业2016年不能计提盈余公积金。

(2) 2017年税后利润＝40×(1－25%)＝30(万元)

2017年可供分配的利润＝30－1＝29(万元)

2017年计提的盈余公积金＝29×10%＝2.9(万元)

2017年可供投资者分配的利润＝29－2.9＝26.1(万元)

(二) 股份制企业的利润分配程序

(1) 弥补以前年度亏损。

(2) 提取法定盈余公积金。

(3) 支付优先股股息。一般地，优先股股东按事先约定的股息率取得股息，不受企业盈利多少的影响。

(4) 提取任意盈余公积金。任意盈余公积金是根据企业发展的需要自行提取的公积金，其提取基数与计提法定盈余公积金的基数相同，计提比例由股东大会根据需要决定。其提取目的是为了控制向投资者分配利润的水平以及调整企业各年利润的波动。

(5) 支付普通股股利。根据我国《公司法》的规定，股东(大)会或董事会违反相关规定，在公司弥补亏损和提取法定盈余公积金之前向股东分配利润的，股东必须将违反规定分配的利润退还给公司。股份制企业向投资者分配多少股利，取决于企业的股利分配政策。

[业务实例8-2] 华闻公司2017年度的净利润为3 000万元，上年年末未分配利润为1 000万元。经该公司董事会制定并由股东会审议批准的股利分配方案如下：按2017年度净利润的10%提取法定盈余公积金，支付的优先股股息为500万元，按2017年度净利润的15%

提取任意盈余公积金，按可供普通股股东分配利润的20%支付现金股利，30%支付股票股利。

要求：试根据上述资料编制该公司2017年度利润分配表。

解：根据上述资料编制的该公司2017年度利润分配表，如表8-1所示。

表8-1 华闻公司2017年度利润分配表

金额单位：万元

项　目	计算过程	金　额
净利润		3 000
加：年初未分配利润		1 000
可供分配的利润		4 000
减：提取法定盈余公积金	3 000×10%	300
可供投资者分配的利润		3 700
减：优先股股息		500
可供普通股股东分配的利润		3 200
减：提取任意盈余公积金	3 000×15%	450
支付普通股现金股利	3 200×20%	640
支付普通股股票股利	3 200×30%	960
年末未分配利润		1 150

实务训练

将班级学生分成若干小组（5～8人为一组），每个小组组织讨论，并分析以下问题：

（1）企业各相关利益主体是如何参与企业利润分配的？

（2）如何利用利润分配手段实现企业价值最大化？

任务二　选择股利分配政策

任务要求

股利分配政策不仅会影响公司股东的财富，而且会影响公司在资本市场上的形象和股票价格，更会影响公司的长、短期利益。所以，应了解有关股利理论，熟悉影响股利分配政策制定的因素，掌握不同股利分配政策的内容、优缺点及适用范围。

股利分配政策是指在法律允许的范围内，可供股份制公司管理当局选择的，有关股利分配事项的方针及对策。从理论上讲，股利分配政策最为核心的内容就是在可供投资者分配的利润数额一定的情况下，如何合理确定分配股利与留存收益的比例，直接关系到有关企业短期利益与长远利益、股东与企业等关系能否得到妥善处理,股东财富或企业价值最大化目标能否实现。

一、股利理论

关于股利与股票市价间的关系,存在着不同的观点,并形成了不同的股利理论。

(一) 股利无关论

股利无关论认为,在一定的假设条件限定下,股利分配政策不会对公司的价值或股票的价格产生任何影响。一个公司的股票价格完全由公司投资的获利能力和风险水平决定,而与公司的股利分配政策无关。这是因为:① 股东并不关心企业股利的分配。对股东而言,获得股利和把盈余留存在企业两者之间并无差别,股东对股利和资本利得并无偏好。② 股利支付比率不影响企业价值。既然股东不关心股利的分配,那么企业的利润在股利和保留盈余之间的分配并不影响企业价值。

该理论是建立在完全市场理论基础上的。① 股票市场是信息透明的强势有效市场,所有股东都可以免费获得有关信息,都能依据充分和均享的信息做出理智的决策,没有任何一个股东的实力足以影响股票价格;② 国家不对公司或个人征收所得税;③ 股票的发行和交易不存在发行费用和交易费用;④ 公司的投资决策与股利决策彼此独立(公司的股利分配政策不影响投资决策);⑤ 股票市场对企业未来的判断非常正确,即每个投资者都能准确地预计企业未来的股利和股票价格。

(二) 股利相关论

股利相关论认为,企业的股利支付水平和支付方式会影响企业价值和股票价格。股利相关论一般有以下几种观点:

1. 股利重要理论

股利重要理论又称为"在手之鸟"理论。该理论认为,现金股利支付可以使投资者获得定期和确定的报酬,而用留存收益再投资给投资者带来的收益具有较大的不确定性,并且投资的风险随着时间的推移会进一步增大。因此,投资者更喜欢现金股利,而不愿意将收益留存在公司内部去承担未来的投资风险。根据证券市场中收益与风险正相关的理论关系,当公司提高股利支付时,投资者由于需要承担的投资风险较小,所要求的报酬率也较低,会使公司的股票价格上升;而当公司降低股利支付时,投资者相对承担较高的投资风险,所要求的报酬率也较高,就会导致公司股票价格下降。因此,该理论认为公司的股利分配政策与公司的股票价格是密切相关的,公司应保持较高水平的股利分配政策。

2. 信号传递理论

信号传递理论认为,在信息不对称的情况下,公司可以通过股利分配政策向市场传递有关公司未来获利能力的信息,从而影响公司的股价。一般来讲,预期未来获利能力强的公司往往愿意通过相对较高的股利支付水平,把自己同预期获利能力差的公司区别开来,以吸引更多的投资者。对投资者来讲,股利分配政策的差异或许是反映公司预期获利能力的极有价值的信号。如果公司连续保持较为稳定的股利支付水平,投资者就可能对公司未来的获利能力与现金流量产生较为乐观的预期。另外,如果公司的股利支付水平在过去一个较长的时期内相对稳定,而现在却有所变动,投资者会把这种现象看作公司管理当局将改变公司未来收益预期的信号,股票市价将会对股利的变动做出反应。

3. 所得税差异理论

所得税差异理论认为，由于普遍存在的税率差异及纳税时间的差异，资本利得收入比股利收入更有助于实现收益最大化目标，企业应当采用低股利分配政策。一方面，在很多国家，对资本利得收入征收的税率低于对股利收入征收的税率；另一方面，相对于股利收入的纳税，投资者对资本利得收入的纳税时间选择更具有弹性，可以递延资本利得收入的纳税时间。因此，在其他条件不变的情况下，投资者更偏好资本利得收入而不是股利收入。而持有高股利支付水平股票的投资者，为了取得与低股利支付水平股票相同的税后净收益，必须要求有一个更高的税前回报预期。所以，在所得税差异理论看来，股票价格与股利支付水平呈反向变化，而权益资本成本与股利支付水平呈正向变化。

4. 代理理论

代理理论认为，企业的经营者作为所有者的代理人，会发生职务消费等代理成本，这些成本会减少所有者的利益；而股利分配政策是协调股东与经营者之间代理关系的一种约束机制。根据代理理论，较多地派发现金股利具有以下好处：

(1) 公司经营者将公司的盈利以股利的形式支付给投资者，则经营者可以支配的"闲置现金流量"就相应减少了，这在一定程度上可以抑制公司经营者过度地扩大投资或进行特权消费，从而保护投资者的利益；

(2) 较多地派发现金股利，减少了内部融资，导致公司进入资本市场寻求外部融资，从而使公司经常接受资本市场的有效监督，这样可以减少代理成本。

因此，高水平的股利支付政策有助于降低企业的代理成本，但同时也增加了企业的外部融资成本。所以，公司应综合考虑代理成本和筹资成本两个因素从而做出股利分配决策，即选择能使这两种成本之和最小的股利分配政策。

二、确定股利分配政策时应考虑的因素

股利分配政策的确定受到各方面因素的影响。一般认为，影响企业股利分配政策的因素主要有法律因素、企业因素、股东意愿及其他因素等。

(一) 法律因素

为了保护债权人、投资者的利益，国家有关法规对企业利润分配予以一定的硬性限制。这些限制主要体现在以下几个方面：

1. 资本保全限制

资本保全限制要求企业发放的股利不得来源于原始投资(或股本)，而只能来源于企业当期利润或留存收益。其目的是为了防止企业任意抽逃资本金，减少资本结构中所有者权益的比例，以切实维护债权人利益。

2. 资本积累限制

资本积累限制要求企业在分配股利时，必须按税后利润的一定比例和基数提取各种盈余公积。另外，它要求在具体的股利分配政策上，贯彻"无利不分"原则，即企业当年出现年度亏损时，一般不得向投资者分配股利。即使出于维护企业形象的考虑，动用以前年度的盈余公积分派股利，也要保留一定数额的留存收益。

3. 偿债能力约束

偿债能力约束要求企业在分配股利时，企业的税后利润必须达到某一水平，或将股利支付

额限制在税后利润的一定百分比。这是因为现金股利的支付会导致企业现金的流出。当企业支付现金股利后影响企业偿还债务和正常经营时，企业发放现金股利的数额就要受到限制。

4. 超额累计利润约束

如果一个国家的股利所得税税率高于股票交易的资本利得所得税税率，企业通过保留利润来提高其股票价格，则可使股东避税。因此，有些国家的法律禁止企业过度地积累盈余，如果一个企业盈余的积累大大超过企业目前及未来投资的需要，则被看作是过度保留，将被加征不合理留利税。我国法律目前对此尚未做出相关规定。

(二) 企业因素

企业资金的灵活周转是企业生产经营得以正常进行的必要条件。因此，企业长期发展和短期经营活动对现金的需求，便成为对股利分配的最重要的限制因素。

1. 资产流动性

保持一定的资产流动性是企业经营的基础必备条件，而较多地支付现金股利会减少企业的现金持有量，使资产的流动性降低。因此，如果企业的资产流动性差，即使收益可观，也不宜分配过多的现金股利。如高速成长的盈利性企业，因为需要不断扩大投资，而将大部分资金投放在固定资产和永久性流动资产上。所以这类企业当期利润虽然多但资产变现能力差，应采取低股利政策，以避免危及企业的稳定运营。

2. 未来投资机会

有着良好投资机会的企业需要有强大的资金支持，因而往往少发放现金股利，而将大部分盈余留存下来进行再投资；相反，缺乏良好投资机会的企业，保留大量盈余的结果必然会造成大量资金闲置，于是倾向于支付较高的现金股利。所以，处于成长期的企业因一般拥有较多的良好投资机会而多采取低股利政策。许多处于经营收缩期的企业，则因缺少良好的投资机会而多采取高股利政策。

3. 筹资能力

如果企业规模大、经营好、利润丰厚，其筹资能力一般很强，能够及时地从资金市场筹措到所需资金，则有可能采取较为宽松的股利分配政策；但对于那些规模小、新创办、风险大的企业，其筹资能力有限，宜将利润更多地留存在企业，因而往往采取较紧的股利分配政策。

4. 盈利稳定性

盈利相对稳定的企业对未来取得盈余的可能性预期良好，故有可能支付较高股利，比如，公用事业企业就是盈利相对稳定和股利支付率较高的典型例子；而盈利不稳定的企业由于对未来盈余的把握小，不敢贸然采取多分政策，而较多采用低股利政策。这是因为对于盈利不稳定的企业，低股利政策可以避免因盈利下降而造成股利无法支付、企业形象受损、股价急剧下降的风险。

5. 资本成本

留存利润作为企业内部资金来源，同发行新股或举借债务相比，资本成本较低且具有很强的隐蔽性。因而从资本成本的角度考虑，很多企业在扩大规模，需要增加权益资本时，往往将税后利润作为资金来源的第一选择，特别是在负债资金较多、资本结构欠佳时期。

6. 股利政策惯性

企业在确定股利分配政策时，应当充分考虑股利分配政策调整有可能带来的负面影响。如果企业历年采取的股利分配政策具有一定的连续性和稳定性，那么重大的股利分配政策调整有可能对企业的声誉、股票价格、负债能力、信用等多个方面产生影响。

(三) 股东意愿

企业制定股利分配政策的目的在于,对绝大多数股东的财富产生有利影响。但个别股东出于对自身利益的考虑,可能对企业的利润分配提出限制、稳定或提高股利支付率等不同意见。

1. 避税考虑

在大多数国家,股利收入的所得税税率高于股票交易的资本利得税率。在我国,现金股利所得税税率是20%,而股票交易尚未征收资本利得税。这样,高收入的股东出于避税考虑,往往要求限制股利的支付而较多地保留盈余用于再投资,使得企业股票价格上涨,从而获得更多的资本利得收入。

2. 规避风险

在一部分投资者看来,通过增加留存收益引起股价上涨而获得的资本利得是有风险的;而当期所得股利是确定的,即便是现在较少的股利收入,也强于未来较多但存在较大风险的资本利得。因此,他们往往会要求企业支付较多的股利。

3. 投资目的

企业在进行投资分红时,必须事先了解投资者的投资目的,据此选择适当的分配方案。如果属于收益性目的(如低收入阶层以及养老基金等机构投资者,他们需要企业发放的现金股利来维持生活或用于发放养老金等),在分配时就必须考虑投资者的收益预期;否则,投资者可能因为预期收益目的没有达到,从而可能抛售企业的股票,影响公司股价和企业市场价值。如果投资者基于通过投资来稳定购销关系,加强分工协作的目的,那么投资分红就处于次要地位,从而股利分配政策就应侧重于留存利润而不是分配现金股利。

4. 控制权的稀释

如果企业在支付大量现金股利后再发行新的普通股以融通所需资金,现有股东将会因缺少资金购买新股而导致其控制权可能被稀释。另外,随着新股的发行,流通在外的普通股股数增加,最终将导致普通股的每股盈利和每股市价的下降,对现有股东产生不利影响。因此,当公司存在极为有利的投资机会但又无法用负债筹资时,公司的现有股东往往主张限制股利的支付,而愿意较多地保留盈余,避免增发新股票以防止控制权旁落他人。

(四) 其他因素

1. 债务合同约束

一般来说,股利支付水平越高,留存收益越少,就越有可能损害到债权人的利益。因此,企业的债务合同特别是长期债务合同,往往有限制企业现金股利支付的条款,以保护债权人的利益。这些条款通常包括:

(1) 未来的股利只能以签订债务合同后产生的利润来发放,不能以过去的留存收益来发放;

(2) 营运资金低于某一特定金额时不得发放股利;

(3) 利息保障倍数低于一定水平时不得支付股利等。

2. 机构投资者的投资限制

机构投资者包括养老基金、证券投资基金、保险企业和其他一些机构。机构投资者对投资股票种类的选择,往往与股利的支付有关。如果某种股票连续几年不支付股利或所支付的股利金额起伏较大,则该股票一般不会成为机构投资者的投资对象。因此,如果企业想更多地吸引机构投资者,则应采用较高且稳定的股利分配政策。

3. 通货膨胀的影响

在通货膨胀情况下，企业计提的固定资产折旧的购买力水平会下降，会导致企业没有足够的资金来源重置固定资产。这时较多的留存利润就会成为弥补固定资产折旧购买力水平下降的资金来源。因此，在通货膨胀时期，企业一般采取偏紧的股利分配政策。

三、股利分配政策的类型

股利分配政策的核心问题是确定支付股利与留存利润的比例，即股利支付率问题。较高的股利一方面可使股东获取可观的投资收益，另一方面还会引起公司股票市价上涨，使股东除股利收入外还可获得资本利得。但过高的股利将使公司留存收益大量减少，或者影响公司未来发展，或者大量举债，增加公司资本成本负担，最终影响公司未来收益，进而降低股东权益。而较低的股利虽然使公司有较多的发展资金，但与公司股东的愿望相背离，股票市价可能下降，公司形象将会受到损害。因此，合理的股利分配政策对企业及股东来讲是非常重要的。企业应当确定适当的股利分配政策，并使其保持连续性，有利于提高企业的财务形象，从而提高企业发行在外股票的价格和企业的市场价值。

1. 剩余股利政策

剩余股利政策主张，企业未来有良好的投资机会时，根据企业设定的目标资本结构，确定未来投资所需的权益资金，先最大限度地使用留存利润来满足投资所需的权益资金，然后将剩余部分作为股利发放给股东。剩余股利政策以股利无关论为依据，认为股利是否发放以及发放多少，对企业价值以及股价不会产生任何影响，所以股东不关心企业股利的分配。

[业务实例 8-3]　华为公司遵循剩余股利政策，其目标资本结构为资产负债率 60%，如果 2017 年的税后利润为 600 万元。

要求：

(1) 在没有增发新股的情况下，计算该公司在 2018 年可以进行的最大投资支出金额。

(2) 如果企业 2018 年度拟投资 1 000 万元，计算该公司可以支付的股利。

解：

(1) 企业 2018 年最大的投资支出$=\dfrac{600}{1-60\%}=1\,500$(万元)

(2) 企业 2018 年可以支付的股利$=600-1\,000\times(1-60\%)=200$(万元)

剩余股利政策的优点是充分利用资本成本较低的留存收益来满足企业对再投资的权益资金需求，保持理想的资本结构，使综合资本成本最低。该股利政策的缺点有：一是容易与股东特别是那些非重要影响的大众股东对当前报酬的偏好产生矛盾；二是可能会因每年投资机会和盈利水平的波动而造成股利发放的波动，从而给投资者造成企业经营不稳定的感觉；三是会因股利支付率过低而不利于公司树立良好的形象，从而影响股价上涨，导致企业价值被错误低估，为他人进行廉价收购创造可乘之机。该股利政策一般适用于公司初创阶段。

2. 固定股利政策

固定股利政策是公司将每年派发的股利额固定在某一特定水平的政策。其基本特征是，在一段时间内，不论企业的盈利情况和财务状况如何，都将企业每年的每股股利支付额稳定在某一特定水平保持不变。只有企业认为企业的盈利确已增长，而且这种增长不会发生逆转时，企业才会提高每股股利支付额，且又会在一段时间内保持不变。总体来说，这种股利分配政策是呈稳定增长趋势的。

固定股利政策的优点是，固定的股利可以给股票市场和投资者传递公司经营状况稳定、管理层对未来充满信心的信号，有利于公司在资本市场上树立良好的形象，有利于增强投资者对公司的信心，从而稳定公司股票价格；固定的股利有利于投资者安排各种经常性的消费和其他支出，消除投资者心中的不确定感，特别是那些对股利有较强依赖性的股东更是如此，从而吸引住这些打算做长期投资的股东。该股利政策的缺点主要在于，股利的支付与盈利相脱节，即无论盈利多少，公司均应按固定的乃至稳定增长的比例派发股利；当公司经营状况不好时仍要支付较高股利，这可能会导致资金短缺、财务状况恶化，甚至会侵蚀公司留存收益和公司资本。该股利政策一般适用于盈利比较稳定或处于成长期的公司。

3. 固定股利支付率政策

固定股利支付率政策是公司确定固定的股利支付比率，并长期按此比率从净利润中支付给股东股利的政策。由于公司的盈利能力在年度间是经常波动的，因此每年股利也会随着公司收益的变动而变动，获得较多利润的年份股利额高，获得较少利润的年份股利额低。

固定股利支付率政策的优点是，使股利与公司盈利紧密结合，体现了多盈多分、少盈少分、不盈不分的股利分配原则，避免固定股利政策下每年必须承受“定额负债”性质的支付压力；也有助于投资者通过股利额的变动真实地了解公司的经营财务状况，做出恰当地投资选择。该股利政策的不足之处在于，由于股利随盈利状况的好坏而波动，容易使外界产生公司经营不稳定的印象，会影响股东对公司未来经营的信心，不利于公司股票市价的稳定与上涨。该股利政策一般适用于稳定发展且财务状况也相对稳定的公司。

4. 低正常股利加额外股利政策

低正常股利加额外股利政策是介于固定股利政策与固定股利支付率政策之间的一种股利政策。其特征是公司事先设定一个较低水平的正常性股利额，一般情况下，公司每期都按此金额支付正常股利；当盈利较多或不需要较多留存收益时，再根据实际情况支付额外股利。

低正常股利加额外股利政策吸收了固定股利政策与固定股利支付率政策的优点，并在一定程度上克服了二者的缺点。其优点是既可以在一定程度上维持股利的稳定性，又能做到股利和盈利有较好的配合，使企业具有较大的灵活性。由于一般情况下，股利发放水平较低，故企业在净利润很少或需要将相当多的净利润留存下来用于再投资时，仍旧可以维持既定的股利发放水平，避免股价下跌的风险；而当企业盈利有较大幅度增加且拥有充裕的现金时，则可以通过发放额外股利的方式，将其支付给股东，有利于企业股票价格上扬。该股利政策适用于盈利与现金流量不稳定的企业。

上面所介绍的四种股利分配政策中，固定股利政策和低正常股利加额外股利政策是被企业普遍采用，并为广大的投资者所认可的两种基本政策。企业在进行利润分配时，应充分考虑各种政策的优、缺点和企业的实际情况，选择适宜的股利政策。

实务训练

我国上市公司的股利政策带有鲜明的特色，主要有：① 送红股的上市公司多，派现金股利的上市公司相对较少；② 送红股和公积金转增股本的比例大，股本扩张迅速；③ 不分配利润的上市公司占有相当大的比重；④ 每年股利政策变动大的上市公司多，执行较为稳定股利政策的上市公司少。

将班级学生分成若干小组(5～8人为一组)，每个小组组织讨论，并分析上述特色是什么原因造成的？对我国经济、企业、股东带来了什么影响？如何建立可持续发展的股利政策？

任务三　制定股利分配方案

任务要求

为了妥善处理企业短期利益与长远利益、股东与企业的关系，企业要制定一套合理的股利分配方案。所以，应了解股利分配方案的内容，理解股利支付程序，掌握不同股利支付形式对企业和股东的影响。

就股份公司而言，股利分配方案的确定与变更，决策权都高度集中于企业董事会。要完成整个股利分配方案的制定与决策过程，通常需要经过三个权力层面或阶段：一是财务部门；二是董事会；三是股东大会。财务部门提供的各种财务数据是董事会制定股利分配方案的主要依据；董事会的职责是拟定企业整体的股利分配政策(草案)与具体的分配方案(预案)，并提出支持理由；股东大会的职责主要是检查企业财务报告，审核批准董事会制定的股利分配政策与分配方案。股利分配方案主要确定以下四个方面的内容：一是选择股利分配政策类型；二是确定股利支付水平；三是确定股利支付形式；四是确定股利支付程序。

一、股利分配政策类型的选择

就规模和盈利来讲，每家公司都会经历初创阶段、高速发展阶段、稳定增长阶段、成熟阶段和衰退阶段。在不同的发展阶段，公司所面临的财务、经营等问题都会有所不同。比如，公司在初创阶段的获利能力、现金流入量、融资能力、对资金的需求等，和公司在经历高速增长阶段之后的稳定发展阶段相比，是完全不同的。因此，股份公司应根据企业在不同成长与发展阶段的特点采用不同的股利分配政策，具体如表8-2所示。

表8-2　股份公司股利分配政策的选择

公司发展阶段	特　点	采用的股利政策
初创阶段	公司经营风险高，有投资需求且融资能力差	剩余股利政策
高速发展阶段	产品销量急剧上升，需要进行大规模的投资	低正常股利加额外股利政策
稳定增长阶段	销售收入稳定增长，市场竞争力增强，行业地位已经巩固，扩张的投资需求减少，广告开支比例下降，现金净流入量稳步增长，每股收益呈上升态势	固定股利政策
成熟阶段	盈利水平稳定，积累了相当的盈余和资金	固定股利支付率政策
衰退阶段	销售收入锐减，利润严重下降，股利支付能力日绌	剩余股利政策

二、股利支付水平的确定

股利支付水平通常用股利支付率来衡量。股利支付率是当年发放股利与当年净利润之比，或每股股利除以每股收益。股利支付率反映了公司将当年净利润中的多少用于支付普通股的股利，将多少留存在公司进行再投资。一般来说，股利支付率越高，公司发放股利越多，因而对股东和潜在投资者的吸引力越大，也就越有利于建立良好的公司信誉。但过高的股利支付率也会产生不良效果：一是会使公司的留存收益减少；二是如果公司要维持高股利支付率而对外大量举债，会增加资本成本，最终必定会影响公司的未来收益和股东权益。

三、股利支付形式的选择

（一）股利支付形式

股利支付形式一般有现金股利、股票股利、财产股利和负债股利。在现实经济生活中，我国上市公司的股利分配广泛采用部分股票股利和部分现金股利的做法。

1. 现金股利

现金股利是指股份公司以现金的形式向股东支付股利。现金股利是企业最为常见的，也是最容易被投资者接受的股利支付方式。发放现金股利将同时减少公司资产负债表中的留存收益和现金，所以公司采用现金股利形式时，必须具备两个条件：一是公司要有足够的未指明用途的留存收益；二是公司要有足够的现金。

2. 财产股利

财产股利是指公司用现金以外的其他财产分配股利。

(1) 实物股利。即发放给股东实物资产或实物产品，多用于额外股利支付。这种形式并不增加企业现金流出，只是减少公司的净资产，多用于企业现金支付能力较低的时期。

(2) 证券股利。即以企业持有的其他公司的证券代替现金发放给股东。由于证券的流动性及安全性较好，仅次于现金，股东乐意接受。对企业来说，将证券作为股利发放给股东，既发放了股利，又实际保留了对其他公司的控制权，从而也乐意采用这种形式。

3. 负债股利

负债股利是指公司以负债形式来发放其股利，通常以应付票据支付，有时也以发行公司债券抵付股利。负债形式的股利支付本质上是一种股利的延期支付行为。这种形式使得公司资产总额不变，负债增加，净资产减少。对公司来说，这种股利支付形式保存了现有货币资金，但增加了支付利息的财务压力。因此，它只是公司已宣布必须立即发放股利而现金暂时不足时采用的一种权宜之策。

4. 股票股利

股票股利是指公司以股票形式发放的股利，又称为红股。以股票作为股利，一般都是按在册股东持有股份的一定比例来发放，对不满一股的股利仍采用现金发放。股票股利最大的优点就是节约现金支出，因而常被现金短缺的企业采用。

发放股票股利时，只需在企业账面上减少未分配利润项目金额而增加股本和资本公积等项目金额。显然，发放股票股利是一种增资行为，但发放股票股利与其他增资行为不同的是，它不改变企业的股东权益总额和股权结构，改变的只是股东权益内部各项目的金额。

[业务实例 8-4] 华丰公司 2017 年在发放股票股利前，股东权益结构如表 8-3 所示。

表 8-3　华丰公司发放股票股利前的股东权益结构　　金额单位:千元

项　目	金　额
普通股股本(面值 1 元,已发行 2 亿股)	200 000
资本公积	400 000
盈余公积	400 000
未分配利润	2 000 000
股东权益合计	3 000 000

假定该企业宣布发放 10%的股票股利,即发放 20 000 000 股普通股股票,现有股东每持 100 股可得 10 股股票股利。如果该股票当时市价 20 元,发放股票股利以市价计算。

要求:计算未分配利润划出的资金额、普通股股本的增加额、资本公积的增加额。

解:未分配利润划出的资金=20×200 000 000×10%=400 000 000(元)

普通股股本增加额=1×200 000 000×10%=20 000 000(元)

资本公积的增加额=400 000 000−20 000 000=380 000 000(元)

发放股票股利后,企业股东权益结构如表 8-4 所示。

表 8-4　华丰公司发放股票股利后的股东权益结构　　金额单位:千元

项　目	金额
普通股股本(面值 1 元,已发行 2.2 亿股)	220 000
资本公积	780 000
盈余公积	400 000
未分配利润	1 600 000
股东权益合计	3 000 000

从表 8-4 中可以看出,发放 10%的股票股利后,股东权益总额并没有发生任何变化,仍为 3 000 000 000 元;所不同的是普通股股本增加了 20 000 000 元,资本公积增加了 380 000 000 元,而未分配利润减少了 400 000 000 元。

需要说明的是,上例中以市价计算股票股利价格的做法(下同),是很多西方国家所通行的;而我国股票股利价格则是以股票面值计算的。

发放股票股利后,如果盈利总额不变,会由于股票股数增加而引起每股盈余和每股市价的下降,但股东所持股票的比例和市场价值总额仍保持不变。

发放股票股利后每股盈余和每股市价的计算公式分别为:

$$\text{发放股票股利后的每股盈余}=\frac{EPS_0}{1+D}$$

$$\text{发放股票股利后的每股市价}=\frac{P_0}{1+D}$$

式中,EPS_0——发放股票股利前的每股盈余;P_0——发放股票股利前的每股市价;D——股票股利发放率。

[业务实例 8-5]　假定上例中的华丰公司 2017 年盈利 440 000 000 元,某股东持有 2 000 000

股普通股，发放股票股利对该股东的影响如表 8-5 所示。

表 8-5　发放股票股利对股东的影响　　金额单位：元

项　目	发放前	发放后
每股盈余	440 000 000÷200 000 000=2.2	2.2÷(1+10%)=2
每股市价	20	20÷(1+10%)=18.18
持股数量	2 000 000	2 000 000×(1+10%)=2 200 000
持股比例	2 000 000÷200 000 000=1%	2 200 000÷220 000 000=1%
所持股总价值	20×2 000 000=40 000 000	18.18×2 200 000=40 000 000

尽管股票股利不会直接增加股东财富，也不会增加企业资产，但对股东和企业都有一定的好处。

对股东的意义在于：

(1) 如果企业在发放股票股利后同时发放现金股利，股东会因为持股数的增加而得到更多的现金股利。

(2) 有时企业发放股票股利后，股价并不同比例下降，这样便增加了股东财富。因为股票股利通常为成长中的企业所采用，投资者可能会据此认为，企业将会有较大的发展，盈余将会有大幅度增长，并能抵消增发股票所带来的消极影响，从而使股价稳定不变或略有上升。

(3) 在股东需要现金时，可以将分得的股票股利出售，获取一定的资本利得，从而享受到资本利得在纳税方面的好处。

对企业的意义在于：

(1) 能达到节约现金的目的。企业采用股票股利或股票股利与现金股利相互配合的分配政策，既能使股东满意，又能使企业留存一定资金，便于进行再投资，有利于企业长期发展。

(2) 能提高股票的流动性。当一些上市公司的股票市场价格较高，不利于股票交易和流通时，可以通过发放股票股利来增加企业股票的总数，从而可以适当降低企业股票的市场价格，以此来提高本企业股票的流动性。

[业务实例 8-6]　宏达公司 2017 年年终税后利润分配前的有关资料如表 8-6 所示。

表 8-6　宏达公司税后利润分配前的有关资料

项　目	金　额	项　目	金　额
年初未分配利润	10 000 万元	盈余公积	4 000 万元
本年税后利润	20 000 万元	所有权益合计	40 000 万元
普通股股本(5 000 万股，每股 1 元)	5 000 万元	每股市价	40 元
资本公积	1 000 万元		

该公司决定，2017 年按规定比例 10%提取盈余公积金，发放股票股利 10%(10 送 1)，并且按发放股票股利后的股数派发现金股利，每股 0.1 元(10 派 1)。

要求：假设股票的每股市价与每股净资产成正比例，计算利润分配后的盈余公积、股本、股票股利、资本公积金、现金股利、未分配利润数额和预计的普通股每股市价。

解：由于 2017 年可供分配的利润=10 000+20 000=30 000 万元>0，可按 2017 年税后利

润计提盈余公积。

盈余公积余额＝4 000＋20 000×10％＝4 000＋2 000＝6 000（万元）

股本余额＝5 000×（1＋10％）＝5 500（万元）

股票股利＝40×5 000×10％＝20 000（万元）

资本公积金余额＝1 000＋（40－1）×5 000×10％＝20 500（万元）

现金股利＝5 000×（1＋10％）×0.1＝550（万元）

未分配利润余额＝10 000＋（20 000－2 000－20 000－550）＝7 450（万元）

利润分配后所有者权益合计＝5 500＋20 500＋6 000＋7 450＝39 450（万元）

或：利润分配后所有者权益合计＝40 000－550＝39 450（万元）

利润分配前每股净资产＝40 000÷5 000＝8（元）

利润分配后每股净资产＝39 450÷5 500＝7.17（元）

利润分配后预计每股市价＝$7.17\times\frac{40}{8}=35.85$（元）

（二）与股利支付形式有关的股权增减变动形式

在股利支付实践中，一家上市公司股权的增减变动除了发放股票股利之外，还有许多形式也可以使公司的股权数量发生增减变化，主要包括资本公积转增股本、股票回购、增资配股、股票分割和股票合并等。在证券市场上，不少投资者都在某种程度上将引起股权增减变化的这些形式视为类股利分配形式。

1. 资本公积转增股本

资本公积转增股本与股票股利十分相似，都是在不改变公司股东权益的基础上增加公司发行在外的股票数量，增加公司的股本。另外，资本公积转增股本和股票股利都不会使公司的股东权益发生增减变化，故随着公司发行在外股票数量的增加，股票的每股账面价值和市场价值均会相应降低。资本公积转增股本与股票股利的不同之处在于，资金来源不一样，股票股利的资金来源是利润，而资本公积转增股本的资金来源是资本公积金。

2. 股票回购

股票回购是指将公司发行在外流通的股票通过现金方式购回，并将它们作为库存股的形式。公司在回购股票的过程中，往往是将公司缺乏有利可图投资机会的多余现金分发给股东，使股东获得实际的经济利益。公司回购股票对公司而言的直接后果是现金保有量减少，股权资金和股票数量减少，资产结构和财务结构都趋于激进，股权资金的获利能力增强；对股东而言的直接后果是，由于回购股票的资金是企业闲置的资金，不会对公司收益产生不利影响，使得流通在外的股票每股收益增加，股票市场价格上升，给股东带来了实际的经济利益。一般来讲，公司在现有资本结构过于稳健，杠杆效率低下，资金成本过高，并且现金又较为充裕的情况下，才有必要通过股票回购来调整资本结构状况，降低综合资金成本，获得财务杠杆利益。另外，股票回购还可用于阻止公司被兼并和掌握公司的控制权等。

3. 增资配股

增资配股是指公司向现有股东配售新股的形式。增资配股所发行的新股通常要求首先向现有股东配售，即现有股东拥有新股的优先认股权，从性质上讲，增资配股不属于股利分配范畴，而是公司筹集资本金的形式；但公司配股价格往往会低于股票市场价格，故现有股东获得的优先认股权就有了价值，从而起到了类似于股利分配的作用。

4. 股票分割

股票分割也称为股份拆细或拆股,是指企业将原来面值较大的一股股票分割成若干股面值较小的新股票的形式。股票分割后,发行在外的股数增加,每股面值降低,每股盈余下降;但公司价值、股东权益总额、股东权益各项目的金额及其相互间的比例保持不变。从本质上来讲,股票分割仅仅将一股面值较高的股票交换成数股面值较低的股票,不属于股利分配。对公司来讲,进行股票分割的主要目的在于通过增加股票股数引起每股面值降低,每股盈余下降,最终导致每股市价下跌,从而吸引更多投资者;但从股东的角度来看,股票分割增加了其持有股票的数量,起到了与股票股利同等的效果。但要注意的是,只有在公司盈利不断增加和股价高企的前提下,才可通过股票分割增加公司的市场价值。

5. 股票合并

股票合并又称为反分割,是指将原来面值较小的若干股股票合并成一股面值较大的新股票的形式。股票合并的本质是通过减少公司股票的股数来提高新股的面值和内含价值,从而使股票的市场价格上涨。股票合并与股票回购的相同之处是两者都会减少公司流通在外的股票数量;不同之处是股票回购会导致公司现金流出,给股东带来实际的经济利益,而股票合并则不会导致公司现金流向股东,仅仅是一种数字游戏,不会给股东带来任何利益。在实务中,股票合并往往是公司处于财务困境时不得已而采取的行动。比如,公司的股票账面价值由于常年亏损,已经大大低于证券交易所股票上市交易的最低规定,这时公司就可能对股票进行合并,以满足交易的条件;又如,公司认为公司股票市场价格过低,以致影响公司形象时,公司也可能采取股票合并的行动。

四、股利支付程序

公司在选择了股利分配政策、确定了股利支付水平和方式后,应及时发布股利发放的信息并及时进行股利的发放。但在上市公司股票交易频繁、股东经常变动的条件下,哪些股东可以享有领取当期股利的权利就成为一个需要明确的问题。因此,在制定股利分配方案时,需要有一个支付程序。股利支付程序是指从上市公司宣布股利分配开始一直到股东领到当期股利为止这一段时间中的程序安排。以下以我国上市公司的股利发放时间来进行相应的说明:

1. 预案公布日

预案公布日是指上市公司将董事会制定的股利分配预案以公告的方式向社会予以公布的日期。上市公司分派股利时,首先由公司董事会制定股利分配预案。预案内容包括本次股利分配的方式、数量,股东大会召开的时间、地点及表决方式等。

2. 股利宣告日

股利宣告日是指董事会将股东大会决议通过的股利分配方案以公告的方式向社会予以公布的日期。上市公司董事会制定的股利分配预案提交股东大会审议通过后,股东大会将授权董事会公告股利分配的有关事项。在公告中将宣布股利支付方式、支付数额、股权登记日、除息日和股利支付日等事项。当股利分配方案被宣告时,它就变成上市公司的义务且不能被取消。

3. 股权登记日

股权登记日是指有权领取当期股利的股东资格登记的截止日期。只有在股权登记日在公司股东名册上有名的股东,才有权分享当期股利,而在股权登记日以后列入名单的股东无权领取当期股利。在股权登记日当天收盘后股东持有的股票为含息股票(现金股利)或含权股票

(股票股利)。现在,我国证券交易所的中央清算登记系统为股权登记提供了很大的方便,一般在交易日营业结束后即可打印出股东名册。

4. 除息(权)日

因现金股利分配引起的剔除权利行为称为除息。因发放股票股利从而导致股本增加而形成的剔除权利行为称为除权。除息(权)日是指领取现金股利(股票股利)的权利与股票相互分离的日期。在除息(权)日前,领取现金股利(股票股利)权从属于股票,持有股票者享有领取现金股利(股票股利)的权利;从除息(权)日开始,股利权与股票相分离,新购入股票的投资者不能享有现金股利(股票股利)。除息(权)日的确定是由证券市场交割方式决定的,因为股票交易的交割、过户需要一定的时间。在我国,由于采用次日交割方式,则除息(权)日与股权登记日相差一个工作日,即股权登记日后的第一个交易日就是除息(权)日。另外,除息(权)日对股票的价格有明显的影响。通常在除息(权)日之前进行交易的股票,其价格高于在除息(权)日之后进行交易的价格,其原因就在于前者股票的价格包含应得的现金股利(股票股利)在内。

5. 股利支付日

股利支付日是上市公司按公布的股利分配方案向股权登记日登记在册的股东实际发放股利的日期。

[业务实例 8-7]　华为公司 2018 年 4 月 6 日公告了 2017 年度最后的分红方案,并发布公告如下:"本公司在 2018 年 4 月 5 日在天津召开的股东大会上通过了董事会 4 月 2 日公布的本次分红方案,本年度发放每股 2 元的现金股利。本公司将于 2018 年 5 月 15 日至 30 日将上述股利发放给已在 2018 年 4 月 25 日登记为本公司股东的人士,除息日为 4 月 26 日。特此公告。"

解:该公司的股利支付程序如图 8-1 所示。

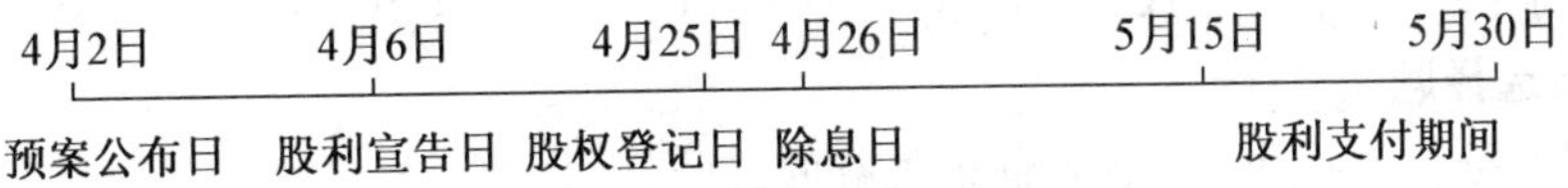

图 8-1　华为公司股利支付的程序

实务训练

将班级学生分成若干小组(5～8 人为一组),每个小组组织讨论,并分析一家上市公司相关股利分配公告及股价变化,研究上市公司股利支付方式不同会引起股价什么变化?如何利用各相关日期进行股票投资操作?

能力拓展训练

一、单项选择题

1. 公司的法定盈余公积金余额达到注册资本的(　　)时,可不再提取法定盈余公积。

A. 25%　　B. 50%　　C. 80%　　D. 100%

2. 股利的支付可减少管理层可支配的自由现金流量,在一定程度上可抑制管理层的过度投资或在职消费行为。这种观点体现的股利理论是(　　)。

A. 股利无关理论　B. 信号传递理论　C. "在手之鸟"理论　D. 代理理论

3. 制定股利分配政策时，应考虑的股东因素是(　　)。

A. 资本保全　　B. 筹资成本　　C. 通货膨胀　　D. 规避风险

4. 在下列公司中，通常适合采用固定股利政策的是(　　)。

A. 收益显著增长的公司　　B. 收益相对稳定的公司

C. 财务风险较高的公司　　D. 投资机会较多的公司

5. 在下列股利分配政策中，股利与利润之间保持固定的比例关系，体现投资风险与收益对等关系的是(　　)。

A. 剩余股利政策　　B. 固定股利支付率政策

C. 固定股利政策　　D. 低正常股利加额外股利政策

6. 一般来说，如果一个公司举债能力较弱，应采取(　　)股利分配政策。

A. 宽松　　B. 较紧　　C. 不紧　　D. 固定或变动

7. 下列各项财务指标中，能够揭示上市公司每股股利与每股收益之间关系的是(　　)。

A. 市净率　　B. 股利支付率　　C. 每股市价　　D. 每股净资产

8. 大化股份公司现有发行在外的普通股 1 000 万股，每股面值 1 元，资本公积 3 000 万元，未分配利润 8 000 万元，股票市价 20 元。若按 10%的比例发放股票股利并按市价折算，该公司资产负债表中"资本公积"项目的金额为(　　)。

A. 1 900 万元　　B. 2 900 万元　　C. 4 900 万元　　D. 3 000 万元

9. 公司为了降低流通在外的公司股票价格，对股东支付股利的形式可选用(　　)。

A. 现金股利　　B. 财产股利　　C. 股票股利　　D. 负债股利

10. 一般地，除息日之后的股票价格(　　)除息日之前的股票价格。

A. 高于　　B. 低于　　C. 等于　　D. 不一定

二、多项选择题

1. 在利润分配程序中，会形成留存收益的有(　　)。

A. 分配现金股利　　B. 弥补亏损

C. 提取法定盈余公积　　D. 提取任意盈余公积

2. 按照资本保全约束的要求，企业发放股利所需要的资金来源包括(　　)。

A. 当期利润　　B. 留存收益　　C. 原始投资　　D. 股本

3. 股利无关论认为(　　)。

A. 投资人并不关心股利的分配　　B. 股利支付率不影响公司的价值

C. 只有股利支付率会影响公司的价值　　D. 投资人对股利和资本利得无偏好

4. 影响股利政策的企业自身因素有(　　)。

A. 控制权稀释　　B. 投资机会　　C. 筹资成本　　D. 资产流动性

5. 在确定股利分配政策时需考虑股东意愿，其中属于限制股利支付的有(　　)。

A. 稳定收入　　B. 规避风险　　C. 避税考虑　　D. 控制权稀释

6. 下列关于固定股利政策的说法中，正确的是(　　)。

A. 有利于稳定股票的价格　　B. 能使股利和公司盈余紧密结合

C. 有利于树立公司良好的财务形象　　D. 有利于增强投资者对公司的信心

7. 采用低正常股利加额外股利政策的理由是(　　)。

A. 能使股利和公司盈余紧密结合

B. 使公司具有较大的灵活性

C. 保持理想的资本结构,使综合资金成本最低

D. 使依靠股利度日的股东有比较稳定的收入,从而吸引住这部分投资者

8. 股利分配方案涉及的内容有(　　)。

A. 股利支付程序　B. 股利支付方式　C. 股利支付比率　D. 股利分配政策类型

9. 股利支付形式有多种,我国股份制企业采用的形式主要有(　　)。

A. 现金股利　B. 实物股利　C. 股票股利　D. 负债股利

10. 发放股票股利会产生(　　)的影响。

A. 股票价格下降　B. 股东权益各项目的比例发生变化

C. 每股盈余下降　D. 股东权益总额发生变化

三、判断题

1. 按照利润分配的积累优先原则,企业税后利润分配不论什么条件下均应优先提取法定盈余公积金。(　　)

2. 企业发生的年度经营亏损,依法用以后年度实现的税前利润弥补。连续5年不足弥补的,用税后利润弥补,或者经企业董事会或经理办公会审议后,依次用企业盈余公积、资本公积弥补。(　　)

3. 留存收益是留在企业的利润,归企业所有,投资者无权要求对其进行分配。(　　)

4. 股东为防止控制权稀释,往往希望公司提高股利支付率。(　　)

5. 剩余股利政策的优点是有利于保持理想的资本结构,降低企业的综合资金成本。(　　)

6. 固定股利支付率政策的主要缺点在于公司股利支付与其盈利能力相脱节,当盈利较低时,仍要支付较高的股利,容易导致公司资金短缺、财务状况恶化。(　　)

7. 处于成长中的公司多采用低股利政策;处于经营收缩的公司多采用高股利政策。(　　)

8. 只要公司拥有足够现金就可以发放现金股利。(　　)

9. 企业发放股票股利会引起每股收益下降,从而导致每股市价有可能下跌,每位股东所持有股票的市场价值总额也将随之下降。(　　)

10. 在除息日之前股利权从属于股票,从除息日开始,新购入股票的人不能分享本次已宣告发放的股利。(　　)

四、分析计算题

1. 华强公司2016年实现的净利润为5 000万元,分配现金股利3 750万元。2017年实现的净利润为7 000万元,2018年计划投资一项目,所需资金为6 000万元。假定该公司目标资本结构为自有资金占60%,借入资金占40%。

要求:

(1) 计算该公司2018年投资项目所需的自有资金额和需要从外部借入的资金额;

(2) 如果该公司执行剩余股利政策,计算2017年度应分配的现金股利;

(3) 如果该公司执行固定股利政策,计算2017年度应分配的现金股利,可用于2018年投资项目的留存收益和需要额外筹集的资金额;

(4) 如果该公司执行固定股利支付率政策,计算该公司的股利支付率和2017年度应分配的现金股利。

2. 宏达股份公司2016年年末未分配利润为1 000万元，2017年税后利润为1 500万元，股本为1 000万股，每股面值1元，资本公积100万元，盈余公积400万元，所有者权益合计4 000万元。2016年年末每股市价40元。该公司决定，按10%的比例提取法定盈余公积金，发放5%的股票股利（即股东每持20股可得1股）并按市价折算，然后按发放股票股利后的股数派发现金股利每股0.1元。假设股票每股市价与每股账面价值成正比例关系。

要求：计算该公司2017年度利润分配后的未分配利润、盈余公积、资本公积、流通股数和预计每股市价。

项目九　财务预算

【知识目标】

- 了解全面预算的概念及全面预算体系的构成；
- 了解财务预算的概念、作用和编制程序；
- 了解固定预算、增量预算和定期预算的含义及内容；
- 理解弹性预算、零基预算和滚动预算等方法的特征及操作技巧；
- 掌握各项业务预算、现金预算和预计财务报表的编制。

【能力目标】

- 能够根据资料编制企业的现金预算、预计资产负债表和预计利润表。

【引　言】　全面预算管理起源于20世纪20年代，最初在美国的通用电气、杜邦公司应用，后来很快成为大型工商企业的标准作业程序。20世纪90年代中后期，全面预算管理的概念逐步为中国的大型国有企业所接受，开始推行全面预算管理，并取得良好的效果。比如，宝钢集团从20世纪90年代中期就开始实施全面预算管理，管理水平得到大幅度提升。

任务一　了解财务预算的内容

任务要求

“预则立，不预则废”，企业通过编制财务预算规划自身的经营活动，可以避免决策的盲目性，提高企业管理水平。财务预算是财务预测与财务决策的具体化，是财务控制和财务分析的依据，也是责任绩效考核与奖惩的重要依据。所以，要了解财务预算的概念、作用和编制程序。

一、财务预算的概念

全面预算就是根据企业目标所编制的经营、资本和财务等年度收支计划，即以货币及其他数量形式反映企业未来一定期间内全部经营活动各项具体目标的计划与相应措施的数量说明。它是企业财务活动的指导性、纲领性文件，具体包括特种决策预算、日常业务预算和财务预算三大类内容。

其中,特种决策预算是指企业不经常发生的、一次性的重要决策预算,如固定资产投资预算(主要涉及现金的长期性流动,也叫作资本支出预算)以及缴纳税金和发放股利预算等;日常业务预算是指日常生产经营活动过程中所涉及的预算,如供应方面涉及的材料采购预算,生产方面涉及的产量、直接材料、直接人工、制造费用、生产成本等预算,销售方面涉及的销售预算等;财务预算是指一系列专门反映企业未来一定期间内预计财务状况和经营成果,以及现金收支等价值指标的各种预算的总称,具体包括现金预算、预计资产负债表、预计利润表和预计现金流量表等内容。

财务预算是在特种决策预算和日常业务预算的基础上编制的。作为全面预算体系的最后环节,财务预算可以从价值方面总括地反映特种决策预算与日常业务预算的结果,使全面预算一目了然。因此,财务预算也称为总预算,特种决策预算和日常业务预算则相应地称为辅助预算或分预算。企业全面预算体系如图 9-1 所示。企业以经营目标为基础,确定本年度的销售预算,并结合企业财力确定资本支出预算等特种决策预算;根据"以销定产"原则,以销售预算为年度预算的编制起点,进一步确定生产预算,然后延伸到直接材料、直接人工和制造费用等日常业务预算;各个日常业务预算和特种决策预算为企业的现金预算提供了依据;预计利润表、预计资产负债表和预计现金流量表在最后编制,是对前面各种日常业务预算、特种决策预算及现金预算的综合。

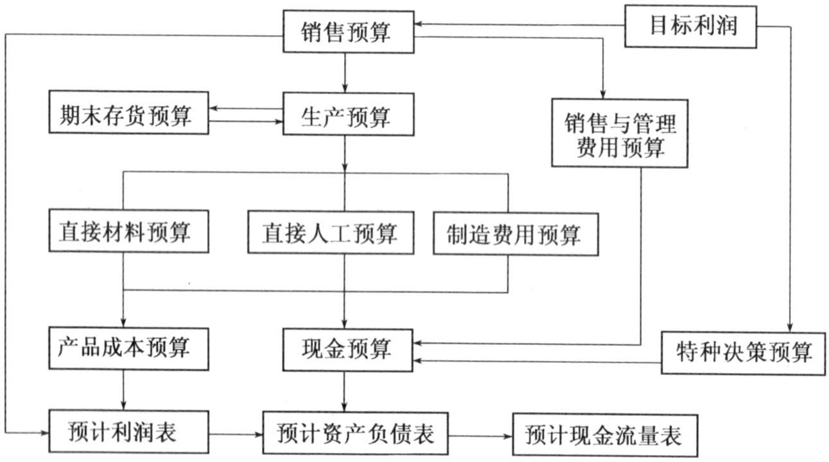

图 9-1　企业全面预算的体系

二、财务预算的作用

财务预算是企业全面预算体系的主要组成部分,在企业经营管理和实现目标利润的过程中发挥着重要作用,主要表现在:

1. 财务预算有利于明确各职能部门的奋斗目标

财务预算作为一种以价值尺度编制的综合性预算,规定了企业一定时期的总目标以及各级、各部门的具体财务目标,从而能够明确规定企业供应、生产、销售和财务等职能部门的各自职责,有助于明确各部门及人员在业务量、收入和成本等方面应达到的水平和努力的方向,为企业总目标的实现奠定可靠的基础。

2. 财务预算有利于协调各部门之间的关系

企业内部各部门因其职责不同,对各自经济活动的考虑可能会带有片面性,甚至会出现相互冲突的现象。而财务预算具有高度的综合能力，编制财务预算的过程也是统筹兼顾、全面安排、综合平衡的过程，从而把企业经营过程中的各环节、各方面的工作严密地组织起来，使各部门的工作协调一致，使各部门统一服从于企业未来经营总体目标的要求。

3. 财务预算有利于强化企业的财务控制

在预算执行过程中，企业可以随时根据财务预算对各职能部门的财务工作状况进行检查，以便及时发现在执行预算过程中出现的偏差，尽快查明产生的原因，采取必要措施予以纠正或调整，从而使企业的生产经营向既定的目标发展。

4. 财务预算有利于正确进行企业经营成果的评价

财务预算规定了企业在预算期应实现的财务成果，这就为评价企业实际取得的经营成果提供了衡量标准。企业可以根据财务预算确定的各项财务成果指标，逐一对照检查其实际完成情况，分析偏离预算的程度和原因，划清责任，对各部门的工作业绩做出科学的评价。

三、财务预算编制的程序

企业编制财务预算一般应按照“上下结合、分级编制、逐级汇总”的程序进行。

1. 下达目标

企业董事会或经理办公会根据企业发展战略和预算期经济形势的预测，在决策的基础上于每年 9 月月底前提出下年度企业财务预算目标，包括销售目标、成本费用目标、利润目标和现金流量目标，并确定财务预算编制的政策，由财务预算委员会下达给各预算执行单位。

2. 编制上报

各预算执行单位按照企业财务预算委员会下达的财务预算目标和政策，结合自身特点及预算的执行条件，提出详细的本单位财务预算方案，于 10 月月底前上报企业财务管理部门。

3. 审查平衡

企业财务管理部门对各预算执行单位上报的财务预算方案进行审查、汇总，提出综合平衡的建议。在审查、平衡过程中，财务预算委员会应当进行充分协调，对发现的问题提出初步调整意见，并反馈给有关预算执行单位予以修正。

4. 审议批准

企业财务管理部门在有关预算执行单位修正调整的基础上，编制出企业财务预算方案，报财务预算委员会讨论。对不符合企业发展战略或财务预算目标的事项，企业财务预算委员会应当责成有关预算执行单位进一步修订、调整。在讨论、调整的基础上，企业财务管理部门正式编制企业年度财务预算草案，提交董事会或经理办公会审议批准。

5. 下达执行

企业财务管理部门对董事会或经理办公会审议批准的年度总预算，一般在次年 3 月月底前分解成一系列的指标体系，由财务预算委员会逐级下达给各预算执行单位执行。

实务训练

将班级学生分成若干小组（5～8 人为一组），每个小组深入当地一家企业开展调查研究，组织讨论，并以企业高层管理人员的身份为企业预算年度编制一份全面预算方案。

任务二　掌握预算编制的方法

任务要求

预算的编制是一项专业性、技术性和操作性很强的工作。所以，要掌握各种预算编制方法及其各自的优、缺点和适用范围。

一、固定预算与弹性预算

预算编制按其业务量基础的数量特征不同，可分为固定预算与弹性预算。

（一）固定预算

固定预算又称为静态预算，是根据预算期内正常的、可实现的某一业务量水平作为唯一基础来编制的预算。固定预算是不考虑预算期内可能发生的变动因素而编制预算的方法，是最传统、最基本的预算编制方法。

固定预算的优点是简便易行。但是，固定预算也存在着以下缺点：一是过于机械呆板，在预算期内无论实际业务量水平有何变化，都只能按事先确定的某一业务量水平来分析评价预算的执行情况；二是可比性差，当实际业务量与预计业务量发生较大差异时，有关预算指标的实际数与预算数之间就会因业务量基础不同而失去可比性，不利于开展控制与考核，有时还会引起误解。基于以上两点，固定预算只适用于业务量水平较为稳定的企业。

[业务实例 9-1] 华威公司采用完全成本法，其预算期生产的某种产品的预计产量为 100 000 件，按固定预算方法编制的该产品成本预算如表 9-1 所示。

表 9-1　华威公司产品成本预算　　金额单位：元

成本项目	总成本	单位成本
直接材料	500 000	5
直接人工	100 000	1
制造费用	200 000	2
合　计	800 000	8

该产品预算期的实际产量为 140 000 件，实际发生的总成本为 1 100 000 元。其中，直接材料 750 000 元，直接人工 120 000 元，制造费用 230 000 元，单位成本为 7.86 元。

该公司根据实际成本资料和预算成本资料编制的成本业绩报告如表 9-2 所示。

表 9-2　华威公司成本业绩报告　　金额单位：元

成本项目	实际成本	预算成本		差异	
		未按产量调整	按产量调整	未按产量调整	按产量调整
直接材料	750 000	500 000	700 000	+250 000	+50 000
直接人工	120 000	100 000	140 000	+20 000	−20 000
制造费用	230 000	200 000	280 000	+30 000	−50 000
合　计	1 100 000	800 000	1 120 000	+300 000	−20 000

从表 9－2 中可以看出，实际成本与未按产量调整的预算成本相比超支较多；实际成本与按产量调整后的预算成本相比又节约不少。在产量从 100 000 件增加到 140 000 件的情况下，如果不按变动后的产量对预算成本进行调整，就会因业务量不一致而导致所计算的差异缺乏可比性；但是如果所有的成本项目都按实际产量调整，也不够科学，也不能准确反映企业预算的执行情况。因为制造费用中包括一部分固定制造费用，是不随产量变动的。

（二）弹性预算

1. 弹性预算的概念

弹性预算又称为变动预算，是为克服固定预算的缺点而设计的预算方法。它是指在成本习性分析的基础上，以业务量、成本和利润之间的依存关系为依据，按照预算期各种可能达到的业务量水平，编制能够适应企业在预算期内不同业务量水平的预算。编制弹性预算的业务量可以是产量、销售量、人工工时和机器工时等。业务量变动范围的选择应考虑企业的具体情况，一般在正常生产能力的 70%～110%。弹性预算主要用来编制成本费用预算和利润预算。

与固定预算相比，弹性预算有两个显著的优点：一是预算范围宽，能够反映预算期内在一定相关范围内的可预见的多种业务量水平相对应的不同预算额，从而扩大了预算的适用范围。二是可比性强，在预算期实际业务量与计划业务量不一致时，可将实际指标和与实际业务量相应的预算额进行对比，从而使预算执行情况的评价与考核建立在更加客观可比的基础上，便于更好地发挥预算在管理中的控制作用。

2. 弹性成本费用预算的编制

编制弹性成本预算的关键是进行成本性态分析，将全部成本最终区分为变动成本和固定成本两大类。变动成本主要根据业务量来控制，固定成本则按总额控制。在此基础上，按事先确定的业务量有效变动范围，根据业务量与有关成本费用项目之间的内在关系即可编制弹性成本费用预算。常见的弹性成本费用预算编制方法有公式法和列表法两种。

（1）公式法。在成本习性分析的基础上，可将任何成本费用表示为 $y=a+bx$，其中，a 为固定成本，b 为单位变动成本，x 为业务量，y 为成本总额。公式法只需列出各项成本费用的 a 和 b，即可推算出业务量在允许范围内任何水平上的各项预算成本费用。

［业务实例 9－2］ 假设东方公司直接人工工时的变动范围为 10 000～15 000 小时，预算期制造费用的资料如表 9－3 所示。

表 9－3　东方公司制造费用弹性预算　　金额单位：元

项　目	固定成本(a)	单位变动成本(b)
管理人员工资	20 000	—
保险费	10 000	—
维修费	20 000	8
辅助材料	30 000	18
检验员工资	—	4
合　计	80 000	30

根据表 9－3 中的资料，可以利用 $y=80\,000+30x$ 计算出人工工时在 10 000～15 000 小时内任何业务量基础上的制造费用预算总额。

公式法的优点是在一定范围内不受业务量波动的影响，编制预算的工作量较小；其缺点是进行预算控制和考核时，不能直接查出特定业务量下的总成本预算数额，而且逐项分解成本比较麻烦。

(2) 列表法。通过列表的方式在相关范围内每隔一定业务量进行预算，以反映一系列业务量下的预算成本费用水平。

[业务实例 9－3] 表 9－4 是华安公司某车间制造费用预算表。正常业务量为 500 工时，业务量范围为 70%～110%，编表间隔为 10%。

表 9－4 华安公司某车间制造费用弹性预算

金额单位：元

业务量(直接人工工时)	350	400	450	500	550
生产能力利用/%	70	80	90	100	110
变动成本					
运输(b=8)	2 800	3 200	3 600	4 000	4 400
消耗材料(b=2)	700	800	900	1 000	1 100
小　计	3 500	4 000	4 500	5 000	5 500
混合成本					
修理费	2 500	2 700	3 000	3 100	3 150
油料	1 200	1 300	1 500	1 550	1 650
小　计	3 700	4 000	4 500	4 650	4 800
固定成本					
折旧费	2 000	2 000	2 000	2 000	2 000
管理人员工资	2 500	2 500	2 500	2 500	2 500
小　计	4 500	4 500	4 500	4 500	4 500
合　计	11 700	12 500	13 500	14 150	14 800

列表法的主要优点是可以直接从表中查得各种业务量下的成本预算，便于预算的控制与考核；但这种方法工作量较大，且不能包括所有业务量条件下的费用预算，故适用面较窄。

3. 弹性利润预算的编制

弹性利润预算是根据成本、业务量和利润之间的依存关系，为适应多种业务量变化而编制的利润预算。弹性利润预算以弹性成本预算为基础，有因素法和百分比法两种编制方法。

(1) 因素法。该方法根据受业务量变动影响的有关收入、成本等因素与利润的关系，列表反映在不同业务量条件下的预算利润水平。这种方法适用于单一品种经营的企业。

[业务实例 9－4] 预计华威公司预算期某产品的销售量在 7 000～11 000 件之间变动，销售单价为 1 000 元，单位变动成本为 700 元，固定成本总额为 800 000 元。

要求：根据上述资料，以 1 000 件为销售量的间隔单位编制该产品的弹性利润预算。

解：依题意编制的弹性利润预算如表 9－5 所示。

表 9-5　华威公司弹性利润预算　　金额单位：千元

销售量/件	7 000	8 000	9 000	10 000	11 000
销售收入	7 000	8 000	9 000	10 000	11 000
减：变动成本	4 900	5 600	6 300	7 000	7 700
边际贡献	2 100	2 400	2 700	3 000	3 300
减：固定成本	800	800	800	800	800
营业利润	1 300	1 600	1 900	2 200	2 500

（2）百分比法。对于经营多种产品的企业来说，则需要用一种综合的方法——百分比法对全部经营产品按产品大类编制弹性利润预算。百分比法是指按不同项目占销售额的百分比，列表反映在销售业务量的有效变动范围内，不同销售收入百分比相应的预算利润水平的一种方法。因此，应用百分比法的前提条件是销售收入必须在相关范围内变动，即销售收入的变化不会影响企业的成本水平（单位变动成本和固定成本的总额）。这种方法主要适用于多品种经营的企业。

［业务实例 9-5］　宏达公司预算期的销售业务量达到100%时的销售收入为1 000万元，变动成本为750万元，固定成本为80万元。

要求：根据上述资料，以10%的间隔单位为宏达公司按百分比法编制弹性利润预算。

解：根据题意编制的弹性利润预算如表 9-6 所示。

表 9-6　宏达公司弹性利润预算　　金额单位：万元

销售收入百分比(1)	70%	80%	90%	100%	110%
销售收入(2)＝1 000×(1)	700	800	900	1 000	1 100
变动成本(3)＝750×(1)	525	600	675	750	825
边际贡献(4)＝(2)－(3)	175	200	225	250	275
固定成本(5)	80	80	80	80	80
营业利润(6)＝(4)－(5)	95	120	145	170	195

二、增量预算与零基预算

成本费用预算编制按其编制基础不同可分为增量预算和零基预算。

（一）增量预算

增量预算又称为调整预算法，是指以基期成本费用水平为基础，结合预算期业务量水平及有关降低成本的措施，通过调整原有成本费用项目而编制的成本费用预算。

增量预算基于以下假定：一是原有的各项开支都是必需的、合理的，只有保留企业现有的各项业务活动及其费用开支，才能使企业的经营过程得到正常进行；二是预算期的成本费用变动是在现有成本费用的基础上调整的结果。

这种预算方法编制工作简单、编制速度快，但它存在以下三个缺点：

（1）以过去的水平为基础，容易受原有成本项目的影响，导致以前不合理的项目被惯性合理化。不论基期成本费用水平是否合理，编制时往往会保留原有的成本项目，形成不必要的开支，造成浪费。

(2) 容易滋长预算中的平均主义和简单化。增量预算容易鼓励编制人员凭主观臆断按成本费用项目平均削减预算或只增不减，不利于调动各部门降低成本费用的积极性。

(3) 不利于企业未来的发展。按此法编制成本费用预算时，对于那些未来真正需要开支的项目可能因没有考虑未来情况的变化而造成预算的不足。

(二) 零基预算

零基预算是指不考虑以往会计期间所发生的成本费用项目或数额，而是将所有的预算支出均以零为出发点，一切从实际需要与可能出发，逐项审议预算期各项成本费用的内容及开支标准是否合理，在综合平衡的基础上编制的成本费用预算。

零基预算编制的程序是，首先，根据企业在预算期的总体目标，对每一项业务说明其性质、目的，以零为基础，详细提出各项业务所需要的成本费用；其次，按“成本-效益”方法比较分析每一项预算成本费用是否必要，能否避免，以及它所产生的效益，区分为不可避免成本费用项目和可延缓成本费用项目；最后，对不可避免成本费用项目优先分配资金，对可延缓成本费用项目根据可动用资金情况，按轻重缓急以及项目效益大小分成等级，逐项下达成本费用预算。

零基预算的优点是，不受以前预算期成本费用项目及水平限制，对一切成本费用项目都以零为起点，这样不仅能压缩资金开支，而且能切实做到把有限的资金用在最需要的地方，从而调动各方面降低成本费用的积极性和创造性，合理使用资金，提高资金效益。零基预算的缺点是，所有成本费用项目均需重新分析研究，势必带来繁重的工作量，编制时间较长。为了弥补这一缺点，企业可以每隔若干年编制一次零基预算，以后几年内略做适当调整。这样既减轻了预算编制的工作量，又能适当控制成本费用。因此，零基预算特别适用于产出比较难以辨认的服务性部门成本费用预算的编制。

[业务实例 9-6] 华为公司为深入开展双增双节运动，降低费用开支水平，拟对历年超支严重的业务招待费、劳动保护费、办公费、广告费、保险费等间接费用项目按照零基预算方法编制预算。经多次讨论研究，确定上述费用在预算期的开支水平如表 9-7 所示。

表 9-7 华为公司预计费用项目及开支金额 金额单位：万元

费用项目	开支金额
业务招待费	180
劳动保护费	150
办公费	100
广告费	300
保险费	120
合 计	850

经过充分论证，得出以下结论：上述费用中除业务招待费和广告费以外都不能再压缩了，必须得到全额保证。根据历史资料对业务招待费和广告费进行成本-效益分析，得到以下数据，如表 9-8 所示。

表 9-8　华为公司成本-效益分析表　　金额单位:万元

成本项目	成本金额	收益金额
业务招待费	1	4
广告费	1	6

权衡上述各项费用开支的轻重缓急,排出以下层次和顺序:

(1) 因为劳动保护费、办公费和保险费在预算期必不可少,需要得到全额保证,属于不可避免约束性固定成本,故应列为第一层次;

(2) 因为业务招待费和广告费可根据预算期间企业财力情况酌情增减,属于可延缓费用项目。其中广告费的成本-效益较大,应列为第二层次;业务招待费的成本-效益相对较小,应列为第三层次。

假定该公司预算期对上述各项费用可动用的财力资源只有 700 万元,根据以上排列的层次和顺序分配资源,最终落实的预算金额如下:

(1) 确定不可避免项目的预算金额为 370(150＋100＋120)万元。

(2) 确定可供分配的资金数额为 330(700－370)万元。

(3) 按成本-效益比将可分配的资金数额在业务招待费和广告费之间进行分配。

$$业务招待费可分配的资金=330\times\frac{4}{4+6}=132(万元)$$

$$广告费可分配的资金=330\times\frac{6}{4+6}=198(万元)$$

三、定期预算与滚动预算

预算编制按其预算期的时间特征不同可分为定期预算和滚动预算。

(一) 定期预算

定期预算是指以不变的会计期间作为预算期而编制的预算。定期预算能够使预算期间与会计期间相匹配,便于考核和评价预算的执行结果。但定期预算的缺点也十分明显。

一是缺乏远期指导性。定期预算往往是在预算年初甚至提前 2—3 个月编制的,对于整个预算年度的生产经营活动很难做出准确的预算,尤其是对预算后期只能进行笼统地估算,数据含糊,从而给预算执行带来很多困难。

二是造成预算滞后性。事先规划的预算期的某些经营活动,在预算期间可能会发生重大变化(如预算期临时中途转产等),而原有预算却未能及时做出相应调整,从而导致预算失效。

三是形成人为预算中断。在预算执行过程中,由于受预算期间的限制,致使经营者的决策视野局限于本期规划的经营活动,尤其是在所剩预算期逐渐变短的时候,会使经营者只考虑较短时期内的业务活动,而忽视了长期经营活动的连续性。

(二) 滚动预算

滚动预算又称为永续预算,是指将预算期与会计年度脱离,随着预算的执行不断延伸补充预算,逐期向后滚动,使预算期永远保持为一个固定期间而编制的预算。这种预算要求在固定的预算期,头几个月的预算要详细完整,后几个月可以粗略一些。随着时间的推移,原来较粗略的预算逐渐变得详细,随之又补充新的较粗略的预算,以此不断滚动。滚动预算按其滚动的时间单位不同可分为逐月滚动、逐季滚动和混合滚动三种方式。

1. 逐月滚动

逐月滚动是指以月份为滚动的时间单位，每个月调整一次而编制的预算。如在 2017 年 1—12 月的预算执行过程中，需要在 1 月月末根据当月预算的执行情况以及客观条件的变化，修订 2—12 月的预算，同时补充 2018 年 1 月的预算；2 月月末根据当月预算的执行情况以及客观条件的变化，修订 3 月至 2018 年 1 月的预算，同时补充 2018 年 2 月的预算……

逐月滚动预算示意图如图 9－2 所示。

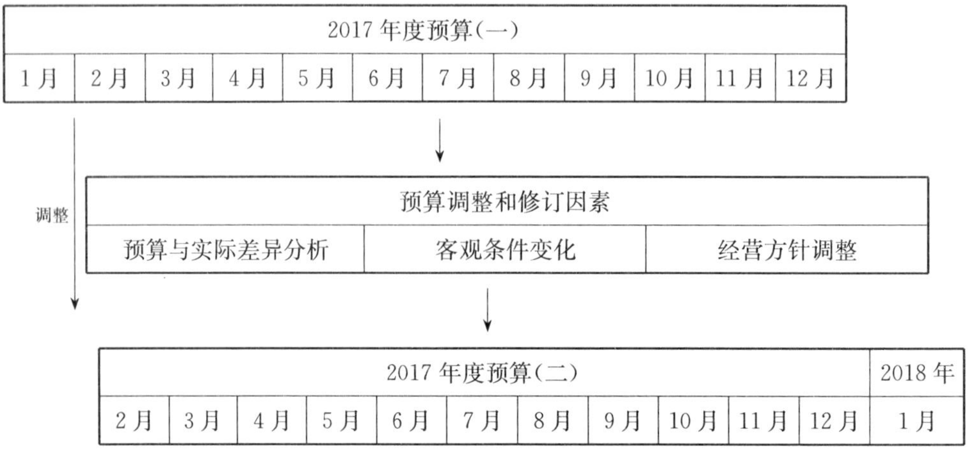

图 9－2　逐月滚动预算

逐月滚动方式编制的预算比较精确，但工作量太大。

2. 逐季滚动

逐季滚动是指以季度为滚动的时间单位，每个季度调整一次而编制的预算。如在 2017 年第一季度至第四季度的预算执行过程中，需要在第一季度末根据当季预算的执行情况以及客观条件的变化，修订第二季度至第四季度的预算，同时补充 2018 年第一季度的预算；到第二季度末再根据当季预算的执行情况以及客观条件的变化，修订第三季度至 2018 年第一季度的预算，同时补充 2018 年第二季度的预算……

逐季滚动方式编制预算的工作量比逐月滚动方式的工作量小，但预算精度相对较差。

3. 混合滚动

混合滚动是指同时使用月份和季度作为滚动的时间单位而编制的预算，是一种长计划、短安排的变通方式。如对 2017 年 1—3 月逐月编制详细预算，其余 4—12 月分别按季度编制粗略预算；3 月月末根据第一季度预算的执行情况以及客观条件的变化，再编制 4—6 月的详细预算，并修订第三季度至第四季度的预算，同时补充 2018 年第一季度的预算。依此类推，不断滚动。

与定期预算相比，滚动预算具有以下优点：

一是完整性好。滚动预算在时间上不受会计年度的限制，能够连续不断地规划未来的经营活动，不会造成预算的人为中断，从而使企业经营活动始终有一个长远的总体战略布局。

二是及时性强。滚动预算能根据前期预算的执行情况，结合各种因素的变动影响，及时调整和修订近期预算，从而使预算更加切合实际，能够充分发挥预算的指导和控制作用。

三是前瞻性好。滚动预算可以使管理人员对预算资料做经常性的分析研究，始终能够从动态的角度把握住企业近期的规划目标和远期的战略布局。

滚动预算的主要缺点是预算工作量较大。

实务训练

将班级学生分成若干小组(5～8人为一组)，每个小组组织讨论我国制定“十三五”发展规划、企业编制年度经营计划，各自应采用什么样的编制方法?

任务三　编制财务预算

任务要求

华为公司财务部接到公司财务预算委员会的通知，要求编制2018年公司财务预算，报公司财务预算委员会审议。公司财务部立即收集各部门业务预算编制现金预算，并根据现金预算的有关资料编制预计财务报表。

一、现金预算的编制

(一) 现金预算的概念

现金预算又称为现金收支预算，是以日常业务预算和特种决策预算为基础所编制的反映预算期内企业全部现金收入和全部现金支出的预算。这里的现金是指企业的库存现金和银行存款等货币资金。现金预算包括现金收入、现金支出、现金余绌和资金融通四部分。

现金收入包括预算期初现金余额加上本期预算现金收入，主要来自于营业收入和应收款项的回收。现金支出包括预算期间预计发生的一切现金支出，除了涉及有关直接材料、直接人工、制造费用和销售及管理费用、缴纳税金、股利分配等经营性现金支出外，还包括购买设备等资本性支出。现金余绌是指预算期内企业现金收入总额与现金支出总额之间的差额。资金融通就是通过资金筹措及运用来调整现金余绌，主要反映了预算期内向银行借款还款、支付利息以及进行短期投资及投资收回等内容。

企业应当在保证各项支出所需资金供应的前提下，注意保持期末现金余额在合理的上、下限度内波动。这是因为现金余额过少会影响资金周转，现金余额过多又会造成资金浪费。当现金余绌为正值(即现金结余)，且偿还了利息和借款本金之后仍超过现金余额上限时，就应拿出一部分用于有价证券投资；如果现金余绌为负值时(即现金短缺)，可采取暂缓还本付息、抛售有价证券或向银行借款等措施。

(二) 现金预算的编制步骤

现金预算实际上是日常业务预算和特种决策预算有关现金收支部分的汇总，以及现金收支差额平衡措施的具体计划。下面先分别介绍各项日常业务预算和特种决策预算的编制，从而为现金预算的编制提供数据及编制依据。

1. 销售预算

销售预算是指为规划一定预算期内因组织销售活动而引起的预计销售收入而编制的预算。由于其他预算都需要在销售预算的基础上编制或者大都与销售预算数据有关，所以销售预算是编制全面预算的关键和起点。销售预算在销售预测的基础上，根据企业年度目标利润确定的预计销售量和销售价格等参数进行编制。其计算公式为：

预算期预计销售收入＝产品预计单价×产品预计销售量

[业务实例9－7] 假定华为公司生产和销售甲产品，根据2018年各季度预计的销售量及售价的有关资料编制销售预算表如表9－9所示。

表9－9 华为公司2018年度销售预算表

项 目	一季度	二季度	三季度	四季度	合 计
销售量/件	5 000	7 500	10 000	9 000	31 500
销售单价/(千元/件)	20	20	20	20	20
销售收入/千元	100 000	150 000	200 000	180 000	630 000

销售预算中通常还包括与销售收入有关的经营现金收入预算，即根据预算期间现销收入与回收赊销货款的可能情况来反映现金收入，其目的是为编制现金预算提供必要的资料。预算期的经营现金收入的计算公式为：

预算期经营现金收入＝预算期现销收入＋预算期回收的前期应收账款

此外，根据下列公式可以计算出企业预算期末的应收账款余额：

预算期末应收账款余额＝预算期初应收账款余额＋预算期销售收入－预算期经营现金收入

[业务实例9－8] 华为公司每季度销售收入在本季度收到现金60%，其余在下季度收回，2017年第四季度应收账款余额为31 000千元。华为公司2018年预计经营现金收入如表9－10所示。

表9－10 华为公司2018年预计经营现金收入表

金额单位：千元

项 目	本期发生额	现金收入			
		一季度	二季度	三季度	四季度
期初应收账款余额	31 000	31 000			
一季度	100 000	60 000	40 000		
二季度	150 000		90 000	60 000	
三季度	200 000			120 000	80 000
四季度	180 000				108 000
期末应收账款余额	72 000				
合 计	589 000	91 000	130 000	180 000	188 000

2. 生产预算

生产预算是指为规划一定预算期内预计生产量水平而编制的预算。它是根据销售预算编制的。该预算是所有日常业务预算中唯一只使用实物量计量单位的预算，可以为编制有关成本费用预算提供实物量数据。

通常，企业的生产和销售不能做到“同步同量”，生产数量除了满足销售数量外，还需要设置一定的存货，以保证均衡生产。因此，预算期间除必须备有充足的产品以供销售外，还应考虑预计期初存货和预计期末存货等因素，以避免存货太多形成积压，或存货太少影响下期销售。预计生产量可用下列公式计算：

预计生产量＝预计销售量＋预计期末存货量－预计期初存货量

上式中，预计期初存货量等于上期末存货量，预计期末存货量按事先估计的期末存货量占下期销售量的比例进行估算。

［业务实例 9－9］ 假设业务实例 9－7 中，华为公司希望能在每季度末保持相当于下季度销售量 10%的期末存货，2017 年年末产品的期末存货为 500 件，2019 年第一季度预计销售量为 10 000 件。华为公司 2018 年的生产预算如表 9－11 所示。

表 9－11　华为公司 2018 年生产预算表　　单位：件

项　目	一季度	二季度	三季度	四季度	合　计
预计销售量	5 000	7 500	10 000	9 000	31 500
加：期末存货	750	1 000	900	1 000	1 000
合　计	5 750	8 500	10 900	10 000	32 500
减：期初存货	500	750	1 000	900	500
预计生产量	5 250	7 750	9 900	9 100	32 000

3. 直接材料预算

直接材料预算是指为规划一定预算期内因组织生产活动和材料采购活动预计发生的直接材料需要量、采购数量和采购成本而编制的预算。

直接材料预算的编制以生产预算、材料消耗定额和预计材料采购单价等信息为基础，同时还要考虑期初、期末材料存货水平。生产需要量的计算公式为：

生产需要量＝预计生产量×该产品材料消耗定额

直接材料生产需要量同预计采购量之间的关系可按下列公式计算：

预计采购量＝生产需要量＋期末库存量－期初库存量

上式中，预计期初存货量等于上期末存货量，期末库存量一般按照下期生产需要量的一定百分比来计算。

预计直接材料的采购成本的计算公式为：

采购成本＝预计材料采购单价×预计采购量

［业务实例 9－10］ 接业务实例 9－9 的资料，假设甲产品只耗用一种材料，华为公司预计每季度末材料库存量分别为 2 100 千克、3 100 千克、3 960 千克、3 640 千克。2017 年年末库存材料 1 500 千克。华为公司 2018 年度直接材料预算如表 9－12 所示。

表 9－12　华为公司 2018 年度直接材料预算表　　金额单位：千元

项　目	一季度	二季度	三季度	四季度	合　计
预计生产量/件	5 250	7 750	9 900	9 100	32 000
单位产品耗用量/(千克/件)	2	2	2	2	2

（续表）

项目	一季度	二季度	三季度	四季度	合　计
生产需用量/千克	10 500	15 500	19 800	18 200	64 000
加：预计期末库存量	2 100	3 100	3 960	3 640	3 640
合　计	12 600	18 600	23 760	21 840	67 640
减：预计期初库存量	1 500	2 100	3 100	3 960	1 500
预计采购量	11 100	16 500	20 660	17 880	66 140
单价/(千元/千克)	2.5	2.5	2.5	2.5	2.5
预计采购金额	27 750	41 250	51 650	44 700	165 350

为了便于编制现金预算，对材料采购还须编制采购现金支出预算。预算期采购现金支出的计算公式为：

预算期采购现金支出＝预算期支付的前期应付账款＋预算期采购材料现金支出

此外，根据下列公式可以计算出企业预算期末的应付账款余额：

预算期末应付账款余额＝预算期初应付账款余额＋预算期预计采购成本－预算期采购现金支出

［业务实例 9－11］ 华为公司材料采购货款有 50%在本季度内付清，另外 50%在下季度付清，2017 年年末材料采购应付账款余额为 11 000 千元。华为公司 2018 年度预计采购材料现金支出如表 9－13 所示。

表 9－13　华为公司 2018 年度预计采购现金支出表　　金额单位：千元

项　目	本期发生额	现金支出			
		一季度	二季度	三季度	四季度
期初应付账款余额	11 000	11 000			
一季度	27 750	13 875	13 875		
二季度	41 250		20 625	20 625	
三季度	51 650			25 825	25 825
四季度	44 700				22 350
期末应付账款余额	22 350				
合　计	154 000	24 875	34 500	46 450	48 175

4. 直接人工预算

直接人工预算是指为规划一定预算期内人工工时的消耗水平和人工成本水平而编制的预算，也是以生产预算为基础编制的。其主要内容有预计生产量、单位产品工时、人工总工时、每小时人工成本和人工总成本。由于直接人工需要使用现金支付，所以无须另做现金支出预算，可直接为现金预算提供现金支出资料。直接人工预算的计算公式如下：

直接人工总工时＝单位产品工时×预计生产量

直接人工总成本＝直接人工总工时×每小时人工成本

［业务实例 9－12］ 接业务实例 9－9 的资料，华为公司 2018 年直接人工预算如表 9－14 所示。

表 9－14　华为公司 2018 年度直接人工预算表

项目	一季度	二季度	三季度	四季度	合　计
预计生产量/件	5 250	7 750	9 900	9 100	32 000
单位产品工时/小时	200	200	200	200	200
人工总工时/千小时	1 050	1 550	1 980	1 820	6 400
每小时人工成本/元	10	10	10	10	10
人工总成本/千元	10 500	15 500	19 800	18 200	64 000

5. 制造费用预算

制造费用预算是指为规划一定预算期内除直接材料和直接人工预算以外预计发生的其他生产费用水平而编制的预算。实际工作中，编制该预算时要把制造费用按其成本性态分为变动制造费用和固定制造费用两部分。变动制造费用以直接人工预算为基础来编制，即根据预计人工总工时和预计的变动制造费用分配率来计算；固定制造费用作为期间成本直接列入预计利润表予以扣减，与本期的生产量无关，一般可以按照零基预算编制。在制造费用中，除了折旧费以外都需要支付现金。为了便于编制现金预算，需要预计现金支出，将制造费用预算扣除折旧费后，即现金支出费用。

[业务实例 9－13]　接业务实例 9－12 的资料，华为公司 2018 年制造费用预算如表 9－15 所示。

表 9－15　华为公司 2018 年度制造费用预算表　　金额单位：千元

项　目	费用分配率/(元/小时)	一季度	二季度	三季度	四季度	合　计
预计人工总工时(千小时)		1 050	1 550	1 980	1 820	6 400
变动制造费用						
间接材料	1	1 050	1 550	1 980	1 820	6 400
间接人工	0.6	630	930	1 188	1 092	3 840
修理费	0.4	420	620	792	728	2 560
水电费	0.5	525	775	990	910	3 200
小　计	2.5	2 625	3 875	4 950	4 550	16 000
固定制造费用						
修理费		3 000	3 000	3 000	3 000	12 000
水电费		1 000	1000	1 000	1 000	4 000
车间管理人员工资		2 000	2 000	2 000	2 000	8 000
折旧		5 000	5 000	5 000	5 000	20 000
保险费		1 000	1 000	1 000	1 000	4 000
小　计		12 000	12 000	12 000	12 000	48 000
合　计		14 625	15 875	16 950	16 550	64 000
减：折旧		5 000	5 000	5 000	5 000	20 000
现金支出费用		9 625	10 875	11 950	11 550	44 000

6. 产品成本预算

产品成本预算是指为规划一定预算期内每种产品的单位产品成本、生产成本、销售成本等内容而编制的预算。产品成本预算在生产预算、直接材料预算、直接人工预算、制造费用预算的基础上编制，同时为编制预计利润表和预计资产负债表提供数据。

［业务实例 9-14］ 接业务实例 9-9、接业务实例 9-10、接业务实例 9-12 和接业务实例 9-13 的资料，华为公司 2018 年度产品生产成本预算如表 9-16 所示。

表 9-16 华为公司 2018 年度产品成本预算表 金额单位：千元

成本项目	全年生产量 32 000 件			
	单耗/(千克/件或小时/件)	单价/(千元/千克或元/小时)	单位成本/(千元/件)	总成本
直接材料	2	2.5	5	160 000
直接人工	200	10	2	64 000
变动制造费用	200	2.5	0.5	16 000
合 计			7.5	240 000
产成品存货	数量/件	单位成本/(千元/件)	总成本	
年初存货	500	8	4 000	
年末存货	1 000	7.5	7 500	
本年销售	31 500		236 500	

注：由于期初存货的单位成本为 8 千元，而本年生产产品的单位成本为 7.5 千元，两者不一致，故此处存货流转采用先进先出法。

7. 销售及管理费用预算

销售及管理费用预算是指为规划一定预算期内企业因组织产品销售和一般行政管理预计发生的各项费用水平而编制的预算。它是以销售预算为基础，按照成本性态分为变动销售及管理费用和固定销售及管理费用。其编制方法与制造费用相同。销售及管理费用除折旧费外也需要支付现金。为了便于编制现金预算，需要预计现金支出，将销售及管理费用预算扣除折旧费后，即现金支出费用。

［业务实例 9-15］ 华为公司 2018 年度销售及管理费用预算如表 9-17 所示。

表 9-17 华为公司 2018 年度销售及管理费用预算表 金额单位：千元

项 目	变动费用率/%(按销售收入)	一季度	二季度	三季度	四季度	合 计
销售收入		100 000	150 000	200 000	180 000	630 000
变动销售及管理费用						
销售佣金	1	1 000	1 500	2 000	1 800	6 300
运输费	1.60	1 600	2 400	3 200	2 880	10 080
广告费	5.00	5 000	7 500	10 000	9 000	31 500
小 计	7.60	7 600	11 400	15 200	13 680	47 880

（续表）

项　目	变动费用率/%（按销售收入）	一季度	二季度	三季度	四季度	合　计
销售收入		100 000	150 000	200 000	180 000	630 000
固定销售及管理费用						
薪金		5 000	5 000	5 000	5 000	20 000
折旧		3 000	3 000	3 000	3 000	12 000
办公用品		4 500	4 500	4 500	4 500	18 000
杂项		3 500	3 500	3 500	3 500	14 000
小　计		16 000	16 000	16 000	16 000	64 000
合　计		23 600	27 400	31 200	29 680	111 880
减：折旧		3 000	3 000	3 000	3 000	12 000
现金支出费用		20 600	24 400	28 200	26 680	99 880

8. 财务费用预算

财务费用预算是指反映预算期内因筹措生产经营资金而发生财务费用水平的一种预算。就其本质而言，该预算属于日常业务预算，但由于该预算必须根据现金预算中的资金筹措及运用的相关数据来编制。因此这里将其纳入财务预算的范畴。

9. 特种决策预算

特种决策预算通常是指与项目投资决策有关的投资决策预算。它应当根据企业有关投资决策资料和年度固定资产投资计划编制。由于该预算涉及长期建设项目的资金投放与筹措等，并经常跨年度，故除个别项目外一般不纳入日常业务预算，但需要计入与此相关的现金预算与预计资产负债表。

［业务实例 9-16］　2018 年度华为公司准备投资 120 000 千元购入设备，于第二季度与第三季度分别支付价款的 50%。根据有关资料编制 2018 年度华为公司资本支出预算如表 9-18 所示。

表 9-18　华为公司 2018 年度资本支出预算表　　金额单位：千元

项　目	一季度	二季度	三季度	四季度	合　计
购买设备		60 000	60 000		120 000
资本性现金支出		60 000	60 000		120 000

10. 现金预算

现金预算是指以各项日常业务预算和特种决策预算为基础来反映各项预算的收入款项和支出款项以及现金收支差额平衡措施的一种财务预算。编制现金预算的目的是为了测算企业在预算期间现金收入与现金支出的吻合程度及不吻合的时间与数额，以便采取措施，避免资金的积压或短缺。

［业务实例 9-17］　接业务实例 9-7 至接业务实例 9-16 所编制的各种预算提供的资料，并假设华为公司每季度应保持现金余额 10 000 千元。若现金不足或多余，可以 2 000 千元

为单位进行借入或偿还，借款年利率为8%，于每季度初借入，每季度末偿还，借款利息与偿还本金时一起支付。同时，每季度预交所得税14 000千元；在第三季度发放现金股利25 000千元，在第四季度购买国库券21 000千元。2017年年末现金余额为8 000千元。依上述资料编制华为公司2018年度现金预算如表9－19所示。

表9－19　华为公司2018年度现金预算表　　　　金额单位：千元

项　目	一季度	二季度	三季度	四季度	合　计	备　注
期初现金余额	8 000	19 400	10 125	10 725	8 000	
加：销货现金收入	91 000	130 000	180 000	188 000	589 000	表9－10
可供使用现金	99 000	149 400	190 125	198 725	597 000	
减：现金支出						
直接材料	24 875	34 500	46 450	48 175	154 000	表9－13
直接人工	10 500	15 500	19 800	18 200	64 000	表9－14
制造费用	9 625	10 875	11 950	11 550	44 000	表9－15
销售及管理费用	20 600	24 400	28 200	26 680	99 880	表9－17
预交所得税	14 000	14 000	14 000	14 000	56 000	
发放股利			25 000		25 000	
购买设备		60 000	60 000		120 000	表9－18
现金支出合计	79 600	159 275	205 400	118 605	562 880	
现金收支差额	19 400	－9 875	－15 275	80 120	34 120	
资金筹措与运用						
加：向银行借款		20 000	26 000		46 000	
减：归还银行借款				46 000	46 000	
借款利息				2 240*	2 240	
购买国库券				21 000	21 000	
期末现金余额	19 400	10 125	10 725	10 880	10 880	

注：*为借款利息＝20 000×8%×9/12＋26 000×8%×6/12＝2 240千元。

二、预计财务报表的编制

预计财务报表是财务管理的主要工具，是控制企业预算期内资金、成本和利润总量的重要手段，包括预计利润表、预计资产负债表和预计现金流量表等。

（一）预计利润表

预计利润表是指以货币形式综合反映预算期内企业经营活动成果（包括利润总额、净利润）计划水平的财务预算。预计利润表可以揭示预算期内企业的盈利水平，有助于企业管理当局及时调整经营策略。预计利润表是根据销售预算、产品成本预算、制造费用预算、销售管理费用预算等日常业务预算的有关资料编制的。

［业务实例9－18］　根据前述的各种预算，华为公司按变动成本法编制2018年度的预计

利润表如表 9-20 所示,假定其所得税税率为 25%。

表 9-20 华为公司预计利润表

2018 年度　　金额单位:千元

项 目	一季度	二季度	三季度	四季度	合 计	备 注
销售收入	100 000	150 000	200 000	180 000	630 000	表 9-9
减:变动生产成本	37 750*	56 250	75 000	67 500	236 500	表 9-16
变动销售及管理费用	7 600	11 400	15 200	13 680	47 880	表 9-17
边际贡献	54 650	82 350	109 800	98 820	345 620	
减:固定制造费用	12 000	12 000	12 000	12 000	48 000	表 9-15
固定销售及管理费用	16 000	16 000	16 000	16 000	64 000	表 9-17
财务费用				2 240	2 240	表 9-19
税前利润	26 650	54 350	81 800	68 580	231 380	
减:所得税	6 662.5	13 587.5	20 450	17 145	57 845	
税后利润	19 987.5	40 762.5	61 350	51 435	173 535	

注:变动生产成本(第一季度)$=500\times8+4\,500\times7.5=37\,750$ 千克。

(二) 预计资产负债表

预计资产负债表是总括反映预算期末企业财务状况的财务预算。编制预计资产负债表的目的在于判断预算期企业财务状况的稳定性和流动性。通过预计资产负债表的分析,有助于企业管理当局预测企业未来的经营状况,并采取适当的改进措施,以改善企业财务状况。编制预计资产负债表时,除上年期末数已知外,其余项目均应在前述各项日常业务预算、特种决策预算、现金预算和预计利润表的基础上分析填列。

[业务实例 9-19] 华为公司 2018 年度的预计资产负债表如表 9-21 所示。

表 9-21 华为公司预计资产负债表

2018 年度 12 月 31 日　　金额单位:千元

资 产	期初数	期末数	负债及所有者权益	期初数	期末数
流动资产			流动负债		
现金	8 000	10 880	应付账款	11 000	22 350
应收账款	31 000	72 000	应交所得税		1 845*
原材料	3 750	9 100**	流动负债合计	11 000	24 195
库存商品	4 000	7 500	非流动负债		
交易性金融资产		21 000	长期借款	40 000	40 000
流动资产合计	46 750	120 480	负债合计	51 000	64 195
固定资产	237 750	325 750***	所有者权益		
			普通股	200 000	200 000

（续表）

资产	期初数	期末数	负债及所有者权益	期初数	期末数
			留存收益	33 500	182 035****
			所有者权益合计	233 500	382 035
资产总计	284 500	446 230	负债及所有者权益合计	284 500	446 230

注：* 为期末应交所得税＝57 845－56 000＝1 845 千克（见表 9－19、表 9－20）；

** 为期末原材料＝3 640×2.5＝9 100 千克（见表 9－12）；

*** 为期末固定资产＝237 750＋120 000－20 000－12 000＝325 750 千克（见表 9－15、表 9－17、表 9－18）；

**** 为期末留存收益＝33 500＋ 173 535－25 000＝182 035 千克（见表 9－19、表 9－20）。

（三）预计现金流量表

预计现金流量表是反映企业预算期内现金流入与现金流出情况的财务预算。预计现金流量表是从现金的流入和流出两个方面，揭示企业预算期内经营活动、投资活动和筹资活动所产生的现金流量。预计现金流量表能够说明企业预算期内现金流入和流出的原因、偿债能力和支付股利的能力，能够为企业管理当局控制财务收支和提高经济效益提供有用的信息。现金流量表的编制方法有直接法与间接法。这里以直接法编制现金流量表。

［业务实例 9－20］ 华为公司 2018 年度预计现金流量表见表 9－22 所示。

表 9－22 华为公司预计现金流量表

2018 年度　　金额单位：千元

项　目	金　额	备　注
一、经营活动产生的现金流量		
销售商品、提供劳务收到的现金	589 000	表 9－10
现金流入小计	589 000	
购买商品、接受劳务支付现金	160 400*	表 9－13、表 9－15
支付给职工以及为职工支付的现金	95 840**	表 9－14、表 9－15、表 9－17
支付其他与经营活动有关的现金	105 640***	表 9－15、表 9－17
支付预缴的所得税	56 000	表 9－19
现金流出小计	417 880	
经营活动产生的现金流量净额	171 120	
二、投资活动产生的现金流量		
现金流入小计	0	
购建固定资产、无形资产和其他长期资产支付的现金	120 000	表 9－18
投资支付的现金	21 000	表 9－19
现金流出小计	141 000	
投资活动产生的现金流量净额	－141 000	
三、筹资活动产生的现金流量		

（续表）

项　目	金　额	备　注
借款所收到的现金	46 000	表 9－19
现金流入小计	46 000	
偿还债务所支付的现金	46 000	表 9－19
分配股利或利润所支付的现金	25 000	表 9－19
偿还利息所支付的现金	2 240	表 9－19
现金流出小计	73 240	
筹资活动产生的现金流量净额	－27 240	
现金流量净增加额	2 880	

注：* 为购买商品、接受劳务支付现金＝154 000＋6 400＝160 400 千元；

** 为支付给职工以及为职工支付的现金＝64 000＋3 840＋8 000＋20 000＝95 840 千元；

*** 为支付其他与经营活动有关的现金＝44 000－6 400－3 840－8 000＋99 880－20 000＝105 640 千元。

实务训练

在本项目中，为了简化计算，均没有考虑增值税和其他各项税金及附加。事实上，企业在一定时期内的现金流量受税金及附加的影响很大，我们必须加以考虑。将班级学生分成若干小组（5～8 人为一组），每个小组组织讨论如果考虑税金及附加，现金预算如何编制？

能力拓展训练

一、单项选择题

1. 在编制预算时，应考虑预算期内一系列可能达到的业务量水平的编制方法是（　　）。

A. 固定预算　　B. 增量预算　　C. 弹性预算　　D. 滚动预算

2. 在基期成本费用水平的基础上，结合预算期业务量及有关降低的措施，通过调整有关原有费用项目而编制的预算是（　　）。

A. 弹性预算　　B. 零基预算　　C. 增量预算　　D. 滚动预算

3. 可以保证预算的连续性和完整性，并能克服传统定期预算缺点的预算是（　　）。

A. 弹性预算　　B. 零基预算　　C. 滚动预算　　D. 固定预算

4. 全面预算体系的各种预算是以企业决策确定的经营目标为出发点，根据以销定产的原则，按照（　　）的顺序编制的。

A. 先业务预算，后财务预算　　B. 先财务预算，后业务预算

C. 先业务预算，后现金预算　　D. 先现金预算，后财务预算

5. 企业预算是从编制（　　）开始的。

A. 生产预算　　B. 销售预算　　C. 产品成本预算　　D. 现金预算

6. 能够同时以实物量指标和价值量指标分别反映企业经营收入和相关现金收入的预算是(　　)。

A. 现金预算　B. 销售预算　C. 财务费用预算　D. 生产预算

7. 直接材料、直接人工和制造费用预算是依据(　　)编制的。

A. 销售预算　B. 成本预算　C. 生产预算　D. 现金预算

8. 某企业编制生产预算,预计第一季度期初存货为120件,销售量第一季度为1 500件,第二季度为1 600件。该企业存货数量通常按下期销售量的10%比例安排期末存货,则第一季度的预计生产量为(　　)件。

A. 1 540　B. 1 460　C. 1 670　D. 1 570

9. 预计人工总成本=(　　)×单位产品工时×每工时工资率

A. 预计销售量　B. 预计生产量　C. 预计工时量　D. 预计材料消耗量

10. 在财务预算中,专门用以反映企业未来一定预算期内预计财务状况和经营成果的报表统称为(　　)。

A. 现金预算　B. 预计利润表　C. 预计资产负债表　D. 预计财务报表

二、多项选择题

1. 预算的编制方法主要有(　　)。

A. 弹性预算　B. 零基预算　C. 全面预算　D. 滚动预算

2. 编制弹性利润预算的方法包括(　　)。

A. 公式法　B. 列表法　C. 因素法　D. 百分比法

3. 下列各项中,属于日常业务预算的有(　　)。

A. 销售预算　B. 现金预算　C. 生产预算　D. 直接人工预算

4. 财务预算的组成部分不包括(　　)。

A. 现金预算　B. 销售预算　C. 生产预算　D. 预计利润表

5. 确定生产预算中的“预计生产量”项目时,需要考虑的因素有(　　)。

A. 预计销量　B. 预计期初存货　C. 预计期末存货　D. 前期实际销售量

6. 产品成本预算是(　　)预算的汇总。

A. 生产　B. 直接材料　C. 直接人工　D. 制造费用

7. 下列预算中,能够既反映经营业务又反映现金收支内容的有(　　)。

A. 销售预算　B. 直接材料预算　C. 生产预算　D. 制造费用预算

8. 下列各项中,会对预计资产负债表中存货金额产生影响的有(　　)。

A. 生产预算　B. 材料采购预算　C. 销售费用预算　D. 单位产品成本预算

9. 为编制现金预算提供依据的预算有(　　)。

A. 销售预算　B. 预计资产负债表　C. 成本预算　D. 资本支出预算

10. 预计财务报表的编制基础包括(　　)。

A. 日常业务预算　B. 特种决策预算　C. 现金预算　D. 人员培训预算

三、判断题

1. 财务预算是一系列专门反映企业未来一定期间内预计财务状况和经营成果,以及现金收支等价值指标的各种预算的总称。(　　)

2. 企业在编制零基预算时，需要以基期费用项目为依据，但不以基期的费用水平为基础。（ ）

3. 总预算是根据企业目标所编制的经营、资本和财务等年度收支计划，包括特种决策预算、日常业务预算与财务预算三大类内容。（ ）

4. 滚动预算能够使预算期间与会计期间相配合，便于考核预算的执行结果。（ ）

5. 生产预算是日常业务预算中唯一仅以实物量作为计量单位的预算，不直接涉及现金收支。（ ）

6. 生产预算是在销售预算的基础上编制的，根据“以销定产”原则，各期的预计生产量应当等于该期预计销售量。（ ）

7. 产品成本预算既要反映各产品的单位生产成本与总成本，也要反映各产品的现金支出情况。（ ）

8. 现金预算中的现金支出包括经营现金支出、分配股利支出以及缴纳税金的支出，但不包括资本性支出。（ ）

9. 现金预算的现金余绌只能通过归还短期借款或取得短期借款解决。（ ）

10. 企业编制预计财务报表时，必须先编制预计利润表，再编制预计资产负债表。（ ）

四、分析计算题

1. 已知华为公司制造费用的成本性态如表 9-23 所示。

表 9-23 制造费用的成本性态

成本项目	间接人工	间接材料	维修费用	水电费用	劳保费用	折旧费用	其他费用
固定部分/元	1 000	2 000	3 000	200	400	2 600	800
变动部分/(元/小时)	1.0	0.6	0.15	0.2	—	—	0.05

假定该公司正常生产能力(100%)为 10 000 小时。

要求：试用列表法编制该企业生产能力在 70%～110%范围内的弹性制造费用预算(间隔为 10%)。

2. 宏达公司 2018 年年初现金余额为 40 000 元，预测当年各季的现金收支情况如表 9-24 所示。该公司要求每季度末至少保留 100 000 元现金余额，现金不足向银行借款，借款利率为 15%，借款或还款本金必须为 10 000 元的整倍数。假定季初借入款项，并于季末还本付息。

要求：根据上述资料编制该公司 2018 年各季度的现金预算(见表 9-25)。

表 9-24 宏达公司 2018 年预计现金收支表 金额单位：元

项 目	一季度	二季度	三季度	四季度
现金收入	800 000	900 000	1 200 000	1 000 000
现金支出				
直接材料	350 000	320 000	280 000	300 000
直接人工	310 000	330 000	300 500	290 000
其他	240 000	200 000	210 000	250 000
购置固定资产		160 000		

表 9 - 25　宏达公司 2018 年度现金预算表

金额单位:元

项　目	季　度				全　年
	一季度	二季度	三季度	四季度	
期初余额					
现金收入					
现金支出					
直接材料					
直接人工					
其他					
购置固定资产					
现金余绌					
资金融通					
加:银行借款					
减:归还银行借款					
支付利息					
期末余额					

项目十 财务控制

【知识目标】

- 了解财务控制的概念、应具备的条件和原则；
- 归纳不同责任中心的特点；
- 掌握成本中心、利润中心和投资中心的考核指标；
- 比较不同类型的内部转移价格。

【能力目标】

- 能结合具体企业制定财务控制制度并开展财务控制工作；
- 能利用成本中心、利润中心和投资中心考核指标对各责任中心业绩进行具体分析。

【引 言】 我们知道，企业即使有再好的财务目标，也不能只“写在纸上、挂在墙上，风一吹掉在地上”，必须有一套保证财务目标实现的财务控制系统。

任务一 了解财务控制的内容

任务要求

实行财务控制就是对预算和计划的执行进行追踪监督，对执行过程中出现的问题进行调整和修正，以保证财务预算的实现。所以，要了解财务控制的概念、应具备的条件和原则。

一、财务控制的概念

企业财务控制是指利用有关信息和特定手段，对企业财务活动实施影响或调节，确保企业及其内部机构和人员全面落实和实现财务预算的过程。财务控制作为企业财务管理的重要环节，具有以下特征：

1. 财务控制是一种价值控制

财务控制对象是以实现财务预算为目标的财务活动。财务管理以资金运动为主线，以价值管理为特征，决定了财务控制必须实行价值控制。因此，财务控制所借助的手段，如责任预算、责任报告、业绩考核、内部转移价格等都是通过价值指标实现的。

2. 财务控制是一种综合控制

财务控制以价值为手段来实施其控制过程的，故它不仅可以将各种不同性质的业务活动综合起来进行控制，而且可以将不同部门、不同层次和不同岗位的各种业务活动综合起来进行控制。

3. 财务控制以现金流量为控制重点

企业财务活动归根结底反映的是企业资金运动，企业日常的财务活动表现为组织现金流量的过程。因此，财务控制的重点应放在现金流量的控制上，通过现金预算等来保证企业资金运动的顺利进行。

二、财务控制应具备的条件

为保证财务控制顺利进行，从而全面落实和实现财务预算，企业必须具备以下条件：

1. 建立组织机构

按照财务控制要求建立相应的组织机构，是实施企业财务控制的组织保证。为了组织和实施日常财务控制，应建立日常监督、协调、仲裁机构。为了考评预算的执行情况，应建立相应的考核评价机构。在实际工作中，可根据需要将这些机构的职能进行归并或合并到企业的常设机构中。另外，为将企业财务预算分解落实到各部门、各层次和各岗位，还要确定各种执行预算的责任中心。

2. 建立责任会计核算体系

企业的财务预算通过责任中心形成责任预算，而责任预算和总预算的执行情况都必须由责任会计核算来提供。通过责任会计核算，及时提供相关信息，以正确地考核与评价责任中心的工作业绩。通过责任会计汇总核算，进而了解企业财务预算的执行情况，分析存在的问题及原因，为提高企业的财务控制水平和正确地进行财务决策提供依据。

3. 制定奖惩制度

恰当的奖惩制度是保证企业财务控制长期有效运行的重要因素。一般而言，人的工作努力程度往往受到业绩评价和奖惩办法的极大影响。通过制定奖惩制度，明确业绩与奖惩之间的关系，可以有效地引导人们约束自己的行为，争取取得尽可能好的业绩。因此，奖惩制度的制定要体现财务预算目标要求，要体现公平、合理和有效原则，要体现过程考核与结果考核的结合，真正发挥奖惩制度在企业财务控制中应有的作用。

三、财务控制原则

1. 讲求效益原则

实施财务控制总是有成本发生的，企业应根据财务管理目标要求，有效地组织企业日常财务控制。只有当财务控制所取得的收益大于其代价时，这种财务控制才是必要的、可行的。

2. 目标管理及责任落实原则

企业的目标管理要求已纳入财务预算，通过财务预算层层分解，明确规定有关方面或个人应承担的责任和义务，并赋予其相应权利，使财务控制目标和相应的管理措施落到实处，成为财务考核的依据。

3. 例外管理原则

企业日常财务管理涉及企业经营的各个方面，财务控制人员要将注意力集中在那些重要的、不正常、不符合常规的预算执行差异上。通过例外管理，一方面可以通过分析实际脱离预算的原因来达到日常控制目的；另一方面可以检验预算的制定是否科学、先进。

实务训练

将班级学生分成若干小组(5～8 人为一组)，每个小组收集当地一家企业的财务控制的资料，组织讨论并分析该企业应如何进行财务控制。

任务二 划分责任中心与计算分析其评价指标

任务要求

企业为了实现有效的内部协调与控制，应在其内部划分若干责任中心，明确各责任中心应承担的经济责任、应享有的权利和利益。所以，要理解各责任中心如何设置，并能根据企业具体责任中心的设置进行责任中心评价。

一、责任中心

1. 责任中心的概念

责任中心是指具有一定的管理权限，并承担相应经济责任的企业内部责任单位。企业为了实现有效的内部协调与控制，通常按照统一领导、分级管理的原则，在其内部合理划分责任单位，明确各责任单位应承担的经济责任、应享有的权利和利益，促使各责任单位各尽其职、各守其责。

2. 责任中心的特征

(1) 责任中心是一个责、权、利相统一的实体。每一个责任中心都要对一定的财务指标的完成情况负责任。同时，责任中心被赋予与其所承担责任的范围与大小相适应的权利，并规定出相应的业绩考核标准和利益分配标准。

(2) 责任中心具有承担经济责任的条件。一是责任中心具有履行经济责任的行为能力；二是责任中心一旦不能履行经济责任时，能对其后果承担责任的能力。

(3) 责任中心所承担的责任和行使的权利都应是可控的。责任中心只能对其职责范围内的成本、收入、利润和投资负责。因此，这些内容必定是该责任中心所能控制的内容，在对责任中心进行责任预算和业绩考核时也只能包括该中心所能控制的项目。一般而言，责任层次越高，其可控制范围越大。

(4) 责任中心具有独立核算、业绩评价的能力。责任中心的独立核算是实施责、权、利统一的基本条件。只有既划清责任又能进行独立核算的企业内部单位，其工作业绩才可能得到正确评价。

从上述特征可知，凡是可以划清管理范围、明确经济责任、能够单独进行业绩考核的内部单位，无论大小都可以成为责任中心。责任中心按其责任权限范围及业务活动范围的特点不同，可分为成本中心、利润中心和投资中心三大类。

二、成本中心

(一) 成本中心的概念

成本中心是指对成本或费用承担责任的责任中心。成本中心往往没有收入，其职责是用一定的成本费用去完成规定的具体任务，一般包括产品生产部门、劳务提供部门和有一定费用控制指标的企业管理部门。

成本中心是应用最为广泛的一种责任中心形式。任何发生成本的责任单位都可以确定为成本中心，上至企业，下至车间、工段、班组甚至个人都可以划分为成本中心。成本中心的规模不一，一个成本中心可以由若干个更小的成本中心组成。因此，企业可以形成一个逐级控制并层层负责的成本中心体系。

(二) 成本中心的特征

成本中心相对于利润中心和投资中心有其自身的特点，主要表现在：

1. 成本中心只考核成本或费用，并不考核收益

一般而言，成本中心没有经营权和销售权，其工作成果不会形成可以用货币计量的收入。例如，某一生产车间生产的产品只是产成品的某一部件，无法单独出售，因而不可能计量其货币收入。有的成本中心可能有少量收入，但这种收入数量少，零星发生，也没有考核的必要。总之，以货币形式衡量投入，而不以货币形式衡量产出是成本中心的基本特征。

2. 成本中心只对可控成本负责

可控成本是指特定成本中心在特定期间内，能够直接控制其发生及数量的成本。具体来说，可控成本必须同时具备以下四个条件：

(1) 成本中心能够通过一定的方式预知该成本的发生；

(2) 成本中心能够对发生的该成本进行计量；

(3) 成本中心能够对该成本加以调节和控制；

(4) 成本中心能够将有关该成本的控制责任分解落实，并进行考核评价。

凡不能同时满足上述条件的成本就是不可控成本。对于特定成本中心来说，它不应承担不可控成本的相应责任。

从考评的角度来看，成本中心工作业绩的好坏应以可控成本作为主要依据，不可控成本核算只有参考意义。在确定责任中心的成本责任时，应尽可能使责任中心发生的成本为可控成本。因此，正确判断成本的可控性进行是成本中心承担责任的前提。对成本的可控性进行理解应注意以下几个方面：

(1) 成本的可控性总是与特定成本中心相关，与成本中心所处管理层次的高低、管理权限及控制范围的大小有直接关系。同一成本项目受成本中心层次高低影响，其可控性不同。有些成本对于较高层次的成本中心来说属于可控成本，而对于其下属的较低层次的成本中心来讲，可能就是不可控成本。反之，属于较低层次成本中心的可控成本，则一定是其所属较高层次成本中心的可控成本。就整个企业而言，所有的成本都是可控成本；而对于企业内部的各部门、车间、工段、班组和个人来讲，则既有其各自的可控成本又有其各自的不可控成本。比如，车间主任的工资尽管要计入产品成本，但不是车间的可控成本，而他的上级却可以控制。

成本的可控性还要受到管理权限和控制范围的约束。同一成本项目对于某一成本中心来

说是可控成本，而对于处在同一层次的另一成本中心来讲却是不可控成本。比如，广告费对于销售部门是可控的，但对于生产部门是不可控的；又如，直接材料的价格差异对于采购部门来说是可控的，但对于生产耗用部门是不可控的。

(2) 成本的可控性要联系时间范围考虑。成本的可控性是一个动态概念，在消耗或支付的当期成本是可控的，一旦消耗或支付就不可控了。如折旧费、租赁费等成本是过去决策的结果，这在购置设备和签订租约时是可控的，而使用设备或执行租约时就无法控制了。另外，随着时间的推移，成本的可控性还会随着企业管理条件的变化而变化。如某成本中心管理人员的工资过去是不可控成本，但随着用工制度的改革，该成本中心既能决定工资水平，又能决定用工人数，则管理人员工资成本就转化为可控成本了。

(3) 成本的可控性与成本性态和成本可辨认性的关系。一般来说，成本中心的变动成本大多是可控成本，而固定成本大多是不可控成本，但也不完全如此，也要具体情况具体分析。如管理人员工资属于固定成本，但其发生额可以在一定程度上为部门负责人所决定或影响，故也能作为可控成本。从成本的发生同各个成本中心的关系来看，各成本中心直接发生的成本是直接成本，其他部门分配的成本是间接成本。一般而言，直接成本大多是可控成本，间接成本大多是不可控成本，但也要具体情况具体分析。一个成本中心使用的固定资产所发生的折旧费是直接成本，但不是可控成本；产品生产耗费的动力电力费用如果采用按各成本中心实际耗用量进行分配，就是各成本中心的可控成本。

3. 成本中心控制和考核的是责任成本

责任中心所发生的各项可控成本之和即该中心的责任成本。对成本中心工作业绩的考核，主要是将实际责任成本与预算责任成本进行比较、分析和评价。应该注意的是，责任成本与产品成本是既有区别又有联系的两个概念。责任成本和产品成本的主要区别如下：

(1) 成本归集的对象不同。责任成本是以成本中心为归集对象；产品成本则以产品为归集对象。

(2) 遵循的原则不同。责任成本遵循“谁负责，谁承担”的原则，承担责任成本的是“人”；产品成本则遵循“谁受益，谁负担”的原则，负担产品成本的是“物”。

(3) 核算的内容不同。责任成本的核算内容是可控成本；产品成本的构成内容是应归属于产品的全部成本，既包括可控成本，又包括不可控成本。

(4) 核算的目的不同。责任成本的核算目的是为了实现责、权、利的协调统一，考核评价各成本中心工作业绩，调动其积极性；产品成本的核算目的是为了反映生产经营过程的耗费，确定经营成果。

责任成本和产品成本的联系是，两者内容同为企业生产经营过程中的资金耗费，就一个企业而言，一定时期发生的广义产品成本总额应当等于同期发生的责任成本总额。

(三) 成本中心的类型

成本中心有两种类型，即标准成本中心和费用中心。

1. 标准成本中心

标准成本中心是指以实际产出量为基础，并按照标准成本进行成本控制的成本中心。通常，制造业工厂、车间、工段、班组等是典型的标准成本中心。在产品生产中，这类成本中心可以为企业提供一定的物质成果，且投入与产出有着明确的函数对应关系，它不仅能够计量产品产出的实际数量，而且每个产品因有明确的原材料、人工和制造费用的数量标准和价格标准，从而对生产过程实施有效的弹性预算控制。

标准成本中心又可进一步划分为基本成本中心和复合成本中心两种。前者是指没有下属的成本中心，它是较低层次的成本中心；后者是指有若干个下属的成本中心，它是属于较高层次的成本中心。

2. 费用中心

费用中心是指为企业提供一定的专业服务，产出物不能以财务指标衡量，或投入与产出之间没有密切关系的有费用发生的单位，通常包括行政管理部门、研究开发部门及某些销售部门。行政管理部门的产出难以度量，研究开发部门和销售部门的投入量与产出量没有密切的联系。因此，费用中心的费用控制应重在预算总额的审批上。

（四）成本中心的考核指标

对成本中心评价的主要内容是责任成本，即通过各成本中心的实际责任成本与预算责任成本的比较来评价各成本中心责任预算的执行情况。成本中心的考核指标包括成本（费用）变动额和变动率两个指标。其计算公式如下：

$$成本（费用）变动额=实际责任成本（费用）-预算责任成本（费用）$$

$$成本（费用）变动率=\frac{成本（费用）变动额}{预算责任成本（费用）}\times 100\%$$

在进行成本中心指标考核时，如果预算产量与实际产量不一致时，应按弹性预算的方法先调整预算指标，然后按上述指标进行计算。其调整公式为：

$$预算责任成本=实际产量\times 单位预算责任成本$$

［业务实例 10-1］ 华丰公司内部一车间为成本中心，生产甲产品，预算产量为 4 000 件，单位成本 100 元。实际产量 5 000 件，单位成本 95 元。

要求：计算该成本中心的成本变动额与成本变动率。

解：成本变动额$=95\times 5\,000-100\times 5\,000=-25\,000$（元）

成本变动率$=\frac{-25\,000}{100\times 5\,000}\times 100\%=-5\%$

以上计算结果表明，该成本中心的成本降低额为 25 000 元，降低率为 5%。

（五）成本中心责任报告

成本中心责任报告是以实际产量为基础，反映责任成本预算实际执行情况，揭示实际责任成本与预算责任成本差异的内部报告。通过编制成本中心责任报告，将实际责任成本与预算责任成本进行比较，确定两者差异的性质、数额以及形成的原因，并根据差异分析的结果，对各成本中心进行奖惩，以督促成本中心努力降低成本。

［业务实例 10-2］ 表 10-1 是某成本中心责任报告。

表 10-1 某成本中心责任报告

金额单位：元

项 目	实 际	预 算	差 异
下属成本中心转来的责任成本			
甲班组	11 400	11 000	+400
乙班组	13 700	14 000	-300
小 计	25 100	25 000	+100

（续表）

项　目	实　际	预　算	差　异
本成本中心的可控成本			
间接人工	1 580	1 500	+80
管理人员工资	2 750	2 800	−50
设备维修费	1 300	1 200	+100
小　计	5 630	5 500	+130
本成本中心的责任成本合计	30 730	30 500	+230

由表 10 - 1 中的资料可知，该成本中心实际责任成本较之预算责任成本增加 230 元，上升了 0.75%，主要是本成本中心的可控成本增加 130 元和下属成本中心转来的责任成本增加 100 元所致，究其主要原因是设备维修费超支 100 元和甲班组责任成本超支 400 元，没有完成责任成本预算。乙班组责任成本减少 300 元，初步表明责任成本控制有效。

三、利润中心

（一）利润中心的概念

利润中心是指既能控制成本又能控制收入，对利润负责的责任中心。它是处于比成本中心高一层次的责任中心，其权利和责任都相对较大。利润中心对成本的控制是联系着收入进行的，强调成本的相对节约。它不仅要降低成本，还要寻求收入的增长，并使之超过成本的增长。利润中心通常是那些具有产品或劳务生产经营决策权的部门，如分公司、分厂、分店等。

（二）利润中心的类型

利润中心分为自然利润中心和人为利润中心两种。

1. 自然利润中心

自然利润中心是指能直接对外销售产品或提供劳务取得收入而给企业带来收益的利润中心。这类责任中心本身直接面对市场，一般具有产品销售权、价格制定权、材料采购权和生产决策权，具有很大的独立性。最典型的例子就是公司内部的事业部，每个事业部均有销售、生产、采购的职能，能独立地控制成本并取得收入。自然利润中心既有收入又有成本，可以计算利润，将其实际完成的利润和预算利润进行对比，评价和考核其工作业绩。

2. 人为利润中心

人为利润中心是指不能直接对外销售产品或提供劳务，只能在企业内部各责任中心之间按照内部转移价格相互提供产品或劳务而形成的利润中心。这类责任中心一般也具有相对独立的经营管理权，即能够自主决定本利润中心生产的产品品种、产品产量、作业方法、人员调配和资金使用等，并与其他责任中心一起共同确定合理的转移价格，以实现利润中心的功能与责任。工业企业的大多数成本中心都可以转化为人为利润中心。对人为利润中心来说，内部转移价格确定得是否合理，是能否正确考核和评价其工作业绩的关键。

（三）利润中心的考核指标

利润中心的考核指标为利润。但利润中心的利润是按照利润中心所能影响和控制的收入和成本来计算确定的；由于成本计算方式不同，各利润中心利润指标的表现形式也不相同。

(1) 利润中心只计算可控成本,不计算共同成本或不可控成本。这种表现形式主要适用于共同成本难以合理分摊或无须进行共同成本分摊的场合。这时的利润中心实质上已不是完整和原来意义上的利润中心,而是边际贡献中心。这种利润中心的考核指标是利润中心边际贡献总额,该指标等于利润中心销售收入总额与可控成本总额的差额。一般而言,利润中心的可控成本是变动成本。人为利润中心适合采用这种表现形式。

(2) 利润中心既计算可控成本,也计算共同成本或不可控成本。这种表现形式适合于共同成本易于合理分摊或不存在共同成本分摊的场合。这时的利润中心如果采用变动成本法计算成本,其考核指标计算公式如下:

利润中心边际贡献总额=利润中心销售收入总额-利润中心变动成本总额

利润中心负责人可控利润总额=利润中心边际贡献总额-利润中心负责人可控固定成本

利润中心可控利润总额=利润中心负责人可控利润总额-利润中心负责人不可控固定成本

公司利润总额=各利润中心可控利润之和-公司不可分摊的管理费用、财务费用等

其中,利润中心边际贡献总额是利润中心考核指标中的一个中间指标。利润中心负责人可控利润总额反映了利润中心负责人在其权限范围内有效使用资源的能力,可以控制的收入以及变动成本和部分固定成本,因而该指标主要用于评价利润中心负责人的经营业绩。这里的主要问题是,需要将各利润中心的固定成本进一步区分为可控成本和不可控成本,这是因为有些费用虽然可以追溯到有关利润中心,却不为利润中心负责人所控制,如广告费、保险费等。因此,在考核利润中心负责人业绩时,应将其不可控成本从中剔除。利润中心可控利润总额主要用于对部门的业绩评价和考核,用以反映该利润中心补偿共同性固定成本后对企业利润所做的贡献。如何决定该利润中心的取舍,利润中心可控利润总额是具有决定性作用的指标。这样,利润中心经理可集中精力增加收入并降低可控成本,为企业实现预期的利润目标做出应有的贡献。自然利润中心适合采用这种表现形式。

[业务实例 10-3] 华丰公司某利润中心的有关资料如下:

利润中心销售收入	100 万元
利润中心销售产品的变动性生产成本和销售费用	74 万元
利润中心负责人可控固定成本	6 万元
利润中心负责人不可控固定成本	8 万元

要求:计算该利润中心的各级利润考核指标。

解: 利润中心边际贡献总额=100-74=26(万元)

利润中心负责人可控利润总额=26-6=20(万元)

利润中心可控利润总额=20-8=12(万元)

(四) 利润中心责任报告

利润中心责任报告是反映利润预算实际执行情况,揭示实际利润与预算利润差异的内部报告。通过编制利润中心责任报告,将一定期间实际利润与预算利润进行对比,分析差异及其形成原因,可以明确责任,借以对各利润中心的经营得失做出正确评价和奖惩。

[业务实例 10-4] 表 10-2 是某利润中心责任报告。

表 10-2　某利润中心责任报告

金额单位:万元

项　目	实　际	预　算	差　异
销售收入	250	240	+10
变动成本			
变动生产成本	154	148	+6
变动销售成本	34	35	-1
变动成本合计	188	183	+5
边际贡献	62	57	+5
固定成本			
直接发生的固定成本	16.4	16.0	+0.4
上级分配的固定成本	13.0	13.5	-0.5
固定成本合计	29.4	29.5	-0.1
营业利润	32.6	27.5	5.1

由表 10-2 中的资料可知,该利润中心的实际利润比预算超额完成 5.1 万元,如果剔除上级分配来的固定成本这一因素,则利润超额完成 4.6 万元。

四、投资中心

(一) 投资中心的概念

投资中心是指既要对成本、利润负责,又要对投资效果负责的责任中心。它与利润中心的区别主要有两个:一是权利不同。利润中心没有投资决策权,只是在确定投资方向后组织企业的具体经营;而投资中心不仅在产品生产和销售上享有较大的自主权,而且具有投资决策权,能够相对独立地运用其所掌握的资金,有权购置或处理固定资产,扩大或削减现有的生产能力。二是考核办法不同。考核利润中心业绩时,不联系投资多少或占用资产多少,即不进行投入产出的比较;考核投资中心业绩时,须将所获得的利润与所占用的资产进行比较。

投资中心是最高层次的责任中心,它具有最大的决策权,也承担最大的责任。一般而言,大型集团所属的子公司往往都是投资中心。在组织形式上,成本中心一般不是独立法人,利润中心可以是也可以不是独立法人,而投资中心一般是独立法人。

(二) 投资中心的考核指标

为了准确地计算各投资中心的经济效益,应对各投资中心共同使用的资产划定界限,对共同发生的成本按适当的标准进行分配。各投资中心之间相互调剂使用的现金、存货、固定资产等均应计息清偿,实行有偿使用。在此基础上,根据投资中心应按投入产出之比进行业绩评价与考核的要求,除考核收入、成本和利润指标外,更需要计算和分析利润与投资额的关系性指标,即投资报酬率和剩余收益。

1. 投资报酬率

投资报酬率是投资中心所获得的利润占投资额(或经营资产)的比率,可用于评价和考核由投资中心掌握、使用的全部资产的获利能力。其计算公式为:

$$投资报酬率=\frac{利润}{投资额(或经营资产)}\times 100\%$$

投资报酬率指标可分解为：

$$投资报酬率=\frac{销售收入}{投资额}\times\frac{成本费用}{销售收入}\times\frac{利润}{成本费用}$$

$$=资本周转率\times销售成本率\times成本费用利润率$$

上述公式中，投资额（或经营资产）应按平均投资额（或平均经营资产）计算。投资报酬率是个相对数正指标，数值越大越好。

目前，大多数企业采用投资报酬率作为评价投资中心业绩的指标。该指标的优点：一是投资报酬率能反映投资中心的综合获利能力。从投资报酬率的分解公式可以看出，投资报酬率的高低与收入、成本、投资额和周转能力有关。提高投资报酬率应通过增收节支、加速周转、减少投入来实现。二是投资报酬率将各投资中心的投入与产出进行比较，剔除了因投资额不同而导致的利润差异的不可比因素，因而具有横向可比性，有利于评价各投资中心经营业绩的优劣。三是投资报酬率可作为选择投资机会的依据，有利于调整资产的存量，优化资源配置。以投资报酬率作为评价与考核的尺度，将促使各投资中心盘活闲置资产，减少不合理资产占用，及时处理过时、变质或毁损的资产等。

这一评价指标的不足之处是缺乏全局观念。使用投资报酬率往往会使投资中心只顾自身利益而放弃对整个企业有利的投资机会，造成投资中心的近期目标与整个企业的长远目标相背离。各投资中心为达到较高的投资报酬率，可能会采取减少或增加投资行为，即当一个投资项目的投资报酬率低于某投资中心的投资报酬率而高于整个企业的投资报酬率时，虽然企业希望接受这个投资项目，但该投资中心可能拒绝接受它；当一个投资项目的投资报酬率高于该投资中心的投资报酬率而低于整个企业的投资报酬率时，该投资中心可能只考虑自己的利益而接受它，而不顾企业整体利益是否受到损害。

[业务实例 10－5] 假设宏达公司 A 部门现有资产 200 万元，年净利润 44 万元，投资报酬率为 22%。该部门经理目前面临一个投资报酬率为 17%的机会，投资额为 50 万元，年净利润 8.5 万元。企业投资报酬率为 15%。

要求：以投资报酬率评价该部门的经营业绩。

解：A 部门接受投资后的投资报酬率 $=\frac{44+8.5}{200+50}\times100\%=21\%$

尽管对整个企业来说，由于该项目投资报酬率高于企业投资报酬率，应当利用这个投资机会；但它使该部门的投资报酬率由 22%降低到 21%，故 A 部门可能拒绝接受该项投资。

同样道理，当情况与此相反，假设以上业务实例中 A 部门现有一项资产价值 50 万元，每年获利 8.5 万元，投资报酬率 17%，该部门经理却愿意放弃该项资产，以提高部门的投资报酬率。

A 部门放弃投资后的投资报酬率 $=\frac{44-8.5}{200-50}\times100\%=23.67\%$

从引导部门经理采取与企业总体利益一致的决策来看，投资报酬率并不是一个很好的指标。因此，为了使投资中心的局部目标与企业的总体目标保持一致，弥补投资报酬率的不足，还可以采用另一评价指标——剩余收益来评价、考核投资中心的业绩。

2. 剩余收益

剩余收益是指投资中心获得的利润扣减投资额按规定或预期的最低投资报酬率计算的投资报酬后的余额。其计算公式为：

剩余收益＝利润－投资额×规定或预期的最低投资报酬率

＝投资额×(投资报酬率－规定或预期的最低投资报酬率)

以剩余收益作为投资中心经营业绩评价指标，只要投资报酬率大于规定或预期的最低投资报酬率，即剩余收益大于0，该投资项目就是可行的。剩余收益是个绝对数正指标，这个指标越大，说明投资效果越好。

剩余收益指标具有两个特点：一是体现了投入与产出的关系，与投资报酬率一样，该指标也可以用于全面评价与考核投资中心的业绩；二是避免了本位主义，以剩余收益作为衡量投资中心工作成果的尺度，投资中心将会尽量提高剩余收益，只要有利于增加剩余收益，投资就是可取的，而不只是提高投资报酬率。

[业务实例10-6]　华丰公司有若干个投资中心，平均投资报酬率为15%。其中甲投资中心的投资报酬率为20%，经营资产平均余额为150万元。预算期甲投资中心有一追加投资的机会，投资额为100万元，预计利润为16万元，投资报酬率为16%。

要求：

(1) 假定预算期甲投资中心接受了上述投资项目，分别用投资报酬率和剩余收益指标来评价考核甲投资中心追加投资后的业绩。

(2) 分别从整个企业和甲投资中心的角度，说明是否应当接受这一追加投资项目。

解：

(1) 甲投资中心接受追加投资前后的相关数据计算如表10-3所示。

表10-3　甲投资中心相关数据的计算　　金额单位：万元

项　目	经营资产	投资报酬率	利　润	剩余收益
追加投资前	150	20%	150×20%＝30	150×(20%－15%)＝7.5
追加投资后	150＋100＝250	$\frac{150\times20\%+16}{150+100}\times100\%=18.4\%$	150×20%＋16＝46	46－(150＋100)×15%＝8.5
差额	100	－1.6%	16	1

从投资报酬率来看，甲投资中心接受投资后的投资报酬率为18.4%，低于原有的投资报酬率20%，追加投资使甲投资中心的投资报酬率降低了。但从剩余收益来看，甲投资中心接受投资后可增加剩余收益1万元，大于0，表明追加投资使甲投资中心有利可图。

(2) 从整个企业的角度来看，该追加投资项目的投资报酬率为16%，高于企业的投资报酬率15%，剩余收益增加1万元。因此，无论从哪个指标来看，企业都应当接受该追加投资。

从甲投资中心来看，该追加投资项目的投资报酬率为16%，低于该中心的投资报酬率20%，若用这个指标来考核投资中心的业绩，则甲投资中心不会接受这项追加投资(因为这将导致甲投资中心的投资报酬率由20%降低到18.4%)；但若以剩余收益来考核投资中心的业绩，则甲投资中心会因为剩余收益增加了1万元，而愿意接受该追加投资。

通过以上业务实例可以看出，利用剩余收益指标考核投资中心的工作业绩，能使个别投资中心的局部利益与企业整体利益达到一致，避免投资中心的狭隘本位主义倾向。

(三) 投资中心责任报告

通过编制投资中心责任报告，将实际数与预算数进行比较，找出差异，并进行差异分析，查明产生差异的成因和性质，据以进行奖惩。投资中心责任报告的结构与成本中心和利润中心类似。

[业务实例 10－7] 表 10－4 是某投资中心责任报告。

表 10－4 某投资中心责任报告

金额单位：万元

项　目	实　际	预　算	差　异
营业利润	600	450	+150
平均经营资产	3 000	2 500	+500
投资报酬率	20%	18%	+2%
按最低投资报酬率 15%计算的投资报酬	450	375	+75
剩余收益	150	75	+75

由表 10－4 中的计算结果可知，该投资中心的投资报酬率和剩余收益指标都超额完成了预算，表明该投资中心业绩较好。

综上所述，责任中心根据其控制区域和权责范围的大小，分为成本中心、利润中心和投资中心三种类型。但它们各自不是独立存在的，每个责任中心都承担各自的经营管理责任。最基层的成本中心应就其经营的可控成本向其上层成本中心负责；上层的成本中心应就其本身的可控成本和下层转来的责任成本一并向利润中心负责；利润中心应就其本身经营的收入、成本（含下层成本中心转来的责任成本）和利润（或边际贡献）向投资中心负责；投资中心最终就其经营管理的投资报酬率和剩余收益向总经理和董事会负责。所以，企业各种类型和层次的责任中心形成了一个"连锁责任"网络，这就促使每个责任中心为保证企业总体的经营目标一致而协调运转。

实务训练

各责任中心的责任报告是对各个责任中心执行责任预算情况的系统概括和总结。

将班级学生分成若干小组（5～8 人为一组），组织讨论并分析责任报告由谁撰写？由谁考核评价？由谁实施激励？

任务三　内部结算与责任成本结转

任务要求

为了正确评价企业内部各责任中心的经营业绩，明确区分各自的经济责任，内部各责任中心应采取一定的价格来结算在相互提供产品和劳务时所发生的债权债务。所以，要掌握如何确定合适的内部转移价格，理解企业内部结算的各种方式，了解责任成本内部结转的意义。

一、内部转移价格的概念与制定原则

(一) 内部转移价格的概念

内部转移价格是指企业内部各责任中心之间因转移产品或提供劳务而发生内部结算和进行内部责任结转所使用的计价标准。例如,上道工序加工完成的产品转移到下道工序继续加工、辅助生产部门为基本生产车间提供劳务等都是一个责任中心向另一个责任中心提供产品或劳务,都必须采用内部转移价格进行结算。又如,某工厂生产车间与材料采购部门是两个成本中心,若生产车间所耗用的原材料由于质量不符合规定标准,而发生的超过消耗定额的不利差异,也应由生产车间以内部转移价格结转给采购部门承担。

采用内部转移价格进行内部结算,使两个责任中心之间的关系类似于市场交易的买卖关系。内部转移价格对于提供产品或劳务的责任中心来说表示收入,对于使用这些产品或劳务的责任中心来说则表示成本。但内部转移价格与外部市场价格有很大的不同,内部转移价格所影响的供应、使用双方都存在于同一企业中。在其他条件不变的情况下,内部转移价格的变化会使供应、使用双方的收入或内部利润向相反方向变化,即提高内部转移价格,一方面会增加提供产品或劳务的责任中心的收入或内部利润;另一方面却会相应减少使用这些产品或劳务的责任中心的收入或内部利润。责任中心供应、使用双方内部利润的一增一减,其数额相等,但方向相反。因此,从企业整体来看,内部转移价格无论怎样变化,企业总利润是不变的,变动的只是内部利润在各责任中心之间的分配份额。

(二) 内部转移价格的制定原则

1. 全局性原则

制定内部转移价格应强调企业整体利益高于各责任中心利益。由于内部转移价格的制定直接关系到各责任中心利益的大小,每个责任中心为了本中心利益必然会争取最好的条件。当各责任中心利益冲突时,企业和各责任中心应本着企业效益最大化的要求制定内部转移价格。

2. 自主性原则

在确保企业整体利益的前提下,承认各责任中心的相对独立性,给予责任中心最大的自主权。只要可能就应通过各责任中心的自主竞争或讨价还价来确定内部转移价格,真正在企业内部实现市场模拟,使内部转移价格能为各责任中心所接受。

3. 公平性原则

内部转移价格的制定应公平、合理,应充分体现各责任中心的经营努力或经营业绩,既要防止某些责任中心因价格优势而获得额外的利益,又要防止某些责任中心因价格劣势而遭受损失。

4. 重要性原则

内部转移价格的制定应当体现“大宗细,零星简”的要求,对原材料、半成品、产成品等重要物资的内部转移价格制定从细,而对劳保用品、修理用备件等数量繁多、价值低廉的物资,其内部转移价格制定从简。

二、内部转移价格的种类

(一) 市场价格

市场价格是指责任中心供应、使用双方在确定内部转移价格时,以产品或劳务的市场价格作为计价基础。以市场价格作为内部转移价格的责任中心，应该是独立核算的利润中心，即有权决定产品生产的数量、产品供应或使用的数量及其相应的价格。在西方国家，通常认为市场价格是制定内部转移价格的最好依据。因为市场价格完全是由公平、公开的竞争决定的，所以有利于在企业内部形成竞争机制，使各责任中心之间进行公正的竞争。

在以市场价格作为计价基础时，为了保证各责任中心的竞争建立在与企业的总目标相一致的基础上，企业内部的供应、使用双方一般应遵守以下的基本原则：

(1) 如果供应方愿意对内供应，且价格不高于市价时，使用方有接受的义务，不得拒绝；

(2) 如果供应方价格高于市价，使用方有改向外部市场购入的自由。

需要注意的是，在产品有外部市场、可向外部单位销售或从外部单位购买时，以市场价格作为内部转移价格的计价基础并不表示应以市场价格作为结算价格，因为纯粹的市场价格一般包括销售费、广告费及运输费等，而这些费用在企业内部产品转移时则可避免。因此，若直接用市场价格作为结算价格，这部分费用则直接成为供应方的利润，使用方将得不到任何节约的好处。为了使利益分配更加公平，应将这些可避免的费用从市场价格中剔除，然后将调整后的市场价格确定为内部转移价格。

(二) 协商价格

协商价格是指责任中心供应、使用双方以正常的市场价格为基础，通过共同协商确定出一个双方都愿意接受的价格作为计价标准。协商价格的上限是市价，下限是单位变动成本，具体价格应由供应、使用双方通过讨价还价的方式，在其上、下限范围内协商议定，形成企业内部的模拟“公允市价”。当产品或劳务没有适当的市价时，就只能采用协商价格方式来确定。

成功的协商价格依赖于以下两个条件：

(1) 要有一个某种形式的外部市场，两个部门的经理可以自由地选择接受或者是拒绝某一价格。如果根本没有可能从外部取得或销售产品，就会使一方处于垄断地位。这样的价格不是协商价格，而是垄断价格。

(2) 当价格协商的双方发生矛盾不能自行解决，或双方谈判可能导致企业非最优决策时，企业的高一级管理阶层要进行必要的干预。

采用协商价格的缺陷：一是在双方协商过程中，不可避免地要花费很多人力、物力和时间；二是当供应、使用双方的负责人协商相持不下时，往往需要企业高层领导进行裁定，这样就丧失了分权管理的初衷，也难以发挥激励责任中心的作用。

(三) 双重价格

双重价格是指由责任中心的供应、使用双方分别采用不同的内部转移价格作为本责任中心的计价基础。如对产品的供应部门，可按协商的市场价格计价；而对使用部门，则按供应部门的单位变动成本计价，其差额由会计部门最终调整。之所以采用双重价格，是因为内部转移价格主要是为了对企业内部各责任中心的业绩进行评价、考核，故各相关责任中心所采用的价格并不需要完全一致，可分别选用对本责任中心最有利的内部转移价格作为计价依据。

双重价格通常有以下两种形式：

(1) 双重市场价格，即当某种产品或劳务在市场上出现几种不同价格时，使用方采用最低的市价，供应方则采用最高的市价；

(2) 双重转移价格，即供应方按市价或协议价作为计价基础，而使用方则按供应方的单位变动成本作为计价基础。

采用双重价格的好处是，既可以较好地满足供应、使用双方不同的需要，也便于激励双方在生产经营上充分发挥其主动性和积极性。

(四) 成本转移价格

成本转移价格是指以产品或劳务的成本为基础而制定的内部转移价格。由于成本概念的不同，成本转移价格有多种不同形式，其中用途较为广泛的成本转移价格有以下三种：

1. 标准成本法

标准成本法是指以产品(半成品)的标准成本作为内部转移价格。这种方法适用于成本中心产品(半成品)或劳务的转移。其最大优点是能将管理和核算工作结合起来。由于标准成本在制定时就排除了无效率的耗费，故以标准成本作为转移价格能促进企业内部各责任中心改善生产经营，降低有关成本。其缺点是不一定使企业利益最大化，如产品标准成本为30元，单位变动成本为24元，供应方有闲置生产能力。当使用方只能接受26元以下的内部转移价格时，此法不能促成内部交易，从而使企业整体丧失一部分利益。

2. 标准成本加成法

标准成本加成法是指以产品(半成品)或劳务的标准成本加上一定的合理利润作为计价基础。当转移产品(半成品)或劳务涉及利润中心或投资中心时，可以将标准成本加利润作为转移价格。它的优点是能够分清各责任中心责任。但在确定加成利润率时，需要稳妥慎重，以保证其科学性、合理性。

3. 标准变动成本法

标准变动成本法是指以产品(半成品)或劳务的标准变动成本作为内部转移价格。该方法符合成本习性，能够明确揭示成本与产量的关系，便于考核各责任中心的业绩，也利于经营决策。其不足之处是产品(半成品)或劳务中不包含固定成本，不能反映劳动生产率变化对固定成本的影响，不利于调动各责任中心提高产量的积极性。

三、内部结算

内部结算是指企业各责任中心清偿因相互提供产品或劳务所发生的、按内部转移价格计算的债权、债务。按照结算的手段不同，可分别采取内部支票结算、转账通知单结算和内部货币结算等方式。

1. 内部支票结算方式

内部支票结算方式是指由付款一方签发内部支票通知内部银行从其账户中支付款项的结算方式。这种结算方式主要适用于收、付款双方直接见面进行经济往来的业务结算，可使收、付双方明确责任。

2. 转账通知单结算方式

转账通知单结算方式是指由收款方根据有关原始凭证或业务活动证明签发转账通知单，通知内部银行将转账通知单转给付款方，让其付款的一种结算方式。转账通知单一式三联，第一联为收款方的收款凭证，第二联为付款方的付款凭证，第三联为内部银行的记账凭证。这种结算方式适用于质量与价格较稳定的往来业务，它手续简便，结算及时。

3. 内部货币结算方式

内部货币结算方式是指使用内部银行发行的限于企业内部流通的货币(包括资金本票、流通券等)进行内部往来结算的一种方式。这种结算方式比内部支票结算方式更为直观，可以强化各责任中心的价值观念、核算观念、经济责任观念;但同时也带来携带不便、清点麻烦和保管困难的问题。因此,一般情况下,这种结算方式适用于小额零星往来业务。

上述各种结算方式都与内部银行有关。所谓内部银行,是将商业银行的基本职能与管理方法引入企业内部管理而建立的一种内部资金管理机构。它主要处理企业内部日常的往来结算和资金调拨,旨在强化企业的资金管理,节约资金使用,降低筹资成本。

四、责任成本的内部结转

责任成本的内部结转又称为责任转账,是指在生产经营过程中,对于因不同原因造成的各种经济损失,由承担损失的责任中心对实际发生或发现损失的责任中心进行损失赔偿的账务处理过程。

企业内部各责任中心在生产经营过程中常常有这样的情况:发生责任成本的中心与应承担责任成本的中心不是同一责任中心,为划清责任,合理奖惩,就需要将这种责任成本相互结转。最典型的实例就是企业内部的生产车间和供应部门都是成本中心,如果生产车间多耗用的原材料是由于供应部门购入不合格的材料所致,则多耗材料的成本或相应发生的损失,应由生产成本车间转给供应部门负担。

责任转账的目的是为了划清各责任中心的成本责任,使不应承担损失的责任中心在经济上得到合理补偿。进行责任转账的依据是各种准确的原始记录和合理的费用定额。在合理计算出损失金额后,应编制责任成本转账表,作为责任转账的依据。

责任转账的方式有直接的货币结算方式和内部银行转账方式。前者是以内部货币直接付给损失方,后者只是在内部银行所设立的账户之间结转。

各责任中心在往来结算和责任转账过程中,有时因意见不一致而产生一些责、权、利不协调的纠纷。为此,企业应建立内部仲裁机构,从企业整体利益出发对这些纠纷做出裁决,以保证各责任中心正常、合理地行使权利,保证其权益不受侵犯。

实务训练

将班级学生分成四大组,每大组又各分为 2 个小组,分别代表企业的两个责任中心,其中一个为生产车间,一个为材料供应部门。

(1) 根据内部转移价格的类型,组织讨论分析不同内部转移价格的选择对各责任中心的业绩评价会产生怎样的影响?

(2) 根据内部结算方式的类型,组织讨论分析不同结算方式的优、缺点,并结合该优、缺点对各责任中心之间的经济往来业务进行相应的设定。

(3) 假定生产车间所耗用的原材料有一部分是由于材料供应部门购入不合格的材料所致,组织讨论分析如何在生产车间与材料供应部门之间进行责任成本的结转?

能力拓展训练

一、单项选择题

1. 责任会计核算的主体是(　　)。
   A. 责任中心　　B. 产品成本　　C. 生产部门　　D. 管理部门
2. 成本中心控制和考核的内容是(　　)。
   A. 目标成本　　B. 责任成本　　C. 产品成本　　D. 直接成本
3. 对任何一个成本中心来说,其责任成本应等于该中心的(　　)。
   A. 产品成本　　B. 固定成本之和　　C. 可控成本之和　　D. 不可控成本之和
4. 产品在企业内部各责任中心之间流转,只能取得内部销售收入的利润中心是(　　)。
   A. 成本中心　　B. 人为利润中心　　C. 利润中心　　D. 投资中心
5. 具有最大的决策权,承担最大的责任,处于最高层次的责任中心是(　　)。
   A. 成本中心　　B. 利润中心　　C. 收入中心　　D. 投资中心
6. 投资中心与利润中心的最大区别是(　　)。
   A. 投资中心具有生产决策权　　B. 投资中心具有投资决策权
   C. 投资中心拥有对外销售权　　D. 投资中心具有法人地位
7. 在投资中心的主要考核指标中,(　　)能使个别投资中心的局部利益与企业整体利益一致。
   A. 投资报酬率　　B. 利润总额　　C. 剩余收益　　D. 责任成本
8. 在责任会计中,企业办理内部交易结算和内部责任结转所采用的价格是(　　)。
   A. 变动成本　　B. 历史成本　　C. 内部转移价格　　D. 重置价格
9. 协商价格的下限是(　　)。
   A. 生产成本　　B. 市场价格　　C. 固定成本　　D. 单位变动成本
10. 责任转账的实质就是按照经济损失的责任归属将其转给(　　)。
   A. 发生损失的责任中心　　B. 发现损失的责任中心
   C. 承担损失的责任中心　　D. 下一个责任中心

二、多项选择题

1. 划分责任中心的标准包括(　　)。
   A. 可以划清管理范围　　B. 能明确经济责任
   C. 必须自负盈亏　　D. 能独立进行业绩考核
2. 责任中心一般可分为(　　)。
   A. 成本中心　　B. 生产中心　　C. 利润中心　　D. 投资中心
3. 成本中心的特点包括(　　)。
   A. 只考核成本费用,而不考核收益　　B. 只对可控成本负责
   C. 控制和考核的是责任成本　　D. 只对不可控成本负责
4. 对成本中心而言,可控成本必须具备(　　)。
   A. 成本中心能够通过一定的方式了解将要发生的成本

B. 成本中心对成本发生额能够进行计量

C. 成本中心能够对该成本进行调节控制

D. 成本中心能够通过一定的计算方法了解已经发生的成本

5. 下列各项中,属于揭示自然利润中心特征的表述包括(　　)。

A. 直接面向市场　　B. 具有生产经营权

C. 对投资效果负责　　D. 对外销售产品而取得收入

6. 考核投资中心投资效果的主要指标有(　　)。

A. 责任成本　　B. 营业收入　　C. 剩余收益　　D. 投资报酬率

7. 投资报酬率可分解为(　　)相乘的形式。

A. 边际贡献率　　B. 投资周转率　　C. 成本费用利润率　D. 销售成本率

8. 影响剩余收益的因素有(　　)。

A. 利润留存比例　B. 投资额　　C. 最低投资报酬率　D. 利润

9. 责任中心之间进行内部结算和责任成本结转所使用的内部转移价格包括(　　)。

A. 市场价格　　B. 协商价格　　C. 双重价格　　D. 成本转移价格

10. 甲利润中心常年向乙利润中心提供劳务,在其他条件不变的情况下,如提高劳务的内部转移价格可能出现的结果是(　　)。

A. 甲利润中心内部利润增加　　B. 乙利润中心内部利润减少

C. 企业利润总额增加　　D. 企业利润总额不变

三、判断题

1. 因为成本中心的范围最大,所以承担的责任也最大。　(　　)

2. 同一成本项目,对有的部门来说是可控的,而对另一个部门则可能是不可控的。也就是说,成本的可控与否是相对的,而不是绝对的。　(　　)

3. 只要能制定出合理的内部转移价格,就可以将企业大多数生产半成品或提供劳务的成本中心改造成自然利润中心。　(　　)

4. 利润中心必然是成本中心,投资中心必然是利润中心。所以投资中心首先是成本中心,但利润中心并不一定都是投资中心。　(　　)

5. 投资报酬率能反映投资中心的综合获利能力,但不具备横向可比性。　(　　)

6. 在其他因素不变的条件下,一个投资中心的剩余收益的大小与企业最低投资报酬率呈反向变动。　(　　)

7. 某项会导致个别投资中心的投资报酬率提高的投资,不一定会使整个企业的投资报酬率提高;某项会导致个别投资中心的剩余收益提高的投资,则一定会使整个企业的剩余收益提高。　(　　)

8. 内部转移价格只能用于企业内部各责任中心之间由于进行产品或劳务的流转而进行的内部结算。　(　　)

9. 为了体现公平性原则,所采用的内部转移价格双方必须一致,否则将有失公正。　(　　)

10. 责任转账的目的是为了划清各责任中心的成本责任,使不应承担损失的责任中心在经济上得到合理补偿。　(　　)

四、分析计算题

1. A成本中心生产某产品,预算产量为600件,单位成本为150元;实际产量为800件,单位成本为 130 元。

要求：计算 A 成本中心的成本降低额和降低率。

2. 盛大集团下设 A 事业部，2018 年实现销售收入 3 000 万元，变动成本率为 70%，固定成本为 400 万元，其中折旧费为 200 万元。固定成本中只有折旧费是部门经理不可控而应该由事业部负担，折旧费以外的固定成本为部门经理的可控成本。

要求：

(1) 计算该利润中心的边际贡献；

(2) 计算该利润中心经理的可控利润；

(3) 计算该利润中心的可控利润。

3. 华为集团下设若干子公司，其中甲公司 2017 年营业利润为 60 万元，平均经营资产为 200 万元；华为集团决定 2018 年追加投资 100 万元扩大甲公司经营规模，预计当年可增加营业利润 24 万元，华为集团规定的最低投资报酬率为 20%。

要求：

(1) 计算甲公司 2017 年投资报酬率和剩余收益；

(2) 计算甲公司 2018 年追加投资后的投资报酬率和剩余收益。

(3) 根据以上计算结果，分别以投资报酬率和剩余收益评价甲公司的经营业绩，并说明甲公司接受该追加投资是否有利。

项目十一　财务分析

【知识目标】

- 了解财务分析的概念、目的和种类；
- 列举各种财务分析方法，辨析各种方法在财务分析中的运用；
- 牢记评价企业偿债能力、营运能力、获利能力和发展能力主要指标的计算公式，并能熟练地运用；
- 掌握杜邦财务分析体系，了解财务比率综合分析法。

【能力目标】

- 提高灵活运用财务分析基本方法的能力；
- 锻炼运用财务指标综合分析评价企业财务状况、经营成果的能力。

【引　言】　在美国，注册财务分析师（简称 CFA）是指获得特许从业证书，服务于证券发行承销交易机构、投资咨询机构、银行、保险公司、投资公司、共同基金、养老基金及其他机构投资者，专门从事投资分析、咨询和管理工作的人员。一支高素质的财务分析师队伍可以帮助投资者进行正确的投资决策，化解和减少风险。在发达成熟的市场经济国家，注册会计师、资产评估师和财务分析师等专业队伍共同构成了证券市场的质量监督、风险预测、投资分析等主要力量。

任务一　掌握财务分析的方法

任务要求

财务分析是企业财务管理的重要环节和基本手段之一，也是人们进行相关经济决策的主要依据。所以，要了解财务分析的概念、作用、目的和种类，掌握财务分析的基本方法。

一、财务分析的概念与作用

（一）财务分析的概念

财务报表是反映企业财务状况和经营成果的信息载体，但财务报表所列示的各类项目的金额如果孤立地看，并无多大意义，必须与其他数据相比较才能成为有用的信息。这种按照一定方法将财务报表的各项数据与有关数据进行比较、评价的过程就是财务分析。因此，财务分析又称为财务报表分析，是以财务报表和其他相关资料为依据，采用专门方法，系统分析和评价企业过去和现在的财务状况、经营成果和现金流量状况的过程，反映企业在运营过程中的利弊得失和发展趋势，从而为改进企业财务管理和优化经济决策提供重要的财务信息。

(二) 财务分析的作用

财务分析是财务管理的重要环节，既是过去经营活动的总结，也是财务预测的前提，具有承上启下的作用。

1. 财务分析是评价财务状况及经营业绩的重要依据

财务分析能够全面了解企业资产的流动性状态是否良好、资本结构和负债比例是否恰当，以及现金流量状况是否正常，从而对企业长、短期的财务风险和经营风险做出评价；财务分析能够对企业资产的占有、配置、利用水平、周转状况等做出全面细致的分析；财务分析能够从整体部门和不同项目出发，对企业的盈利能力做出深入分析和全面评价。因此，通过财务分析可以了解企业的偿债能力、营运能力和获利能力，合理评价经营者的经营业绩，以奖优罚劣，促进管理水平的提高。

2. 财务分析是实现理财目标的重要手段

财务分析能够对企业一定时期的成本费用的发生情况做出全面的分析和评价，不但从整个企业和全部产品的角度进行综合分析，还从企业的具体职能部门和不同产品的角度进行深入分析，以及对成本和费用耗费的组成结构进行细致分析。这样，通过财务分析不断挖掘潜力，从各个方面揭露矛盾，找出差距，发现未被利用的人力、物力资源，寻找利用不当的原因，促进企业经营活动按照企业价值最大化目标运行。

3. 财务分析是实施正确投资决策的重要步骤

通过全面和深入、细致的财务分析，对企业中、长期的经营前景做出合理的预测，对企业未来的发展趋势做出正确评价，掌握企业的获利能力、偿债能力和发展能力，从而预测投资后的收益水平和风险程度，以便投资者做出正确的投资决策。

二、财务分析的目的和种类

(一) 财务分析的目的

一般来说，财务分析的目的在于揭示企业生产经营过程中的利弊得失，评价企业财务状况和经营成果。但从各自利益出发，不同的相关利益人对企业进行财务分析的目的各不相同，对企业财务状况和经营成果的关心程度也有所差异。具体来说，它包括以下几方面：

1. 投资者的目的

投资者主要关心企业的获利能力和资本保值增值情况，这是投资者向企业投入资本的最初动机。获利能力可以通过销售利润率、总资产利润率、净资产收益率的分析获得。资本保值增值情况反映了投资者权益或利益保障的情况，可以通过资本保值增值率和净资产收益率反映出来。

2. 债权人的目的

债权人侧重于关心企业的长、短期偿债能力。短期债权人，如货物赊销者以及短期借款者主要关心资产的流动性，可以通过对流动比率或速动比率、应收账款周转率、存货周转率的分析，来判断企业是否能够及时清偿其债务。长期债权人关心的是企业在较长时期内还本付息的能力，可以通过对企业资产负债水平以及目前和未来收益水平及其稳定性的分析得知。

3. 财税部门的目的

财税部门作为国家利益的代表，主要侧重于关心企业对国家或社会的贡献水平。因此，财税部门考核企业经营状况，不仅需要了解企业资金使用效率，预测财政收入增长情况，有效地组织和调整社会资源的配置，还要借助财务分析，检查企业是否存在违法乱纪等问题。最后通过综合分析，对企业的发展后劲以及对社会的贡献程度进行分析考察。

4. 企业管理者的目的

企业管理者是企业生产经营活动的组织者和经营者，对企业负有全面责任。为此，企业管理者对企业的分析是全面和多方位的。他们不仅评价企业的财务状况，以了解企业资产的流动性、负债水平和偿债能力，还评价企业的资产管理水平，了解企业资金周转状况和评价企业获利水平，预测企业的发展趋势。

(二) 财务分析的种类

依据分析主体的不同，财务分析可以分为外部财务分析和内部财务分析。

1. 外部财务分析

外部财务分析是指企业投资者和债权人等外部相关利益人对企业的分析，他们一般不直接参与企业的经营管理，不能直接从企业的生产经营过程中获取所需的经济信息，而只能依赖于企业的财务报表了解和掌握企业过去的经营业绩和目前的财务状况。外部分析的特点是分析者从某一个或几个方面对企业展开分析，而不是全方位的分析。如赊销货物的债权人主要分析企业的资产流动性，判断它的偿债能力；企业的投资者则主要关心资本保值增值和投资收益情况，他们需要进行资本负债和权益情况的分析。

2. 内部财务分析

内部财务分析是指企业经营者对企业财务状况和经营成果的分析。内部分析的特点是分析者对企业展开全方位的分析，为企业开展内部管理、评价各种投资机会提供信息。为了有效地进行财务计划和内部控制，企业必须充分估计企业目前各种资产的投资收益率和管理效率，关心企业的营运能力、偿债能力和获利能力。为了有效地筹措资金，企业还必须向外界投资者提供评价企业财务状况、经营成果和发展前景所需的一切分析资料。

总体来看，财务分析的基本内容包括偿债能力分析、营运能力分析、获利能力分析和发展能力分析，这四者是相辅相成的关系。

三、财务分析的基本方法

财务分析的方法是完成财务分析任务，实现财务分析目的的技术手段。财务分析的方法分为定量分析方法和定性分析方法。定量分析方法是指分析者根据经济活动的内在联系，采用一定的数学方法，对所收集的数据资料进行加工、计算，对企业的财务状况和经营成果进行分析；定性分析方法是指分析者运用所掌握的情况和资料，凭借其经验，对企业的财务状况和经营成果进行分析。一般来说，财务分析的过程实际上是定量分析和定性分析相结合的过程。财务分析方法多种多样，但常用的有以下四种基本方法，即比较分析法、比率分析法、因素分析法和趋势分析法。

(一) 比较分析法

比较分析法是通过财务指标的对比来确定数量差异的方法，即将财务报表中的各项数据与计划(预算)、前期、其他企业等同类数据进行比较，从数量上确定差异的方法。比较分析法的重要作用在于揭示客观存在的差距以及形成这种差距的原因，帮助人们发现问题、挖掘潜力、改进工作。采用比较分析法时，有多种对比形式，它主要可分为以下三类：

1. 实际数据与计划(预算)数据对比

将分析期实际数据与计划(预算)数据对比，可以找出实际与计划(预算)的差异。这种方法的主要作用是说明计划(预算)的完成情况，为进一步分析、查找原因提供方向。

2. 纵向对比

将分析期实际指标与前期指标(或者历史同期、历史最好水平)对比，揭示当期财务状况和经营业绩增减变化，从而分析和判断引起这种变化的主要原因是什么，这种变化的性质是有利还是不利，说明企业在经营管理方面有无改进和提高，并采取相应对策。

3. 横向对比

将分析期实际数据与同行业平均水平对比，分析和判断企业在同行业中所处的位置。和先进企业的指标对比，实际上是与先进管理方法、科学技术的比较，找出同先进水平的差距，有利于吸收先进经验，向先进企业学习，从而促使企业提高经营管理水平，不断增强企业的适应能力和竞争能力。

开展指标对比要注意指标计算口径、计价标准、时间尺度和计算方法的可比性。如果两项指标对比时，在某一方面不同，应先进行调整，然后进行比较。

(二) 比率分析法

比率分析法是把两个相互联系的项目加以对比并计算出比率，以确定企业财务状况和经营成果的分析方法。比率是相对数，能够把某些条件下的不可比指标变为可比指标。比率指标可以分为结构比率、效率比率、相关比率和动态比率等四类。

1. 结构比率

结构比率又称为构成比率，是某项经济指标的某个组成部分数值与总体数值的比率，反映了部分与总体的关系。其计算公式为：

$$结构比率=\frac{某个组成部分数值}{总体数值}\times 100\%$$

通过对结构比率的分析，发现财务指标构成内容的变化，从而判断总体中各组成部分的形成和安排是否合理，以便协调各项财务活动。

[业务实例 11-1]　以华丰公司主营业务收入为例，说明结构比率分析法的应用，具体资料如表 11-1 所示。

表 11-1　华丰公司结构比率分析

项　目	基期结构/%	本年结构/%	结构差异
主营业务收入	100.00	100.00	—
主营业务成本	45.70	49.20	3.50
主营业务费用	24.50	27.70	3.20
主营业务税金	12.10	8.20	−3.90
主营业务利润	17.70	14.90	−2.80

通过表 11-1 可以得出该公司主营业务成本和费用本年度比基期都有所上升，说明企业

成本、费用控制不当。企业应查找具体原因，想方设法扭转这种局面。

2. 效率比率

效率比率是反映经济活动中投入与产出、所费与所得的比率，是考察经营成果，评价经济效益的指标。如将利润项目与销售收入、所有者权益等项目加以对比，计算销售利润率、净资产利润率等利润率指标，从不同角度观察并比较企业获利能力的高低。

3. 相关比率

相关比率是将两个性质不同但又有一定关联的项目加以对比得出的比率，以反映经济活动的各种相互关系。利用相关比率指标，考察企业有联系的相关业务安排得是否合理，以保证企业运营活动能够顺利进行。如将流动资产与流动负债加以对比，计算出流动比率，可据以判断企业的短期偿债能力。

4. 动态比率

动态比率是对某项经济指标不同时期的数值进行对比得出的比率，以反映该项指标的增减速度和发展趋势。动态比率由于选取的基期不同，又分为定基动态比率和环比动态比率。

(1) 定基动态比率。定基动态比率是将分析期数额与某一固定基期数额对比得出的比率。其计算公式为：

$$\text{定基动态比率}=\frac{\text{分析期数额}}{\text{固定基期数额}}\times 100\%$$

(2) 环比动态比率。环比动态比率是将分析期数额与前期数额进行对比得出的比率。其计算公式为：

$$\text{环比动态比率}=\frac{\text{分析期数额}}{\text{前期数额}}\times 100\%$$

比率分析法的优点是不仅计算简便、计算结果容易判断分析，而且可以使某些指标在不同规模企业间进行比较。但要注意以下几点：

(1) 对比项目的相关性。计算比率的分子和分母必须具有相关性，如结构比率指标必须是部分与总体的关系，效率比率指标要具有某种投入产出关系，相关比率分子、分母也要有某种内在联系，否则比率就毫无意义。

(2) 对比口径的一致性。计算比率的分子和分母必须在计算时间、范围等方面要保持口径一致。

(3) 衡量标准的科学性。要选择科学、合理的参照标准与之对比，以便对企业财务状况和经营成果做出恰当评价。

(三) 因素分析法

因素分析法也称为连环替代法，是指依据某一经济指标与其影响因素的关系，通过逐步分解来确定若干因素的变动对该经济指标的影响方向和程度的分析方法。一个经济指标往往受多种因素影响，它们各自对某一个经济指标都有不同程度的影响。只有将这一综合性的经济指标分解成各个构成因素，才能从数量上把握每一个因素的影响程度，可以帮助人们抓住主要矛盾，更有说服力地评价企业的经营状况。因素分析法既可以全面分析各因素对某一经济指标的影响，又可以单独分析某个因素对该经济指标的影响，在财务分析中应用颇为广泛。但要测定各个因素对经济指标变动的影响程度，就需要假定影响经济指标变动的其他因素不变，从而研究某一因素变动的影响。其具体步骤如下：

（1）根据影响经济指标的各个因素之间的内在联系，建立反映各个因素与经济指标之间关系的分析模型；

（2）确定经济指标对比差异，即确定分析对象；

（3）以基期（计划期或上期）经济指标为计算基础，按一定顺序以各个因素的实际数逐次替换基期数，有几个因素就替换几次，直到所有因素变为实际数为止；

（4）将每次替换后的结果与前一次的计算结果相比较，两者之差即某个因素的变动对经济指标差异的影响数额；

（5）加总各个因素的影响数额之和，即该项经济指标的对比差异数。

假设某项经济指标 P 由 A、B、C 三个因素的乘积构成。其实际指标与基期指标以及有关因素的关系如以下公式所示：

分析模型：$P=A\times B\times C$

实际指标：$P_1=A_1\times B_1\times C_1$

基期指标：$P_0=A_0\times B_0\times C_0$

分析对象为实际指标与基期指标的总差异，即 P_1-P_0，这一总差异同时受到 A、B、C 三个因素的影响。

基期数：$P_0=A_0\times B_0\times C_0$

替换 A：$P_A=A_1\times B_0\times C_0$

替换 B：$P_B=A_1\times B_1\times C_0$

替换 C：$P_C=A_1\times B_1\times C_1$

它们各自的变动对指标总差异的影响程度可分别由以下公式计算求得：

$$A\text{因素变动影响}=(A_1-A_0)\times B_0\times C_0$$

$$B\text{因素变动影响}=A_1\times(B_1-B_0)\times C_0$$

$$C\text{因素变动影响}=A_1\times B_1\times(C_1-C_0)$$

将以上三个因素的影响数额相加应该等于总差异 P_1-P_0。

应用因素分析法须注意以下几个问题：

1. 指标构成因素的相关性

即确定构成经济指标的各因素确实是形成该项指标差异的内在原因，它们之间存在着客观的因果关系。

2. 因素替代的顺序性

替代因素时，必须按照各因素的依存关系排列成一定顺序依次替代，不可随意加以颠倒，否则各个因素的影响值就会得出不同的计算结果。在实际工作中，往往是先替代数量因素，后替代质量因素；先替代实物量因素，后替代价值量因素；先替代主要因素，后替代次要因素等。

3. 顺序替代的连环性

因素替换要连环地进行，使各因素影响之和等于分析指标变动的总差异。所谓因素替换的连环性，一是因素替换要按顺序依次进行，不能间隔地替换；二是替换过的因素要用实际数，尚未替换过的因素用基期数。

［业务实例 11－2］　华为公司甲产品的材料成本见表 11－2，运用因素分析法分析各因素对材料成本的影响程度。

表 11-2 华为公司甲产品的材料成本

项　目	计量单位	计划数	实际数
产品产量	件	160	180
单位产品材料消耗量	千克/件	14	12
材料单价	元/千克	8	10
材料成本	元	17 920	21 600

根据以上资料分析如下：

材料成本＝产量×单位产品材料消耗量×材料单价

材料成本总差异＝21 600－17 920＝180×12×10－160×14×8＝3 680(元)

产量变动对材料成本的影响＝(180－160)×14×8＝2 240(元)

单位产品材料消耗量对材料成本的影响＝180×(12－14)×8＝－2 880(元)

材料单价对材料成本的影响＝180×12×(10－8)＝4 320(元)

以上三个因素的影响总和＝2 240＋(－2 880)＋4 320＝3 680(元)

(四) 趋势分析法

比较分析法和比率分析法是从某一时间来观察企业的财务状况和经营成果。但在财务管理中，经常存在这样的现象：某一财务指标在某一时间是较好的，而从发展趋势看则不一定好；某一财务指标在某一时间是较差的，而从趋势发展看却处于迅速改善之中。这就需要采用趋势分析法进行分析。趋势分析法就是将两期或连续数期财务报告中相同指标进行对比，确定其增减变动的方向、数额和幅度，以说明企业财务状况及经营成果变动趋势的方法。趋势分析法的具体运用主要有以下三种：

1. 重要财务指标的趋势分析

这种趋势分析方法是将不同时期财务报告中相同的重要指标或比率进行比较，直接观察其增减变动情况及变动幅度，以考察其发展趋势，从而找出问题，确定对策。

[业务实例 11-3] 假设华丰公司 2012—2018 年的财务比率如表 11-3 所示。

表 11-3 华丰公司 2012—2018 年度的财务比率

项　目	2012 年	2013 年	2014 年	2015 年	2016 年	2017 年	2018 年
流动比率	2.00	2.11	2.06	1.98	2.19	2.41	2.37
速动比率	0.86	0.92	0.90	0.88	0.95	1.01	1.02
应收账款周转天数/天	37	45	41	39	46	48	55
存货周转次数/次	3.34	3.28	3.55	3.40	3.19	2.01	2.68
资产负债率	0.92	0.98	0.97	0.93	0.90	0.87	0.86
销售利润率	4.02	2.68	3.07	3.36	2.04	2.67	3.02
净资产收益率	7.53	4.82	5.92	6.47	4.23	4.17	4.22

通过观察华丰公司财务比率的变化趋势，可以看出：

第一，流动比率和速动比率呈现波动性变化，应收账款周转天数持续增长，存货周转率持续降低，说明企业的营运能力减弱，呆账增加，存货老化严重。

第二，资产负债率从 2014 年开始有所下降，说明企业偿债能力增强。

第三，销售利润率呈现小的波动，2016 年后持续上升，说明企业的生产成本和管理费用的控制是得当的，企业获利能力是良好的。但是净资产收益率没有随着销售利润率的上升而上升，说明企业资产质量有问题。结合前面对应收账款周转天数、存货周转次数的分析，可以得出结论：导致净资产收益率下降的主要原因在于资产使用效率不高。企业应加快账款回收，减少物资积压，以提高流动资产使用效率。

2. 会计报表金额的趋势分析

这种趋势分析方法是将连续数期的会计报表有关数字并行排列，比较相同项目的增减变动金额及幅度，以此来说明企业财务状况和经营成果的发展变化。一般可以通过编制比较资产负债表、比较利润表及比较现金流量表来进行。

3. 会计报表项目构成的趋势分析

这种趋势分析方法是以会计报表中某个总体指标作为 100%，计算出报表中各构成项目占该总体指标的百分比，以此来比较各个项目百分比的增减变动，以判断有关财务活动的变化趋势。对资产负债表进行分析时，要把各个项目分别折算为以资产总额为基数的百分率；对利润表进行分析时，则把各个项目分别折算成以营业收入为基数的百分率。这种趋势分析方法比前述两种趋势分析方法更能准确地反映出企业财务活动的发展趋势，既可用于同一企业不同时期的纵向比较，又可用于不同企业之间的横向比较，同时能消除不同时期（不同企业）之间业务规模差异的影响，有利于更准确地分析企业的财务状况和经营成果的变化趋势。

采用趋势分析法时，应注意以下问题：一是用于对比的各个时期的指标的计算口径要一致；二是要剔除偶然性因素的影响，以使分析的数据能反映出企业正常的经营及财务状况；三是应用例外原则，对有显著变动的指标要做重点分析，研究其产生的原因，以便采取对策，趋利避害。

实务训练

将班级学生分成若干小组（5～8 人为一组），每个小组组织讨论，分析一个企业当年的财务数据不好，是否代表企业就要倒闭和没有前途，并说明理由。

任务二　分析财务指标

任务要求

财务活动是一项复杂的经济活动，单纯一个财务比率不能提供足以分析判断企业财务状况和经营成果的充分信息。只有分析一组比率，才能从某个侧面反映企业的财务状况和经营成果。所以，要掌握分析和评价企业财务状况与经营成果的各类指标。

财务比率根据反映内容的不同可以分为四类，即偿债能力指标、营运能力指标、获利能力指标和发展能力指标。每一类指标都从一个侧面反映了企业的财务状况和经营成果，下面分别加以介绍。为了便于说明本部分各项财务比率的计算，将主要采用宏达公司作为例子。该公司的资产负债表、利润表①如表 11－4 和表 11－5 所示。

表 11－4　宏达公司的资产负债表

2017 年 12 月 31 日　　金额单位：千元

资　产	年初数	年末数	负债及所有者权益	年初数	年末数
流动资产			流动负债		
货币资金	5 000	10 500	短期借款	21 325	22 450
应收账款	42 500	45 000	应付账款	21 100	21 550
存货	38 500	42 000	流动负债合计	42 425	44 000
流动资产合计	86 000	97 500	非流动负债		
非流动资产			长期借款	35 575	42 500
固定资产	82 000	103 900	非流动负债合计	35 575	42 500
非流动资产合计	82 000	103 900	负债合计	78 000	86 500
			所有者权益		
			实收资本	28 500	28 500
			资本公积	33 000	34 000
			盈余公积	15 900	19 485
			未分配利润	12 600	32 915
			所有者权益合计	90 000	114 900
资产总计	168 000	201 400	负债及所有者权益总计	168 000	201 400

表 11－5　宏达公司的利润表

2017 年度　　金额单位：千元

项　目	上年实际数	本年累计数
一、营业收入	165 000	180 000
减：营业成本	64 900	75 300
税金及附加	18 500	21 000
管理费用	4 900	5 000
销售费用	41 000	42 100
财务费用	4 800	5 300
二、营业利润	30 900	31 300
加：营业外收入	1 875	2 027
减：营业外支出	1 687	1 539
三、利润总额	31 088	31 788
减：所得税	7 790	7 888
四、税后利润	23 298	23 900

① 资产负债表和利润表均为简化格式，仅用于示例。

一、偿债能力分析

偿债能力是指企业偿还到期债务本息的能力，是反映企业财务状况和经营能力的重要标志，包括短期偿债能力和长期偿债能力。短期偿债能力是指企业以流动资产对流动负债及时足额偿还的保证程度，即企业偿还日常债务的能力。通过短期偿债能力的分析有助于判断企业短期资金的营运能力以及营运资金的周转状况。长期偿债能力是指企业以未来现金流量偿还债务本金和支付利息的能力。通过长期偿债能力的分析，不仅可以判断企业的经营状况，还可以使企业提高融通资金的能力。从债权人的角度来看，通过偿债能力分析，有助于了解其债权的安全性，以确保其债权本息能够及时、足额地得以偿还。因此，偿债能力分析包括短期偿债能力分析和长期偿债能力分析。

(一) 短期偿债能力分析

短期偿债能力的强弱是企业财务状况好坏的重要标志。由于企业短期债务一般要用流动资产来偿付，所以如果企业短期偿债能力弱，就意味着企业的流动资产对其流动负债偿还的保障能力弱，企业的信用可能会受到损害，进一步削弱企业的短期筹资能力，增加筹资成本和进货成本，从而对企业的投资能力和获利能力产生重大不利影响。因此，短期偿债能力的大小主要取决于企业流动资产的多少、变现能力和结构状况以及流动负债的多少等因素。衡量和评价短期偿债能力的指标主要有流动比率、速动比率和现金比率。

1. 流动比率

流动比率是企业流动资产与流动负债之比，反映企业每一元流动负债有多少流动资产作为偿还的保证。其计算公式为：

$$流动比率=\frac{流动资产}{流动负债}$$

流动比率越高，企业偿还短期债务的能力越强，流动负债得到偿还的可能性就越大。如果流动比率过低，则表示企业可能捉襟见肘，难以如期偿还短期债务。但是，流动比率也不能过高，过高则表明企业流动资产占用较多，会影响资金的使用效率和企业的筹资成本，进而影响企业的获利能力。一般情况下，合理的流动比率是2。这是因为流动资产中变现能力较差的存货金额约占流动资产总额的一半，剩下的流动性较大的流动资产至少要等于流动负债，企业短期偿债能力才有保证。

运用流动比率进行分析时，要注意以下几个问题：

(1) 虽然流动比率越高，企业偿还短期债务的保证程度越强，但这并不等于说企业就有足够的货币资金用来偿债。因为流动资产除货币资金以外，还有存货、应收账款等项目。有可能出现流动比率高，但因大量应收账款收不回来或超储积压物资过多而真正用来偿债的货币资金严重短缺的现象。因此，分析流动比率时，还需进一步分析流动资产的构成。

(2) 不同性质、不同行业的企业对资产流动性的要求有所不同，流动比率的合理数值也就不同。因此，计算出来的流动比率只有和同行业平均流动比率、本企业历史流动比率进行比较，才能判断这个比率合理与否。

[业务实例 11-4] 根据表 11-4 中的资料。

要求：计算该公司的流动比率。

解：宏达公司 2017 年年末的流动比率$=\frac{97\ 500}{44\ 000}=2.22$

宏达公司2017年年初的流动比率$=\frac{86\ 000}{42\ 425}=2.03$

分析表明，宏达公司2017年年末的流动比率比年初有所提高，表明该公司的短期偿债能力增强。

2. 速动比率

速动比率是企业速动资产与流动负债之比。速动资产是指流动资产减去存货等变现能力较差且不稳定的流动资产后的余额。由于剔除了存货等变现能力较差的资产，速动比率比流动比率能更准确、可靠地评价企业资产的流动性及偿还短期债务的能力。其计算公式为：

$$速动比率=\frac{速动资产}{流动负债}$$

速动资产＝货币资金＋交易性金融资产＋应收账款、应收票据

＝流动资产－存货－预付款项－一年内到期的非流动资产－其他流动资产

计算速动资产时，之所以要扣除存货，原因在于：一是存货是流动资产中变现能力较弱的部分，要经过产品的生产、售出和账款的收回才能变为现金；二是存货还可能包括因不适销对路而难以变现的产品或报废没有处理的产品；三是某些存货可能已抵押给债权人。

速动比率越高，企业偿还短期债务的能力越强，流动负债得到偿还的可能性就越大。一般认为，速动比率为1较合适；低于1的速动比率被认为是短期偿债能力偏低。但行业不同，速动比率会有很大差别。例如，采用大量现金销售的商业企业，几乎没有应收账款，低于1的速动比率则是很正常的；相反，一些应收账款较多的企业，速动比率则要大于1。

［业务实例11－5］ 根据表11－4的资料。

要求：计算该公司的速动比率。

解：宏达公司2017年年末的速动比率$=\frac{10\ 500+45\ 000}{44\ 000}=1.26$

宏达公司2017年年初的速动比率$=\frac{5\ 000+42\ 500}{42\ 425}=1.12$

分析表明，宏达公司2017年年末的速动比率比年初有所提高，表明该公司的短期偿债能力增强。

3. 现金比率

现金比率是企业现金类资产与流动负债的比率。现金类资产是速动资产扣除应收账款后的余额，包括企业所拥有的货币资金和交易性金融资产。现金比率的作用在于说明在最坏的情况下，即存货卖不出去、应收账款收不回来时企业的偿债能力。因此，现金比率最能反映企业直接偿付流动负债的能力。其计算公式为：

$$现金比率=\frac{现金+交易性金融资产}{流动负债}$$

一般认为，现金比率越高，表明企业随时偿还流动负债的能力越强，但并非越高越好。现金比率过高，就意味着企业流动资金未能得到合理利用，而获利能力低的现金类资产太多会导致企业机会成本增加。因此，企业应根据自身和行业的实际情况确定其最佳水平。

［业务实例11－6］ 根据表11－4的资料。

要求：计算该公司的现金比率。

解：宏达公司2017年年末的现金比率$=\frac{10\ 500}{44\ 000}=0.24$

宏达公司2017年年初的现金比率$=\frac{5\ 000}{42\ 425}=0.12$

分析表明，宏达公司2017年年末的现金比率比年初明显提高，表明该公司的短期偿债能力增强。

(二) 长期偿债能力分析

长期偿债能力分析可以从两方面进行分析，一方面是资本结构分析，即债务数额与企业规模进行比较，如果债务所占比例越大，则企业无力偿还债务本息的可能性就越大；另一方面是企业获利能力分析，在正常经营情况下，企业不可能以在用资产偿还债务，只能以获取的利润还本付息。反映长期偿债能力的指标主要有资产负债率、产权比率和利息保障倍数。

1. 资产负债率

资产负债率又称为负债比率，是企业负债总额与资产总额之比，反映债权人所提供资金占全部资金的比重以及企业资产对债权人权益的保障程度。其计算公式为：

$$资产负债率=\frac{负债总额}{资产总额}\times 100\%$$

上述公式中，负债总额包括流动负债和长期负债两部分。尽管流动负债是短期债务，但从稳健原则出发，应该考虑资产对它的偿还能力。

资产负债率越低，表明企业的长期偿债能力越强。对资产负债率的分析，还要看站在谁的立场上。从债权人的立场来看，资产负债率越低越好，这样企业偿债有保障，债权人不会有太大风险。但从股东的立场来看，资产负债率较高，说明企业运用了较少的自有资金投资形成了较多的生产经营用资产，不仅扩大了生产经营规模，而且在企业的资产收益率高于负债利息率时，资产负债率较高对提高股东收益是有益的，因为负债利息在税前支付并具有财务杠杆作用。但资产负债率过高，则表明企业的债务负担较重，企业资金实力不强，不仅对债权人不利，而且企业有濒临倒闭的危险。

至于资产负债率为多少才是合理的，并没有一个确定的标准。保守的观点认为资产负债率不应高于50%，而国际上通常认为资产负债率为60%较为适当。但不同行业、不同类型企业适用的资产负债率有较大的差异。如处于高速成长期的企业，其资产负债率可能会高一些，这样企业会得到更多的财务杠杆利益。

[业务实例11-7]　根据表11-4的资料。

要求：计算该公司的资产负债率。

解：宏达公司2017年年末的资产负债率$=\frac{86\ 500}{2\ 014\ 00}\times 100\%=42.95\%$

宏达公司2017年年初的资产负债率$=\frac{78\ 000}{168\ 000}\times 100\%=46.43\%$

分析表明，宏达公司2017年年初和年末的资产负债率均不太高，说明公司长期偿债能力较强，这样有助于增强债权人对公司出借资金的信心。

2. 产权比率

产权比率又称为资本负债率，是企业负债总额与所有者权益总额之比，反映了企业资产中有多少是所有者投入的，有多少是债权人提供的。其计算公式为：

$$产权比率=\frac{负债总额}{所有者权益总额}$$

产权比率是企业财务结构稳健与否的重要标志。产权比率高是高风险、高报酬的财务结构;产权比率低,是低风险、低报酬的财务结构。产权比率还反映了企业所有者权益对债权人权益的保障程度。产权比率越低,表明企业长期偿债能力越强,债权人权益保障程度就越高,承担的风险也就越小。一般认为,产权比率为3∶2以下时,企业是有偿债能力的。但还应结合企业的具体情况加以分析。当企业的资产收益率大于负债利息率时,负债经营有利于提高企业净资产收益率,这时的产权比率可适当高些。

产权比率与资产负债率对评价偿债能力的作用基本一致,都反映了债权人资金在企业受到保障的程度。只是资产负债率侧重于分析债务偿付安全性的物资保障程度;产权比率则侧重于揭示财务结构的稳健程度以及自有资金对偿债风险的承受能力。

[**业务实例11-8**] 根据表11-4的资料。

要求:计算该公司的产权比率。

解: 宏达公司2017年年末的产权比率$=\frac{86\,500}{114\,900}=0.75$

宏达公司2017年年初的产权比率$=\frac{78\,000}{90\,000}=0.87$

分析表明,宏达公司2017年年初和年末的产权比率都不高,同资产负债率的计算结果可相互印证,表明该公司的长期偿债能力较强,债权人的保障程度较高。

3. 利息保障倍数

利息保障倍数又称为已获利息倍数,是指企业息税前利润与利息费用之比,反映了获利能力对偿还债务利息的保障程度。其计算公式为:

$$利息保障倍数=\frac{息税前利润}{利息费用}$$

公式中,息税前利润是指利润表中未扣除利息费用和所得税前的利润。利息费用是指本期发生的全部利息,不仅包括财务费用中的利息,还包括计入资产成本的资本化利息。

利息保障倍数既是企业举债经营的前提依据,也是衡量企业长期偿债能力的重要指标。利息保障倍数越高,表明企业长期偿债能力越强。国际上通常认为,该指标为3时较为适当。从长期来看,若要维持正常偿债能力,利息保障倍数至少应大于1。如果利息保障倍数过低,企业将面临亏损、偿债的安全性与稳定性下降的风险。

[**业务实例11-9**] 根据表11-5的资料。

要求:计算该公司的利息保障倍数。

解: 宏达公司2017年的利息保障倍数$=\frac{31\,788+5\,300}{5\,300}=7.00$

宏达公司2016年的利息保障倍数$=\frac{31\,088+4\,800}{4\,800}=7.48$

分析表明,宏达公司2017年度和2016年度的利息保障倍数都较高,说明该公司有较强的偿付负债利息的能力。

二、营运能力分析

营运能力是指企业资金的周转能力。企业资金周转状况的好坏既是企业购、产、销各方面活动的结果,也是企业生产经营工作质量和效果的反映。对企业营运能力的分析,实质上就是对企业总资产及其各项资产的营运能力进行分析。资产营运能力的强弱取决于资产周转速度、资产运行状况、资产管理水平等多方面因素。资产周转速度通常用周转率和周转期表示。周转率也称为周转次数，即企业在一定时期内资产的周转额与平均余额的比率。这一指标的反指标是周转天数，是周转次数的倒数与计算期天数的乘积，反映资金周转一次所需要的天数。两者的计算公式分别如下：

$$\text{周转率(周转次数)}=\frac{\text{周转额}}{\text{资产平均余额}}$$

$$\text{周转期(周转天数)}=\frac{\text{计算期天数}}{\text{周转次数}}=\text{资产平均余额}\times\frac{\text{计算期天数}}{\text{周转额}}$$

一般来说，资产周转次数越多，周转天数越少，表明资产周转速度越快，资产使用效率就越高，企业的资产营运能力也就越强。通过营运能力分析，可以了解企业的经营状况和管理水平，找出生产经营中存在的问题，采取措施，强化企业管理，以合理利用资金，提高资金的使用效果。具体来说，营运能力分析包括流动资产周转情况分析、固定资产利用效率分析和总资产周转情况分析三个方面。

（一）流动资产周转情况分析

反映流动资产周转速度的指标主要有应收账款周转率、存货周转率、营业周期和流动资产周转率。

1. 应收账款周转率

应收账款周转率（次数）是指企业在一定时期的赊销净额与应收账款平均余额之比。其计算公式为：

$$\text{应收账款周转次数}=\frac{\text{赊销净额}}{\text{应收账款平均余额}}$$

从理论上讲，赊销净额等于销售收入扣除现销收入和销售退回、折扣与折让后的余额。但企业赊销数据作为商业秘密不对外公布，故外部分析一般采用赊销和现销收入合计，即以销售净收入作为赊销净额。内部分析时，因赊销资料有保证，应以准确的赊销净额为计算依据。

$$\text{应收账款平均余额}=\frac{\text{期初应收账款}+\text{期末应收账款}}{2}$$

上式中的应收账款包括会计报表中“应收账款”和“应收票据”等项目全部赊销账款在内。

反映应收账款周转速度的另一个指标是应收账款周转天数。其计算公式为：

$$\text{应收账款周转天数}=\frac{\text{计算期天数}}{\text{应收账款周转次数}}=\text{应收账款平均余额}\times\frac{360}{\text{赊销净额}}$$

应收账款周转率反映了企业应收账款周转速度的快慢及管理效率的高低。在一定时期内应收账款周转次数多，周转天数少表明：① 企业收账迅速，账龄较短；② 应收账款流动性较强，从而企业短期偿债能力较强；③ 可以减少收账费用和坏账损失，从而相对增加企业流动资产的投资收益。

[业务实例 11－10]　根据表 11－4 和表 11－5 的资料，同时假定宏达公司 2015 年年末的应收账款余额为 41 500 千元。

要求：计算该公司 2016 年度和 2017 年度的应收账款周转速度。

解：该公司 2016 年度和 2017 年度的应收账款周转速度的计算如表 11－6 所示。

表 11-6　宏达公司应收账款周转速度的计算　　金额单位：千元

项　目	2015 年	2016 年	2017 年
营业收入	—	165 000	180 000
应收账款年末余额	41 500	42 500	45 000
平均应收账款余额	—	42 000	43 750
应收账款周转率/次	—	3.93	4.11
应收账款周转期/天	—	91.60	87.59

分析表明，宏达公司 2017 年度的应收账款周转速度比 2016 年度有所提高，周转次数由 3.93 次提高至 4.11 次，周转天数由 91.60 天缩短为 87.59 天。这说明不仅该公司的营运能力有所增强，而且其流动资产的变现能力和周转速度也有所提高。

2. 存货周转率

存货周转率(次数)是指企业在一定时期内销售成本与存货平均余额的比率，是衡量和评价企业购入存货、投入生产、销售收回等各环节管理效率的综合性指标。其计算公式为：

$$\text{存货周转次数}=\frac{\text{销货成本}}{\text{存货平均余额}}$$

式中：$\text{存货平均余额}=\frac{\text{期初存货}+\text{期末存货}}{2}$

反映存货周转速度的另一个指标是存货周转天数。其计算公式为：

$$\text{存货周转天数}=\frac{\text{计算期天数}}{\text{存货周转次数}}=\text{存货平均余额}\times\frac{360}{\text{销售成本}}$$

存货周转速度的快慢不仅反映出企业采购、储存、生产、销售各环节管理工作状况的好坏，而且对企业的偿债能力及获利能力产生决定性的影响。一般来讲，在存货水平一定的情况下，存货周转次数越多，企业的销售成本越高，表明企业的销售能力越强，存货转化为现金或应收账款的速度越快。在销售水平一定的情况下，存货周转次数越多，企业的存货量就越低，表明企业的存货结构合理、质量较高，超储积压、老化现象较少，这样会增强企业的短期偿债能力及获利能力。

[业务实例 11-11]　根据表 11-4 和表 11-5 的资料，同时假定宏达公司 2015 年年末存货余额为 36 500 千元。

要求：计算公司 2016 年度和 2017 年度的存货周转速度。

解：该公司 2016 年度和 2017 年度的存货周转速度的计算如表 11-7 所示。

表 11-7　宏达公司存货周转速度的计算　　金额单位：千元

项　目	2015 年	2016 年	2017 年
营业成本	—	64 900	75 300
存货年末余额	36 500	38 500	42 000
平均存货余额	—	37 500	40 250
存货周转率/次	—	1.73	1.87
存货周转期/天	—	208.09	192.51

分析表明，宏达公司2017年度的存货周转速度比2016年度有所提高，周转次数由1.73次提高至1.87次，周转天数由208.09天缩短为192.51天。这说明不仅该公司的营运能力有所增强，而且其流动资产的变现能力和周转速度也有所提高。

3. 营业周期

营业周期是指企业从购买原材料开始到销售产品收回现金为止的整个期间。把存货周转天数和应收账款周转天数加在一起计算得到营业周期，表明企业需要多长时间才能将存货全部转化为现金。其计算公式为：

$$营业周期=存货周转天数+应收账款周转天数$$

一般情况下，营业周期短，说明资金周转速度快，正常的流动比率较低；营业周期长，说明资金周转速度慢，正常的流动比率较高。不同行业的营业周期长短有所不同，商业流通企业如食品企业的食品存放时间较短，故营业周期较短；工业企业如机器制造企业生产过程较长，营业周期也相对较长。

[业务实例11-12]　根据表11-6和表11-7的资料。

要求：计算该公司2016年度和2017年度的营业周期。

解：宏达公司2017年度的营业周期=87.59+192.51=280.10(天)

宏达公司2016年度的营业周期=91.60+208.09=299.69(天)

4. 流动资产周转率

流动资产周转率(次数)是指企业在一定时期内销售收入净额与流动资产平均占用额的比率，是反映企业流动资产周转速度的一个综合性指标。其计算公式为：

$$流动资产周转次数=\frac{销售收入净额}{流动资产平均余额}$$

式中：$流动资产平均余额=\frac{期初流动资产+期末流动资产}{2}$

反映流动资产周转速度的另一个指标是流动资产周转天数。其计算公式为：

$$流动资产周转天数=\frac{计算期天数}{流动资产周转次数}=流动资产平均余额\times\frac{360}{销售收入净额}$$

在一定时期内，流动资产周转次数越多，表明以相同的流动资产完成的周转额越多，流动资产利用效果越好。流动资产周转天数越少，表明流动资产在经历生产、销售各阶段所占用的时间越短，可相对节约流动资金，增强企业获利能力。而延缓周转速度，需要补充流动资产参加周转，形成资金浪费，相对地降低了企业的资金使用效率。

[业务实例11-13]　根据表11-4和表11-5的资料，同时假定宏达公司2015年年末的流动资产总额为85 500千元。

要求：计算该公司2016年度和2017年度的流动资产周转期。

解：该公司2016年度和2017年度的流动资产周转速度的计算如表11-8所示。

表11-8　宏达公司流动资产周转速度的计算　　金额单位：千元

项　目	2015年	2016年	2017年
营业收入	—	165 000	180 000
流动资产年末总额	85 500	86 000	97 500

（续表）

项　目	2015 年	2016 年	2017 年
流动资产平均余额	—	85 750	91 750
流动资产周转率/次	—	1.92	1.96
流动资产周转期/天	—	187.5	183.67

分析表明，宏达公司 2017 年度的流动资产周转期比 2016 年度缩短了 3.83(187.5－183.67)天，流动资金占用减少，可求得减少占用的数额＝(187.5－183.67)×180 000÷360＝1 915 千元。

（二）固定资产利用效率分析

固定资产周转率是指企业销售收入净额与固定资产平均净值的比率。与流动资产不同，固定资产是形成企业生产能力的投资。在一定范围内，它相对稳定：生产增加、销售收入上升，固定资产并不增加；反之，销售收入降低，固定资产也不减少。其计算公式为：

$$\text{固定资产周转率}=\frac{\text{销售收入净额}}{\text{固定资产平均净值}}$$

式中：$\text{固定资产平均净值}=\frac{\text{期初固定资产净值}+\text{期末固定资产净值}}{2}$

固定资产周转率主要用于分析厂房、设备等固定资产的利用效率。固定资产周转率高，说明企业固定资产投资得当，结构合理，利用效率高；反之，如果固定资产周转率不高，则表明其利用效率不高，会影响企业的获利能力。应注意的是，在计算固定资产周转率时，采用了固定资产净值，它会因计提折旧而逐年减少，不同的折旧方法会对它有影响。

[业务实例 11－14]　根据表 11－4 和表 11－5 的资料，同时假定宏达公司 2015 年年末的固定资产净值为 80 000 千元。

要求：计算该公司 2016 年度和 2017 年度的固定资产周转速度。

解：该公司 2016 年度和 2017 年度的固定资产周转速度的计算如表 11－9 所示。

表 11－9　宏达公司固定资产周转速度的计算　　金额单位：千元

项　目	2015 年	2016 年	2017 年
营业收入	—	165 000	180 000
固定资产年末净值	80 000	82 000	103 900
平均固定资产净值	—	81 000	92 950
固定资产周转率/次	—	2.04	1.94

分析表明，宏达公司 2017 年度的固定资产周转率比 2016 年度略有减慢，这说明该公司的固定资产利用率有所下降。

（三）总资产周转情况分析

总资产周转率是企业销售收入净额与资产平均总额的比率。其计算公式为：

$$\text{总资产周转率}=\frac{\text{销售收入净额}}{\text{资产平均总额}}$$

式中：$\text{资产平均总额}=\frac{\text{期初资产总额}+\text{期末资产总额}}{2}$

这一比率用来衡量企业全部资产的使用效率。如果该比率较高,说明企业全部资产周转速度快,营运效率高;如果该比率较低,说明企业全部资产营运效率较低,最终会影响企业的获利能力。企业可以采用薄利多销或处理多余资产等方法加速资金周转,提高营运效率。

[业务实例 11－15]　根据表 11－4 和表 11－5 的资料,同时假定宏达公司 2015 年年末的资产总额为 165 500 千元。

要求:计算该公司 2016 年度和 2017 年度的总资产周转速度。

解:该公司 2016 年度和 2017 年度的总资产周转速度的计算如表 11－10 所示。

表 11－10　宏达公司总资产周转速度的计算　　金额单位:千元

项　目	2015 年	2016 年	2017 年
营业收入	—	165 000	180 000
资产年末总额	165 500	168 000	201 400
平均资产总额	—	166 750	184 700
总资产周转率/次	—	0.99	0.97

分析表明,宏达公司 2017 年度的总资产周转率比 2016 年度略有减慢。

三、获利能力分析

获利能力就是企业获取利润、资金不断增值的能力。投资者取得投资收益,债权人取得本息都依赖于企业的获利能力;经营者的业绩也体现在获利水平上。因此,一切与企业有关的利益主体都希望企业的获利能力不断提高。对企业获利能力的分析一般只涉及正常的营业状况。非正常营业状况也会给企业带来收益或损失,但这只是特殊情况下的个别结果,不能说明企业的正常获利能力。因此,在分析企业获利能力时,应排除以下项目:一是证券买卖等非正常项目;二是已经或将要停止的营业项目;三是重大事故或法律更改等特别项目;四是会计准则和财务制度变更带来的累计影响等因素。

获利能力通常体现为企业收益数额的大小与水平的高低。企业六大会计要素有机统一于企业资金的运动过程,并通过筹资、投资活动取得收入,补偿成本费用,从而实现利润。因此,获利能力分析主要通过将销售收入、成本费用、资产和所有者权益等与经营成果相对比来分析企业的各项利润率指标,从不同角度判断企业的获利能力。反映获利能力的指标主要有销售净利润率、成本费用利润率、总资产报酬率、净资产收益率和资本保值增值率。对于上市公司来说,还有每股收益和市盈率等指标。

(一) 销售净利润率

销售净利润率是企业一定时期内实现的净利润与销售收入之比,说明每一元的销售收入会带来多少净利润。其计算公式为:

$$销售净利润率=\frac{净利润}{销售收入}\times100\%$$

销售净利润率反映了企业销售收入的获利水平。该指标越高,表明企业市场竞争能力越强,获利能力越强。

[业务实例 11－16]　根据表 11－5 的资料。

要求:计算该公司 2016 年和 2017 年的销售净利润率。

解:宏达公司 2017 年的销售净利润率$=\frac{23\ 900}{180\ 000}\times 100\%=13.28\%$

宏达公司 2016 年的销售净利润率$=\frac{23\ 298}{165\ 000}\times 100\%=14.12\%$

分析表明,宏达公司 2017 年度的销售净利润率比 2016 年度略有下降,这主要是由于该公司 2017 年度的成本费用增加(根据前列资料可以求得,该公司成本费用增长率=(148 700−134 100)÷134 100×100%=10.89%,而其销售收入增长率=(180 000−165 000)÷165 000×100%=9.09%)所致,但其幅度不大。可见,该公司的经营方向和产品结构仍然符合市场需要。

销售净利润率是一项综合性较强的获利指标,企业经济条件、融资方式、资本结构以及营业特点等因素都会影响销售净利润率。由于净利润中包括投资收益、营业外收入和营业外支出三个项目,而这三个项目和销售收入没有内在的联系,对比的结果不利于深入的分析。因此,当这三项金额大到不容忽视的程度时,应将其从净利润中扣除,用营业利润和销售额对比,计算营业利润率来评价企业的获利能力。其计算公式为:

$$\text{营业利润率}=\frac{\text{营业利润}-\text{投资净收益}}{\text{销售收入}}\times 100\%$$

$$=\frac{\text{利润总额}-\text{投资净收益}-\text{营业外收入}+\text{营业外支出}}{\text{销售收入}}\times 100\%$$

(二) 成本费用利润率

成本费用利润率是企业一定时期内营业利润与成本费用总额的比率。其计算公式为:

$$\text{成本费用利润率}=\frac{\text{营业利润}}{\text{成本费用总额}}\times 100\%$$

式中:成本费用总额=营业成本+税金及附加+销售费用+管理费用+财务费用

该指标越高,表明企业为取得利润而付出的代价越小,成本费用控制得越好,获利能力越强。

[业务实例 11-17] 根据表 11-5 的资料。

要求:计算该公司 2016 年和 2017 年的成本费用利润率。

解:宏达公司 2017 年的成本费用利润率$=\frac{31\ 300}{75\ 300+21\ 000+5\ 000+42\ 100+5\ 300}\times 100\%$

$=21.05\%$

宏达公司 2016 年的成本费用利润率$=\frac{30\ 900}{64\ 900+18\ 500+4\ 900+41\ 000+4\ 800}\times 100\%$

$=23.04\%$

分析表明,宏达公司 2017 年度的成本费用利润率比 2016 年度有所下降,该公司应当深入分析导致成本费用上升的因素,改进有关工作,以便扭转效益指标下降的状况。

(三) 总资产报酬率

总资产报酬率是企业一定时期内获得的报酬总额与资产平均总额的比率。其计算公式为:

$$\text{总资产报酬率}=\frac{\text{息税前利润}}{\text{资产平均总额}}\times 100\%$$

式中：息税前利润＝净利润＋所得税＋利息费用

$$资产平均总额=\frac{期初资产总额+期末资产总额}{2}$$

由于资产总额等于债权人权益和所有者权益的总额，所以总资产报酬率既可以衡量企业资产综合利用的效果，又可以反映企业利用债权人及所有者提供资本的获利能力。该指标越高，表明企业的资产利用效果越好，整个企业获利能力越强，经营管理水平也越高。企业还可以将该指标与资本市场利息率进行比较，如果前者较后者大，则说明企业可以充分利用财务杠杆，适当举债经营，以获得更多的收益。

[业务实例 11－18]　根据表 11－4 和表 11－5 的资料，同时假定利润表中财务费用全部为利息支出，该公司 2015 年末的资产总额为 165 500 千元。

要求：计算该公司 2016 年度和 2017 年度的总资产报酬率。

解：该公司 2016 年度和 2017 年度的总资产报酬率的计算如表 11－11 所示：

表 11－11　宏达公司总资产报酬率的计算　　金额单位：千元

项　目	2015 年	2016 年	2017 年
利润总额	—	31 088	31 788
利息支出	—	4 800	5 300
息税前利润总额	—	35 888	37 088
资产年末总额	165 500	168 000	201 400
平均资产总额	—	166 750	184 700
总资产报酬率/%	—	21.52	20.08

分析表明，宏达公司 2017 年度的总资产报酬率比 2016 年度有所下降，该公司应当对资产使用情况，增产节约工作等情况做进一步的分析考察，以便改进管理，提高效益。

（四）净资产收益率

净资产收益率又称为自有资金利润率或权益报酬率，是企业一定时期内实现的净利润与平均所有者权益的比率，反映企业自有资金的投资收益水平。其计算公式为：

$$净资产收益率=\frac{净利润}{平均所有者权益}\times 100\%$$

$$式中：平均所有者权益=\frac{期初所有者权益+期末所有者权益}{2}$$

净资产收益率是评价企业自有资本及其积累获取报酬水平的最具综合性与代表性的指标，反映企业资本运营的综合效益。净资产收益率越高，说明企业自有资本获取收益的能力越强，运营效益越好。该指标是企业获利能力的核心指标，也是杜邦财务指标体系的核心，更是投资者关注的重点。

[业务实例 11－19]　根据表 11－4 和表 11－5 的资料，同时假定宏达公司 2015 年年末的净资产为 86 500 千元。

要求：计算该公司 2016 年度和 2017 年度的净资产收益率。

解：该公司 2016 年度和 2017 年度的净资产收益率的计算如表 11－12 所示。

表 11-12　宏达公司净资产收益率的计算

金额单位：千元

项　目	2015 年	2016 年	2017 年
净利润	—	23 298	23 900
年末净资产额	86 500	90 000	114 900
平均净资产	—	88 250	102 450
净资产收益率/%	—	26.40	23.33

分析表明，宏达公司 2017 年度的净资产收益率比 2016 年度下降了 3.07(23.33－26.40)个百分点，这是由于该公司所有者权益的增长快于净利润的增长所引起的。根据前列资料可以求得，该公司所有者权益增长率＝(102 450－88 250)÷88 250×100%＝16.09%，而其净利润增长率＝(23 900－23 298)÷23 298×100%＝2.58%。

(五) 资本保值增值率

资本保值增值率是指所有者权益的期末总额与期初总额之比，反映企业本期资本在企业自身努力下的实际增减变动情况，是评价企业财务效益状况的辅助指标。其计算公式为：

$$资本保值增值率=期末所有者权益\div期初所有者权益$$

资本保值增值率越高，表明企业的资本保全状况越好，债权人的债权越有保障。资本保值增值率等于 100%，即意味着资本保值；资本保值增值率大于 100%，则意味着资本增值。如果企业获利能力提高，利润增加，必然会使期末所有者权益大于期初所有者权益。当然，这一指标的高低除受企业经营成果的影响外，还受投资者增加投资以及企业利润分配政策的影响。

[业务实例 11-20]　根据表 11-4 的资料，同时假定不存在客观因素。

要求：计算该公司 2017 年的资本保值增值率。

解：宏达公司 2017 年的资本保值增值率＝114 900÷90 000＝127.67%

(六) 每股收益

每股收益也称为每股盈余，反映上市公司普通股股东持有每一股份所能享有的企业利润和承担的企业亏损，是衡量上市公司获利能力时最常用的财务分析指标。每股收益越高，说明上市公司的获利能力越强，股东的投资效益就越好。另外，每股收益是分析上市公司获利能力的一个综合性较强的财务指标，可以分解为若干个相互联系的财务指标。其计算公式为：

$$\begin{aligned}每股收益&=\frac{净利润}{发行在外的普通股平均股数}\\&=\frac{净利润}{销售收入}\times\frac{销售收入}{资产平均总额}\times\frac{资产平均总额}{平均股东权益}\times\frac{平均股东权益}{发行在外的普通股平均股数}\\&=销售净利润率\times总资产周转率\times权益乘数\times平均每股净资产\end{aligned}$$

[业务实例 11-21]　根据表 11-5 的资料，同时假定宏达公司 2016 年、2017 年度发行在外的普通股平均股数都为 28 500 千股。

要求：计算该公司 2016 年和 2017 年的每股收益。

解：宏达公司 2017 年的每股收益$=\frac{23\ 900}{28\ 500}=0.839$(元)

宏达公司 2016 年的每股收益$=\frac{23\ 298}{28\ 500}=0.817$(元)

分析表明，宏达公司 2017 年度的普通股每股收益比 2016 年度略有上升。

(七) 市盈率

市盈率是上市公司普通股每股市价与每股收益的比率，反映投资者对上市公司每元净利润愿意支付的价格，可以用来估计股票的投资报酬和风险。其计算公式为：

$$市盈率=\frac{普通股每股市价}{普通股每股收益}$$

市盈率是反映上市公司获利能力的一个重要财务指标，是投资者做出投资决策的重要参考因素之一。市盈率越高，说明投资者对该公司的发展前景越看好，愿意出较高的价格购买该公司股票，所以一些成长性较好的高科技公司股票的市盈率通常要高一些。但应注意，如果某一种股票的市盈率过高，则意味着这种股票具有较高的投资风险。在每股市价确定的情况下，每股收益越高，市盈率越低，投资风险越小。在每股收益确定的情况下，每股市价越高，市盈率越高，投资风险越大。

[业务实例 11－22]　根据表 11－5 的资料，同时假定宏达公司 2016 年年末、2017 年年末的每股市价分别为 17.95 元、20.76 元。

要求：计算该公司 2016 年年末和 2017 年年末的市盈率。

解：宏达公司 2017 年年末的市盈率$=\frac{20.76}{0.839}=24.74$

宏达公司 2016 年年末的市盈率$=\frac{17.95}{0.817}=21.97$

分析表明，宏达公司 2017 年年末的市盈率比 2016 年年末大幅上涨，反映了投资者对该公司的发展前景进一步看好。

四、发展能力分析

发展能力是指企业在生存的基础上，扩大规模、壮大实力的潜在能力。分析发展能力主要考察以下五项指标：

1. 营业收入增长率

营业收入增长率是指企业本年营业收入增长额与上年营业收入总额的百分比，反映了企业营业收入的增减变动情况，是评价企业成长状况和发展能力的重要指标。其计算公式为：

$$营业收入增长率=\frac{本年营业收入增长额}{上年营业收入总额}\times 100\%$$

式中：本年营业收入增长额＝本年营业收入总额－上年营业收入总额

营业收入增长率可以衡量企业经营状况和市场占有能力，预测企业经营业务拓展趋势。该指标若大于 0，表示企业本年的营业收入有所增长。该指标值越高，表明企业营业收入增长速度越快，企业市场前景就越好；若该指标小于 0，则说明产品或服务不适销对路，质次价高，或是在售后服务等方面存在问题，市场份额萎缩。

[业务实例 11－23]　根据表 11－5 的资料，同时假定不存在客观因素。

要求：计算该公司 2017 年营业收入增长率。

解：宏达公司 2017 年营业收入增长率$=\frac{180\,000-165\,000}{165\,000}\times 100\%=9.09\%$

2. 资本积累率

资本积累率是指企业本年所有者权益增长额与年初所有者权益的比率，反映投资者投入企业资本的保全性和增长性。其计算公式为：

$$资本积累率=\frac{本年所有者权益增长额}{年初所有者权益}\times 100\%$$

式中：本年所有者权益增长额＝所有者权益年末数－所有者权益年初数

资本积累率是企业当年所有者权益总的增长率，反映了所有者权益在当年的变动水平，体现了企业资本的积累情况，展示了企业的发展潜力。该指标若为正值，则指标值越高表明企业的资本积累越多，应付风险、持续发展的能力越大；反之，该指标若为负值，表明企业资本受到侵蚀，所有者利益受到损失，应予以充分重视。

[业务实例 11－24] 根据表 11－4 的资料，同时假定不存在客观因素。

要求：请计算该公司 2017 年的资本积累率。

解：宏达公司 2017 年的资本积累率$=\frac{114\ 900-90\ 000}{90\ 000}\times 100\%=27.67\%$

3. 总资产增长率

总资产增长率是指企业本年总资产增长额同年初资产总额的比率，反映企业本期资产规模的增长情况。其计算公式为：

$$总资产增长率=\frac{本年总资产增长额}{年初资产总额}\times 100\%$$

式中：本年总资产增长额＝资产总额年末数－资产总额年初数

总资产增长率是从企业资产总量扩张方面来衡量企业的发展潜力，表明企业规模增长水平对企业发展后劲的影响。该指标越高，表明企业一定时期内资产经营规模扩张的速度越快。但在分析时应注意考虑资产规模扩张的质和量的关系以及企业的后续发展能力，避免资产盲目扩张。

[业务实例 11－25] 根据表 11－4 的资料。

要求：计算该公司 2017 年的总资产增长率。

解：宏达公司 2017 年的总资产增长率$=\frac{201\ 400-168\ 000}{168\ 000}\times 100\%=19.88\%$

4. 营业收入 3 年平均增长率

营业收入 3 年平均增长率表明企业营业收入连续 3 年的增长情况，体现了企业的持续发展态势和市场扩张能力。其计算公式为：

$$营业收入3年平均增长率=\left(\sqrt[3]{\frac{本年营业收入总额}{3年前营业收入总额}}-1\right)\times 100\%$$

式中，3 年前营业收入总额是指企业 3 年前的营业收入总额，比如，在评价企业 2017 年的绩效状况时，则 3 年前营业收入总额是指 2014 年的营业收入总额。

利用营业收入 3 年平均增长率指标，能够反映企业经营业务增长趋势和稳定程度，体现企业的连续发展状况和发展能力，避免因少数年份的业务波动而对企业发展潜力做出错误判断。该指标越高，表明企业经营业务持续增长势头越好，市场扩张能力越强。

5. 资本 3 年平均增长率

资本 3 年平均增长率表示企业资本连续 3 年的积累情况，在一定程度上体现了企业的持续发展水平和发展趋势。其计算公式为：

$$资本3年平均增长率=\left(\sqrt[3]{\frac{本年末所有者权益总额}{3年前年末所有者权益总额}}-1\right)\times 100\%$$

利用资本 3 年平均增长率指标，能够反映企业资本积累或资本扩张的历史发展状况，以及企业稳步发展的趋势。该指标越高，表明企业所有者权益得到的保障程度越大，企业可以长期使用的资金越充足，抗风险和持续发展的能力就越强。

实务训练

将班级学生分成若干小组(5～8 人为一组)，每个小组组织讨论，分析为什么目前我国创业板上市公司出现了“三高”(高市盈率、高发行价、高中签率)现象，并分析这反映了我国股市和上市公司哪些问题。

任务三　财务综合分析

任务要求

前面，已经介绍了企业偿债能力、营运能力、获利能力和发展能力等各种财务分析指标。但企业的经营活动是一个有机整体，单独分析任何一项或一组财务指标就跟盲人摸象一样，都难以全面评价企业的经营成果与财务状况。所以，要对企业财务状况和经营成果有一个总的评价，就必须进行相互关联的分析，采用适当的方法进行综合性评价。

一、财务综合分析的概念与特点

(一) 财务综合分析的概念

财务分析的最终目的在于全方位地了解企业经营理财的状况，并据此对企业的经济效益做出合理的评价，这就需要对企业财务进行综合分析。所谓财务综合分析，就是将企业偿债能力、营运能力、获利能力和发展能力等方面的分析纳入到一个有机的分析系统之中，全面地对企业财务状况和经营成果进行解剖和分析，从而对企业经济效益做出科学、准确的评价与判断。

(二) 财务综合分析的特点

财务综合分析的特点体现在财务综合指标体系的要求上。一个健全有效的财务综合指标体系必须具有以下三个要求：

1. 评价指标齐全适当

这是指设置的评价指标要尽可能涵盖偿债能力、营运能力、获利能力和发展能力等各方面对企业进行总体考核的要求。

2. 主辅指标功能匹配

这里要强调两个方面：一是在确立偿债能力、营运能力、获利能力和发展能力等方面评价主要指标与辅助指标的同时，进一步明晰总体结构中各项指标的主辅地位；二是不同范畴的主要考核指标要能从不同侧面、不同层次反映企业财务状况，揭示企业经营理财的实绩。

3. 满足各方面信息需要

这要求评价指标体系必须能够提供多层次、多角度的信息资料，既要能满足企业经营者决策时对充分而具体的财务信息的需要，也要能满足企业外部投资者投资决策和政府主管部门实施宏观调控的要求。

二、财务综合分析的方法

财务综合分析的方法很多，其中应用比较广泛的有杜邦财务分析体系和财务比率综合分析法。

（一）杜邦财务分析体系

1. 杜邦财务分析体系的概念与基本结构

这种分析方法首先由美国杜邦公司的经理创立并首先在杜邦公司成功运用，故称为杜邦系统（The Du Pont System）。它是利用各项财务指标间的内在联系，对企业综合经营理财能力及经济效益进行系统分析评价的方法。它的特点是以净资产收益率为核心，层层进行指标分解，从而形成一个分析指标体系，通过分析各分解指标的变动对净资产收益率的影响来揭示企业获利能力及其变动原因。杜邦财务分析体系的基本结构如图 11－1 所示。

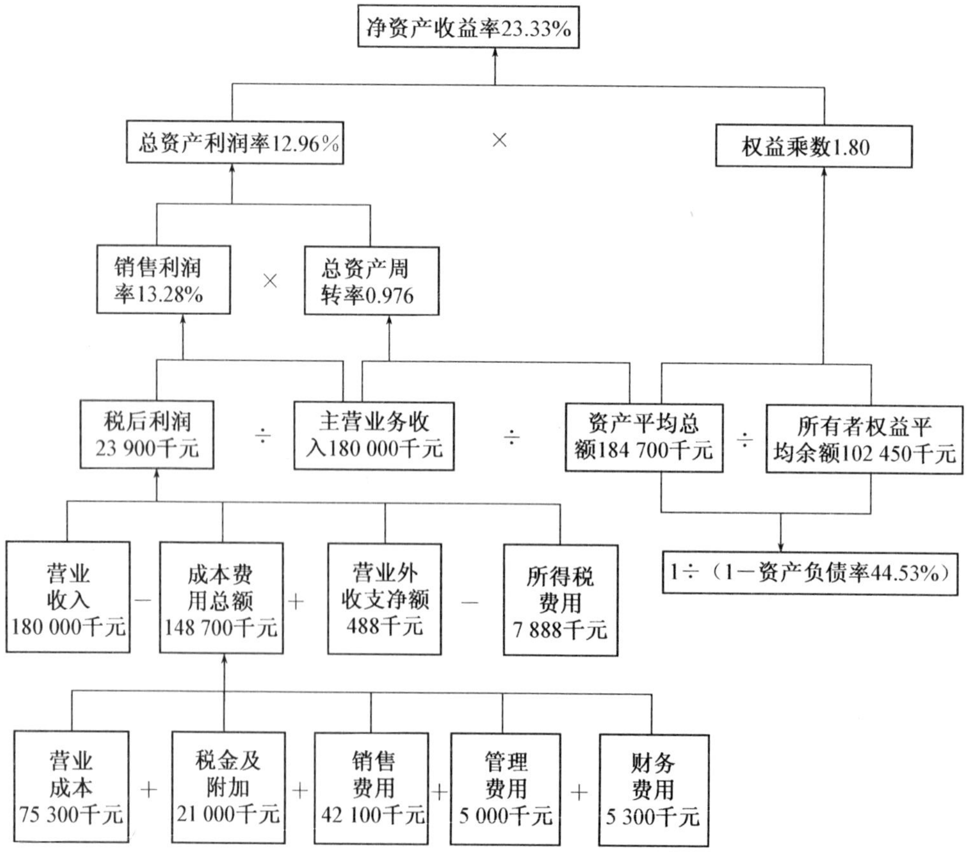

图 11－1　宏达公司 2017 年杜邦财务分析体系

2. 杜邦财务分析体系的重要意义

图 11－1 反映了有关财务指标之间的内在关系，其主要意义如下：

(1) 在杜邦财务分析体系中，净资产收益率反映所有者投入资本的获利能力，以及企业筹资、投资、资产运营等活动的效率，是一个综合性最强、最具代表性的指标，是杜邦财务分析体系的核心。该指标的高低取决于总资产利润率与权益乘数。

(2) 总资产利润率是净利润与资产平均总额之比，等于销售利润率与总资产周转率之积。

销售利润率是净利润与销售收入之比，是反映企业获利能力的重要指标。提高这一比率的途径有扩大销售收入和降低成本费用等。

总资产周转率是销售收入与资产平均总额之比，是反映企业运用资产以产生销售收入能力的指标。对总资产周转率的分析，除了对资产构成在总量上是否合理进行分析外，还可以通过对流动资产周转率、存货周转率、应收账款周转率等有关资产使用效率进行分析，以判明影响资产营运能力的主要问题所在。

(3) 权益乘数是资产平均总额与所有者权益平均余额之比。其计算公式为：

$$权益乘数=\frac{资产平均总额}{所有者权益平均余额}=\frac{1}{1-资产负债率}$$

式中，资产负债率是指平均资产负债率，是企业平均负债总额与平均资产总额之比。由此可见，权益乘数主要受资产负债率的影响。资产负债率越大，权益乘数就越高，说明企业有较高的负债程度，给企业带来了较多的财务杠杆利益，同时也给企业带来了较多的财务风险。因此，企业既要合理使用资产，又要妥善安排资本结构。

通过对杜邦财务分析体系自上而下的分析，不仅可以揭示出该公司各项财务指标间的结构关系，查明各项主要指标变动的影响因素，从而直观、明了地反映出该公司的偿债能力、营运能力、获利能力相互之间的关系，而且为决策者优化经营理财状况，提高企业经营效益提供了思路。

[业务实例 11－26] 下面以宏达公司为例(见图 11－1)来说明杜邦财务分析体系的应用。宏达公司 2017 年净资产收益率为 23.33%，比行业平均水平 27.50%低，原因何在，通过指标分解进行分析。

(1) 分析企业资产利用能力和资本结构。

分解净资产收益率为：净资产收益率＝总资产利润率×权益乘数

将宏达公司和行业的有关数据代入，可得：

宏达公司：23.33%＝12.96%×1.80

行业：27.50%＝16.97%×1.62

从上述分析可以看出，宏达公司总资产利润率低于行业平均水平，但权益乘数高于行业平均水平。这说明该公司较好地利用了负债资金，提高了股东投入资本的使用效果，但也说明企业财务风险较大。

(2) 分析企业获利能力。分解总资产利润率为：总资产利润率＝销售利润率×总资产周转率

将宏达公司和行业的有关数据代入，可得：

宏达公司：12.96%＝13.28%×0.976

行业：16.97%＝13.58%×1.25

从上述分析可以看出，宏达公司的获利能力不够乐观。该公司总资产利润率低于行业平均水平的原因在于，该公司销售利润率和总资产周转率均低于行业平均水平。欲改善该公司获利能力，必须提高销售利润率和总资产周转率。提高销售利润率必须降低成本费用和增加销售；提高总资产周转率必须合理安排资产结构，提高资产使用效率。

从上例可知，杜邦财务分析体系反映的企业获利能力涉及生产经营活动的方方面面。净资产收益率与企业的筹资结构、销售规模、成本水平、资产管理等因素密切相关，这些因素构成一个完整的系统，各因素之间相互作用。只有协调好各因素之间的关系，才能使净资产收益率达到最高，从而实现股东财富最大化的财务管理目标。提高净资产收益率的根本途径在于扩大销售，节约成本，合理配置资产，加速资金周转，优化资本结构等。

（二）财务比率综合分析法

最初的财务综合比率分析法也称为沃尔评分法，其发明者是亚历山大·沃尔。他在20世纪初出版的《信用晴雨表研究》和《财务报表比率分析》中提出了信用能力指数的概念。他选择了七个财务比率即流动比率、产权比率、固定资产比率、存货周转率、应收账款周转率、固定资产周转率和自有资金周转率，分别给定各指标的权重，然后确定标准比率（以行业平均数为基础），将实际比率与标准比率相比得出相对比率，将此相对比率与各指标权重相乘得出各项指标的得分及总体指标的累计分数（信用能力指数），从而对企业财务状况、经营业绩进行综合评价。

沃尔评分法有两个缺陷：一是选择这七个比率及给定的权重缺乏说服力；二是如果某一个指标严重异常时，会对总评分产生不合逻辑的重大影响。况且，现代社会与沃尔所处的时代相比，已经发生了很大的变化。因此，沃尔最初提出的七项指标已难以完全适用当前企业评价的需要。现在通常认为，在选择指标时，偿债能力、营运能力、获利能力和发展能力指标均应当被选到。

［业务实例 11－27］ 根据表 11－13 所给出的华凌公司 2017 年主要财务指标的实际值与行业标准值的资料，说明财务比率综合分析法的基本步骤。

表 11－13　华凌公司财务比率综合分析表

选择的指标	分配的权重①	指标的标准值②	指标的实际值③	实际得分④＝①×③÷②
一、偿债能力指标	20			
1. 资产负债率	12	60%	27%	5.4
2. 已获利息倍数	8	4	37	74
二、获利能力指标	38			
1. 净资产收益率	25	28%	27.78%	24.80
2. 总资产报酬率	13	16%	34.58%	28.10
三、营运能力指标	18			
1. 总资产周转率	9	2.5	1.03	3.71
2. 流动资产周转率	9	4	2.94	6.62
四、发展能力指标	24			
1. 营业收入增长率	12	8%	4%	6
2. 资本积累率	12	10%	6%	7.2
综合得分	100	—	—	155.83

(1) 选择评价指标并分配指标权重，如表 11－13 所示。

(2) 确定各项评价指标的标准值。财务指标的标准值一般可以行业平均数、企业历史先进数、国家有关标准或国际公认数为基准来加以确定，如表 11－13 所示。

(3) 对各项评价指标计分并计算综合得分，如表 11－13 所示。相关计算公式如下：

$$各项评价指标的得分=各项指标的权重\times\frac{指标实际值}{指标标准值}$$

$$综合得分=\sum 各项评价指标的得分$$

(4) 形成评价结果。在最终评价时，如果综合得分大于 100，则说明企业的经营成果、财务状况比较好；反之，则说明企业的经营成果、财务状况比同行业平均水平或者本企业历史先进水平差。由于华凌公司综合得分 155.83，大于 100，说明该公司经营成果、财务状况良好。

值得注意的是，财务比率综合分析法存在着一定的缺陷：一是没有区分正指标和反指标，如资产负债率是一个反指标，在衡量偿债能力方面应该是越小得分越高才对；二是个别指标的得分不加以限制，会因个别指标的异常而影响整体的评价，如本例中华凌公司的已获利息倍数高于标准值 9 倍之多，得分达 74 分，这是不正常的，会掩盖该公司其他方面存在的问题，如该公司发展方面存在的问题将会因此被抵消或掩盖。

实务训练

进行财务指标分析只是对企业评价的一个方面，更应关注企业的长远发展方向和能力。企业所处发展阶段不同，企业的财务成果也会发生变动。将班级学生分成若干小组(5～8 人为一组)，每个小组组织讨论企业发展的阶段与财务数据的关系，并分析如何从财务数据中发现企业所处的发展阶段。

能力拓展训练

一、单项选择题

1. 企业债权人最关心(　　)的指标。

A. 偿债能力　　B. 营运能力　　C. 获利能力　　D. 发展能力

2. 假设经济业务发生前速动比率等于 1，偿还应付账款若干，将会(　　)。

A. 提高流动比率，不影响速动比率　　B. 提高速动比率，不影响流动比率

C. 提高流动比率，也提高速动比率　　D. 降低流动比率，也降低速动比率

3. 评价企业短期偿债能力强弱最直接的指标是(　　)。

A. 已获利息倍数　　B. 速动比率　　C. 流动比率　　D. 现金比率

4. (　　)是企业财务结构稳健与否的重要标志。

A. 资产负债率　　B. 产权比率　　C. 现金比率　　D. 流动比率

5. 下列不能反映企业长期偿债能力的指标是(　　)。

A. 资产负债率　　B. 产权比率　　C. 利息保障倍数　　D. 存货周转次数

6. 下列各项中，会导致企业资产负债率变化的是(　　)

A. 收回应收账款　　B. 用现金购买债券
C. 发行新股　　D. 提取盈余公积金

7. 下列项目中，不属于速动资产的项目是(　　)。
A. 货币资金　　B. 应收账款　　C. 交易性金融资产　　D. 存货

8. 华丰公司 2017 年年初与年末所有者权益分别为 2 500 万元和 4 000 万元，则资本保值增值率为(　　)。
A. 62.5%　　B. 160%　　C. 60%　　D. 40%

9. 产权比率为 3/4，则权益乘数为(　　)。
A. 4/3　　B. 7/4　　C. 7/3　　D. 3/4

10. (　　)是一个综合性最强的财务比率，也是杜邦财务分析体系的核心。
A. 销售净利润率　　B. 资产周转率　　C. 权益乘数　　D. 净资产收益率

二、多项选择题

1. 企业财务分析的基本内容包括(　　)。
A. 偿债能力分析　　B. 营运能力分析　　C. 获利能力分析　　D. 发展能力分析

2. 采用趋势分析法时，应注意的问题包括(　　)。
A. 指标的计算口径必须一致　　B. 衡量标准的科学性
C. 剔除偶然因素的影响　　D. 运用例外原则

3. 下列说法中正确的有(　　)。
A. 效率比率反映投入产出的关系　　B. 销售净利率属于效率比率
C. 权益乘数属于相关比率　　D. 资产负债率属于结构比率

4. 应收账款周转率提高，意味着企业(　　)。
A. 短期偿债能力增强　　B. 获利能力提高
C. 坏账成本下降　　D. 营运能力增强

5. 影响存货周转率的因素有(　　)。
A. 销售收入　　B. 销货成本　　C. 存货计价方法　　D. 存货余额

6. 在其他条件不变的情况下，会引起总资产周转率上升的经济业务有(　　)。
A. 用银行存款支付一年的电话费　　B. 借入一笔短期借款
C. 用银行存款购入一台设备　　D. 用现金偿还负债

7. 反映企业营运能力的指标包括(　　)。
A. 净资产收益率　　B. 总资产周转率　　C. 存货周转率　　D. 营业周期

8. 影响净资产收益率高低的主要因素有(　　)。
A. 产品价格　　B. 单位成本　　C. 销售量　　D. 资产周转率

9. 企业发展能力分析可以运用的指标有(　　)。
A. 营业收入增长率　　B. 净资产收益率
C. 资本积累率　　D. 总资产增长率

10. 从杜邦财务分析体系可知，提高净资产收益率的途径有(　　)。
A. 加强负债管理，降低负债比率　　B. 加强成本管理，降低成本费用
C. 加强销售管理，提高销售利润率　　D. 加强资产管理，提高资产周转率

三、判断题

1. 财务预算是进行财务预测的前提,并在财务管理循环中起着承上启下的作用。（　）。

2. 因素分析法既可以全面分析各因素对某一经济指标的影响,又可以单独分析某个因素对某一经济指标的影响。（　）

3. 尽管流动比率可以反映企业的短期偿债能力,但有的企业流动比率较高,却没有能力支付到期的应付账款。（　）

4. 现金比率的提高不仅会增加资产的流动性,也会使机会成本增加。（　）

5. 资产负债率与产权比率的乘积等于1。（　）

6. 若资产增加幅度低于销售收入增长幅度,则会引起资产周转率提高,表明企业的营运能力有所提高。（　）

7. 市盈率是评价上市公司获利能力的指标,反映投资者愿意对公司每股股利支付的价格。（　）

8. 在其他条件不变的情况下,权益乘数越大则财务杠杆系数越大。（　）

9. 在杜邦财务分析体系中计算权益乘数时,资产负债率是用期末负债总额与期末资产总额来计算的。（　）

10. 华云公司2016年销售净利率为5.73%,资产周转率为2.17;2017年销售净利率为4.88%,资产周转率为2.88。若两年的资产负债率相同,则2012年净资产收益率与2011年的相比呈上升趋势。（　）

四、分析计算题

1. 宏达公司2017年度某种材料的有关资料如表11-14所示。

表11-14　材料成本资料表

项　目	单　位	计划数	实际数
产品产量	件	850	1 000
单位产品材料消耗量	千克	10	9
材料单价	元/千克	7	8
材料费用	元	59 500	72 000

要求:用因素分析法对企业的材料费用进行分析。

2. 华为公司2017年度资产负债表和利润表如表11-15和表11-16所示。

表 11－15　华为公司资产负债表

2017 年 12 月 31 日　　　　金额单位：万元

资　产	年初数	年末数	负债及所有者权益	年初数	年末数
流动资产			流动负债		
货币资金	120	130	短期借款	210	200
应收账款	240	270	应付账款	280	400
存货	310	300	流动负债合计	490	600
流动资产合计	670	700	非流动负债	260	300
			负债合计	750	900
非流动资产			所有者权益		
固定资产	710	880	实收资本	600	600
无形资产	170	220	盈余公积	60	70
非流动资产合计	880	1 100	未分配利润	140	230
			所有者权益合计	800	900
资产总计	1 550	1 800	负债及所有者权益总计	1 550	1 800

表 11－16　华为公司利润表

2017 年　　　　金额单位：万元

项　目	上年实际数	本年累计数
一、营业收入	（略）	1 800
减：营业成本		1 309
税金及附加		55
管理费用		170
销售费用		85
财务费用		30
二、营业利润		151
加：营业外收入		10
减：营业外支出		29
三、利润总额		132
减：所得税		32
四、税后利润		100

要求：

（1）计算华为公司 2017 年年末的流动比率、速动比率、资产负债率和产权比率；

（2）计算华为公司 2017 年的利息保障倍数、应收账款周转次数、存货周转次数、总资产周转率；

(3) 计算华为公司 2017 年的销售净利润率、总资产报酬率和净资产收益率。

3. 华丰公司 2017 年有关财务资料如下:年末流动比率为 2,年末速动比率为 1.2,存货周转率为 5 次。年末资产总额 2 000 万元(年初也为 2 000 万元),年末流动负债为 350 万元,年末长期负债为 350 万元,年初存货为 300 万元。2012 年资产周转率为 0.8 次。该企业流动资产中只有货币资金、应收账款和存货。

要求:

(1) 计算该企业 2017 年年末存货、流动资产总额、资产负债率;

(2) 计算该企业 2017 年的销售成本和销售收入。

附录　资金时间价值系数表

附录一　1元复利终值表

期数	1%	2%	3%	4%	5%	6%	7%	8%	9%	10%
1	1.010 0	1.020 0	1.030 0	1.040 0	1.050 0	1.060 0	1.070 0	1.080 0	1.090 0	1.100 0
2	1.020 1	1.040 4	1.060 9	1.081 6	1.102 5	1.123 6	1.144 9	1.166 4	1.188 1	1.210 0
3	1.030 3	1.061 2	1.092 7	1.124 9	1.157 6	1.191 0	1.225 0	1.259 7	1.295 0	1.331 0
4	1.040 6	1.082 4	1.125 5	1.169 9	1.215 5	1.262 5	1.310 8	1.360 5	1.411 6	1.464 1
5	1.051 0	1.104 1	1.159 3	1.216 7	1.276 3	1.338 2	1.402 6	1.469 3	1.538 6	1.610 5
6	1.061 5	1.126 2	1.194 1	1.265 3	1.340 1	1.418 5	1.500 7	1.580 9	1.677 1	1.771 6
7	1.072 1	1.148 7	1.229 9	1.315 9	1.407 1	1.503 6	1.605 8	1.713 8	1.828 0	1.948 7
8	1.082 9	1.171 7	1.266 8	1.368 6	1.477 5	1.593 8	1.718 2	1.850 9	1.992 6	2.143 6
9	1.093 7	1.195 1	1.304 8	1.423 3	1.551 3	1.689 5	1.838 5	1.999 0	2.171 9	2.357 9
10	1.104 6	1.219 0	1.343 9	1.480 2	1.628 9	1.790 8	1.967 2	2.158 9	2.367 4	2.593 7
11	1.115 7	1.243 4	1.384 2	1.539 5	1.710 3	1.898 3	2.104 9	2.331 6	2.580 4	2.853 1
12	1.126 8	1.268 2	1.425 8	1.601 0	1.795 9	2.012 2	2.252 2	2.518 2	2.812 7	3.138 4
13	1.138 1	1.293 6	1.468 5	1.665 1	1.885 6	2.132 9	2.409 8	2.719 6	3.065 8	3.452 3
14	1.149 5	1.319 5	1.512 6	1.731 7	1.979 9	2.260 9	2.578 5	2.937 2	3.341 7	3.797 5
15	1.161 0	1.345 9	1.558 0	1.800 9	2.078 9	2.396 6	2.759 0	3.172 2	3.642 5	4.177 2
16	1.172 6	1.372 8	1.604 7	1.873 0	2.182 9	2.540 4	2.952 2	3.425 9	3.970 3	4.595 0
17	1.184 3	1.400 2	1.652 8	1.947 9	2.292 0	2.692 8	3.158 8	3.700 0	4.327 6	5.054 5
18	1.196 1	1.428 2	1.702 4	2.025 8	2.406 6	2.854 3	3.379 9	3.996 0	4.717 1	5.559 9
19	1.208 1	1.456 8	1.753 5	2.106 8	2.527 0	3.025 6	3.616 5	4.315 7	5.141 7	6.115 9
20	1.220 2	1.485 9	1.806 1	2.191 1	2.653 3	3.207 1	3.869 7	4.661 0	5.604 4	6.727 5
21	1.232 4	1.515 7	1.860 3	2.278 8	2.786 0	3.399 6	4.140 6	5.033 8	6.108 8	7.400 2
22	1.244 7	1.546 0	1.916 1	2.369 9	2.925 3	3.603 5	4.430 4	5.436 5	6.658 6	8.140 3
23	1.257 2	1.576 9	1.973 6	2.464 7	3.071 5	3.819 7	4.740 5	5.871 5	7.257 9	8.254 3
24	1.269 7	1.608 4	2.032 8	2.563 3	3.225 1	4.048 9	5.072 4	6.341 2	7.911 1	9.849 7
25	1.282 4	1.640 6	2.093 8	2.665 8	3.386 4	4.291 9	5.427 4	6.848 5	8.623 1	10.835
26	1.295 3	1.673 4	2.156 6	2.772 5	3.555 7	4.549 4	5.807 4	7.396 4	9.399 2	11.918
27	1.308 2	1.706 9	2.221 3	2.883 4	3.733 5	4.882 3	6.213 9	7.988 1	10.245	13.110
28	1.321 3	1.741 0	2.287 9	2.998 7	3.920 1	5.111 7	6.648 8	8.627 1	11.167	14.421
29	1.334 5	1.775 8	2.356 6	3.118 7	4.116 1	5.418 4	7.114 3	9.317 3	12.172	15.863
30	1.347 8	1.811 4	2.427 3	3.243 4	4.321 9	5.743 5	7.612 3	10.063	13.268	17.449
40	1.488 9	2.208 0	3.262 0	4.801 0	7.040 0	10.286	14.794	21.725	31.408	45.259
50	1.644 6	2.691 6	4.383 9	7.106 7	11.467	18.420	29.457	46.902	74.358	117.39
60	1.816 7	3.281 0	5.891 6	10.520	18.679	32.988	57.946	101.26	176.03	304.48

(续表)

期数	12%	14%	15%	16%	18%	20%	24%	28%	32%	36%
1	1.120 0	1.140 0	1.150 0	1.160 0	1.180 0	1.200 0	1.240 0	1.280 0	1.320 0	1.360 0
2	1.254 4	1.299 6	1.322 5	1.345 6	1.392 4	1.440 0	1.537 6	1.638 4	1.742 4	1.819 6
3	1.404 9	1.481 5	1.520 9	1.560 9	1.643 0	1.728 0	1.906 6	2.087 2	2.300 0	2.515 5
4	1.573 5	1.689 0	1.749 0	1.810 6	1.938 8	2.073 6	2.364 2	2.684 4	3.036 0	3.421 0
5	1.762 3	1.925 4	2.011 4	2.100 3	2.287 8	2.488 3	2.931 6	3.436 0	4.007 5	4.652 6
6	1.973 8	2.195 0	2.313 1	2.436 4	2.699 6	2.986 0	3.635 2	4.398 0	5.289 9	6.327 5
7	2.210 7	2.502 3	2.660 0	2.826 2	3.185 5	3.583 2	4.507 7	5.629 5	6.982 6	8.605 4
8	2.476 0	2.852 6	3.059 0	3.278 4	3.758 9	4.299 8	5.589 5	7.205 8	9.217 0	11.703
9	2.773 1	3.251 9	3.517 9	3.803 0	4.435 5	5.159 8	6.931 0	9.223 4	121.166	15.917
10	3.105 8	3.707 2	4.045 6	4.411 4	5.233 8	6.191 7	8.594 4	11.806	16.060	21.647
11	3.478 5	4.226 2	4.652 4	5.117 3	6.175 9	7.430 1	10.657	15.112	21.199	29.439
12	3.896 0	4.817 9	5.350 3	5.936 0	7.287 6	8.916 1	13.215	19.343	27.983	40.037
13	4.363 5	5.492 4	6.152 8	6.885 8	8.599 4	10.699	16.386	24.759	36.937	54.451
14	4.887 1	6.261 3	7.075 7	7.987 5	10.147	12.839	20.319	31.691	48.757	74.053
15	5.473 6	7.137 9	8.137 1	9.265 5	11.947	15.407	25.196	40.565	64.359	100.71
16	6.130 4	8.137 2	9.357 6	10.748	14.129	18.488	31.243	51.923	84.954	136.97
17	6.866 0	9.276 5	10.761	12.468	16.672	22.186	38.741	66.461	112.14	186.28
18	7.690 0	10.575	12.375	14.463	19.673	26.623	48.039	86.071	148.02	253.34
19	8.612 8	12.056	14.232	16.777	23.214	31.948	59.568	108.89	195.39	344.54
20	9.646 3	13.743	16.367	19.461	27.393	38.338	73.864	139.38	257.92	468.57
21	10.804	15.668	18.822	22.574	32.324	46.005	91.592	178.41	340.45	637.26
22	12.100	17.861	21.645	26.186	38.142	55.206	113.57	228.36	449.39	866.67
23	13.552	20.362	24.891	30.376	45.008	66.247	140.83	292.30	593.20	1 178.7
24	15.179	23.212	28.625	35.236	53.109	79.497	174.63	374.14	783.02	1 603.0
25	17.000	26.462	32.919	40.874	62.669	95.396	216.54	478.90	1 033.6	2 180.1
26	19.040	30.167	37.857	47.414	73.949	114.48	268.51	613.00	1 364.3	2 964.9
27	21.325	34.390	43.535	55.000	87.260	137.37	332.95	784.64	1 800.9	4 032.3
28	23.884	39.204	50.066	63.800	102.97	164.84	412.86	1 004.3	2 377.2	5 483.9
29	26.750	44.693	57.575	74.009	121.50	197.81	511.95	1 285.6	3 137.9	7 458.1
30	29.960	50.950	66.212	85.850	143.37	237.38	634.82	1 645.5	4 142.1	1 014.3
40	93.051	188.83	267.86	378.72	750.38	1 469.8	5 455.9	19 427	66 521	*
50	289.00	700.23	1 083.7	1 670.7	3 927.4	9 100.4	46 890.	*	*	*
60	897.60	2 595.9	4 384.0	7 370.2	20 555.	56 348.	*	*	*	*

* >99 999

附录二　1元复利现值表

期数	1%	2%	3%	4%	5%	6%	7%	8%	9%	10%
1	0.990 1	0.980 4	0.970 9	0.961 5	0.952 4	0.943 4	0.934 6	0.925 9	0.917 4	0.909 1
2	0.980 3	0.971 2	0.942 6	0.924 6	0.907 0	0.890 0	0.873 4	0.857 3	0.841 7	0.826 4
3	0.970 6	0.942 3	0.915 1	0.889 0	0.863 8	0.839 6	0.816 3	0.793 8	0.772 2	0.751 3
4	0.961 0	0.923 8	0.888 5	0.854 8	0.822 7	0.792 1	0.762 9	0.735 0	0.708 4	0.683 0
5	0.951 5	0.905 7	0.862 6	0.821 9	0.783 5	0.747 3	0.713 0	0.680 6	0.649 9	0.620 9
6	0.942 0	0.888 0	0.837 5	0.790 3	0.746 2	0.705 0	0.666 3	0.630 2	0.596 3	0.564 5
7	0.932 7	0.860 6	0.813 1	0.759 9	0.710 7	0.665 1	0.622 7	0.583 5	0.547 0	0.513 2
8	0.923 5	0.853 5	0.787 4	0.730 7	0.676 8	0.627 4	0.582 0	0.540 3	0.501 9	0.466 5
9	0.914 3	0.836 8	0.766 4	0.702 6	0.644 6	0.591 9	0.543 9	0.500 2	0.460 4	0.424 1
10	0.905 3	0.820 3	0.744 1	0.675 6	0.613 9	0.558 4	0.508 3	0.463 2	0.422 4	0.385 5
11	0.896 3	0.804 3	0.722 4	0.649 6	0.584 7	0.526 8	0.475 1	0.428 9	0.387 5	0.350 5
12	0.887 4	0.788 5	0.701 4	0.624 6	0.556 8	0.497 0	0.444 0	0.397 1	0.355 5	0.318 6
13	0.878 7	0.773 0	0.681 0	0.600 6	0.530 3	0.468 8	0.415 0	0.367 7	0.326 2	0.289 7
14	0.870 0	0.757 9	0.661 1	0.577 5	0.505 1	0.442 3	0.387 8	0.340 5	0.299 2	0.263 3
15	0.861 3	0.743 0	0.641 9	0.555 3	0.481 0	0.417 3	0.362 4	0.315 2	0.274 5	0.239 4
16	0.852 8	0.728 4	0.623 2	0.533 9	0.458 1	0.393 6	0.338 7	0.291 9	0.251 9	0.217 6
17	0.844 4	0.714 2	0.605 0	0.513 4	0.436 4	0.371 4	0.316 6	0.270 3	0.231 1	0.197 8
18	0.836 0	0.700 2	0.587 4	0.493 6	0.415 5	0.350 3	0.295 9	0.250 2	0.212 0	0.179 9
19	0.827 7	0.686 4	0.570 3	0.474 6	0.395 7	0.330 5	0.276 5	0.231 7	0.194 5	0.163 5
20	0.819 5	0.673 0	0.553 7	0.456 4	0.376 9	0.311 8	0.258 4	0.214 5	0.178 4	0.148 6
21	0.811 4	0.659 8	0.537 5	0.438 8	0.358 9	0.294 2	0.241 5	0.198 7	0.163 7	0.135 1
22	0.803 4	0.646 8	0.521 9	0.422 0	0.341 8	0.277 5	0.225 7	0.183 9	0.150 5	0.122 8
23	0.795 4	0.634 2	0.506 7	0.405 7	0.325 6	0.261 8	0.210 9	0.170 3	0.137 8	0.111 7
24	0.787 6	0.621 7	0.491 9	0.390 1	0.310 1	0.247 0	0.197 1	0.157 7	0.126 4	0.101 5
25	0.779 8	0.609 5	0.477 6	0.375 1	0.295 3	0.233 0	0.184 2	0.146 0	0.116 0	0.092 3
26	0.772 0	0.597 6	0.463 7	0.360 4	0.281 2	0.219 8	0.172 2	0.135 2	0.106 4	0.083 9
27	0.764 4	0.585 9	0.450 2	0.346 8	0.267 8	0.207 4	0.160 9	0.125 2	0.097 6	0.076 3
28	0.756 8	0.574 4	0.437 1	0.333 5	0.255 1	0.195 6	0.150 4	0.115 9	0.089 5	0.069 3
29	0.749 3	0.563 1	0.424 3	0.320 7	0.242 9	0.184 6	0.140 6	0.107 3	0.082 2	0.063 0
30	0.741 9	0.552 1	0.412 0	0.308 3	0.231 4	0.174 1	0.131 4	0.099 4	0.075 4	0.057 3
35	0.705 9	0.500 0	0.355 4	0.253 4	0.181 3	0.130 1	0.093 7	0.067 6	0.049 0	0.035 6
40	0.671 7	0.452 9	0.306 6	0.208 3	0.142 0	0.097 2	0.066 8	0.046 0	0.031 8	0.022 1
45	0.649 1	0.410 2	0.264 4	0.171 2	0.111 3	0.072 7	0.047 6	0.061 3	0.020 7	0.013 7
50	0.608 0	0.371 5	0.228 1	0.140 7	0.087 2	0.054 3	0.033 9	0.021 3	0.013 4	0.008 5
55	0.578 5	0.336 5	0.196 8	0.115 7	0.068 3	0.040 6	0.024 2	0.014 5	0.008 7	0.005 3

（续表）

期数	12%	14%	15%	16%	18%	20%	24%	28%	32%	36%
1	0.892 9	0.877 2	0.869 6	0.862 1	0.847 5	0.833 3	0.806 5	0.781 3	0.757 6	0.735 3
2	0.797 2	0.769 5	0.756 1	0.743 2	0.718 2	0.694 4	0.650 4	0.310 4	0.573 9	0.540 7
3	0.711 8	0.675 0	0.657 5	0.640 7	0.608 6	0.578 7	0.524 5	0.476 8	0.434 8	0.397 5
4	0.635 5	0.592 1	0.571 8	0.552 3	0.515 8	0.482 3	0.423 0	0.372 5	0.329 4	0.292 3
5	0.567 4	0.519 4	0.497 2	0.476 2	0.437 1	0.401 9	0.341 1	0.291 0	0.249 5	0.214 9
6	0.506 6	0.455 6	0.432 3	0.410 4	0.370 4	0.334 9	0.215 1	0.227 4	0.189 0	0.158 0
7	0.452 3	0.399 6	0.375 9	0.353 8	0.313 9	0.279 1	0.221 8	0.177 6	0.143 2	0.116 2
8	0.403 9	0.350 6	0.326 9	0.305 0	0.266 0	0.232 6	0.178 9	0.138 8	0.108 5	0.085 4
9	0.360 6	0.307 5	0.284 3	0.263 0	0.225 5	0.193 8	0.144 3	0.108 4	0.082 2	0.062 8
10	0.322 0	0.269 7	0.247 2	0.226 7	0.191 1	0.161 5	0.116 4	0.084 7	0.062 3	0.046 2
11	0.287 5	0.236 6	0.214 9	0.195 4	0.161 9	0.134 6	0.093 8	0.066 2	0.047 2	0.034 0
12	0.256 7	0.207 6	0.186 9	0.168 5	0.137 3	0.112 2	0.055 7	0.051 7	0.035 7	0.025 0
13	0.229 2	0.182 1	0.162 5	0.145 2	0.116 3	0.093 5	0.061 0	0.040 4	0.027 1	0.018 4
14	0.204 6	0.159 7	0.141 3	0.125 2	0.098 5	0.077 9	0.049 2	0.031 6	0.020 5	0.013 5
15	0.182 7	0.140 1	0.122 9	0.107 9	0.083 5	0.064 9	0.039 7	0.024 7	0.015 5	0.009 9
16	0.163 1	0.122 9	0.106 9	0.098 0	0.070 9	0.054 1	0.032 0	0.019 3	0.011 8	0.007 3
17	0.145 6	0.107 8	0.092 9	0.080 2	0.060 0	0.045 1	0.025 9	0.015 0	0.008 9	0.005 4
18	0.130 0	0.094 6	0.080 8	0.069 1	0.050 8	0.037 6	0.020 8	0.011 8	0.006 8	0.003 9
19	0.116 1	0.082 9	0.070 3	0.059 6	0.043 1	0.031 3	0.016 8	0.009 2	0.005 1	0.002 9
20	0.103 7	0.072 8	0.061 1	0.051 4	0.036 5	0.026 1	0.013 5	0.007 2	0.003 9	0.002 1
21	0.092 6	0.063 8	0.053 1	0.044 3	0.030 9	0.021 7	0.010 9	0.005 6	0.002 9	0.001 6
22	0.082 6	0.056 0	0.046 2	0.038 2	0.026 2	0.018 1	0.008 8	0.004 4	0.002 2	0.001 2
23	0.073 8	0.049 1	0.040 2	0.032 9	0.022 2	0.015 1	0.007 1	0.003 4	0.001 7	0.000 8
24	0.065 9	0.043 1	0.034 9	0.028 4	0.018 8	0.012 6	0.005 7	0.002 7	0.001 3	0.000 6
25	0.058 8	0.037 8	0.030 4	0.024 5	0.016 0	0.010 5	0.004 6	0.002 1	0.001 0	0.000 5
26	0.052 5	0.033 1	0.026 4	0.021 1	0.013 5	0.008 7	0.003 7	0.001 6	0.000 7	0.000 3
27	0.046 9	0.029 1	0.023 0	0.018 2	0.011 5	0.007 3	0.003 0	0.001 3	0.000 6	0.000 2
28	0.041 9	0.025 5	0.020 0	0.015 7	0.009 7	0.006 1	0.002 4	0.001 0	0.000 4	0.000 2
29	0.037 4	0.022 4	0.017 4	0.013 5	0.008 2	0.005 1	0.002 0	0.000 8	0.000 3	0.000 1
30	0.033 4	0.019 6	0.015 1	0.011 6	0.007 0	0.004 2	0.001 6	0.000 6	0.000 2	0.000 1
35	0.018 9	0.010 2	0.007 5	0.005 5	0.003 0	0.001 7	0.000 5	0.000 2	0.000 1	*
40	0.010 7	0.005 3	0.003 7	0.002 6	0.001 3	0.000 7	0.000 2	0.000 1	*	*
45	0.006 1	0.002 7	0.001 9	0.001 3	0.000 6	0.000 3	0.000 1	*	*	*
50	0.003 5	0.001 4	0.000 9	0.000 6	0.000 3	0.000 1	*	*	*	*
55	0.002 0	0.000 7	0.000 5	0.000 3	0.000 1	*	*	*	*	*

*＜0.000 1

附录三　1元年金终值表

期数	1%	2%	3%	4%	5%	6%	7%	8%	9%	10%
1	1.000 0	1.000 0	1.000 0	1.000 0	1.000 0	1.000 0	1.000 0	1.000 0	1.000 0	1.000 0
2	2.010 0	2.020 0	2.030 0	2.040 0	2.050 0	2.060 0	2.070 0	2.080 0	2.090 0	2.100 0
3	3.030 1	3.060 4	3.090 9	3.121 6	3.152 5	3.183 6	3.214 9	3.246 4	3.278 1	3.310 0
4	4.060 4	4.121 6	4.183 6	4.246 5	4.310 1	4.374 6	4.439 9	4.506 1	4.573 1	4.641 0
5	5.101 0	5.204 0	5.309 1	5.416 3	5.525 6	5.637 1	5.750 7	5.866 6	5.984 7	6.105 1
6	6.152 0	6.308 1	6.468 4	6.633 0	6.801 9	6.975 3	7.153 3	7.335 9	7.523 3	7.715 6
7	7.213 5	7.434 3	7.662 6	7.8983	8.142 0	8.393 8	8.654 0	8.922 8	9.2004	9.487 2
8	8.285 7	8.583 0	8.892 3	9.2142	9.549 1	9.897 5	10.260	10.637	11.028	11.436
9	9.368 5	9.754 6	10.159	10.583	11.027	11.491	11.978	12.488	13.021	13.579
10	10.462	10.950	11.464	12.006	12.578	13.181	13.816	14.487	15.193	15.937
11	11.567	12.169	12.808	13.486	14.207	14.972	15.784	16.645	17.560	18.531
12	12.683	13.412	14.192	15.026	15.917	16.870	17.888	18.977	20.141	21.384
13	13.809	14.680	15.618	16.627	17.713	18.882	20.141	21.495	22.953	24.523
14	14.947	15.974	17.086	18.292	19.599	21.015	22.550	24.214	26.019	27.975
15	16.097	17.293	18.599	20.024	21.579	23.276	25.129	27.152	29.361	31.772
16	17.258	18.639	20.157	21.825	23.657	25.673	27.888	30.324	33.003	35.950
17	18.430	20.012	21.762	23.698	25.840	28.213	30.840	33.750	36.974	40.545
18	19.615	21.412	23.414	25.645	28.132	30.906	33.999	37.450	41.301	45.599
19	20.811	22.841	25.117	27.671	30.539	33.760	37.379	41.446	46.018	51.159
20	22.019	24.297	26.870	29.778	33.066	36.786	40.995	45.752	51.160	57.275
21	23.239	25.783	28.676	31.969	35.719	39.993	44.865	50.423	56.765	64.002
22	24.472	27.299	30.537	34.248	38.505	43.392	49.006	55.457	62.873	71.403
23	25.716	28.845	32.453	36.618	41.430	46.996	53.436	60.883	60.532	79.543
24	26.973	30.422	34.426	39.083	44.502	50.816	58.177	66.765	76.790	88.497
25	28.243	32.030	36.459	41.646	47.727	54.863	63.249	73.106	84.701	98.347
26	29.526	33.671	38.553	44.312	51.113	59.156	68.676	79.954	93.324	109.18
27	30.821	35.344	40.710	47.084	54.669	63.706	74.484	87.351	102.72	121.10
28	32.129	37.051	42.931	49.968	58.403	68.528	80.698	95.339	112.97	134.21
29	33.450	38.792	45.219	52.966	62.323	73.640	87.347	103.97	124.14	148.63
30	34.785	40.568	47.575	56.085	66.439	79.058	94.461	113.28	136.31	164.49
40	48.886	60.402	75.401	95.026	120.80	154.76	199.64	259.06	337.88	442.59
50	64.463	84.579	112.80	152.67	209.35	290.34	406.53	573.77	815.08	1 163.9
60	81.670	114.05	163.05	237.99	353.58	533.13	813.52	1 253.2	1 944.8	3 034.8

(续表)

期数	12%	14%	15%	16%	18%	20%	24%	28%	32%	36%
1	1.000 0	1.000 0	1.000 0	1.000 0	1.000 0	1.000 0	1.000 0	1.000 0	1.000 0	1.000 0
2	2.120 0	2.140 0	2.150 0	2.160 0	2.180 0	2.200 0	2.240 0	2.280 0	2.320 0	2.360 0
3	3.374 4	3.439 6	3.472 5	3.505 6	3.572 4	3.640 0	3.777 6	3.918 4	3.062 4	3.209 6
4	4.779 3	4.921 1	4.993 4	5.066 5	5.215 4	5.368 0	5.684 2	6.015 6	6.362 4	6.725 1
5	6.352 8	6.610 1	6.742 4	6.877 1	7.154 2	7.441 6	8.048 4	8.699 9	9.398 3	10.146
6	8.115 2	8.535 5	8.753 7	8.977 5	9.442 0	9.929 9	10.980	12.136	13.406	14.799
7	10.089	10.730	11.067	11.414	12.142	12.916	14.615	16.534	18.696	21.126
8	12.300	13.233	13.727	14.240	15.327	16.499	19.123	22.163	25.678	29.732
9	14.776	16.085	16.786	17.519	19.086	20.799	24.712	29.369	34.895	41.435
10	17.549	19.337	20.304	21.321	23.521	25.959	31.643	38.593	47.062	57.352
11	20.655	23.045	24.349	25.733	28.755	31.150	40.238	50.398	63.122	78.998
12	24.133	27.271	29.002	30.850	34.931	39.581	50.895	65.510	84.320	108.44
13	28.029	32.089	34.352	36.786	42.219	48.497	64.110	84.853	112.30	148.47
14	32.393	37.581	40.505	43.672	50.818	59.196	80.496	109.61	149.24	202.93
15	37.280	43.842	47.580	51.660	60.965	72.035	100.82	141.30	198.00	276.98
16	42.753	50.980	55.717	60.925	72.939	87.442	126.01	181.87	262.36	377.69
17	48.884	59.118	65.075	71.673	87.068	105.93	157.25	233.79	347.31	514.66
18	55.750	68.394	75.836	84.141	103.74	128.12	195.99	300.25	459.45	770.94
19	63.440	78.696	88.212	98.603	123.41	154.74	244.03	385.32	607.47	954.28
20	72.052	91.025	102.44	115.38	146.63	186.69	303.60	494.21	802.86	1 298.8
21	81.699	104.77	118.81	134.84	174.02	225.03	377.46	633.59	1 060.8	1 767.4
22	92.503	120.44	137.63	157.41	206.34	271.03	469.06	812.00	1 401.2	2 404.7
23	104.60	138.30	159.28	183.60	244.49	326.24	582.63	1 040.4	1 850.6	3 271.3
24	118.16	158.66	184.17	213.98	289.49	392.48	723.46	1 332.7	2 443.8	4 450.0
25	133.33	181.87	212.79	249.21	342.60	471.98	898.09	1 706.8	3 226.8	6 053.0
26	150.33	208.33	245.71	290.09	405.27	567.38	1 114.6	2 185.7	4 260.4	8 233.1
27	169.37	238.50	283.57	337.50	479.22	681.85	1 383.1	2 798.7	5 624.8	11 198.0
28	190.70	272.89	327.10	392.50	566.48	819.22	1 716.1	3 583.3	7 425.7	15 230.3
29	214.58	312.09	377.17	456.30	699.45	984.07	2 129.0	4 587.7	9 802.9	20 714.2
30	241.33	356.79	434.75	530.31	790.95	1 181.9	2 640.9	5 873.2	12 941.	28 172.3
40	767.09	1 342.0	1 779.1	2 360.8	4 163.2	7 343.2	2 729.	69 377.	*	*
50	2 400.0	4 994.5	7 217.7	10 436.	21 813.	45 497.	*	*	*	*
60	7 471.6	18 535.	29 220.	46 058.	*	*	*	*	*	*

* >99 999

附录四　1元年金现值表

期数	1%	2%	3%	4%	5%	6%	7%	8%	9%
1	0.990 1	0.980 4	0.970 9	0.961 5	0.952 4	0.943 4	0.934 6	0.925 9	0.917 4
2	1.970 4	1.941 6	1.913 5	1.886 1	1.859 4	1.833 4	1.808 0	1.783 3	1.759 1
3	2.941 0	2.883 9	2.828 6	2.775 1	2.723 2	2.673 0	2.624 3	2.577 1	2.531 3
4	3.902 0	3.807 7	3.717 1	3.629 9	3.546 0	3.465 1	3.387 2	3.312 1	3.239 7
5	4.853 4	4.713 5	4.579 7	4.451 8	4.329 5	4.212 4	4.100 2	3.992 7	3.889 7
6	5.795 5	5.601 4	5.417 2	5.242 1	5.075 7	4.917 3	4.766 5	4.622 9	4.485 9
7	6.728 2	6.472 0	6.230 3	6.002 1	5.786 4	5.582 4	5.389 3	5.206 4	5.033 0
8	7.651 7	7.325 5	7.019 7	6.732 7	6.463 2	6.209 8	5.971 3	5.746 6	5.534 8
9	8.566 0	8.162 2	7.786 1	7.435 3	7.107 8	6.801 7	6.515 2	6.246 9	5.995 2
10	9.471 3	8.982 6	8.530 2	8.110 9	7.721 7	7.360 1	7.023 6	6.710 1	6.417 7
11	10.367 6	9.786 8	9.252 6	8.760 5	8.306 4	7.886 9	7.498 7	7.139 0	6.805 2
12	11.255 1	10.575 3	9.954 0	9.385 1	8.863 3	8.383 8	7.942 7	7.536 1	7.160 7
13	12.133 7	11.348 4	10.635 0	9.985 6	9.393 6	8.852 7	8.357 7	7.903 8	7.486 9
14	13.003 7	12.106 2	11.296 1	10.563 1	9.898 6	9.295 0	8.745 5	8.244 2	7.786 2
15	13.865 1	12.849 3	11.937 9	11.118 4	10.379 7	9.712 2	9.107 9	8.559 5	8.060 7
16	14.717 9	13.577 7	12.561 1	11.652 3	10.837 8	10.105 9	9.446 6	8.851 4	8.312 6
17	15.562 3	14.291 9	13.166 1	12.165 7	11.274 1	10.477 3	9.763 2	9.121 6	8.543 6
18	16.398 3	14.992 0	13.753 5	12.689 6	11.689 6	10.827 6	10.059 1	9.371 9	8.755 6
19	17.226 0	15.678 5	14.323 8	13.133 9	12.085 3	11.158 1	10.335 6	9.603 6	8.960 1
20	18.045 6	16.351 4	14.877 5	13.590 3	12.462 2	11.469 9	10.594 0	9.818 1	9.128 5
21	18.857 0	17.011 2	15.415 0	14.029 2	12.821 2	11.764 1	10.835 5	10.016 8	9.292 2
22	19.660 4	17.658 0	15.936 9	14.451 1	13.488 6	12.303 4	11.061 2	10.200 7	9.442 4
23	20.455 8	18.292 2	16.443 6	14.856 8	13.488 6	12.303 4	11.272 2	10.371 1	9.580 2
24	21.243 4	18.913 9	16.935 5	15.247 0	13.798 6	12.550 4	11.469 3	10.528 8	9.706 6
25	22.023 2	19.523 5	17.413 1	15.622 1	14.093 9	12.783 4	11.653 6	10.674 8	9.822 6
26	22.795 2	20.121 0	17.876 8	15.982 8	14.375 2	13.003 2	11.825 8	10.810 0	9.929 0
27	23.559 6	20.705 9	18.327 0	16.329 6	14.643 0	13.210 5	11.986 7	10.935 2	10.026 6
28	24.316 4	21.281 3	18.764 1	16.663 1	14.898 1	13.406 2	12.137 1	11.051 1	10.116 1
29	25.065 8	21.844 4	19.188 5	16.983 7	15.141 1	13.590 7	12.277 7	11.158 4	10.198 3
30	25.807 7	22.396 5	19.600 4	17.292 0	15.372 5	13.764 8	12.409 0	11.257 8	10.273 7
35	29.408 6	24.998 6	21.487 2	18.664 6	16.374 2	14.498 2	12.947 7	11.654 6	10.566 8
40	32.834 7	27.355 5	23.114 8	19.792 8	17.159 1	15.046 3	13.331 7	11.924 6	10.757 4
45	36.094 5	29.490 2	24.518 7	20.720 0	17.774 1	15.455 8	13.605 5	12.108 4	10.881 2
50	39.196 1	31.423 6	25.729 8	21.482 2	18.255 9	15.761 9	13.800 7	12.233 5	10.961 7
55	42.147 2	33.174 8	26.774 4	22.108 6	18.633 5	15.990 5	13.939 9	12.318 6	11.014 0

（续表）

期数	10%	12%	14%	15%	16%	18%	20%	24%	28%	32%
1	0.909 1	0.892 9	0.877 2	0.869 6	0.862 1	0.847 5	0.833 3	0.806 5	0.781 3	0.757 6
2	1.735 5	1.690 1	1.646 7	1.625 7	1.605 2	1.565 6	1.527 8	1.456 8	1.391 6	1.331 5
3	2.486 9	2.401 8	2.321 6	2.283 2	2.245 9	2.174 3	2.106 5	1.981 3	1.868 4	1.766 3
4	3.169 9	3.037 3	2.917 3	2.855 0	2.798 2	2.690 1	2.588 7	2.404 3	2.241 0	2.095 7
5	3.790 8	3.604 8	3.433 1	3.352 2	3.274 3	3.127 2	2.990 6	2.745 4	2.532 0	2.345 2
6	4.355 3	4.111 4	3.888 7	3.784 5	3.684 7	3.497 6	3.325 5	3.020 5	2.759 4	2.534 2
7	4.868 4	4.563 8	4.288 2	4.160 4	4.038 6	3.811 5	3.604 6	3.242 3	2.937 0	2.677 5
8	5.334 9	4.967 6	4.638 9	4.487 3	4.343 6	4.077 6	3.837 2	3.421 2	3.075 8	2.786 0
9	5.759 0	5.328 2	4.916 4	4.771 6	4.606 5	4.303 0	4.031 0	3.565 5	3.184 2	2.868 1
10	6.144 6	5.650 2	5.216 1	5.018 8	4.833 2	4.494 1	4.192 5	3.681 9	3.268 9	2.930 4
11	6.495 1	5.937 7	5.452 7	5.233 7	5.028 6	4.656 0	4.327 1	3.775 7	3.335 1	2.977 6
12	6.813 7	6.194 4	5.660 3	5.420 6	5.197 1	4.793 2	4.439 2	3.851 4	3.386 8	3.013 3
13	7.103 4	6.423 5	5.842 4	5.583 1	5.342 3	4.909 5	4.532 7	3.912 4	3.427 2	3.040 4
14	7.366 7	6.628 2	6.002 1	5.724 5	5.467 5	5.008 1	4.610 6	3.961 6	3.458 7	3.060 9
15	7.606 1	6.810 9	6.142 2	5.847 4	5.575 5	5.091 6	4.675 5	4.001 3	3.483 4	3.076 4
16	7.823 7	6.974 0	6.265 1	5.954 2	4.668 5	5.162 4	4.729 6	4.033 3	3.502 6	3.088 2
17	8.021 6	7.119 6	6.372 9	6.047 2	5.748 7	5.222 3	4.774 6	4.059 1	3.517 7	3.097 1
18	8.021 6	7.249 7	6.467 4	6.128 0	5.817 8	5.273 2	4.812 2	4.079 9	3.529 4	3.103 9
19	8.364 9	7.365 8	6.550 4	6.198 2	5.877 5	5.316 2	4.843 5	4.096 7	3.538 6	3.109 0
20	8.513 6	7.469 4	6.623 1	6.259 3	5.928 8	5.352 7	4.869 6	4.110 3	3.545 8	3.112 9
21	8.648 7	7.562 0	6.687 0	6.312 5	5.973 1	5.383 7	4.891 3	4.121 2	3.551 4	3.115 8
22	8.771 5	7.644 6	6.742 9	6.358 7	6.011 3	5.409 9	4.909 4	4.130 0	3.555 8	3.118 0
23	8.883 2	7.718 4	6.792 1	6.398 8	6.044 2	5.342 1	4.924 5	4.137 1	3.559 2	3.119 7
24	8.984 7	7.784 3	6.835 1	6.433 8	6.072 6	5.450 9	4.937 1	4.142 8	3.561 9	3.121 0
25	9.077 0	7.843 1	6.872 9	6.464 1	6.097 1	5.466 9	4.947 6	4.147 4	3.564 0	3.122 0
26	9.160 9	7.895 7	6.906 1	6.490 6	6.118 2	5.480 4	4.956 3	4.151 1	3.565 6	3.122 7
27	9.237 2	7.942 6	6.935 2	6.513 5	6.136 4	5.491 9	4.963 5	4.154 2	3.566 9	3.123 3
28	9.306 6	7.984 4	6.960 7	6.533 5	6.152 0	5.501 6	4.969 7	4.156 6	3.567 9	3.123 7
29	9.369 6	8.021 8	6.983 0	6.550 9	6.165 6	5.509 8	4.974 7	4.158 5	3.568 7	3.124 0
30	9.426 9	8.055 2	7.002 7	6.566 0	6.177 2	5.516 6	4.978 9	4.160 1	3.569 3	3.124 2
35	9.644 2	8.175 5	7.070 0	6.616 6	6.215 3	5.538 6	4.991 5	4.164 4	3.570 8	3.124 8
40	9.779 1	8.243 8	7.105 0	6.641 8	6.233 5	5.548 2	4.996 6	4.165 9	3.571 2	3.125 0
45	9.862 8	8.282 5	7.123 2	6.654 3	6.242 1	5.552 3	4.998 6	4.166 4	3.571 4	3.125 0
50	9.914 8	8.304 5	7.132 7	6.660 5	6.246 3	5.554 1	4.999 5	4.166 6	3.571 4	3.125 0
55	9.947 1	8.317 0	7.137 6	6.663 6	6.248 2	5.554 9	4.999 8	4.166 6	3.571 4	3.125 0

参考文献

[1] 中国注册会计师协会.财务成本管理[M].北京:中国财政经济出版社,2018.
[2] 财政部会计资格评价中心.财务管理[M].北京:经济科学出版社,2018.
[3] 秦志林,李凡,苗娟.财务管理项目化教程[M].南京:南京大学出版社,2016.
[4] 刘淑莲.财务管理[M].北京:机械工业出版社,2015.
[5] 熊楚熊,衣龙新,赵晋琳.公司理财理论与实务[M].上海:立信会计出版杜,2014.
[6] 叶陈刚,刘永祥.公司财务管理[M].北京:机械工业出版社,2014.
[7] 秦志林.财务管理项目化教程[M].杭州:浙江大学出版社,2013.
[8] 马元兴.企业财务管理[M].北京:高等教育出版社,2011.
[9] 秦志林.财务管理[M].北京:北京交通大学出版社,2009.
[10] 孔德兰.财务管理实务[M].北京:高等教育出版社,2008.
[11] 汤谷良.财务管理案例[M].北京:北京大学出版社,2007.
[12] 财政部企业司.《企业财务通则》解读[M].北京:中国财政经济出版社,2007.
[13] 詹姆斯·范霍恩等.现代企业财务管理[M].郭浩等译.北京:经济科学出版社,2006.
[14] 斯蒂夫·罗斯等.公司理财精要[M].张建平译.北京:人民邮电出版社,2003.
[15] 荆新,王化成,刘俊彦.财务管理学[M].第三版.北京:中国人民大学出版社,2002.
[16] 王化成.财务管理教学案例[M].北京:中国人民大学出版社,2001.
[17] 詹姆斯·范霍恩.财务管理与政策[M].刘致远等译.大连:东北财经大学出版社,2000.
[18] Douglas R Emery.公司财务管理[M].荆新等译.北京:中国人民大学出版社,1999.